"十二五"普通高等教育本科国家级规划教材

"十二五"江苏省高等学校重点教材（编号：2013-1-181）

创业基础

（第2版）

梅强 ◎ 主编

U0369640

清华大学出版社

北京

内 容 简 介

本教材遵循教育部 2012 年 8 月初颁布的《普通本科学校创业教育教学基本要求》中的"创业基础"教学大纲(试行),系统地阐述了开展创业活动所需要的基本知识,包括创业的基本概念、创业者与创业团队、创业机会、创业风险、创业资源、创业计划、创业政策法规、新企业开办与管理网络创业、创业支撑等相关理论和方法,以及大量的相关案例,目的在于使学生树立科学的创业观,掌握创业的基本理论,具备必要的创业能力。

本教材可用作高等院校创业教育课程教材,也可作为正在创业或者准备创业人士以及相关研究、管理人员的参考用书,还可作为大学生创业计划大赛和各种创业培训项目的培训教材。

本教材先后被列入"十二五"江苏省高等学校重点教材和"十二五"普通高等教育本科国家级规划教材。

图书在版编目(CIP)数据

创业基础/梅强主编. --2 版 . --北京:清华大学出版社,2016(2022.8重印)
ISBN 978-7-302-42761-2

Ⅰ. ①创… Ⅱ. ①梅… Ⅲ. ①大学生-职业选择 Ⅳ. ①G647.38

中国版本图书馆 CIP 数据核字(2016)第 021240 号

责任编辑:杜　星
封面设计:汉风唐韵
责任校对:宋玉莲
责任印制:曹婉颖

出版发行:清华大学出版社
　　　　　网　　址:http://www.tup.com.cn, http://www.wqbook.com
　　　　　地　　址:北京清华大学学研大厦 A 座　　邮　　编:100084
　　　　　社 总 机:010-83470000　　　　　　　　邮　　购:010-62786544
　　　　　投稿与读者服务:010-62776969, c-service@tup.tsinghua.edu.cn
　　　　　质量反馈:010-62772015, zhiliang@tup.tsinghua.edu.cn
　　　　　课件下载:http://www.tup.com.cn,010-62770175-4506
印 装 者:三河市金元印装有限公司
经　　销:全国新华书店
开　　本:170mm×230mm　印　张:21.25　插　页:1　字　数:392 千字
版　　次:2012 年 11 月第 1 版　2016 年 2 月第 2 版　印　次:2022 年 8 月第 9 次印刷
定　　价:49.00 元

产品编号:063176-02

再版序

本教材由清华大学出版社于 2012 年 10 月出版,被出版社列为工商管理类重点推荐教材,销售两年多以来,获得了社会广泛认可。先后被列入"十二五"江苏省高等学校重点教材和"十二五"普通高等教育本科国家级规划教材。

由出版社统计,目前选用本教材作为教学使用的高校有数十所,有的作为专业课教材使用,有的作为公选课教材使用。本教材还被江苏省中小企业局等政府部门选用为培训教材。社会普遍反映:本教材遵循教育部于 2012 年 8 月最新颁布的《普通本科学校创业教育教学基本要求》中的"创业基础"教学大纲,既融入了最新创业研究成果,又采用了很多原创性创业案例,符合教学规律和认知规律,能够激发学生学习兴趣,形象而贴切地引领立志创业或在创业征途上的人们认知创业真谛,从而能够使他们树立科学的创业观,掌握开展创业活动所需要的基本知识,具备必要的创业能力。总之,教材编写层次分明,条理清楚,文字规范,语言流畅,实际使用效果好。

近年来,创业教育面对的形势发生了很大的变化。一是国家对创业教育空前重视。2015 年 6 月,国务院出台了《关于大力推进大众创业万众创新若干政策措施的意见》,提出"推进大众创业、万众创新,是发展的动力之源,也是富民之道、公平之计、强国之策"。大学生是"大众创业、万众创新"的主力军,也是"创业带动就业"的指向所在。2015年 5 月,国务院专门发布了《关于深化高等学校创新创业教育改革的实施意见》,提出"深化高等学校创新创业教育改革,是国家实施创新驱动发展战略、促进经济提质增效升级的迫切需要,是推进高等教育综合改革、促进高校毕业生更高质量创业就业的重要举措。要形成一批可复制可推广的制度成果,普及创新创业教育"。更多的创业教育改革举措正在出台,大学生更广阔的创新创业舞台正在搭建。二是创业热潮史无前例。一股创新创业的热流正在涌动:从在校学生到海归精英,从东南沿海到内陆腹地,从3D打印到互联网+……不同人群、不同地域、不同行业,怀着给世界创造价值、实现自我价值的理念,汇入创新创业大潮中,中国正在经历一个史无前例的创业热潮。宽松的政策加上新知识经济带来的机遇,造就了一大批青年创业者,他们凭借技术优势和资本市场的力量,以传统经济不可企及的速度,成长为新一代创业英雄,成为年轻创业者的偶像。这股创业热潮中的一个重要特征是大学生创业,大学生创业已被社会所接受,创业者站在时代风口。

在这样的时代背景下,根据"大众创业、万众创新"的国家战略,依据创新创业型人才的需要,本教材在原《创业基础》教材基础上进行了改版。改版思路是总体上继续遵循教育部于2012年8月颁布的《普通本科学校创业教育教学基本要求》中的"创业基础"教学大纲,在此基础上,适当充实内容,以强化创业知识内容的新颖性、系统性、实用性和准确性。

第一,强化了内容的新颖性。为使大学生掌握创业前沿动态,提高大学生探究学习兴趣,在保持了第1版中原7章结构的基础上,增加了第8章"网络创业",显现本教材编著团队对网商这一特殊创业群体研究的重视,对接"互联网+"这一时代背景,促进互联网生态创业创新的发展。此外,部分章节更新了相关资料数据,剔除了过时的内容。第二,强化了内容的系统性。本教材以创业者的创业进程为主线,以影响创业进程的内外部要素为核心,为涵盖创业基础理论知识的核心内容,在已有创业内部要素详细阐述基础上,增加了第9章"创业支撑"。这章阐述了创业外部要素,主要是以近年来本团队理论研究成果要点为主要依据,并对团队与江苏省中小企业局多年合作的创业服务和辅导工作成果进行提炼,能使学生了解创业进程中可以利用的外部软硬件要素。第三,强化了内容的实用性。本团队对新创企业进行了调查研究,新编了一些原创性创业案例,尤其是新编了一部分大学生创业的案例并将其选编到本教材之中,从而提升了教材的实际指导价值。第四,强化了内容的准确性。本版修订了第1版教材中个别的文字错误和疏漏内容。

第2版教材由梅强主编,其中:第1章由毛翠云修改撰写;第2章由梅强、赵观兵修改撰写;第3章由赵观兵修改撰写;第4章由梅强、文学舟、赵观兵修改撰写;第5章由郭龙建修改撰写;第6章由梅园、李昕修改撰写;第7章由周辉、徐慧珍、胡桂兰修改撰写;第8章由胡桂兰撰写;第9章由梅强、赵观兵撰写。最后,梅强提出各章修改意见,并对全书进行统稿定稿,赵观兵全程参与统稿定稿。

再次衷心希望所有读者都能从本教材中领悟到创业管理的真谛,为大家未来创业助一臂之力。

由于作者水平有限,错误在所难免,敬请广大读者批评指正。

梅　强

2015 年 6 月 30 日于江苏大学

前言

　　创业以特有的魅力改变着一个又一个国家或地区的经济发展轨迹，创业已成为这个时代的主旋律和最强音，英雄式创业人物不断催人奋进。但对多数人来说，创业是充满未知与挑战的险途，创业需要激情的涌动，更需要理性的思考。我国创业实践活动的现状是，创业愿望强烈但创业技能比较低，创业实践快于创业理论和创业教育。早在 20 世纪 80 年代的改革开放初期，就有很多人开始了创业实践活动，由此产生了中国的第一次创业浪潮。近年来，我国的创业实践活动由稚嫩期逐渐迈入成熟期，创业者个人自发创业活动的种种不足日益凸显出创业教育的薄弱。

　　面对大学生目前就业难的形势和创业与生俱来的风险性的双重背景，加强对高校大学生的创业教育势在必行。2010 年，全国大学生自主创业的人数总计达到 10.9 万人，虽比往年有明显增长，但在毕业生总人数中的比率还不到 2%，与发达国家 20%～30% 的大学生自主创业比例还有很大的差距。因此，创业教育具有极强的现实性，不仅有利于增强大学生的创新能力，还可以开辟新的就业渠道，缓解日益加重的就业压力，并且有助于从长远和根本上解决大学生的就业问题，具有重大而深远的意义。在这样的背景下，教育部在 2012 年 8 月初出台了《普通本科学校创业教育教学基本要求（试行）》，对大学生创业教育进行了规范和指导。

　　本人作为我国率先研究中小企业的学者之一，自 1996 年承担联合国开发计划署资助项目"小企业改革与发展"起，以本人为首的科研团队坚持不懈地研究中小企业的发展，主持完成了一批国家自然科学基金项目、国家社会科学基金项目、国家软科学项目，累积了一大批相关成果。跨入 21 世纪,本团队在前期研究基础上,开展了大量的创业管理科研和教学工作,先后在研究生、本科生中开设了《创业管理》课程,主编出版了《创业管理》教材,也取得了一批相应的教学研究成果。领衔的《创业管理》课程被评为国家精品课程、国家级精品资源共享课程;2012 年,主讲的《创业人生》课程入选中国大学视频公开课;2008 年,被江苏省中小企业局聘为"创业辅导大师",并被江苏省教育厅、江苏省团省委等授予"江苏省大学生创业计划竞赛优秀指导教师"。这一系列的工作孕育了本书——《创业基础》教材的诞生。

本教材具有以下鲜明特色:一是新颖性。全书遵循教育部刚刚于 2012 年 8 月初颁布的《普通本科学校创业教育教学基本要求(试行)》中的"创业基础"教学大纲(试行),进行内容的合理编排,教材结构、要点、目标与该教学大纲要求完全一致。书中引入了本团队多年来在中小企业及其创业管理方面丰硕的科研成果,做到科研反哺教学,通过七个方面深入浅出的阐述,形象而贴切地引领立志创业或在创业征途上的人们认知创业真谛,从而能够使读者树立科学的创业观,掌握开展创业活动所需要的基本知识,具备必要的创业能力。二是实用性。书中大量采用了原创性案例。本团队通过深入、全面地对江苏省数十家创业企业进行调查研究,编写了 20 多个原创性的创业案例,绝大部分已出版,从中将部分案例选编到本教材之中。书中也有大量的在创业过程中具有可操作性的知识内容。

本教材在原《创业管理》教材基础上进行了较大的改动,根据《普通本科学校创业教育教学基本要求(试行)》,修改完善了相关内容。参与本教材编著的人员都是江苏大学中小企业发展研究中心(江苏省首批社会科学研究基地)的团队成员,本教材编著工作的分工如下。

本书由梅强主编,其中:第 1 章由毛翠云(第 1,2 节和第 3 节的部分)、陈永清(第 3 节的部分)编写;第 2 章由梅强(第 1 节)、赵观兵(第 2 节)编写;第 3 章由赵观兵编写;第 4 章由梅强(第 1 节)、文学舟(第 2 节)、赵观兵(第 3 节)编写;第 5 章由郭龙建编写;第 6 章由梅园(第 1 节)、李昕(第 2 节)编写;第 7 章由周辉(第 1,2,3,5,7 节)、徐慧珍(第 4 节)、胡桂兰(第 6 节)编写;第 8 章由胡桂兰编写;第 9 章由梅强、赵观兵编写。最后,梅强提出各章修改意见,并对全书进行统稿定稿,赵观兵全程参与统稿定稿。

徐占东、张健、张兵、陈雨峰等人参与了本书相关资料的收集整理工作,在本教材的编写和出版过程中,还得到了许多其他人士的帮助和支持,在此一并深表感谢。

本书可用作高等院校创业教育教材,也可用作正在创业或者准备创业人士的指导用书。

最后衷心希望所有读者都能从本教材中领悟到创业管理的真谛,愿本教材能助大家未来创业一臂之力。

由于作者水平有限,错误在所难免,敬请广大读者批评指正。

梅 强

2012 年 9 月 30 日于江苏大学

目 录

第 1 章

创业、创业精神与人生发展

本章要点

- ☺ 创业的概念、功能和类型
- ☺ 创业过程
- ☺ 创业精神的内涵、本质、作用和培养
- ☺ 知识经济时代下创业的特征和意义
- ☺ 创新型人才的素质要求
- ☺ 创业教育、创业精神培养对大学生职业生涯发展的意义和作用
- ☺ 国内外大学生的创业活动

导入案例

永不放弃就会创造奇迹

吴多辉在江苏大学读大三的时候,就产生了自主创业的想法。于是向一位优秀学长进行咨询,而学长的第一句话就是:"你手里没有个一百来万,不要谈创业。"当时,他只有一千多块钱,而且还是那个学期的生活费,但创业梦想并未就此破灭。不久,他和另外两个创业伙伴一起在学校里租了一间门面房,踏上了创业的征途。从最初经营格子铺,到后来创办了中国第一所创新教育学校——环球创新学校,开创了中国大学生"创新人才"培训先河,创立了"小院士"科学实验班品牌,发动了"一人一创"全民创新运动。其间,他遇到了许多困难,有一次,去扬州小商品批发市场批货,为了节省往返的几块钱车费,他们三个人早上天蒙蒙亮就骑自行车出发,晚上十一点才回到学校,屁股上还因此长了好多疙瘩。尽管创业的路崎岖坎坷,但他坚持不懈,永不放弃,取得了可喜的成绩。截至 2011 年 5 月,环球创新学校已经培训了 300 多名创新学员,有部分学员已经开始发明并申请国家专利。吴多辉已被《中国教育报》、新华网等 100 多家新闻媒体和网站报道。

资料来源:根据《中国青年报》(2011 年 10 月 31 日)改编.

1.1 创业与创业精神

1.1.1 创业的定义和功能

1. 创业的定义

纵观创业学术研究史,不难发现创业已经充斥社会的各个领域,学者们对创业的定义也是见仁见智,其中有两大学派的定义被广泛接受。以斯蒂芬森(Howard H. Stevenson)为代表的哈佛商学院学派认为,创业是不拘于当前所控制资源而探寻机会并创造价值的过程;以蒂蒙斯(Jeffry A. Timmons)为代表的百森商学院派认为,创业是一种思考、推理和行动的方法,它不仅要受机会制约,还要求创业者有缜密的实施方法和讲求高度平衡技巧的领导艺术。哈佛商学院学派强调了创业的本质,即创业的本质在于把握机会,不是等到资源齐备后再去寻找机会,而是机会在先,资源整合在后;百森商学院派既强调机会的重要性,同时也强调创业者实现创业,并创造价值的方法。因而,两种定义各有所长,各有侧重。

本书认为,创业是创业者积极地探寻机会,积极整合资源,充分利用机会,实现价值创造的过程。创业具有以下特点。

第一,创业是创造具有"更多价值的"新事物的过程,这个过程并不是有能力、有资金、有头脑就可以达到,还需要有运气。很多人觉得自己各方面条件都很好,但是一做就失败,这就是所谓的运气不太好。

第二,创业即创建一个新的事业,个人需要投入大量的时间精力,付出巨大的努力。

第三,创业需要承担风险,风险不仅仅源自经济方面,还来自精神、社会及家庭等方面。

第四,创业不只是有金钱的回报,而且还能实现自我价值、远大理想,带来无穷的欢乐与分享不尽的幸福。

2. 创业的功能

自20世纪80年代以来,国外经济和管理学界就一直非常重视"创业"这个十分重要和活跃的领域。这主要是由于创业作为经济发展的原动力,在促进经济高速增长、加速技术创新和科技成果转化以及增加就业机会、缓解社会就业压力等方面的作用日益突出和增强。现阶段在我国推行创业,具有以下功能。

第一,促进城乡结构的优化,加快我国城市化进程。打破我国长期形成的城乡二元经济结构,小城镇建设、农业产业化、农村剩余劳动力转移,主要依靠无数异常活跃、自主经营的小业主及微小企业构造的微观运作平台。它们是"公司+农户+

基地"的基础力量,是进城进镇务工经商的主力军,是城镇房地产(住宅和商铺)的重要消费者。

第二,促进产业结构优化,加快第三产业发展。服务业是能够容纳大量劳动力的产业,一般比工业多2~3倍。鼓励在第三产业创业,能迅速提高我国第三产业在国民经济中的比重,同时改善人民生活水平和提高生活质量。

第三,促进所有制结构的优化。创业的微型和小型企业从所有制性质看都是私营和民间资本,国有资本将从国民经济竞争领域逐步退出,此时需要民营企业及时去填补和置换国有资本。因此,扶持创业小企业做大做强具有重要意义。

第四,促进经济规模结构的优化。只有积极发展成千上万"小而专""小而特""小而精"的微型和小型企业,并形成社会化生产和服务体系、金字塔形的大、中、小型企业规模结构,才能具有国际竞争力。

第五,促进投资结构的优化,加快民间投资进入。目前在市场紧缩、消费疲软、民间投资意愿不强的情况下,主要依靠政府的投入支撑国民经济发展,从长远看积极财政政策的效果是有限的。大量民间资本的创业对国民经济的增长有直接贡献,其投资效率也是很高的。

第六,带来劳动力就业的倍增放大效应。创业不单是创业者个人创下自己的一份事业、产业,而且还创造出新的就业机会。比如一个小型企业能够吸纳3~5个人就业。

第七,提高政府就业管理工作效能。通过创业带动就业的杠杆作用,政府减轻了就业服务工作量,提高了就业服务工作效率。

第八,通过一大批创业的微型、小型企业的设立和成长,还能够增加国家税源,成为国民经济的新增长区域;成千上万以勤俭、诚信创业的小业主将成为中产阶级的中坚力量,为发家致富提供正面的典型示范,其社会效果和经济效果不可估量。

1.1.2 创业的要素和类型

1. 蒂蒙斯的创业要素模型

蒂蒙斯(Timmons)在长期的研究工作中提炼出了创业要素模型,如图1-1所示。

蒂蒙斯认为创业有三个要素:机会、团队和资源。该模型的含义主要有以下三个方面。

第一,创业机会是创业过程的核心驱动力,创始人或创业团队是创业过程的主导者,资源是创业成功的必要保证。创业过程始于创业机会,而不是资金、战略、网络、团队或商业计划。开始创业时,创业机会比团队的能力和资源更重要。在创业过程中,资源与商机间经历着一个适应→差距→适应的动态过程。成功的创业者

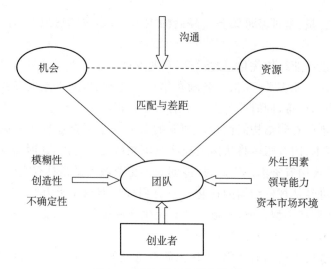

图 1-1　蒂蒙斯创业要素模型

和投资者都知道,一个好的思路未必是一个好的商机。实际上,以商业计划或商业建议等形式呈送给投资者的每 100 个思路中,通常仅有一两个最后会成为投资对象。所以,对创业者和投资者来说,学会快速估计是否存在真正的商业潜力,以及决定该在上面花费多少时间和精力是一项重要的技能。

第二,创业过程是商业机会、创业者和资源三个要素匹配和平衡的结果。处于模型底部的创始人或创业团队要善于配置和平衡,借此推进创业过程,他们必须做的核心过程是:对商机的理性分析和把握,对风险的认识和规避,对资源的最合理的利用和配置,对创业团队适应性的分析和认识。

第三,创业过程是一个连续不断地寻求平衡的行为组合。在三个要素中绝对的平衡是不存在的,但企业要保持发展,必须追求一种动态的平衡。保持平衡的观念展望企业未来时,创业者必须思量的问题是:目前的团队是否能领导公司未来的成长、资源状况;下一阶段所面临的陷阱。这些问题在不同的阶段以不同的形式出现,牵涉企业的可持续发展。

总之,创始人或创业团队必须在推进业务的过程中,在模糊和不确定的动态的创业环境中具有创造性地捕捉商机、整合资源和构建战略、解决问题的能力,要勤奋工作、勇于牺牲。创业者在创业过程中就像一个杂技表演者,一边要在平衡线上跳上跳下,保持平衡,一边还要在动荡的处境中进行各式各样的表演。

2. 创业的类型

1) 生存型创业和机会型创业

该分类首次由全球创业观察项目依据创业者的创业动机提出,将创业分为生存型和机会型两类。一般来说,生存型创业被认为是创业行为出于别无其他更好的选择,即不得不参与创业活动来解决所面临的困难。因为所有的其他选择不是没有就是令人不满意,所以创业者必须依靠创业为自己的生存与发展谋求出路。不少下岗职工的创业行为便属于这种类型。而机会型创业被认为是创业行为的动机出于个人抓住现有机会并实现价值的强烈愿望,创业来自更好的机会选择。比尔·盖茨创建微软公司显然属于机会型创业。根据全球创业观察报告,全球的创业活动以机会型创业为主,占三分之二,生存型创业为辅,占三分之一;而我国的创业活动则以生存型为主。我国的创业活动主要是由于创业者别无更好的选择而不得不做出的一种选择的结果。

2)个体创业和公司创业

按照创业活动的主体差异,可将创业分为个体创业和公司创业。个体创业主要指不依托于某一特定组织而开展的创业活动,而公司创业主要指依托于某一特定组织而开展的创业活动。虽然就创业本质而言,公司创业与个体创业有许多共同点,但是两者还存在一些明显的区别,如表 1-1 所示。

表 1-1　公司创业与个体创业的区别

类型	公司创业	个体创业
范围	在已有的组织环境下的创新,要考虑组织的物质、人力资源以及其他约束条件	通常并无此限制
获得的支持	可以从现有组织的制度、管理、资源等诸多方面汲取养分	一般能得到的最多是风险资本的投资
风险	在公司内部有限范围内的激进式变革,哪怕失败,也不会影响整个组织的生存	更像是"赌博"
规划	更关注如何将短期与长期利益协调发展,并制订详细的计划、预算	以追求短期利益为主,以抓住时机为手段,避免制订详细的计划
障碍	最大挑战来自行政组织体制和既定的企业文化	可能来自资金的短缺和管理层面、操作层面的技巧

3)商业创业和公益创业

商业创业,已经是妇幼皆知,简单说就是拿钱生钱。换句话说,就是用一定的启动资金去赚钱,其目的就是创造经济价值。

而公益创业则不然,它是一些人基于社会使命和责任感,为谋取公众社会利益的创业行为。公益创业是指个人或者社会组织在社会使命的激发下,追求创新、效率和社会效益,以及面向社会需要,建立新的组织向公众提供产品或服务的社会活动。公益创业强调创业的社会利益的兼顾以及非营利组织的创业。

自 2006 年孟加拉国乡村银行创始人尤努斯获得诺贝尔奖后,全球范围掀起了一场公益创业的热潮。但中国公益创业整体起步较晚,2009 年前后,伴随着"团中央青年恒好公益创业行动""英国大使馆文化教育处社会企业家技能项目""清华大学公益创业实践赛"等一系列活动比赛在国内的开展,公益创业在中国开始萌芽。如今,人们逐渐意识到公益创业对于社会和谐发展与推进社会治理能力提升的重要性,一个以"公益创业"为核心,为实践孵化、教育培训、传播推广、投资交流等为配套的生态系统初步形成。

公益创业,创业是手段、方式,公益是目的。根据参与公益创业的方式不同,可以将公益创业者分为以下四种类型。

第一,参与型。参与型的公益创业者,有点类似志愿者、义工。他们利用自己工作、学习之外的时间,根据自己的专业技能、兴趣爱好等参与公益创业实践,为公益创业项目的实施贡献力量。但又不同于木偶式、充人数式、形式化的志愿者,参与型的公益创业者是秉着真心来参与解决社会问题的。严格意义上来说,还不算公益创业者,但他们参与了公益创新项目的创造,且极有可能成为潜在的未来公益创业者。

第二,深度参与型。深度参与型的公益创业者,多为公益创业机构的核心志愿者骨干,或全职员工,这部分群体可以是全职负责机构的某部门,也可以是兼职解决机构的某部门。深度参与型的公益创业者对公益创业机构的发展有很大的贡献,因为这种参与不是短期的一两天,而是长期陪伴式的参与。但他们对机构的发展不负最终责任。通常把这部分人称作公益创业机构的"发烧友"。

第三,主导型。主导型的公益创业者,可以是机构创始人、联合创始人、草根团队的创始人以及某机构旗下的公益创业项目的负责人等。这部分人多为全职公益创业者,兼职的草根公益创业团队创始人也属于此类,他们主导着公益创业项目的发展。

第四,公益创业家、社会企业家。公益创业者的最高层次就是成为社会企业家、公益创业家,也可以称这部分人为"深度主导型"的公益创业者。这部分人可能原本是企业家,也可以是公益机构领导人,他们不但是机构或项目的创始人,而且已经有成熟的运营模式,能够实现可持续发展。我们给这部分群体的称号是"社会企业家"或"公益创业家"。

1.1.3 创业过程

创业不是一个独立的事件而是一个过程,是一个随着时间的延长而各个阶段紧密相连的过程。创业的本质是创造或认识到新事物的商业用途（识别它是一个机会），并积极采取行动将机会转变成可行的、有利可图的企业（夏清华，2007）。这里引用巴隆（Robert A. Baron）和谢恩（Scott Shane）（2005）关于创业的概念，创业是一个随着时间而展开的动态过程。经济学家罗伯特·荣斯达特（Robert C. Ronstadt）提出，"创业是一个创造不断增长的财富的动态过程"。创业过程可以分为机会识别、资源整合、创办新企业、新创业的成长与可持续发展四个主要阶段。

1. 机会识别

创业机会的识别是创业过程的起点，是创业过程的核心，也是创业管理的关键环节。创业机会是由经济、技术和社会这些处于持续变化状态的因素产生的，所以创业者在机会识别时应该具备敏锐的嗅觉，把握稍纵即逝的机会。对创业者来说，机会识别旨在识别能为市场创造或增加新价值的产品或服务，创业机会意味着创造价值和财富的可能性。创业者识别机会的过程实际上就是搜集处理信息的过程，创业者凭借其以往对市场、产业或技术知识的积累等对搜集的信息进行正确的分析与判断。

大多数创业者都是把握了商机而成功创业。例如，蒙牛的创始人牛根生看到了乳业市场的商机，好利来的创始人罗红看到了蛋糕市场的商机。在现实生活中，这样的例子不胜枚举。在这个阶段，新企业还是一个朦胧的状态，通常是没有一个具体的创业经营计划，产品或者服务和营销模式还没有完全确定，各种资源没有落实，创业者之间仅仅有初步的合作意向而已。创业机会识别最重要的是机会发现和机会评估两个环节。这其中有许多问题需要研究，比如，创业机会来自哪里？为什么某些人能够发现创业机会而其他人却不能？通过什么形式和途径识别创业机会？是不是所有的创业机会都有助于创业者开展创业活动并创造价值？

创业机会是一种情境，在该情境中，技术、经济、政治、社会和人口条件变化产生了创造新事物的潜力。其中，技术变革是有价值创业机会的最重要来源，它能使人们以新的、更有效率的方式做事，技术带来的改良原有事物的可能性使技术变革成为创业机会的最大来源。另一个重要的机会来源是社会变革。这些变革使人们能够开发商业创意，从而用新的方法使用资源，这些方法或者更有效率，或者将财富从一个人重新分配给另一个人。

不是所有的机会对创业者都有同等的价值，因为创业者资源有限，不可能去追逐他所面临的每一个机会，因此必须去选择那些回报潜力大并且有能力去利用和好利用的机会。对市场机会进行认真细致的评估对于创业者是至关重要的。在进行机会评估时最重要的是建立获取信息的有效渠道并有效利用信息。

2. 资源整合

如果说机会识别的过程是把一个一般的、泛泛而谈的创意打造成一个较具体的商业概念的过程,那么资源整合就是创业者开始有开创企业的意向,并将必要的资源引进自己控制的范围。这与拥有产品或服务的创意是两个完全不同的概念。很多新企业在几年之内就失败了,根本原因在于没有做好这方面的准备工作。

当把握住了能够创造价值的商机时,这仅仅是创业的开始,这时必须采取积极的行动。创业过程之所以产生,就是由特定个体做出了创业决策并且采取了行动。此时创业者必须整合一系列的必要资源如人力、物力、财力等。如果不能很好地整合各种资源,那么再好的商机也是不能充分发挥作用的。

筹集、整合开办企业的资源至关重要,人、财、物是任何组织都必须具备的基本要素,创业活动也是如此。对于打算创业并识别到创业机会的创业者而言,想要成就一番事业,就要凝聚一批志同道合的人,共同承担创业风险,共享创业成果。创业者需要整合的另一种基本的重要资源就是资金,在创业过程中被称为创业融资。拟订一个正式的创业经营计划书,对如何利用这些资源创建一家企业,并为将来经营企业提供指导。

3. 创办新企业

企业的创办需要进行大量的准备工作,其中创业计划、创业融资和注册登记尤其关键。当前面的工作都已经完成之后,就可以开始创业的实际环节了——创办一个企业。新企业的创办涉及很多方面,并且是一个复杂的过程,包括产品和服务的开发,经营团队的建设等。

新企业的创办是衡量创业者创业行为的直接标志。创办新企业包括新企业制度设计,新企业的注册,新企业经营地址的选择,确定新企业进入市场的途径等。确定要创办新企业,还必须注意两个关键问题:一是新企业的市场定位与策略。新企业应避开与大型企业相比较所存在的弱点,充分发挥企业自身的优势,寻求市场夹缝,以有限的实力,尽快打开局面,在激烈的竞争中争得一席之地,求得生存。二是合理规划新企业竞争优势,建立模仿障碍。

创业者整合资源和创办新企业的目的是实现机会价值,并通过实现机会价值,成功收获回报来实现自己的创业目标。这显然是创业过程中的重要环节,也是创业过程中的一个关键阶段,即将新企业发展成为一个能够生存、成长且不断盈利的公司。

4. 新企业的成长与可持续发展

企业创立后,不管情况怎样,都会进入一定的成长阶段,然后视成长阶段企业的绩效,来决定是否退出或进入可持续发展阶段。在新企业创立期和成长期,企业资源相对匮乏,管理经验不足,创业者一个人的力量不足应对,需要创业团队发挥重要作用,以及外部环境的高度支持。只有这样,新企业才可顺利度过这一阶段,进入可持续发展状态。

这个阶段是新企业从起步走向成熟的时期,这个时期的企业产品和服务逐渐得到市场的认可,生产和销售开始得到提升,而产量的提升必然带来成本的下降,市场的认可又进一步促进了产品的生产和销售,形成了良性循环。企业的规模进一步扩大,员工增加,各个部门之间的关系也逐渐清晰和明确,管理开始逐步系统化,企业的研发能力也慢慢增强,与此同时企业的声望和品牌价值也不断提升。在这个时期内,新企业的管理体系已经初步形成。通常,新企业在创立之初受业务量、资金、场地等客观条件的限制,不可能像大企业那样拥有系统的管理机构,各个部门的职能划分并不严格。但是随着业务量的上升和人员的增加,形成系统的管理体系就成了当务之急。在企业成立和生存阶段,创业者在企业中处于核心地位,其技能、才干和素质对企业的成功是关键的。然而随着企业的扩大,创业者的精力有限,不能解决和监控所有问题,创业者授权的重要性开始上升,这就要求创业者重新定位自己的角色。他应该根据公司的需要和自身的能力对自己的角色重新定位,寻找一个自己能够做出独特贡献的角色,这是创业者向企业家转变的关键所在。这一阶段,随着企业产品的市场竞争日趋激烈,企业要想实现可持续发展,创新的能力就成为另外一个关键。

1.1.4　创业精神的内涵、本质、作用和培养

1. 创业精神的内涵

创业精神是独立生存的自信心和不断创新的进取心的统一,表现为对生存环境的主动适应、对文化与生活的综合阅读和对奋斗目标的执着追求。它指的是一个追求机会、创造价值和谋求增长的过程,强调通过个人或群体的努力,以创新和独特的方式达到创业的目的。该定义颠覆了资源在传统创业观念中的地位,隐含的是一种创新行为。哈佛大学商学院的定义更加直接:"创业精神就是一个人不以当前有限的资源为基础而追求商机的精神。"认为创业精神代表一种突破资源限制、通过创新来创造机会的行为。

"创业精神"是从英文"entrepreneurship"翻译而来,指企业家精神及企业家的身份、能力等。所以,现代意义的创业精神,就是企业家精神,这种精神源自西方。在17世纪的西欧,创业同风险开始联系在一起:当时的企业家制订商业计划,首先要同政府签订合同,合同的价格是固定的,产生的利润或亏损全部由企业家来承担。到了18世纪,工业革命促进了发明创造,但发明家并没有足够的财力来支撑他们的发明活动,这就促使风险投资者的出现。于是,作为需要资本的企业家、创业者,同资本的持有人——风险投资者就区别开来了。因此,企业家精神不能等同

于冒险家精神。美国当代著名的"管理学之父"——德鲁克(Peter F. Drucker)引用一位成功企业家的话说:"我认识的成功人士都有一个唯一的共同点——他们不是'冒险家'。他们设法确定所必须承受的风险,然后把风险减小至最低限度。不然的话,我和他们都不会成功。"到了 19 世纪末期,企业家仍然是作为个人为了获利而组建并运作企业的人士来看待的。但是,到了 20 世纪,美籍奥地利著名经济学家熊彼特(Schumpeter)指出,企业家是那些有眼光、有能力、敢于冒一定风险的实现创新的人,他们不但受追求最大限度利润这一动机的支配,而且受一种非物质的精神力量("事业心""荣誉感""成功欲望"等)的支配。熊彼特认为,正是这种"企业家精神"导致创新,而创新是一种"创造性毁灭"旧事物的过程。有了创新,经济才能前进。熊彼特对创业精神(企业家精神)的理解,同德国著名学者韦伯(Max Weber)关于新教伦理与资本主义精神的理解是不谋而合的(尽管也有区别)。韦伯认为,这种"新的精神渗透到经济生活中去从而起了决定性的作用。推动这一变化的人,既精打细算又敢想敢为。最重要的是,所有这些人都节制有度,讲究信用,精明强干,全心全意投身于事业中",他们"在现代经济制度下能挣钱,只要挣得合法,就是长于、精于某种天职的结果和表现"。韦伯称颂这种精神为"美德和能力"。这样一种导致创新的创业精神,离不开对机会的捕捉与利用。"创新是利用机会的关键。商机就是用不同的方式把事情做得更好的'可能性'。创新是能够把事情做得更好的、与众不同的做事'方式',因此创新是利用商业机会的'工具'。"

由此可知,创业精神这一概念是历史的、具体的,是发展着的,是同风险、创新、机会等联系在一起的,指的是善于捕捉和利用机会,敢于承担必须承担的风险,为创造某种新的价值,努力发挥创造力、实现创新的一种勇往直前的文化与心理过程。创业精神可以推动科技创新、开发新产品、创造新服务、开拓新市场,也可以再造企业、成就企业家等。

2. 创业精神的本质

1)自主精神

自主精神是创业精神的基础。创业具有实践的各种特征,它以自然和社会为活动的客体,以促进人和社会的发展为目的,其结果是实现人和社会的共同发展和改造。如果对创业实践做具体的分析,就会发现它除了具有实践活动的普遍性外,还具有高于一般的实践活动的特征:在人的自觉能动性方面,它特别突出了人的自主精神,即自由创造、自主创业、自立自强的精神,这种自主精神就是创业精神的基础。创业精神的强弱,取决于人们自主创业的意愿,这种意愿也就是人的创业需要、创业动机,以及由此升华而成的创业理想,它构成人们的创业意识。创业意识从本质上说就是一种自强自立的精神,它是人们创业的内在动力,是创业精神的基础内容。需要越强烈,动机越纯正,理想越切合实际,信念越坚定,创业精神就越持久、越稳定。有了这种持续稳定的精神支持,创业活动才会持之以恒,愈挫愈勇。

2)创新精神

创新精神是创业精神的核心。创新精神之所以成为创业精神的核心,归根到底是由创业活动的开拓性所决定的。由于创业是一种创造性的活动,它本身就是对现实的超越,是一种创新。因此,创业离不开创新。美国著名管理学家德鲁克认为:"创业就是要标新立异,打破已有的秩序,按照新的要求重新组织。"因为"理论、价值以及所有人类的思维和双手创造出来的东西都会老化、僵死……我们需要的是一个创业的社会,在这个社会中,创新和创业精神是正常、稳定和持续的。正如管理已成为所有现代机构的特有机制,成为组织社会的主体职能一样,创新和创业精神也必须成为保留组织、经济和社会之生存所不可或缺的活动"。的确,创业就意味着创新,创新就意味着突破。具体到精神领域,则意味着要形成将变革视为正常的、有益现象的精神,形成一种寻找变革,适应变革,并将变革当作开创事业的机会的精神,形成一种赋予资源以新的价值的创造性的行为能力,这就是创新精神。

3)务实精神

务实精神是创业精神的归宿。务实精神是中华民族自古以来就普遍重视和提倡的一种精神,它包括多重含义,要求人们办实事、求实效、立实功,躬行践履,不尚空谈,脚踏实地,实事求是,以至达到名与实相符。"立业建功,事事要从实地着脚。"古之成大事者,莫不将务实作为精神利器。务实精神是中华民族的传统美德,也是创业精神的落脚点。创业就是要创立一番事业,它是一种实实在在的实践活动,要扎扎实实地付出艰苦的努力。因此,讲求实效,注重结果,踏实干事等务实精神,是创业精神的最终归宿。有了创业的意识、创业的目标,拥有了知识、才能和品德,还只是具有了一种潜在的精神,只能说这种精神具有了某种内在的价值。要使这种内在的价值转化为外在的价值,实现其价值,还必须靠脚踏实地的、创造性的劳动。没有这种务实的劳动,人就无法确定创业精神与社会需要之间的价值关系,就无法使创业的理念变成现实,使创业的计划变成财富,也无法实现其创业的根本价值。

3. 创业精神的作用

1)创业精神对个人进步的推动作用

创业精神在潜能性创新人才向现实性创新人才转化过程中发挥出独特的作用。它推动着主观创新能力向现实创新能力的转化,推动着观念思维操作向行动思维操作转化,推动着观念蓝图向创新实践蓝图转化,这三大转化是创业精神作用的突出表现。

第一，创业精神是推动主观创新能力向现实创新能力转化的精神力量。创业精神自觉能动性的创新功能，不仅拓展出主观创新能力，而且推动着主观创新能力向现实创新能力的转化。创业精神旨在自觉能动地进行新的创新，这种转化形式是观念创新能力、形象创业能力、实践创新能力，并循环往复，不断深化，推动自主创新能力的提高和发展。

第二，创业精神是推动着观念思维操作能力向实践思维操作能力转化的精神力量。所谓思维操作是指思维主体操作认知思维方式的观念操作活动。按照思维整合的不同组织形式，思维操作可分为观念思维操作(创意思维操作)、形式化思维操作(数学表达思维操作)、形象思维操作(创业形象蓝图)和动作思维操作(实践思维操作)。这种转化形式是观念思维操作、形式化思维操作、形象思维操作、动作思维操作的循环往复，不断深化，推动思维操作能力的提高和发展。

第三，创业精神是推动创新观念蓝图向创新实践蓝图转化的精神力量。创业精神自觉能动地体现为一系列的创新蓝图。这些创新蓝图不是孤立的、静态的，而是彼此有机联系的、动态转化的。这种转化形式是创新观念蓝图、创业形象蓝图、创新实践蓝图，如此循环往复与不断深化，推动创新精神引导创新蓝图设计能力的提高和发展。

2) 创业精神对社会发展的推动作用

创业精神从本质上说是在动态变化的环境下识别和抓住机会，并加以有效利用的能力。越来越多的学者发现，在创业精神较为活跃的地区，经济发展水平往往也较高，即"创业精神是经济增长的发动机"。

在当今的知识经济时代，一个毋庸置疑的事实是，即使资源丰富或者金钱充足，也不能必然使一个国家变得强盛，唯独源源不断的创新能力以及高新技术的产品和产业，才是一个国家综合国力竞争的焦点和富强的体现。具有创业精神的企业家，是推动技术创新的重要力量，能够将科学和发明由潜在的生产力转变成为现实的生产力，使企业进入良性的发展周期。只有企业家立足自主创新，促进自主创业，才能提升区域经济发展的综合竞争力。

4. 创业精神的培育

创业精神作为一种积极的思想观念和精神状态，对个人的进步和社会的发展具有十分重要的推动作用。因此，新时期大学生创业教育必须着力在大学生中弘扬和培育创业精神。开拓创新的精神，既要与时俱进，更新教育目标、内容和方法，推动学科自身的发展，又要以同样的进取精神引导学生紧跟时代步伐，寻求变革、适应变革，为大学生今后的创业提供精神动力与支持。

1) 创业教育

伴随着知识经济的来临,知识和具有创新能力的人才成了最重要的生产要素。参照欧美 20 世纪 80 年代以来的经验,要突出强调创业教育,着重培养学生的创业能力。我国是一个发展中的人口大国,就业压力十分沉重,这就更需要从学生时代就开展创业教育。从深化教育改革来讲,我国的教育已从应试教育逐步走上素质教育的轨道。创业教育不但是素质教育的一部分,而且是素质教育的深化。创业教育强调提高大学生的创业能力、择业能力和适应能力,不仅要注重学生创业意识和创造型人格的培养,还要帮助学生建构创业型的知识结构。进行创业教育,要重实践。我国大学教师缺乏实践经验,国外大学教师经常在企业做咨询工作,这样,教起学生来才不至于纸上谈兵、不切实际。所以,培养一支创业教育的教师队伍是迫在眉睫的任务。

2) 企业创业文化的培育

弘扬创业精神,对于企业来讲,就是要培育以创业精神为核心价值取向的企业文化。企业文化培育要着眼于人,通过对企业员工及其思想文化背景的分析,对企业发展目标与企业所处的竞争环境的深切把握,提出创建有利于弘扬创业精神的企业文化发展的目标和切实可行的行动方案,然后不断实施这一方案并在实践中对方案进行修正。这样不断地巩固与发展已创建的企业文化,包括企业的物质文化、行为文化、精神文化与制度文化,企业的发展壮大就有了主心骨与灵魂。

3) 创业社会氛围的培植

创业和企业家的生存与发展,一定要有一个良好的社会环境与文化氛围。从整个社会精神文化的视角来看,诚信是创业最重要的社会氛围。如何形成有利于创业的诚信社会氛围呢?这就要加速建立我国社会信用体系。首先,建立信息公开机制。要用信息公开来保证信息可靠,避免因信息不对称而影响公平交易。经济交往的双方,要靠出具的可实证的资料,并对这种资料进行分析、评估,来进行交易。从政府来讲,要带头做到各部门的公共信息向社会开放。其次,加快完善信用立法和执法。从国家来讲,需修改完善商业银行法、反不正当竞争法等相关法律。各省可制定出台一些地方法规,明确失信的法律边界,建立失信惩处机制,对市场进行信用规范。而政府应相应地完善信用监督和管理体系,依法公正监督市场主体间信用执法。再次,促进信用中介服务行业的市场化发展。要发展信用中介服务机构,就要依法规范公共信息、征信数据的取得和使用的程序。企业内部信息管理也必须规范化、制度化。信用中介服务机构及其相关行业协会,也必须在政府的有效监督、管理之下加强自律。最后,通过宣传教育,强化市场主体的现代诚信观念。讲信用属于社会公德。党和政府以及各有关组织,要利用组织的力量和舆论的渠道,并用典型示范的方法,使现代诚信观念深入人心。

1.2　知识经济发展与创业

科学技术的日新月异和经济社会发展的快速转型,决定了求变才能生存、创新才能发展。同时随着社会的发展,原来以物资和资本为主要生产要素的经济模式已逐渐被知识经济所代替。在现代社会的经济发展过程中,知识经济所创造的社会价值已经远远超出物资和资本经济所创造的社会价值。因此,经济社会发展快速转型、大力发展知识经济的背景,为创业热潮兴起提供了肥沃的土壤和适宜的环境。

20世纪90年代知识经济的发展促成了个人创业尤其是小企业创业的高潮。经济学家马龙对此评价是:信息技术迎来了小企业之春。以英国为例,英国的企业数量由80年代初的249万家增加到1989年的380万家。引起企业总数增长的主要原因是人们创立微小型企业的积极性异常高涨。从一定视角分析,个人创业构成了20世纪末英国经济复苏的良方。专家对个人创业行为的评价是:与任何前辈不同,新创业一代正在以前所未有的数量、令人惊叹的质量创造出全新的成长型企业,他们对经济产生了巨大的影响。

知识经济形态是科学技术与经济运行日益密切结合的必然结果,是经济形态更人性化的表现形式。知识经济的基本特征是知识型企业的大量出现,并在经济活动中起着越来越重要的作用。知识经济使人类的社会生活、产业组织形式、企业的组织与运行方式都发生了巨大变化。在知识经济时代,由于小企业的作用加大了,创业成为经济运行中一种越来越重要的动力。

1.2.1　知识经济的内涵

知识经济并不是一个严格的经济学概念,仅相对于"以物质为基础的经济"而言,是指以知识为基础,以智力资源为生产的第一要素,通过知识和智力对自然资源进行科学、合理、集中配置的新型经济。知识经济的兴起以新的信息革命为前提,发展知识经济不仅仅是一个新兴的产业,而且是一个经济时代的标志。

知识经济的内涵主要表现在以下几个方面。

第一,知识经济不同于以往传统的经济形态,是一种新型的经济形态,是在农业经济、工业经济之后,随着知识信息量的剧增和科学技术的大发展,而形成的一种超越农业经济、工业经济的新型经济形态。

第二，知识经济是以知识为基础和前提的经济。在知识经济中，知识和智力劳动始终是占主导地位的，是社会经济的核心，是经济发展的动力和第一要素。可以说，在一定意义上知识是知识经济的灵魂，没有知识，就没有知识经济。同时，知识和智力劳动在经济增长中所占的比重，又是衡量一个国家、一个地区知识经济发展水平的根本标志。如果知识对于经济增长的贡献超过了所有其他生产要素贡献的总和，即在整个经济增长中所占比重超过一半，那么，就意味着这个国家或地区的经济已经属于知识经济，已经进入了知识经济的时代。

第三，在知识经济时代，高新科技产业已成为社会发展的支柱产业和主导产业。所谓高新科技产业，就是在高新技术基础上形成的新兴产业，即以高科技为核心力量的产业，主要包括信息科学技术、生命科学技术、新能源与可再生能源科学技术、新材料科学技术、空间科学技术、海洋科学技术、有益于环境的科学技术和管理科学技术（又称软科学技术）。高新技术产业成为时代的浪潮，成为经济发展的支柱产业和主导产业，也是知识经济的一个重要标志。

1.2.2 经济转型掀起创业热潮

据统计，到 1978 年，在国民生产总值中，国有经济占 56%，集体所有制经济占 43%，非公有制经济占 1%；在工业总产值中，国有工业占 77.6%，集体所有制工业占 22.4%，非公有制经济为零，非公有成分在国民经济中的作用几乎不存在。

随着十一届三中全会的召开，个体、私营等非公有经济成分的合法地位通过党的历次大会和多次法律修正逐步得以提高，非公有经济在改革开放后得到了迅速地发展，与此相对应的是全社会创业活动的兴起，个人通过创办企业进入市场开展业务活动，出现了一系列关于鼓励创业行为的法律、法规和措施。从 1978 年开始，我国的创业热潮可以划分为如下几个阶段。

1. 第一次创业热潮

经济转型的第一阶段：1978—1984 年。这是我国经济转型的起步阶段。1978 年是我国经济发展史上的一个重要转折点，党的十一届三中全会确定了改革开放的经济发展战略。在这之后的六年时间里，农村改革成为焦点和重点，家庭联产承包责任制的推广，极大地调动了广大农民的生产积极性，促进了农村商品的生产和交换，同时，大量乡镇企业的出现推动了农村经济的发展。

改革开放后我国经济的转型，掀起了第一次自主创业高潮。我国农村、农业和农民是最先进入市场的区域、产业和经济主体，中国农民成为企业家。在改革开放初期，以无业人员为主，通过前期积累，搞小商品商业等，他们成了改革开放的第一批创业领头人。改革开放后，特别是中国共产党的十一届三中全会后，农村改革解放了农村的劳动力,释放了农村中一部分有创业热情和能力的农民的能量。乡镇企业、联户企业开始出现,家族企业迅速发展;同时,城镇中的返城知识青年、无业市民,抓住短缺经济时期的商机,创办了小企业、小商店。横店集团的徐文荣、裁缝出身的改革家步鑫生、希望集团的刘氏四兄弟、傻子瓜子的创始人年广久、木匠出身的亿万富翁张果喜,都是这一阶段涌现的创业家。创业型就业如雨后春笋般涌现,第一代创业家开启了我国的创业历程,有效缓解了当时沉重的就业压力。

2. 第二次创业热潮

经济转型的第二阶段:1985—1991 年。1984 年 10 月中共十二届三中全会提出了"有计划的商品经济"的改革模式,标志着我国经济运行状态转向另一种状态。这个阶段改革的重点由农村转向城市,以放开国有企业自主经营权为核心的改革,使国有企业初步摆脱了计划经济体制的束缚,同时个体经济、私营经济和外资企业等非国有经济成分迅速发展起来,在整个经济中所占的比重逐渐上升。

经济转型的深化掀起了我国第二次创业浪潮。私营经济不再是"资本主义的尾巴"。一大批有文凭、有稳定工作的人走上自主创业之路,"下海"一词成为当时的热点。"打工皇帝"段永平也就是在此时只身闯荡广州,虽然他手持中国人民大学经济学研究生文凭,本可以获得一份稳定的工作,但他选择了一条艰辛的创业之路,后来"小霸王""步步高"电子产品风靡全国的事实证明,他的抉择是正确的,他是这次创业浪潮的成功典范。被誉为"亚洲最佳商人"的柳传志、新时代"革命家"的宋朝弟、"WPS 之父"的裘伯君及声名显赫的史玉柱、姜伟、吴炳新、王遂舟都是在这一时期开始创业的。他们真可谓是这个时代的创业英雄。

3. 第三次创业热潮

经济转型的第三阶段:1992—2002 年。在这十年里,以邓小平南方考察为发展契机,我国经济进入了一个新的阶段。1992 年 10 月中共"十四大"确定了"建立社会主义市场经济体制"的改革目标,为我国经济的又一次转型指明了方向。确定了以股份制为标志的现代企业制度是我国国有企业的改革方向,同时经济民营化改革强调了产权的重要性,允许了更大程度上的经济自由,各种所有制的竞争,使非国有经济成为中国经济的重要力量。形成了以公有制为主体,多种经济成分平等竞争、共同发展的局面。

经济转型的持续深化掀起了我国第三次创业浪潮。中国改革开放的总设计师邓小平,针对姓"资"姓"社"的一系列精辟论述使热衷于创业的仁人志士如沐春风,这个时候深圳也就成为当时中国创业的前沿阵地,政府机关、事业单位的"下海"人员猛增。下岗人员中以创业实现再就业的人员有所增加,所创办企业规模较大,创业者所从业的范围涉及金融、房地产、教育等。

从这个时期开始,新创立的企业不再仅仅集中在劳动密集型、粗放式的产业,一大批高新技术新创企业诞生并迅速在行业内取得优势地位,成为我国技术创新的重要力量,同时也加快了科学技术从实验到应用的转化。在高科技企业兴起的同时,原作为代表的温州企业提出的"二次创业"的概念,在全国企业界迅速得到响应。

4. 第四次创业热潮

经济转型的第四阶段:2002年至今。2002年党的"十六大"提出,进一步健全现代市场经济体系,全面建设惠及十几亿人口的更高水平的小康社会,使经济更加发展,民主更加健全,科技更加进步,文化更加繁荣,社会更加和谐,人民生活更加充实。我国经济转型进入一个经济社会全面转型的新历史时期。它与此前经济转型的区别在于,转型开始从单一或部分领域(如经济领域)的转型进入经济社会各领域的全面转型,经济结构和社会结构呈现为整体性的加速跃迁过程。旧的体制、机制、结构和观念不可能再复归。经济国际化的改革,使中国经济在加速工业化、城市化和市场化的同时能够面对世界新经济的挑战,逐步向国际经济一体化过渡,更加积极主动地参与到世界经济一体化中来。

经济社会全面转型以及知识经济的到来,掀起了我国第四次创业浪潮。2002年11月,中国共产党第十六次全国代表大会提出了要形成与社会主义初级阶段基本经济制度相适应的思想观念和创业机制,这就为民间投资创业进一步打开了绿灯,人们再一次爆发了创业的冲动和热情,创业在更大的范围、更广阔的空间展开,可以说形成了全民创业的热潮,而且这个热潮现在依然很强势地向前发展。宽松的政策加上新知识经济带来的机遇,造就了张朝阳、丁磊、王志东、陈天桥等一大批网络英雄,这些几乎是身无分文的大学生、留学生,凭借技术优势和资本市场的力量,以传统经济不可企及的速度,成长为新一代创业英雄,成为年轻创业者的偶像。

在这个阶段中,高科技领域成为了创业的热点,大批"海归"创业成为了非常引人注目的一个特色,目前回国创业的中国海外留学人员已经达到了80多万人,比如百度公司总裁李彦宏,亚信科技(中国)有限公司董事长丁健,搜狐公司董事局主席兼首席执行官张朝阳,中星微电子有限公司董事长邓中翰等。

本阶段创业热潮中的一个重要特征是大学生创业,大学生创业逐渐地被社会所接受。近十多年来,我国的高等教育迅速发展,大学生的人数也急剧增加,其就业面临严峻的挑战,大学生创业对于提升其就业率,维护社会稳定具有非常重要的意义。

1.2.3 创业是知识经济发展的主要动力

在知识经济时代,创办高新技术企业成为经济发展的重要基础,创业在经济发展中的地位和作用更加突出，日益成为经济发展的主要动力。

1. 创业是典型的市场经济的产物

自主创业、滚动发展的"自成长"企业，是社会财富增长与积累的主要力量。在农业社会或中世纪，也有很多人从事商业活动，但一则并非社会的主流，再则很多商业活动是被某些人（如贵族）垄断经营的，而且没有完备的商事法律制度。在计划经济条件下，真正完整意义上的"商业活动"几乎不存在，因此也不可能有真正的创业。只有在市场经济条件下，才使得具备完全民事行为能力的个人，得以依据法定程序和条件，登记注册设立企业，即可依法开展商业活动，进行自主创业。

自主创业、滚动发展的"自成长型"模式，是企业发展的基本规律。企业组织是独特的人的组织，企业有其独特的生命力与文化，这是与企业的创业史、发展史同时形成的。尽管企业在发展中，会不断拓展新的经营业务，压缩乃至放弃已不适应时代和市场需求的传统业务，大量采取兼并、收购等方式整合业务，但自主创业、滚动发展仍是企业发展的基本规律。没有实质的经营业务拓展作为依托的所谓"资产重组"，只不过是泡沫经济中的"浪花"，或投资银行家们的"画饼"。

2. 创业是经济发展的主要动力

在市场经济条件下，创业始终是经济增长的重要动力和经济发展的"寒暑表"。发达国家用于衡量经济是否处于成长期、发展期的重要指标之一即是新创办企业的数量，处于萧条期的重要指标则是倒闭企业数量。

在工业经济时代，企业在一定时期内虽然由于扩大规模可享受规模经济利益，看起来似乎大企业成了主导者，但在创造就业等方面，仍以中小企业为主。在知识经济时代，面对瞬息万变的市场和不断变革的技术，庞大的、不可一世的大企业常常因不能及时跟上技术和市场变化而失去活力，走向"衰老"。与此同时，通过创业而形成的高新技术中小企业趁机切入市场，广泛存在，其中的佼佼者由于创新有力、紧跟时代而成为成功的大企业。

在知识经济条件下，网络等通信手段更加发达，知识的生产加快，同时，知识的传播、知识的转移速度也得到加快，人们更广泛、更及时地实现知识、信息、资源共享。根据科斯的交易成本理论，企业的形成就是为了减少交易成本，因为信息流动性加大，整个社会交易成本的降低，致使中小企业作用加大，创业更加容易，新创办企业为社会经济活动提供了大量的新鲜血液。

3. 大量高新技术企业的创办促进了新兴产业的发展和产业结构的升级

从经济发展规律来看，许多新兴产业萌芽和成长是与一大批富有创造力和开拓精神的创业者分不开的。尤其是信息产业、新材料产业更需要高素质的创业家，这些新兴产业发展促进了产业结构升级。

4. 创业有利于我国市场体系的发育和市场经济体制的完善

在政府职能转变过程中,一部分原政府承担的社会、经济职能由市场中介机构承担,创业者依法创办这类中介机构,在政府监督下承担这些职能,有利于在市场中介领域引入竞争机制,有利于完善市场经济体制所必需的服务体系。另外,市场经济体系发育需要大量创业给予支持。中小企业可以在促进经济与社会发展、防止垄断、促进市场商品和生产要素流动等方面发挥重要作用。

1.2.4 知识经济条件下创业的主要特征

创业是促使知识经济时代到来的决定性因素。经济的知识化和知识的资本化使创业行为发生在社会生活的各个角落,使创业成为更多有志者的生活选择。在知识经济时代,创业行为实现的价值以及实现其价值的机会几乎是无限的。计算机、通信等信息技术的发展,改变了人们对时间、空间、知识、智力的认识,同时也改变了人们对需求、市场、管理、价值、财富等概念的基本认知。

在知识经济时代,创业行为体现出以下五个特征。

第一,创业将更加容易。由于信息产业的出现与壮大,人们获取创业机会与市场信息的渠道快捷容易,技术的日新月异、市场的快速变化、人们生活节奏与方式的变化,使创业机会大大增多。根据市场的需要、企业的需要以及技术的进步进行创业构思并实践,是每个正常人都能做到的。在知识经济时代,人人随时都有创业的机会,只要你愿意。

例如,先有了网站运营、网店经营之后才产生的一种新型的创业形式——网络创业。网络创业主要是经营网站和网店,归根结底就是一种以网络作为载体的创业形式。网络创业与网络营销是不可区分的整体,因为网络创业本身具有网络营销的性质,所以很多时候网络创业的本身就是网络营销,此种形式以网店为主,网站经营也有部分网络营销的成分在内。由于网络创业的网络特性吸引了越来越多的大学毕业生投身到网络创业中来,尤其是从事 IT 行业的青年人,形成了网络创业一浪高过一浪的创业热潮,所以网络创业也是一种具有勃勃生机的创业形式。

第二,知识的快速流动和扩散,使得学生与老师、学习与工作、企业与社会的界限更加模糊。在工作中不断学习,使以往人们对学习是吸纳知识、工作是使用知识的简单认知发生了改变,学习与工作的界限逐渐模糊,这在美国硅谷和我国中关村的高新技术企业中体现得很明显。由于企业与社会界限的模糊,出现了许多创业的新模式,比如在公司内创业、公司鼓励与吸纳新创业的企业、公司支持员工在社会上创业等。

第三,创业与成功的距离更近了。由于创业环境大大改善,创业所需的信息可以快捷低廉地获得,创业所需的资金可以从风险投资家那儿得到。同时,由于企业孵化器、创业中心的大量出现,资本市场的发育,从创业到成功、从投入到回报所花费的时间比以往任何时候都短。

第四,创业的源泉大大增加了。由于知识与技术获取的渠道增多,技术发明者与技术掌握者已经不是主要的创业者来源,知识与技术能够面向更多的人,创业行为将更加普遍。

第五,利用技术或构思进行创业将更加普遍。创业团队的概念将被普遍接受,创业团队是技术与管理、资金在创办人员方面的组合。一个根据市场需求分析形成创业构思的创业者,不论他是管理者还是技术掌握者,他都可以去寻求技术的掌握者或者管理者而形成创业团体。高新技术产业的创业活动更多地采用团队创业的模式,有技术的创业者希望寻求有管理经验、市场经验的合伙人组成创业团队共同寻求资金创办企业;同样,有管理经验、了解市场、有创业构思的创业者希望寻求能支撑创新构思的核心技术人员加盟创业团队共同发展;有资金的个人投资者、风险投资家同样希望寻找到拥有核心产品或服务、管理经验、技术能力的创业团队作为其投资对象。利益共享、风险共担的经营理念不仅要体现在企业内部,同时更重要的是体现在企业外部,即与供应商、经销商的战略伙伴关系上。

1.2.5　知识经济时代下创业的意义

1. 创业是国家发展战略的需要

就业是民生之本,创业是富民之源。近年来,党中央、国务院高度重视创业工作,把全民创业摆上突出的位置。2008年9月,为贯彻落实党的"十七大"提出的促进以创业带动就业的总体要求,国务院办公厅转发了人力资源和社会保障部等11个部门《关于促进以创业带动就业工作的指导意见》,在市场准入、财税金融、经营用地等方面提供便利和优惠,鼓励更多劳动者成为创业者。同年12月,胡锦涛同志在中央经济会议上,又明确提出:"要坚持推进结构升级和扶持就业创业相协调。"2009年3月,温家宝同志在《政府工作报告》中又专门强调:"要大力支持自主创业、自谋职业,促进以创业带动就业。"

2. 创业是促进就业的必然要求

创业是就业的基础和前提,就业离不开创业。任何一个社会,其创业者越多,其生产要素组合就越丰富、活跃,就业也就越容易。美国著名管理学家彼得·德鲁克在研究美国经济与就业关系时发现,创业型就业是美国经济发展的主要动力之一,也是美国就业政策成功的核心。在《创新与创业精神》一书中,德鲁克开宗明义,分析了1965年到1985年间美国的就业结构,发现美国年龄在16～65岁之间的人口从 1.29 亿增加到 1.8 亿多,增长了 38%,同期就业人数从 7 100 万增加到 1.06 亿,增加了约 50%。德鲁克指出,所有这些就业岗位,基本上都是由中小企业所提供的,而这些企业中的大部分是新创立的企业,至今还不足 20 年,且还没有包括传统雇用机构常设性工作的减少——至少有 500 万个。

2002—2012 年,我国个体、私营经济持续快速发展,成为推动经济增长的主要力量。十年间,全国个体工商户年均增长率稳定在 4.4%,私营企业年均增长率达 15.5%,创造了大量的就业岗位。截至 2013 年年底,我国城镇个体和私营企业共吸纳安置就业 1.44 亿人,占城镇就业人口的 37.7%。各级政府把鼓励个体私营经济发展与引导创业带动就业结合起来,以停止征收"两费"为契机,加大宣传引导力度,鼓励,引导下岗失业人员、复员退伍军人、高校毕业生、残疾人、返乡农民工自主创业。随着个体私营企业数量大幅增加,规模进一步扩大,个体、私营经济不仅成为推动经济增长的重要力量,还成为安置下岗失业人员和高校毕业生就业的主要渠道。

3. 创业是富民的需要

古往今来,创业不仅是个人的成功之道,也是家庭的致富之源,更是一个国家和地区加快发展、实现崛起的必由之路。要全面建设小康社会,实现富民强国,跨越发展,后发先至的目标,关键是要加快发展,着力提高国家经济综合实力和城乡居民收入水平,让人民群众过上幸福生活。要加快发展,实现富民强国,需要顶天立地,更需要铺天盖地,也就是说,需要涌现新的大项目、大企业,更需要致富千家万户的各种经济增长点,需要广大群众、全社会行动起来,投身于创办实业、创造财富的伟大实践之中,形成人人参与创业、个个谋做实事的发展局面。需要更加有效地开展招商引资、聚合外来发展要素,也需要挖掘内部潜在优势,激发蕴藏在人民群众之中的内在发展能量。发达地区经济起飞的实践证明,只有全民创业,才能激发各类生产要素的活力;只有全民创业,才能带来全民富裕。民富的关键措施在于全民创业。

4. 创业是知识经济时代技术创新的主要实现形式

根据有关统计资料分析,就创新的原动力而言,与大企业相比,中小企业的工作人员对技术创新所做的人均贡献是其 3 倍之多,若就高技术中小企业而言,则每位技术人员对技术创新所做出的贡献就更大了。

第二次世界大战以后,长达 60 多年世界和平使科学技术带动经济发展的作用日益强大,以科学技术的新发展创办企业,实现创新,造就了一大批新一代的高技术企业家,微软、英特尔就是其中成长为高技术大公司的杰出代表,同时支持这些大公司创新的,是千千万万个信息产业中的小型公司。这些大公司的研究与开发,绝大多数是通过分合同方式由中小技术公司来承担的。原因很简单,大公司的研发费用比小公司高得多。大公司往往以创业投资的形式支持众多小企业的创办,但约定将来可以收购小公司创业者的股权。

1.3　创业与职业生涯发展

1.3.1　狭义和广义创业概念

创业是指创立基业或创办事业。创业有广义和狭义之分。狭义的创业是指具有创业能力的创业者创设新的职业,创立新的行业,包括开创一家个体或者家庭的生产经营企业。广义的创业是指创业者的各项创业实践活动,其功能指向是成就国家、集体和群体的大业,包括以工资形式就业后,在已有的工作岗位上努力工作,不断创新,把原有的事业开拓壮大。

1.3.2　创新创业型人才素质要求

青年大学生作为新时期创业大军的中坚力量,必须继承并弘扬开拓进取、锐意创新的创业精神。人是要有一点精神的,那种源自追求实现人类的幸福和自身的完美的创业精神对国家和民族的发展具有更加深远的意义。

新时代对大学生创新创业型人才素质要求是具有开创性的思想、观念、个性、意志、作风和品质等创业精神。具体而言,包括三个层面的内涵:一是哲学层次的创业思想和创业观念,是人们对于创业的理性认识;二是心理学层次的创业个性和创业意志,是人们创业的心理基础;三是行为学层次的创业作风和创业品质,是人们创业的行为模式。

创业精神作为一种意识形态,一种精神力量,激励着人们打破惯例,推陈出新,对创业这一物质发展过程也起到了巨大促进和支持作用。正如我们所熟知的创业英雄——微软(Microsoft)的盖茨、苹果公司(Apple)的乔布斯、雅虎(Yahoo)的杨致远、搜狐的张朝阳,无一不是撑满了敢于冒险、勇于创新、乐于拼搏、善于变通的创业精神之帆,才在惊涛骇浪中驾驭创业之舟驶向成功的彼岸。而在改革开放新时期倡导大学生创业精神教育的重大意义体现为:于大学生而言,创业精神教育满足了大学生自我实现的需要,能为个人一生的奋斗提供原动力;于高校而言,创业精神教育回归了高校德育弘扬人的主体性的本真,能为创新型人才培养提供支持;于社会而言,创业精神教育能够促进创业带就业,能为知识经济发展提供保障。

1.3.3 创业教育、创业精神培养对大学生职业生涯发展的意义和作用

1. 职业生涯规划的概念

职业生涯规划又叫职业生涯设计,是指个人与组织相结合,在对一个人职业生涯的主客观条件进行测定、分析、总结的基础上,对自己的兴趣、爱好、能力、特点进行综合分析与权衡,结合时代特点,根据自己的职业倾向,确定其最佳的职业奋斗目标,并为实现这一目标做出行之有效的安排。职业生涯设计的目的绝不仅是帮助个人按照自己的资历条件找到一份合适的工作,达到与实现个人目标,更重要的是帮助个人真正了解自己,为自己定下事业大计,筹划未来,拟定一生的发展方向,根据主客观条件设计出合理且可行的职业生涯发展方向。

2. 创业教育对职业生涯发展的意义

1) 创业教育能增强人们自我认知的敏锐性

创新意识是良好思维品质的核心特征,创业教育能培养人们的创新意识和创业精神,从而大大提高人们的思维品质。创新意识在引导人们发现客观世界新生事物的同时,也启迪人们客观对待人的生理、心理和性别等差异,对自身的兴趣和特长更加敏感,敢于发现、肯定和主动培养自己的优势,挖掘自身潜力,尝试新的领域,在职业生涯规划中扬长避短,个性化地设计自己的职业生涯,而不是人云亦云,按照一个模式发展,从而丧失培养自身优势的良机。创业精神则使人们在创业实践中不断开拓进取和锐意创新,有助于人们发现自我,实现自我。

2) 创业教育能引导人们主动进行职业探索

职业是一个发展的概念,职业生涯是一个动态发展的过程。职业生涯规划不是一成不变的计划,而是个体在自我认知的基础上,基于对未来职业的前瞻性和全局性认识,对客观世界发展变化的主观预期和主动适应。个体的人生态度和价值观是相对稳定的,而外在的职业却是不断变化的,尤其是在知识经济时代,新兴职业不断出现,不适应社会需要的职业被迅速淘汰。创业教育有助于引导人们主动地进行职业探索,积极地规划未来,以良好的心态,在职业生涯的发展中不断调整自我,更新自我,完善自我,以适应外部职业环境的变化,使自身的职业规划与社会发展互动。

3) 创业教育能提升人们职业生涯发展的高度和广度

创业教育培养人们的求异思维,使人们带着创业的思路去就业,以创业带动就业,人们就能在工作岗位上不断创新,为社会做出更大的贡献。创业教育也能增强人们的岗位转换能力和抗挫折能力,使之不惧怕失业和失败,在职业生涯的发展中

不断开辟新路。因此,创业教育能为职业生涯发展提供源源不断的精神动力和智力支持,给人以百折不挠的毅力和坚定的信心,不断提升个体职业生涯发展的高度和广度。

3. 职业生涯发展教育对创业的意义

1)职业生涯规划教育有助于指导人们进行创业定向

教育的根本目的是促进人们全面发展,提高综合素质,早日成才,而职业发展则是促进其全面发展的重要体现。科学地评价与认知自我,使人们能够结合自己的兴趣爱好、个人能力及特长,进一步合理设计、规划出自己的创业发展方向,明确未来的创业奋斗目标。所谓"预则立,不预则废",依托职业生涯规划教育进行人们的创业引导,要有计划、有目的,使人们寻求适合自身发展的创业方向,帮助人们树立正确的创业意识,合理地选择并确定未来的创业目标和方向。

2)职业生涯规划教育有助于提升人们的创业选择能力

把职业生涯规划教育作为教育的核心内容和重要手段,应通过引导人们进行自我探索,根据人们的个人兴趣与能力修订职业生涯规划设计,有针对性地对人们进行具体指导,提升人们的职业生涯期望,分析评估相关的职业与教育资源,做出初步的创业生涯决策,帮助人们形成明确而有弹性的职业规划创业目标,为人们的创业选择提供科学可靠的依据,实现社会人力资源的优化配置。

3)职业生涯规划教育有助于人们进行创业设计

良好的职业生涯规划教育能够引导人们在创业设计时正确认识自身的个性特征、现有与潜在的能力,发现自己的优势与劣势,进而引导他们采取可行的措施发掘自身潜力、克服不足,使人们能够根据自身的实际情况确定未来的创业计划、创业设想,使人们能够结合自身的特点和能力围绕创业方向努力奋斗,实现自身的全面发展。同时,职业生涯规划能帮助人们克服和规避创业的艰难险阻,提高创业的成功率。人们职业生涯规划注重的是对其进行个性化的指导,把人们的全面发展作为落脚点,同时有效的职业生涯规划教育还能为人们的未来创业打下坚实的理论基础,培养人们的创业意识和技能,同时也为人们的未来创业做好充分准备。

4. 创业精神培养对大学生职业生涯规划作用

培养大学生创业精神,使大学生无论在创业知识能力积淀阶段还是在创业实践过程中,不再等、靠、要,可促进自主成功创业,大大缓解由于不断攀升的大学毕业生人数和日趋萎缩的有效就业岗位导致的就业压力。

培养大学生创业精神,使当代大学生具有创业扬志、创业兴国的理想。麦可思调查表明,从自主创业动机来看,2008 届大学毕业生中自主创业者的创业理想是最重要的动力(占 41%~48%),而不是找不到工作才创业(占 12%~15%)。当代许多青年大学生都拥有崇高的创业理想,而且选择创业不再是单纯的自私性价值取向,而更趋向于个人发展与社会进步的共同实现,希望能通过创业施展自己的才华,实现自己的人生价值,为国家、社会和个人创造财富。可见,当代大学生的创业行为更体现了高度的社会责任感。哈佛女孩乔婉珊创办 SHOKAY 公司,远赴青海贫困牧区做起牦牛生意,是因为她读书时就梦想像尤纳斯教授一样,创办一种可以用商业模式解决社会贫穷问题的社会企业。

培养大学生创业精神,使当代大学生具有敢为人先、锐意创新的精神。美国著名管理学家德鲁克认为:"创业就是要标新立异,打破已有的秩序,按照新的要求重新组织。"的确,创业就意味着创新,创新就意味着突破,这才是创业精神的核心因素。我国当代大学生一般具有良好的知识结构和敏捷的思维方式,伴随着大学生主体的自主性和创造性的加强,校园里创新创业的氛围日渐浓厚,甚至涌现出了一大批优秀的大学生发明家。如中国地质大学赵温才因目睹酒驾危害而发明指纹式酒后禁驾系统;北京工业大学李谦等几名同学用全姿态自动护理翻身床专利发明践行了自己的爱心;江苏大学周尚飞从 2006 年到 2010 年,连续创办 4 家企业,总销售额突破 5 000 万元,共计解决就业近 160 人,其中本科及以上学历的人员近130 人。

创业之路必然伴随着荆棘与坎坷,艰苦奋斗、自立自强的坚强意志是取胜的最好武器。

1.3.4　国内外大学生的创业活动

比尔·盖茨创造了微软帝国,也创造了学生创业的神话。目前,发达国家尤其是美国,在创业教育的实践探索中已经积累了丰富的经验,源源不断地培养出大批具备创新、创造、创业能力的人才,彻底改变了美国和世界的经济发展方式,推动了整个社会经济、高科技产业和创新体系的蓬勃发展。

1. 国外大学生的创业活动

美国大学生创业活动兴盛开始于 1983 年美国德州大学奥斯汀分校举办的首届商业计划竞赛,后来包括麻省理工学院、斯坦福大学等世界一流大学在内的 20多所大学每年都举办这一竞赛。像雅虎(Yahoo)、Excite、网景(Netscape)这些大名鼎鼎的公司就是在斯坦福校园的创业氛围中诞生的。据统计,美国表现最优秀的 50 家高新技术公司有 46% 出自于麻省理工学院的创业计划大赛。这些由"创业计划"直接孵化出的企业中,有的在短短几年内就成长为年营业额数十亿美元的大公司。一批批的创业者在比赛中得到锻炼和成长。风险投资家们蜂拥进入大学校园,寻找未来的技术领袖,在竞赛中获胜的学生日后大多都成为美国高科技企业的领军人物。据美国高校和雇主协会统计,美国大学毕业生创业参与率已超过 20%。

从 1983 年起,在英国王储查尔斯王子的大力倡导以及王子基金的支持下,英国启动了"青年创业计划"。它通过动员并联合企业界和社会力量为青年大学生创业提供咨询指导以及资金、技术、网络支持,帮助青年大学生创业。据不完全统计,英国的王子基金在 2000—2007 年共帮助了 3 万名青年创业,主要方式是提供借券式的创业启动金,数额一般在 1 500~3 000 英镑不等,帮助青年大学生创业。1998年,英国政府启动了"大学生创业项目"(The Graduate Enterprise Programme),专门为 18~25 岁的在校大学生设计了创业课堂和提供开办公司服务,2002—2003年参与此项目的大学生有 13 154 人。2004 年,英国贸工部下属的"小企业服务"中心拨款 15 万英镑,专门用于帮助大学生的创业教育、培训、指导和鼓励创业。

法国出台了"青年挑战计划",其主要目的就是为 18~25 岁的青年或青年团体开展持续创业项目提供无偿的资金、培训、咨询、中介、后勤服务等,后扩展到15~28 岁的青年。到 21 世纪初,"青年挑战计划"实施后,共有 6.8 万青年参与和申请项目,9 924 个项目获得了资助(涉及 3 万人),资助总金额达到 2 889 万欧元。2001 年,法国政府又提出了"十大青年项目",通过项目资助,鼓励大学生自主创业。其成功的范例如通过资助获得成功的几个在校学生一起创建的兄弟网络协会,目前该网络协会会员已经超过 150 个,各会员在协会创办的网站上都有介绍自己的栏目,协会聘请专业人士在网上为儿童栏目播出节目,在网上为儿童举办画展,开展心理咨询等。

在德国,1998 年德国大学校长会议和全德雇主协会联合发起了一项名为"独立精神"的倡议,呼吁在全国范围内创造一个有利的高校毕业生独立创业的环境,使高校成为"创业者的熔炉"。为此,德国有 12 所大学设立了创业学首席教授职位。德国大学校长会议也于 2000 年提出明确的要求:在今后 5~10 年间,通过对大学生创业精神的培养,每届 20%~30% 的毕业生要独立创业。为了帮助大学生创业,德国实施了一系列优惠政策,如优惠的投融资政策、税收政策,这些都极大地推动了大学生创业,逐步实现大学生以创业促进就业的目标。

近两年来,因为金融危机的影响,韩国就业形势严峻,失业率一直徘徊在两位数左右,因此解决就业问题成为韩国政府的头等大事。韩国政府有关机构还为大学生提供与创业相关的信息服务,举办与创业有关的专业培训班。几乎在韩国的每一所大学里面,都有"创业支援中心"。创业支援中心能提供大学生创业所急需的人员、场地和资金等资助,大学生在此可以得到"一条龙"式服务。十年前,获得大公司的一份就业合同是许多韩国大学生梦寐以求的;而现在,选择自主创业的韩国大学生已经超过四分之一。韩国自主创业的大学生不仅深入到尖端科技领域，还活跃在传统制造业和农业等多个领域。

2. 国内大学生的创业活动

20 世纪 90 年代末，全球性的学生创业热潮开始登陆中国。1998 年 5 月，清华大学举行首届大学生创业计划大赛，这次大赛被大多数人视为我国大学生创业活动兴起的标志。1999 年 3 月，清华大学学生科技创业者举办了第二届创业大赛，这次大赛诞生了"易得方舟""视美乐"等学生公司。

1999 年，从由团中央牵头举办的"挑战杯全国大学生创业大赛"开始，大学生创业逐渐被推广到全国高校，社会上对大学生创业的关注也越来越多，同时大学生创业得到越来越多的认可。"挑战杯全国大学生创业大赛"每两年举行一次，截至 2011 年年底已经成功举办七届。2010 年第七届"挑战杯全国大学生创业大赛"共有 46 件参赛作品与有关投资方签订了投资意向协议，签约金额达 1.37 亿元。经过 14 年的发展，竞赛规模不断扩大，每届参赛高校达到千余所，吸引了数百万的大学生参加；作品类别不断丰富，涵盖了农林、畜牧、食品、生物医药、化工技术、环境科学、电子信息、材料、机械能源、服务咨询等各个领域；成果转化不断深入，越来越多的参赛作品受到投资界的垂青，很多作品已经进入实际运营操作阶段，产生了显著的经济效益、人才效益和社会效益。

十多年来，大学生创业由幕后转到了台前，由"纸上谈兵"走向"实战演练"。1999 年 7 月，华中科技大学新闻系大三学生李玲玲因高杆喷雾器和防撬锁两项专利被武汉世博公司看好，获得了 10 万元创业风险基金，并注册成立天行健科技开发公司，成为全国大学生创业第一人。1999 年清华大学的鲁军、刘颖停学创业，参与创办易得方舟信息技术有限公司。2003 年，北京大学硕士生张邦鑫和同学凑齐 10 万元，创立了自己的公司，开始了自己的创业历程；2007 年，他的公司获得了投资公司第一笔千万美元的风险投资；2010 年，他的公司又成功在美国纽约交易所上市。用了 8 年时间，张邦鑫成了 80 后创业中的佼佼者，在"2010 年中国 80 后大学生青年创富榜"中排名第一。大学生成功创业的例子还有很多很多，不胜枚举。

随着大学生自主创业的作用和意义逐渐被社会各界所认同，各高校逐步加强大学生的创新创业教育，并拨出资金用于资助大学生创业；国家和各地方政府纷纷出台一些政策、法规，投入大量资金，用于扶持大学生创业，同时设立形式多样的大学生创业园，向大学生创业提供孵化服务。这些举措对大学生的创业活动起到了引导和鼓励作用。据教育部统计，截至 2013 年 6 月，中国大学生自主创业人数总计达到 9.1 万余人，比往年有了大幅度的增长。地方各级政府与高校共为大学生设立的创业扶持资金达到了 19 亿元；建设大学生创业基地 2 000 多个，总面积达

400 万平方米;举办创业培训超过 6 000 场,覆盖学生达 100 万余人;举办各类创业论坛、创业大赛、创业讲座等活动上万场,参加人数超过了 180 万人次。

近日,教育部正式公布印发的《教育部关于做好 2015 年全国普通高等学校毕业生就业创业工作的通知》指出:"各地各高校要把创新创业教育作为推进高等教育综合改革的重要抓手,将创新创业教育贯穿人才培养全过程,面向全体大学生开发开设创新创业教育专门课程,纳入学分管理,改进教学方法,增强实际效果。坚持理论与实践相结合,组织学生参加各类创新创业竞赛、创业模拟等实践活动,着力培养学生创新精神、创业意识和创新创业能力。高校要建立弹性学制,允许在校学生休学创业。要加大对大学生自主创业资金支持力度,多渠道筹集资金,广泛吸引金融机构、社会组织、行业协会和企事业单位为大学生自主创业提供资金支持。建设一批大学生创业示范基地,继续推动大学科技园、创业园、创业孵化基地和实习实践基地建设,高校应开辟专门场地用于学生创新创业实践活动,教育部工程研究中心、各类实验室、教学仪器设备等原则上都要向学生开放。实施好新一轮大学生创业引领计划,落实创业培训、工商登记、融资服务、税收减免等各项优惠政策,鼓励扶持开设网店等多种创业形态。"

 **本章小结**

创业是创业者积极探寻机会,踊跃整合资源,充分利用机会,实现价值创造的过程。创业有三个要素:机会、团队和资源。按照对机会追逐的程度,可将创业分为生存型和机会型两类。按照创业活动的主体差异,可将创业分为个体创业和公司创业。创业过程可以分为机会的识别、资源整合、创办新企业、新创业的成长与可持续发展四个主要阶段。创业精神是善于捕捉和利用机会,敢于承担必须承担的风险,为创造某种新的价值,努力发挥创造力、实现创新的一种勇往直前的文化与心理过程,其本质主要表现为自主精神、创新精神和务实精神。创业过程包括机会识别、机会开发、实现机会价值和创业结果四个环节。

自改革开放以来,我国经济的转型促使创业掀起了四次热潮。在知识经济时代,创业具有以下五个特征:创业将更加容易;知识的快速流动和扩散,使得学生与老师、学习与工作、企业与社会的界限更加模糊;创业与成功的距离更近了;创业的源泉大大增加了;利用技术或构思进行创业将更加普遍。

创业具有狭义和广义的概念。创业教育、创业精神培养对大学生职业生涯发展具有深远的意义和重要的作用。

江苏大学周尚飞的创业故事

2003年,来自苏北农村普通家庭的周尚飞考入江苏大学,从未出过县城的他终于来到了真正的城市。初入大学,他既感到兴奋,也感到了前所未有的压力。他暗下决心,要努力适应环境,利用大学四年时间创造一个属于自己的舞台,实现自己的人生价值。进入大学不久,为了补贴生活,周尚飞在努力学习的同时,推销学习用品、牛奶、报纸,后来还开办了茶馆、经营快递和电脑维修。这段经历让他树立了自信,对生活充满了信心,一颗坚韧的心从此形成。

为了锻炼自己,他加入校大学生科协,并从干事一直做到了主席。在做学生干部期间,他充分利用学校提供的锻炼平台,创新了数十项大型活动,策划了近百次活动,很多活动在学校以及社会引起了强烈反响,得到了学校领导、老师的肯定以及同学们的支持。这些都为他以后走上创业道路打下了基础。

2006年,经过长期的思考,周尚飞决定通过创业实现自己的梦想。在江苏大学学校领导、镇江市领导以及镇江新区领导的帮助和支持下,2006年11月,周尚飞带领创业团队在新区创业园成立了第一个公司——镇江海特新能源有限责任公司。海特公司专门从事新能源技术开发、生产和服务,为秸秆综合利用事业在江苏掀起新的高潮做出了很大的贡献。然而由于一无经验,二无充裕资金,公司在创业之初就一直处于亏损状态,小小的公司欠款高达30万元。其间,周尚飞吃了很多同龄人吃不到的苦:顶着38℃的太阳,钻进铁皮桶进行试验;大雪封路,骑自行车30多公里去做试点;身背30多万元欠款时,生活失去保障。"不是因为那些债务,而是不愿意自己辛辛苦苦的努力,换来的竟是这样的结果!"抱着这种不服输的心态,周尚飞赚到了第一桶金,公司的运营也渐渐步入正轨,两年时间公司纯利润超过了百万元。

为了充分发挥自身优势,扩大公司规模,在充分调研的基础上,2009年3月,在镇江市京口区领导的支持下,周尚飞团队的第二个公司——江苏名通信息科技有限责任公司在京口软件园成立,公司定位为一个专为互联网用户提供解决方案的供应商,长期专注于互联网整合营销及网络深度应用技术的研发与运营。一群年轻人,为了共同的理想,带着激情聚到了一起,他们不分昼夜地工作,经常夜里两三点才离开办公室。创业几年来的企业运营经验使他们少走了很多弯路,很快公司进入正轨,短短一年时间,人员、销售都发生了数倍的变化。2009年公司销售额达到1 000多万元,公司员工由8个人的小团队变成了70多人的强大队伍,本科及以上学历人员达到70%以上。

2010年年初,周尚飞带领团队总结了2009年公司发展的经验教训,谨慎审视市场,分析前景,根据国内经济发展形势,他们决定在原有业务稳定发展的基础上开发属于自己的产品,在国内率先提出了"区域化SNS电子商务"的概念,并做出了详细的商业计划。凭借公司的技术实力,他们很快融到了一笔启动资金。2010年3月,江苏恺源电子商务有限公司正式成立,专业从事"区域化SNS电子商务"的研究、开发与运营。目前这套模式已经开始进行试点运营,运营数据受到了地方政府的高度重视,镇江市商务局领导决定将整个镇江市的电子商务发展整体方案交由恺源电子商务有限公司来做,他们结合镇江市城市发展现状和特点制订了该项目的五年发展规划,公司上市的梦想对他们来说已经不再遥不可及。

为了扩大企业规模,吸纳更多人才进行创业,周尚飞及其团队不断分析市场,挖掘业务。2010年年初,他们还通过社会资源引进了上海盛大、征途的高端技术人员,由周尚飞主导开发了一款在国内处于技术领先的网游——《傲视千雄》。同年4月,成立了江苏易乐网络科技有限公司,游戏在6月份正式面向全国开放,2010年,做到了月销售额达60万元。

2010年6月,他们成立了江苏悦虎信息科技有限公司,专业从事互联网保暖行业的产品销售,注册了自有服装商标"北极天使",通过OEM的方式,准备花三年时间在互联网上做出一个国内知名的属于他们自己的保暖行业品牌。截至2010年年底,"北极天使"品牌销售额突破500万元。

目前几个企业的业务逐渐发展稳定,2010年,企业总销售突破5 000万元,共计解决就业人员近160人,其中本科及以上学历近130人。

获得了成功的周尚飞,没有忘记母校,他充满了感恩。公司平稳运行的同时,他不断分析市场,扩大规模,并把为更多大学生解决就业作为自己的责任。江苏名通公司现在已经成为"团中央青年就业创业见习基地"和"江苏大学大学生就业基地"。挂牌当天,周尚飞代表公司向见习基地捐赠60余台电脑,并向江苏大学团委捐赠3台电脑,总价值20余万元。作为一个有着梦想的青年,他不想只去追求自己的成功,他认为那样的成功失去了人生的意义。通过与学校党委、团委的沟通落实,周尚飞决定由名通公司在师资、硬件等方面投入过百万元来建设"江苏大学创新创业学校",希望通过他们的努力,让更多的学弟学妹们在毕业走上社会之前就能有实践实习的机会,培养他们的就业能力,提升他们的就业素质,让他们在离开校园之前提前面对社会、面对他们将在工作中遇到的各种情况。2010年5月,周尚飞以发起人身份开始组建"江苏大学创业联盟"。在校领导支持与肯定下,他担任第一任联盟主席,通过他组建的创业联盟对有创业想法或开始创业的同学进行一系列的指导与支持,最大限度地帮助他们解决困难,让他们少走弯路,让他们的梦想与他一样得以实现。

回顾自己艰辛而充满挑战的创业历程,周尚飞对于创业形成了一番自己的感想:没有付出,就没有回报;没有放弃,就没有得到。在这几年的创业过程中,他尝到了很多同龄人一辈子也没机会尝到的苦,彻夜未眠,只为了能得出一个理想的实验数据;身背30多万欠款,生活失去保障却信心不灭;两年多里没有真正休息过一个完整的星期天;看着别人假期回家,自己羡慕却无法抽身……面对着所有的困难,他始终有一个坚定的信念支撑他踏平坎坷,那就是"天道酬勤"。

作为大学生创业成功的优秀典范,《光明日报》《新华日报》《中国教育报》《江苏教育报》《扬子晚报》《江苏经济报》《金陵晚报》等多家媒体给予报道。昨天,身背数十万债务的农家子弟。今天,多个创业型企业的出色领导。期待明天,成为企业上市的优秀指挥官。周尚飞深刻体会到:人生的最终价值在于觉醒和思考的能力,而不只在于生存。人生是由各种不同的变故、循环不已的痛苦和欢乐组成的。那种永远不变的蓝天只存在于心灵之间,向现实的人生去要求未免是奢侈的。勤劳远比黄金可贵。

资料来源:http://www.gdyjs.com/qzzn/190681.html.

讨论题

1. 你认为哪些因素促使周尚飞创业成功?
2. 你认为大学生创业容易出现哪些问题?
3. 讨论大学生创业的意义及前景。

 本章习题

1. 创业的定义是什么? 它有哪些功能?
2. 什么叫生存型创业和机会型创业? 举例说明。
3. 阐述创业的过程。
4. 谈谈你对识别创业机会的看法。
5. 什么叫创业精神? 其本质是什么?
6. 阐述知识经济时代创业的特征和意义。
7. 阐述我国创业实践活动的历程。
8. 什么叫职业生涯规划? 创业教育对职业生涯发展有何意义?

第 2 章

创业者与创业团队

本章要点

☺ 创业者的含义和类型
☺ 创业者的基本素质和能力
☺ 创业团队的特征、组建和管理
☺ 创业动机的分类和驱动因素

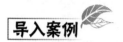

创业者的素质

如果我马云能够创业成功,那么我相信中国 80% 的年轻人都能创业成功。

——马云

根据自己的创业经历和亲身体会,马云提出了创业者必备的四大素质。

一是自信。1995 年,马云放弃在学校工作的光明前途而投身于未知的互联网,家人、朋友、学生都不理解,但马云心里明白,他相信自己看好的事情。在 eBay 与易趣强强联合,占领中国 80% 以上 C2C 市场份额的时候,马云却宣布进军 C2C 领域,打造淘宝网。这种"蚂蚁"挑战"大象"的行为,让人们再一次认为马云"疯了",但马云不在乎,他只相信自己的感觉。回顾以往经历,马云认为,要坚信自己是正确的。他说:"我坚信互联网会影响中国、改变中国,我坚信中国可以发展电子商务。我不在乎别人怎么看我,我在乎自己怎么看这个世界。如果别人都认同你了,那还轮得到你吗? 你一定要坚信自己在做什么。"

二是勤勉。搜狐公司董事局主席张朝阳曾说自己创业以来,如履薄冰,战战兢兢,不敢有丝毫松懈。马云对此也深有同感。逆水行舟,不进则退,即便挫折重重,依然需要不屈不挠。

三是试错。创业初期,阿里巴巴没有盈利模式,而盈利却是决定其生死的关键。盈利模式和产品的寻找却是个非常艰难痛苦的试错过程。在试错过程中,阿里巴巴曾经开发了 6 种产品,收效甚微,但是马云依然没有放弃。经过反复试错,阿里巴巴终于在 2000 年 10 月找到既符合公司发展方向又能盈利的两个主打产品——中国供应商和诚信通。可以说,阿里巴巴艰难的试错过程,也是马云应变之道的实践过程。

四是毅力。阿里巴巴跟任何中小企业一样,在 1999—2001 年也曾面临发不出工资的困境,马云告诉自己和员工,就是半跪着也要坚持,坚持到底就是胜利,让自己做最后一个倒下的人。马云深信,每次打击,只要你扛过来了,就会变得更坚强。而当你的抗打击能力强了,真正的信心也就有了。

资料来源:赵文锴. 马云创业真经:马云给年轻人的 24 堂创业课[M]. 北京:中国经济出版社.

2.1 创 业 者

2.1.1 创业者界定

创业者是什么样的人? 从词源来看,创业者英文为"entrepreneur",和企业家英文同一词,意为在没有或拥有较少资源的情况下,锐意创新,发掘并实现潜在机会价值的个体。

"创业者"一词由法国经济学家坎蒂隆(Cantillon)于 1755 年首次引入经济学。1880 年,法国经济学家萨伊(Say)首次给出了创业者的定义,他将创业者描述为将劳动、资本、土地这三项生产要素结合起来进行生产的第四项要素,是把经济资源从生产率较低、产量较少的领域转移到生产率较高、产量较大的领域的人。管理大师彼得·德鲁克给创业者所下的定义是:创业者就是赋予资源以生产财富的人,创业者善于创造或发现机会,然后抓住机会,并创办起有高度发展潜力的企业,其思想和行为与众不同。还有些学者将创业者界定为:一种主导劳动方式的领导人,一种需要具有使命、荣誉、责任能力的人,一种组织、运用服务、技术、器物作业的人,一种具有思考、推理、判断能力的人,一种能使人追随并在追随的过程中获得利益的人。

在企业界,创业者通常被定义为组织、管理一个生意或企业并承担其风险的人,有两个基本含义:一是指企业家,即在现有企业中负责经营和决策的领导人;二是指创始人,通常理解为即将创办企业或者是刚刚创办企业的领导人。

一般来说,国内外有关创业者的定义可分为狭义和广义两种。狭义的创业者是指参与创业活动的核心人员,该定义避免采用领导者或组织者的概念。因为在当今的创业活动中,技术的含量越来越大,离开了核心的技术专家,很多创业都无法进行,核心的技术专家理应成为创业者。事实上,很多创业活动最早都是由拥有某项特定成果的技术专家发起的。广义的创业者是指参与创业活动的全部人员,创业者可能更多地以团队的形式出现。在创业过程中，狭义的创业者将比广义的创业者承担更多的风险，但也会获得更多的收益。另外，要把创业者与职业经理人作为对比概念加以区分。创业者是指一种开办或经营自己企业的人，他们既是员工，又是雇主，对经营企业的成功与失败负责；职业经理人通常不是他们所管理公司的所有者，而是被雇来管理公司日常运作的人。

2.1.2　创业者类型

创业者可以从几种不同的角度来分类，主要可以根据创业者在创业过程中所扮演的角色、创业者的影响力、创业者的创业内容和创业者所处的创业领域等分类。

1. 根据创业者的角色划分

根据创业者在创业过程中所扮演的角色，可划分为独立创业者和创业团队。

同为创业者也有不同的角色和地位，有人适合独立创业，比如其有一定的资金，有极强的独立性等。有人适合团队创业，比如与人相处融洽；有人不适合团队创业，比如该创业者能力很强，但不善于与其他人相处。在团队创业中，有的创业者适合担任主导人物，有的创业者只适合扮演参与创业者的角色。

1）独立创业者

独立创业者是指独自创业的创业者，即个人独自出资和个人独自管理。独立创业者的创业动机和实践受很多因素影响，如发现很好的创业机会，对创业活动具有专注的精神、独立性强，失去工作或找不到合适的工作，对目前所从事的工作失去兴趣，受他人成功创业的影响等，这些因素都有可能激发独立创业活动。

独立创业者的主要特点是：创业过程中充满挑战和机遇，可以充分发挥创业者的想象力、创造力，自由展示独立创业者的主观能动性和创新能力；可以主宰自己的工作和生活，按照个人意愿追求自身价值最大化，实现创业的理想和抱负。但是，独立创业者的难度和风险较大，独立创业者可能会缺乏管理经验，或缺少资金、技术资源、社会资源、客户等，创业压力也相对较大。

2）创业团队

创业团队是由少数技能互补的创业者组成的，为实现共同的创业目标，有一个能使他们彼此担负责任的程序，共同为达成高品质的结果而努力的共同体。依据创业团队的组成者特征可以划分为不同类型的创业团队，主要有星状创业团队和网状创业团队。

（1）星状创业团队

星状创业团队是目前最为常见的创业团队。星状创业团队有一个核心人物作为团队领导者,由该领导者基于自身创业理念和需要组建团队,成员间可能熟悉,也可能陌生,团队成员主要为团队提供支持和执行具体任务。例如,美国太阳微系统公司创业之初就是由维诺德·科尔斯勒确立了多用途开放工作站的概念,接着他找了乔和本其托斯两位分别在软件和硬件方面的专家,以及一位具有实际制造经验和人际沟通技巧的麦克尼里,组成了太阳微系统公司的星状创业团队。但核心人物的权威性过强可能导致权力的过分集中和盲目权威,一旦团队出现冲突,其他团队成员处于被动地位,易做出退出决定,对团队发展不利。

星状创业团队主要的特点是:新企业结构紧密,创业团队向心力强,主导人物在新企业中的行为对其他个体影响巨大;创业过程中决策程序相对简单,新企业效率较高;容易形成权力过分集中的局面,从而使决策失误的风险加大。

（2）网状创业团队

网状创业团队一般都是团队成员在过去的交往过程中,共同认知并确认某个创业想法,同时就创业行为和活动达成了共识以后,开始共同进行创业。一般来说,网状创业团队的成员在创业之前原本就有密切的关系,可能是同学、亲友、同事、朋友等。与星状创业团队不同,在网状创业团队组成时,并没有明确的核心人物,创业团队成员根据各自的特点在新企业中进行自发的角色定位。因此,在新企业中,团队的每位成员基本上扮演的是协作者或者伙伴角色。一些著名企业的创建多是由于具有某种关系而结识,基于团队成员互动激发出创业点子,然后合伙创业。例如,美国微软公司的比尔·盖茨和童年玩伴保罗·艾伦,惠普公司的戴维·帕卡德和他在斯坦福大学的同学比尔·休利特等,都是典型的网状创业团队。

网状创业团队的主要特点是:创业团队中没有明显的主导人物,整体结构较为松散;新企业在决策时,一般采取集体决策的方式,通过大量的沟通和讨论达成一致意见,因此新企业的决策效率相对较低;当团队成员之间发生冲突时,一般都采取平等协商、积极解决的态度消除冲突,团队成员不会轻易离开,但是一旦团队成员间的冲突升级,使某些团队成员撤出团队,就容易导致整个团队的涣散。

2. 根据创业者的影响力划分

根据创业者对市场和个人的影响力可划分为复制型、模仿型、安定型和冒险型四种创业者类型。

1）复制型创业者

创业者复制原有公司的经营模式,创新的成分很低。新企业中属于复制型的创业者比率虽然高,但由于这种类型的创业者创新贡献低,缺乏创业精神的内涵,因此他们不是推动社会、经济发展的主要动力。

2) 模仿型创业者

模仿型创业者对于市场虽然也无法带来新价值的创造,创新的成分也很低,但与复制型创业者的不同之处在于,创业过程对于创业者而言还是具有很大的冒险成分。这种类型的创业者如果具有一定的素质,经过系统的创业培训,掌握正确的市场进入时机,还是有很大机会可以获得成功的。

3) 安定型创业者

安定型创业者虽然为市场创造了新的价值,但对这类创业者而言,本身并没有遭遇太大的改变,从事的也都是比较熟悉的业务。这种类型的创业者强调的是创业精神的实现,也就是创新的活动,而不是新组织的创造。

4) 冒险型创业者

这种类型的创业者对本身的转变大,创业不确定性高;对新事业的产品创新而言,也将面临很高的市场不确定风险。冒险型创业者是一类创业难度很高且风险比较大的创业者,有很高的失败率,但成功所获得的报酬也很大。这种类型的创业者如果想要获得成功,则必须要在创业者能力、创业时机、创业精神发挥程度、战略、创业过程管理等方面,都有很好的搭配。

3. 根据创业者的创业内容划分

按照创业者的创业内容,可划分为生产型、管理型、市场型、科技型和金融型五种创业者类型。

1) 生产型创业者

生产型创业者是指通过创办企业推出产品的创业者,主要特点是创业者一般都具有企业的生产技术或产品开发背景,以生产技术为主体,常常直接从事商业化技术或者产品开发,生产的产品通常科技含量比较高。

2) 管理型创业者

管理型创业者是指那些综合能力较强的创业者,他们对专业知识并不十分精通,主要特点是创业者在管理和协调中有自己的特长,能够通过各种有效的管理手段带领新企业前进。

3) 市场型创业者

市场型创业者通常是缺乏企业的技术专业背景,没有技术经验,或者只有非技术组织的职业经验,但是善于识别技术机会、有创业的点子,又有一定的资金支持的创业个体,主要特点是注重市场,善于把握变化中的机会。例如,MBA 学生具有管理知识,大多数有管理实践经验,他们捕捉到了某个创业机会,自主创业,属于市场型创业者。在我国计划经济向市场经济转轨过程中,就曾涌现出大批的市场型创业者。海尔集团总裁张瑞敏有一句名言"三只眼睛看世界",其意思就是计划经济时期企业只要一只眼,即盯住政府就可以了;市场经济条件下的企业则要有两只眼,一只盯住市场,另一只盯住员工;转型期的企业则需要具备第三只眼,也就是说除了盯住市场和员工之外,还要盯住政府出台的政策。

4)科技型创业者

科技型创业者多与高校和科研机构有关联,具有很强的科研知识背景,并常常从事基础科研开发,掌握了某种技术,有强烈的欲望把科研成果转换成生产力,一般在高等教育机构或非商业化的实验室担任或曾担任过学术职位,主要特点是创业者以高科技为依托创办企业。如高校里的部分科研型教授以自己的科研成果为核心,筹集资金,创办实体,属于典型的科技型创业者。20世纪80年代后,为了鼓励科技成果转化为生产力,我国推出了一系列鼓励高等院校和科研机构创办企业的措施,如今的许多科技企业的前身就是原来的校办企业和科研机构创办的院(所)办企业,如北大方正、清华同方和联想集团等。

5)金融型创业者

金融型创业者实际上是一种风险投资家,他们向新企业提供的不仅仅是资金,更重要的是专业特长和管理经验。他们不仅参与新企业的经营方针和规划的制定,而且还参与新企业的营销战略制定、资本运营以及人力资源管理。

4. 根据创业者所处的创业领域划分

根据创业者所处的创业领域可划分为传统创业者和技术创业者。传统创业者是指在传统的行业,如餐饮、房地产、服装等行业筹集资金,创办企业,为顾客提供产品或服务的创业者。技术创业者以突出技术为主,所创办的企业一般规模比较小,产品的技术含量较高,附加值比较高,利润空间比较大。

2.1.3 创业者素质

创业者素质是一种特殊个性特征,这种个性特征往往影响创业活动的效率和创业的成功与否。

1. 创业者心理素质

根据成就动机理论,那些拥有创业心理素质的人员比不具备创业心理素质的人员具有更高的实施创业行为的倾向,成功可能性也更大。创业者一般要具备如下心理素质:成就需要、控制源、风险承担倾向、不确定性容忍度、创业精神、团队意识等。

1)成就需要

创业者对创业成功有强烈的意愿,而成功创业不是为了获得社会承认或声望,而是为了获得个人内在自我实现的满足感。对于任何一位创业者来说,"渴望"创业其实首先就是希望获得金钱,使自己摆脱对贫穷的恐惧,并由此上升为一个自由的、不受金钱控制的人。因此,金钱、健康、家庭、亲友、地位等,都是创业者成功的条件,但其中一个更重要的条件就是"渴望创业的野心"。

2) 控制源

控制源是指创业者相信自己控制人生的程度能帮助创业者克服创业道路上的各种艰难险阻,将创业目标作为自己的人生奋斗目标。研究表明,创业者相信自身而不是他人能决定自己的创业能否成功,他们经常有很强的控制欲,对创业活动中的事件过程有一定的影响,总是希望把创业过程掌握在自己手中。和控制源相关的是创业者的个人独立性,创业者往往喜欢独立思考和行动,渴望独立自主。

3) 风险承担倾向

在扑朔迷离、纷繁复杂的经济环境中,机会和风险并存,既有成功的机遇,也有失败的危险。所承担的风险,无论是财务、社会方面的,还是心理方面的,都是创业过程中不可避免的一部分。但是,在市场风险中,无疑还会有许多突破点,关键在于创业者如何面对机会和风险,并以充分的准备去迎接机会的到来,躲避风险的侵害。只要是创业者,肯定会遇到各种各样的困境,对此必须要有充分的思想准备,敢于承担风险,不被困难击垮,并坚韧不拔地朝着既定的目标前进,终究会有成功的一天。

4) 不确定性容忍度

在创业过程中会遇到各种意想不到的困难,如资金周转困难、商品不畅销、员工管理不到位等,而一定程度的不确定性容忍度可以对一个创业者的成功起到积极的影响作用。对上述这些问题处理不当就有可能导致经营失误。因此,要做好随时应付困难的思想准备,迎接不断出现的挑战,始终朝着既定的目标,坚持不懈地努力。作为一个创业者若勇于挑战困苦、艰难、阻挠、障碍,并保持旺盛的斗志,最终将成为一个出色的创业家。

5) 创业精神

创业精神是创业者的精神状态和对事业所持的态度。新企业不论规模大小,归属哪个行业,创业精神始终与某些普遍适用的创业行为素质相关联。创业要发扬创业精神,没有创业精神的创业者通常不会成功,也不能称为创业者。创业精神主要表现为自信、自强、自主、自立等。

自信就是创业者要对自己充满信心。对于准备创业的人士而言,自信心尤为重要。一个比较成功的创业者的特点之一,就是对自己充满信心。如果一位老板或总裁连公司走哪条路都拿不定主意,那么可想而知,公司今后的发展也一定不会顺利。但是,自信并不是自傲。有一种极端情况是,我们常常见到的有些人在采取行动时,表现得过于自信,听不进任何人的意见。其实,这并不是自信。自信者不会拒绝别人的意见和建议,否则,只能是盲目自大者。这对于一个创业者来说,是必须戒掉的陋习。

自强就是创业者在自信的基础上,不贪图眼前的利益,敢于实践,不断增长自己各方面的能力与才干,勇于使自己成为生活与事业的强者。

自主就是具有独立的人格,具有独立性创业思维能力。创业是一种需要全身心投入的事业,只有具有积极的态度和务实的精神才能使创业获得成功。在这个过程中,没有人会给创业者制订计划,面临困难、问题、危机时,创业者只有积极努力、脚踏实地地奋斗,才有可能取得创业效益。

自立就是创业者凭自己的头脑和双手、智慧和才能、努力和奋斗,建立起自己事业的基础。

6) 团队意识

在创业道路上,创业者必须摒弃"同行是冤家"的狭隘观念,学会合作与交往。通过语言、文字等多种形式与周围的人进行有效的交流与沟通,可以提高办事效率,增加成功的机会。在创业过程中,创业者需要与客户打交道,与公众媒体打交道,与外界销售商打交道,与企业内部员工打交道,这些交往、沟通可以排除障碍,化解矛盾,降低创业难度,增加信任度,有助于创业事业的发展。

2. 创业者行为素质

创业者在行为方式上主要有勤学好问、执着、灵活应变、良好的商业道德和责任感等素质。

1) 勤学好问

创业者往往不满足于现状,经常意识到能将事情做得更好,渴望并从不放弃学习和改进的机会。现代社会需要学习型的企业,创业者在创业初期更需要学习行业内的领先企业、标杆企业的成功经验。创业者的学习为新企业的发展提供了源源不断的智力源泉。

2) 执着

一个心理健全的人,他一切有目的的活动和行为都是意志活动。在日常带目的性和方向性的活动和行为中,意志因素表现得并不明显;然而,在创业活动中,目的性和方向性就表现得异常强烈、鲜明。这时候如果存在巨大的障碍和困难需要创业者去克服,人的精神就处在高度紧张的状态,在这种紧张的情况下,意志因素起着异常重要的作用。可以说创业者的创业活动也就是复杂的意志活动。渴望成功的意志是创业者所不可缺少的。

3) 灵活应变

灵活应变指的是创业者对创业方法和路径的选择,要一切从实际出发,根据环境的变化对创业活动做出相应的调整。

4) 良好的商业道德

诚信、诚实、诚恳是一个新企业生存和发展的根基,是对创业者的商业道德要求。创业者若没有良好的商业道德,而时刻只为自己的个人利益行事,肯定不会创立起企业;即使能够创办企业,最终也难免昙花一现,生命力不会长久。只有创业者对顾客、对员工诚信,顾客和员工才会为新企业的发展锦上添花。

5) 责任感

在创业过程中,创业不仅是为了实现自己的价值,更重要的是承担很多社会责任。一开始创业,可能是为了家庭。当新企业越来越壮大的时候,创业者会被身边的员工所感动。创业者是否可以对更多的人负责,是否可以通过创业,让身边的人在物质上有所提高和回报,这才是一个真正的创业者应该有的动机。

3. 创业者背景特质

1) 教育

教育对于创业者的成长是至关重要的,教育的重要性体现在创业者是否具备解决问题的能力和素质,并不是指一个或若干个正规的学位。美国福特汽车公司创始人亨利·福特、美国钢铁大王文德鲁·卡耐基、美国微软公司创始人比尔·盖茨这些中学、大学辍学者的成功,就说明了这一点。但是毫无疑义的是,教育能够为创业者形成一个极有说服力的个人背景,特别是所接受的教育与创业领域有关的时候,更是如此。教育解决的是认识论和方法论的问题,一个人通过教育的手段和渠道,可取得文化、技术和创业等方面的一些资格。教育除给予接受教育者知识、方法和体会之外,还给予他们平台和团队,同时也给予接受教育者许多无形的光环。

2) 个人价值观

个人的需求包括生理的需求和心理的需求,也就是自然性的需求和社会性的需求。心理需求是高层次的终极的需求,个人需求的满足最终必然通过心理需求的满足来实现,而心理需求往往与社会及他人的肯定密切相关,因而创业者个人的满足是与服务社会紧密联系。我国作为发展中的社会主义国家,在发展水平上,需要创业者树立大局意识和为祖国服务的意识,以使我们尽快地追赶世界先进水平;在社会性质上,人与人之间、人与社会之间的根本利益是一致的,创业者只有将个人价值的实现融入为祖国服务中去才符合国家、社会及个人的长远利益。个人价值的实现建立在国家和人民承认的基础之上。创业者只有树立了这种正确的长远的价值观,才有可能树立正确的人生信念和人生理想。所谓的坚定人生信念和明确人生理想就是能够确认自己为什么创业。只有具备了这一点,创业才能一往无前,遇到挫折也不后退,否则容易见异思迁、摇摆不定。

2.1.4 创业者能力

1. 组织领导能力

1) 战略管理能力

创业者的战略管理能力表现在,创业实施的第一步是找准方向、严密论证,进而做出战略决策。创业环境总是复杂的,在这个环境当中,政治的、经济的、文化的各种要素相互联系、错综复杂,任何方案都不是完备的和确定的,这就需要全局的战略管理能力和决断素质。古人云:"不谋全局者,不足谋一域;不谋万世者,不足谋一时。"在今天这样一个新生事物层出不穷的时代必须能够正确认识知识经济的发展规律、敏锐地分析市场的发展变化、准确地把握国家的政策法规,才能够正确地评估创业机会和创业方案。从全局的高度认识和把握问题是全面分析把握创业方向的基本要求。

2) 领导能力

"领导能力"在字典中的意思,就是"指导和统率的能力"。在创业过程中,创业者的领导能力通常通过如下几个方面体现。

第一,活力。具有巨大的个人能量,对于行动有强烈的偏爱,干劲十足,不屈服于逆境,不惧怕变化,不断学习,积极挑战新事物,充满活力。

第二,鼓动力。激励和激发他人、员工的能力,能够活跃周围的人,善于表达和沟通自己的构想与主意。

第三,实施力。提交结果,能够将构想和结果联系起来,不仅仅是口头说说就完了,将构想变成切实可行的行动计划并能够直接参与和领导计划的实施。

3) 协调整合能力

良好的协调能力有利于信息的沟通,对于加强相互理解和利益共享有着切实的好处。创业者与竞争者之间、创业者与客户之间都存在这样或那样的摩擦,高超的协调能力能够化解矛盾,使创业者能够获得良好的形象,能够提高可信程度,为合作打好基础。协调能力还可以融洽相关主体间的感情,增加合作的愿望和机会。协调能力体现在团队内部就是如何促使团队能够积极、高效地开展工作。协调能力一方面能够使团队成员之间关系融洽、化解矛盾、相互支持;另一方面使得工作有序、配合协调,整个团队的工作效率达到最高。

创业需要资金、技术、人际关系等条件,但并不是全部具备这些条件才可以创业。创业路上的成功者往往不是那些条件好的人，而是善于调用资源为我所用的人，所谓"拥有资源不如善用资源"。例如，社会上有音乐学院毕业的大学毕业生在家闲着找不到工作，也有很多家长想让孩子学音乐却苦于找不到老师，一个不懂音乐的下岗职工看到这一市场需求，借钱以加盟的形式创办一所古筝培训学校，一边聘老师，一边招学生，很快挣到了属于自己的"第一桶金"。这就是最简单的通过整合资源来创业的例子。善用资源是创业成功者最核心的能力，它能够巧妙地把各种创业要素整合到一起，创造性地解决各种瓶颈问题，进而满足顾客需要，自己获得财富。

4）亲和力

亲和力是一种个人魅力，创业者富有亲和力可以更好地团结同事和朋友，为交际、协调等带来方便。一个人的亲和力一方面来自于其观点、主张和处事原则，使得人们感觉到他可以信任和依赖；另一方面亲和力来自行事作风和气质风范，能够给人一种莫名的亲切感。

2. 业务能力

1）经营管理能力

经营管理能力是指创业者对人员、资金以及新企业的内外部运营的能力。经营是对外的，追求从企业外部获取资源和建立影响，追求的是效益，是扩张性的，要积极进取、抓住机会。经营能力是创业成功的关键。创业者一般也是新企业的经营者，新企业的发展在很大程度上取决于创业者的经营能力，它是新企业能否成功的重要因素之一。管理是对内的，强调创业者对内部资源的整合和建立秩序，追求的是效率，是收敛性的，要谨慎稳妥、评估和控制风险。管理能力主要包括营销管理能力和财务管理能力等。其中创业团队组建能力十分重要，一个企业需要细致的"内管家"，活跃的"外交家"，战略的"设计师"，执行的"工程师"，发散思维的"开拓者"，内敛倾向的"保守派"。创业者既需要能够把不同专长、不同个性的团队成员凝聚在一起，更要能够让他们在一起融洽地、愉快地工作，组成优势互补的创业团队，形成协同优势。可以说，经营管理能力是解决新企业生存问题的第一要素。

2）专业技术能力

专业技术能力是创业者掌握和运用专业知识进行专业生产的能力。专业技术能力的形成具有很强的实践性，许多专业知识和技巧要在实践中摸索，逐步提高和完善。创业者要重视创业过程中知识积累的专业技术方面的经验和职业技能的训练，对于书本上介绍过的知识和经验在加深理解的基础上予以提高、拓宽；对于书本上没有介绍过的知识和经验要积极探索，认真分析，进行总结，形成自己的经验特色，只有这样，专业技术能力才会不断提高。

3）交际能力

交际能力包括表达能力和反应能力。表达能力是充分、有效地将自己的观点阐释给对方的能力，尤其作为创业者对客户充分有效的表达能够使客户充分理解企业的产品情况，有利于推销自己，对创业团队充分有效的表达能够使大家领悟新企业的目标、面临的环境和要采取的对策，能够使大家更加有效地为完成共同的目标而努力。反应能力是交际能力的另一个方面，是表达能力的补充。在交际过程中，良好的反应能力能够帮助创业者随时领会和把握表达对象的需求和对表达内容的理解，有效调整表达的方式和内容。

表达能力分为口头表达能力和书面表达能力。口头表达能力是创业者将自己的思想、观点以最生动有效的方式传递给听者，以对听者产生最有效的影响的能力。书面表达能力是创业者将自己的思想、观点运用文字表达方式，使之系统化、科学化和条理化的能力。

语言表达能力主要表现在语言的分量、逻辑性和幽默感等方面。语言的分量是语言内容与表达态度的一个综合效果，它可以让创业者给听者一个准确的判断和感受，达到有效的激励效果。逻辑性是指内容清晰严谨，因果关系强，没有漏洞，语言的逻辑是增强说服力的主要手段。幽默感能够营造轻松愉快的氛围，使语言内容形象易于理解，有利于听者接受创业者的观点。

4）创新能力

创新的实质是通过科学研究、生产活动和管理实践，创造新的理念、产品或服务成果并转化为生产力，以促进社会经济的发展。不论是知识创新、技术创新还是管理创新，创新的主体是人，创新的成果都要靠人来完成。在创业者的创业过程中，无论是发现新的创意、捕捉新的机遇、寻找新的市场，还是撰写一份有潜质的创业计划，以至于创业融资、创办公司和企业运作、管理和控制，都包含创新的内容。所以，作为一个创业者或创业团队，必须具备市场、技术、管理和控制的创新能力。创新能力又来源于创造性思维，一个成功的创业者一定具有独立性、求异性、想象性、新颖性、灵感性、敏锐性等人格特质。

5）学习能力

相当数量的创业者所从事的是未程序化的创新工作，需要以新的知识来解决新的问题。同时，创业者现在所面临的是一个日新月异的社会环境，往往会发现在一觉醒来之后自己已经落伍了。正是这种知识的爆炸和技术更新速度的加快，决定了新企业面临的竞争环境异常激烈，只有具有高度学习能力的创业者，才能驾驭创业的理想，驶上成功的航程。学习能力是现代社会里任何组织、任何人都必须努力具备的东西，只不过是新企业和创业者在企业的孕育期要求更为强烈。因此，现代管理最时髦的术语就是学习型组织、学习的革命、终身学习等有关提高学习能力的问题。学习能力不只是学习已存在的知识的能力,更重要的是搜集外部信息并进行总结、提高、创新的能力,这种能力在实际运用中往往表现为当事人良好的做事"直觉"。创业者的非理性行为,指的就是这种靠直觉行事的方式。直觉是知识,也是学习的结果。创业者在企业的孕育阶段更多的是依赖这种直觉来行事的,因而需要具备较高的学习能力。

应该特别指出的是,并非每样关键性素质、能力都具备的人才能创业成功。通过观察那些创业成功者就会发现,他们和普通人一样有这样或那样的毛病,只不过他们身上一定有某种关键性素质异常突出,只要有突出的优点压过缺点就足以让人成事。这表明了组成创业团队的必要性和重要性,也表明在选择创业团队成员时要考虑其是否具备这些素质,特别是团队成员之间是否具有互补性。所以,人不怕有缺点,就怕没优点,把自己的优势发挥出来是创业成功的关键。同时我们还应该知道,人是可以通过学习不断改变的,关键性素质、能力也是可以通过学习和实践来培养的,创业成功的过程也是完善个人创业素质的过程,决心改变者无所不能。

2.1.5　创业动机

1. 创业动机的内涵

动机是推动个体从事某种活动,并朝着一个方向前进的内部动力。个体的内在过程即是动机,而行为是这种内在过程的表现。引起动机的内在条件是"需要",引起动机的外在条件是"诱因"。创业动机是推动个体或群体从事创业实践活动的内部动因,是使主体处于积极心理状态的一种内驱力,具有较强的选择性、倾向性和主观能动性。创业动机是指引和维持个体从事创业活动,并使活动朝向某些目标的内部动力。它是鼓励和引导个体为实现创业成功而行动的内在力量。

2. 创业动机的类型

创业者创业的动因有很多种,也很复杂。在企业创办、成长、成熟的不同阶段,创业动机也会呈现变动性。此外,探究创业者的创业动机,还需要结合创业者的个体类型和具体情况加以具体分析。

1) 兴趣驱动型

兴趣是最好的老师,它是创业的重要动因之一。如果创业者对一件事物产生了兴趣,就会调动自身的潜能、时间和精力去了解、去体验,不管遇到什么困难险阻,都会一如既往地坚持下去。这种精神状态就是创业者必须具备的创业素质。当兴趣出现时,创业者无形中就拥有了必备的重要创业素质。因此可以说,兴趣是创业起步的动力源泉。例如,周成建因为对服装设计有浓厚的兴趣,而成就了美特斯邦威集团,成为中国休闲服饰业的领军人物;比尔·盖茨因为对计算机操作系统产生浓厚的兴趣而成就了微软公司,成为个人电脑操作系统市场的霸主。所以说,兴趣是个体事业发展至关重要的因素,也是创业的原动力之一。

2)职业需求型

美国学者克雷顿·奥尔德弗认为,个体存在三种需要,即生存的需要、相互关系的需要和成长发展的需要。其中相互关系的需要是指人们对于保持重要的人际关系的要求,成长发展的需要是指个体谋求发展的内在愿望。创业者随着年龄的增长,对于相互关系和成长的需要会逐渐强烈。创业者为了增加自己的实践经验,丰富自己的社会阅历,提高择业能力,或者为了自己以后的发展或实现自己的某个目标做好经济上、经验上的准备,在条件成熟的情况下也会走上创业的道路。这种类型的创业者往往以锻炼为目的,承受失败的能力较强。

3)就业驱动型

据教育部统计,2010年全国普通高校毕业生达630万人,比2009年增加20万人。而2011年全国普通高校毕业生达660万人,比2010年增加30万人,毕业生就业形势依然严峻,高校毕业生成为新的就业困难户。在这种情况下,有一部分大学生开始了创业之路,以期取得更好的经济收入。经济因素成为大学生选择创业的一个重要原因。此外,随着就业压力的增大,各种鼓励大学毕业生创业的政策也纷纷出台,毕业生创业已成为社会关注的热点问题。密切关注的程度透露出各级政府迫切希望自主创业能成为缓解大学生就业压力的一条有效途径。

4)价值实现型

创业者是创新、创造最为活跃的群体,他们思维活跃,创新意识强烈,同时所受的约束和束缚较少。他们往往更容易接触一些新发明和新成果,或者他们中的一部分人本身拥有具有自主知识产权的科研成果。为了能早日实现自己成功的目标,他们中的一部分人改变了自己的就业观念,转为开始自己的创业生涯。另外,创业者是自我意识较强的群体,"希望有一番自己的事业,而不是一辈子给别人打工",代表了当代大学生的现实想法。选择自主创业是为了通过这一途径证明自己的能力,挑战自我,实现自我价值,得到社会的认可。

3. 创业动机的驱动因素

通过动机的调节作用,创业者外部的创业动机可转化为内部动机,但必须明确的是心理需要作为连接外部环境与创业动机和行为的核心,只有当环境因素支持心理需要的满足时,社会环境才能有效促进外部动机的内化,促使创业者更长久地坚持创业活动并保持积极的心理状态,从而产生更为理想的创业绩效。

因此,在倡导大学生积极参与创业的当下,高校的教育、教学和服务应重视有创业倾向或正从事创业活动的大学生群体。从其内在需要出发调整课程设置、营造适宜环境,以强化内部创业动机或促进机内化,从而为大学生创业注入强劲的心理动力。

1)胜任需要

胜任需要是指个体对自己的学习行为或行动能够达到某个水平的信念,相信自己能够胜任该活动。即个体在最适宜的富有挑战性的任务上取得成功并能得到期望的结果,有效力、适宜的挑战能把个人的积极性最大程度地调动起来。反观我国大学生的创业理想大多是限于构思层面的,实际参与创业的为数甚少。主要原因之一就是其创业能力的构成和水平与其创业目标存在较大偏差,这也是导致多数大学生创业失败的重要原因。

创业能力是一种影响创业实践活动,促使创业实践活动顺利进行的主体心理条件,也是一种能提高创业绩效的技能,具有很强的社会实践性。创业能力的构成是多维的。因此,高校应从如下几方面培养大学生的创业能力:首先要突破传统,建立创业型人才培养体系;其次要探索、完善最优化的培养途径和培养方式;最后应建立科学合理的管理制度和综合评价体系,这也是培养创业型人才实施及执行的坚强后盾和执行驱动。在对创业者创业能力进行培养的同时,还应创设针对性的实践活动或挑战,有机运用外部激励和内部强化,并依据动机的调节类型设立区别化的奖励形式。激发大学生参与创业实践并使其体验到与其目标匹配的胜任需要,以提升实践过程中或事后的愉悦感和自我接纳感。此外,要注重培养大学生自我内省和团体讨论的习惯,区别探讨不同类型的创业动机所引起的行为结果和主观体验。利用同辈群体的事例促使创业外部动机为主导的创业者进行自我揭露和评估,着重倡导创业内部动机对个体行为效能和价值实现的积极作用,从而逐渐引导创业者以自我实现和自我成长的创业内部动机作为行为的价值取向,或将原有的外部动机向内部动机转化。

2)自主需要

创新环境是一种宽松、民主、自由、开放、进取的环境,在这种环境下的创新人才和成果才会层出不穷。创业作为创新活动的一种,应当注重优化创业环境,努力营造一种鼓励创业、以创业为荣和宽容失败的氛围。研究表明,家庭、工作群体中的人际氛围会影响人们的创业动机。群体中的个体如果感到压力或控制,就会降低内部动机;过于强调同伴间的竞争、成绩,强调赢的结果,就会使个体陷入一种外控状态,导致内部动机的缺失。宽松、民主、自由的创业氛围并不代表没有竞争存在,因此,引入合理的竞争机制显得十分必要,在开展创业实践活动或竞赛时,应将竞争的强度限于可适应的范围之内。如果竞争的氛围过于严肃和激烈,结果会被视为唯一的行为动力。创业者自我实现、自我提高等内在动机就会受到外部动机的抑制,创业行为就会趋向受控的而非自主的,参与创业活动的积极性体验也会随之降低。如果过于强调外部目标,创业者在活动过程中还会过于注重与他人之间的竞争,他人的行为模式和任务进程会极大地影响参与者,从而导致其活动中的自我决定水平的降低。此外,创业作为一种个性非常明显的活动,只有充分调动创业者的自主性和主动性才能使创业人才健康成长。因此,要适当提倡创业者的个人主义思想,虽然这种个人主义的价值观自有其不容忽视的弊端,但在市场经济条件下又有其合理的成分。在这种思想里,个人价值和个人尊严处于突出的位置,它崇尚和强调个人奋斗、机会均等的平等思想观念。在这种思想观念的影响下,创业的内部动机才可能增强。

3)关系需要

团队合作是企业进行各种创新、提高产品和服务质量、降低运作成本的重要组织方法。不但小企业采用团队创业模式的数量在增多,大公司的高层也在不断导入团队决策模式。集体创新和协作进取成为创业团队企业家精神的内核,也是创业团队成员间合作行为的集中表现。

在大学生创业教育中,应注意培养大学生的团队合作意识和精神。高校可采用项目化的创业主题组建创业团队,并统一大学生创业团队的愿景。因为合作性的、一致性的目标和奖励方式会将所有成员团结在一起,他们会愿意一起努力来获得成功。通过目标细化和职责确定的方式,使成员清楚应该如何努力来为实现团队的愿景和目标服务。合作型团队提供了足够的社会支持,从组织内外获得各种资源,并加以有机整合。团队成员通过交流和信息共享,可公开地讨论不同甚至相反的观点来深入探索未知,并提出新的解决方案。更重要的是个体可充分发挥或弥补各自的人际交往能力,使得成员逐步强化效能感和自信心,为成员搭建自我展示的平台,对为团队做出贡献的成员给予肯定,对思想、态度和行为存在不足的成员宽容的同时,要帮助他们挖掘问题根源,制订改进方案,做到共同成长与发展。在这种组织形式的团队与氛围中,个体的归属感才可能得到有效满足,内部控制的创业动机才能占据主导地位。

高校在大学生的创业教育或创业实践中,应当充分意识到创业动机的重要性,采取相应的策略,营造良好的环境,才能使大学生在创业活动中有足够的能力、充足的信心和坚定的支持,在创业过程中更多地思考和注重自我实现和自我提升,并自觉地将个人创业目标升华为对社会有益的创业理想。

2.2　创业团队

2.2.1　创业团队及其重要性

有一些企业是由独立创业者创立且拥有的,也有不少企业是由两个或两个以上的人共同创立的。显然不乏个人创业成功的案例,不过一般而言,独立创业者创办的新企业成长较为缓慢,因此,风险投资者通常不愿意考虑这种独立创业者创办的新企业。当然也并非采取团队创业方式就一定会获得成功,但人们普遍相信,纵然创业团队成功的概率不一定高,但创业团队成功后所产生的价值一定相对较高。

不同的学者从不同的角度界定了团队的定义。刘易斯(Lewis)认为,团队是由一群认同并致力于去达成共同目标的人所组成的,这一群人相处愉快并乐于一起工作,共同为达成高品质的结果而努力。盖兹贝克(Katezenbach)和史密斯(Smith)认为,一个团队是由少数具有"技能互补"的人所组成的,他们认同于一个共同目标和有一个能使他们彼此担负责任的程序。钱德勒(Chandler)和汉克斯(Hanks)认为,创业团队是指当企业成立时执掌企业的人或是在新企业营运的前两年加入的成员,对于公司没有所有权的雇员并不算在内。

由此可见,创业团队是指由两个或两个以上具有一定利益关系的,彼此间通过分享认知和合作行动以共同承担创建企业责任的,处在新企业高层主管位置的人共同组建形成的有效工作群体。狭义的创业团队是指有着共同目的、共享创业收益、共担创业风险的一群创建企业的人;广义的创业团队则不仅包括狭义创业团队,还包括与创业过程有关的各种利益相关者,如风险投资家、专家顾问等。一般而言,创业团队需具备以下五个重要的组成要素。

1. 目标

创业团队应该有一个既定的共同目标,为团队成员导航,没有目标,创业团队就没有存在的价值。目标在新企业的管理中常以新企业的愿景、战略的形式体现。

2. 人

人是构成创业团队最核心的要素。两个及两个以上的人就能形成一个群体,当群体有共同奋斗的目标就形成了团队。在一个创业团队中,不同的成员通过分工来共同完成创业团队的目标。

3. 定位

创业团队的定位包含两层意思:一是创业团队的定位,包括创业团队在新企业中处于什么位置,创业团队最终应对谁负责等;二是创业团队成员的定位,包括个体作为成员在创业团队中扮演什么角色等。

4. 权限

创业团队当中主导人物的权限大小与其团队的发展阶段和新企业所处行业相关。一般来说,创业团队越成熟,主导人物所拥有的权限相应越小,在创业团队发展的初期阶段,领导权相对比较集中。

5. 计划

计划有两层含义:一是创业目标最终的实现,需要一系列具体的创业行动方案,可以把计划理解成达到创业目标的具体工作程序;二是按计划进行可以保障创业团队的顺利成长,只有按照计划,创业团队才会一步一步地贴近创业目标,从而最终实现目标。

2.2.2　创业团队的优势、劣势分析

在美国硅谷流传着这样一条"规则":由两个 MBA 和 MIT 博士组成的创业团队,几乎就是获得风险投资的保证。虽然,这有些夸大其词,却蕴含这样的事实:如今,创业已非纯粹追求个人英雄主义的行为,团队创业成功的概率要高于个人独自创业。一个由研发、技术、市场、融资等各方面组成,优势互补的创业团队,是创业成功的法宝,对高科技新企业来说,更是如此。创业团队的优势主要体现在,一个好汉三个帮,一群人同心协力,集合各自的优势,共同创业,其产生的群体智慧和能量,将远远大于个体。创建团队时,最重要的是考虑成员之间的知识、资源、能力或技术上的互补,充分发挥个人的知识和经验优势,这种互补将有助于强化团队成员间彼此的合作。一般来说,团队成员的知识、能力结构越合理,团队创业成功的可能性就越大。

创业团队主要的劣势就是对成员个性的压抑。领导创业者通常希望团队形成一股凝聚力,朝着共同的目标一起努力,但效果却可能相反。如果领导创业者过于重视团队,将成员强行扭成一团,那么任何让创业者成员感到个性受到压抑的团队,其成员都会本能排斥,最终可能会导致团队的解散。

2.2.3　创业团队的组建策略

创业团队的组建是一个相当复杂的过程,不同类型的创业项目所需的团队不一样,创建步骤也不完全相同。创业团队组建原则及组建程序如下。

1. 创业团队组建原则

1)目标明确合理原则

目标必须明确,这样才能使创业团队成员清楚地认识到共同的奋斗方向是什么。与此同时,目标也必须是合理的、切实可行的,这样才能真正达到激励的目的。

2) 互补原则

创业者之所以寻求团队合作,其目的就在于弥补创业目标与自身能力间的差距。只有当创业团队成员相互间在知识、技能、经验等方面实现互补时,才有可能通过相互协作发挥出"1+1＞2"的协同效应。例如,搜房网创业者莫天全在刚开始组建团队时,就非常重视团队的互补性。他认为,创业团队一定要以互补性考虑为主,大家各有所长,这样才可以组成比较稳定的长期发展的团队。因此,当年的搜房创业团队基本由三方面人选组成:一是懂互联网的技术人员;二是跟房地产产业相关的人员;三是来自国外的"海归",或者有比较强的资本背景和海外企业运作背景的人员。

3) 精简高效原则

为了减少创业期的运作成本、最大比例地分享成果,创业团队成员构成应在保证企业能高效运作的前提下尽量精简。

4) 动态开放原则

创业过程是一个充满了不确定性的过程,创业者在处理创业团队建设上应有发展观念,团队中可能因为能力、观念等多种原因不断有人在离开,同时也有人在要求加入。不要认为团队成员的离开就是对企业"不忠""叛逆"。如果有些想离开团队的成员是企业紧缺的人才,创业者首先要文明地努力挽留。如果他们的确想走,创业者不应该生硬地加以阻挠。因为即使这样留下来了,他们也是"身在曹营心在汉",造成企业的内耗。因此,在组建创业团队时,应注意保持团队的动态性和开放性,使真正完美匹配的人员能被吸纳到创业团队中来。

2. 创业团队组建程序

1) 明确创业愿景和目标

创业团队成员要长时期的同甘共苦,完成生命中最有价值的一页,就需要强有力的驱动力,并且通过这个驱动力把团队长期地凝聚在一起。这个共同驱动力就是共同的愿景。

所谓创业团队的共同愿景,是指这个组织中所有成员共同发自内心的意愿,能够激发所有成员为实现这一共同愿望而奉献全部的精力,完成共同的任务、事业或使命。真正的共同愿景能激活每个人的愿望并产生共鸣,使全体成员紧紧地连在一起,能淡化人与人之间的个人利益冲突,从而形成一种巨大的凝聚力。只有当人们致力于实现某种他们深深关切的事业和使命时,他们才会忘掉自己的私利,才会真正地团结起来。

此外,创业团队在目标上的准确定位至关重要。在任何类型的新企业中,创业团队成员都会建立起某种心理约定和创业氛围。虽然这种心理约定和创业氛围通常是随着创业带头人鼓励优秀、尊重团队成员贡献的一系列措施建立起来的,但是如果能把那些目标一致的人选入创业团队,这将大大促进这种心理约定和创业氛围的建立。在成功的新企业里,个人目标和团队成员的整体价值能很好地结合在一起,创业目标同样也能得到团队成员的大力支持。

2）制订创业计划

在确定了一个个阶段性子目标以及总目标之后,紧接着就要研究如何实现这些目标,这就需要制订周密的创业计划。创业计划是在对创业目标进行具体分解的基础上,以团队为整体来考虑的计划,创业计划确定了在不同的创业阶段需要完成的阶段性任务,通过逐步实现阶段性子目标来最终实现创业的总目标。

3）招募合适的成员

招募合适的成员是组建创业团队最关键的一步。关于创业团队成员的招募,主要应考虑两个因素。一方面要考虑互补性,即考虑其能否与其他成员在能力或技术上形成互补。这种互补性形成既有助于强化团队成员间彼此的合作,又能保证整个团队的战斗力,更好地发挥团队的作用。不同角色在创业团队中发挥着不同作用,因此,创业团队中不能缺少任何角色。一个创业团队要想紧密团结在一起,共同奋斗,努力实现创业团队的愿景和目标,各种角色的人才都不可或缺。

另一方面要考虑适度规模。适度的团队规模是保证团队高效运转的重要条件。团队成员太少则无法实现团队的功能和优势,而过多又可能会产生交流的障碍,团队很可能会分裂成许多较小的团体,进而大大削弱团队的凝聚力。一般认为,创业团队的规模控制在 2～12 人之间最佳。

4）职权划分

为了保障创业团队成员执行创业计划、顺利开展各项工作,必须预先在团队内部进行职权的划分。创业团队的职权划分就是根据执行创业计划的需要,具体确定每个团队成员所要担负的职责以及所享有的相应权限。创业团队成员间职权的划分必须明确,既要避免职权的重叠和交叉,也要避免无人承担造成工作上的疏漏。此外,由于还处于创业过程中,面临的创业环境又是动态复杂的,不断会出现新的问题,团队成员可能不断出现更换情况,因此创业团队成员的职权也应根据需要不断地进行调整。

5）团队的调整融合

在企业成立之前,没有开展过创业团队成员相互合作协调测试的企业,创业者应早做准备,应付团队成员可能产生的问题。团队成员在价值观、目标、拥有多少股份等方面会有很大的不同,如果这些方面产生分歧而不能很好地解决,将直接影响新企业的生存和发展。所以如果在新企业试运行阶段没有考察团队成员对企业的责任感和贡献度,没有发现的问题将会暴露出来,等问题出现再解决,可能会为时太晚。如某商贸有限公司的股东之一在公司成立时曾经许诺自己家族多年经营钢材、铁锭生意,有很多社会关系可用,还许诺今后在公司运作中遇到资金不够的时候,自己可以负责拆借。可需要用钱的时候,他又拆借不来,完全不能实现当时的承诺。三位股东的矛盾急剧激化,最终导致该商贸有限公司解体。在进行团队调整融合的过程中,最为重要的是要保证团队成员间经常有效地沟通与协调,培养强化团队精神,提升团队士气。

需要注意的是,这一组建过程并不是一个完全严格的顺序过程,即创业团队有时并不是严格按照此顺序一步一步地进行组建。事实上,很多创业团队的组建过程没有明确的步骤划分界限,如制度体系构建、团队的调整融合可能贯穿于新企业发展的整个过程之中。创业者在组建创业团队时应在上述基本原则的指导下,根据实际情况灵活加以运用。

2.2.4 创业团队的管理技巧和策略

领导者变更、计划不连续、裁减成员、规则不连续等都会冲击创业团队的合力。如果缺乏有效的管理,团队或者说新企业的生命力难以长久。而有效管理是新企业保持团队士气的关键。有效管理要求给予创业团队成员以合理的"利益补偿"。利益补偿可包括两种形式:一种是物质条件,比如报酬、工作环境;另一种是心理收益,比如创业成就感和地位,感受到尊重、承认和友爱等。

1. 创业文化的引领

通常情况下,新企业的创业文化在初创期就已经打下了基础,随着企业的发展,不断更新、提炼,最终成为企业形象的一个组成部分。

所谓"创业文化"是指企业在创业及成长过程中逐渐形成的,为创业团队成员所接受、传播和遵从的基本信念、共同价值观、行为准则和角色定位等的总称。创业文化是一种无形的、隐含的,似乎不可捉摸而又理所当然或习以为常的东西,是创业团队中一套规范成员日常行为的核心理念和隐含原则,其导向、规范、凝聚和激励功能是潜移默化的、内在的、自然的。

积极的创业文化,其基本内涵主要包括鼓励创新,开拓进取、积极向上,容许失败和面对失败,具有团队精神和学习精神。创业文化是维系团队的黏合剂。对于任何一个新企业来说,团队的创业文化都是其"灵魂",是经营活动的"统帅",是新企业行动的"指挥官",在新企业的经营发展中具有无法替代的核心作用。它的作用具体体现在以下几个方面。

1）导向作用

团队的创业文化作为共同价值观念和共同利益的表现，决定了新企业行为的方向，规定着新企业的行动目标。在团队创业文化的引导下，新企业建立起反映创业文化精神实质的、合理而有效的规章制度；团队的创业文化引导着新企业及其团队成员朝着既定的发展目标前进。

2）凝聚作用

共同的价值、信念及利益追求，把创业团队成员凝聚在一起，增强新企业的内聚力。因为共同的目标，新企业产生极强的向心力；因为共同的价值追求，创业团队成员有了坚强的精神支柱，为了实现新企业的目标，每个成员会凝聚成一个强有力的团体，迸发出巨大的能量。因此，团队的创业文化是新企业成功的黏合剂。

3）规范作用

团队的创业文化是管理制度的升华，它通过把外在的制度约束内化为自觉的行为，从而真正达到规范约束的目的。

2. 经济利益的激励

新企业的产权一般比较明晰，机制灵活，所以对创业团队成员可以将期权激励作为经济激励的一项重要内容来实施，从而将传统的以报酬为代表的短期经济激励和以期权为代表的长期经济激励结合起来，体现人力资源的价值。以华帝公司为例，公司从无到有，一步一个脚印，发展壮大到今天，原动力就是它能在不同的发展阶段建立与之相适应的、产权明晰的现代产权制度。华帝公司最初是邓新华等7名一起长大的同乡共同成立的。当初华帝七子在结盟之际，就以清晰的产权结构为依托，以人尽其能、人适其职作为岗位界定的支点，为今后的华帝大厦打下牢固的根基。在股权分配上，开发区所在村镇占总股本的30％（当时的股权结构），余下的70％由7人平分，各占10％，其中2人以知识入股。华帝公司清晰产权制度的同时也明确了分配方式，轻松跨越了在国内许多企业看来最伤脑筋的股权及分配问题。

此外，还要建立鼓励创业团队合作的奖励机制。将团队成员的一部分报酬，尤其是浮动薪酬，与创业团队成果有机地结合起来。同时在进行年度固定薪酬调整时，也要考虑成员在团队合作方面的表现。例如，在成员全部现金收入中，75％为固定薪酬，25％为浮动薪酬。在25％的浮动薪酬中，其中70％与个人业绩挂钩，以奖励创业团队成员在个人业绩以及坚持团队价值观和团队文化等方面的出色表现，另外30％与团队成果挂钩，只有创业团队达成既定目标，个人才能得到这部分的浮动薪酬，以此鼓励成员协同作战，将个人利益与创业团队利益有机地结合在一起，为实现创业团队的共同目标而努力。

3. 权力与职位的管理

在知识经济时代,创业者具有良好的进取精神,创业团队又通常是高知群体。他们不仅仅为追求经济利益而进行创业活动,也为了得到成就感以及权力和地位上的满足。另外,从创业团队的生命周期来看,当团队发展到追逐权力的阶段时,团队冲突会增加,矛盾会加剧,团队效率也会降低,部分核心成员可能会选择离开团队,许多团队在"争权夺利"这个阶段就停止了发展。对于新企业来说,此时的生存和发展可能会面临着重大危机。如何突破这个瓶颈,实现团队自我超越是创业团队建设应考虑的关键问题。因此,随着新企业的发展,创业团队领导者要注重权力和地位的激励机制,将创业成员的工作成效和职业生涯发展、地位提升有效地结合起来,建立并维护好创业团队的运作原则,使团队成员之间相互尊重和信任,能够倾听彼此的意见。基于不同的工作情景和分工,创业团队成员可以共享领导角色,在各自的领域中发挥领导作用。

4. 创新意识和精神的培养

创新意识和精神的培养主要是教育和引导创业团队成员增强创新意识,并逐步升华为创业精神。创新就是强调一种创造性思维,就是凭借知识、智慧和胆识去开创能发挥个人所长的事业;提醒创业团队成员全面理解创业的深刻含义,让他们形成一种不创新就不会有创业机遇的共识。同时,还要使他们明白,创业不是普通的比赛或设计,而是要求能结合专业特长,根据市场前景和社会需要开发出独特的具有创新性的成果,这样才能达到真正的创新。

值得强调的是,创业团队的稳定不是指创业团队一成不变,而是一种"动态的稳定",创业团队的创建应该遵循着"按需组建,渐进磨合"的方式。创业团队的管理也不是一步到位的,一开始就拥有一支成功、稳定的高绩效团队是每个创业者的理想,然而这种可能性微乎其微。这就需要在合理组建创业团队的基础上,不断加强团队管理,通过建立合理有效的激励机制,使创业团队在相互尊重、相互信任,公平、公正的团队氛围内,密切联系、协同配合,保证创业团队成长能够满足新企业发展的需要。

2.2.5　领导创业者的角色与行为策略

1. 领导创业者的角色

创业团队领导扮演了指导者、促进者、交易者、生产者以及风险承担者的角色。领导创业者的认知水平、创业技能、创业能力和思想意识从根本上决定了是否要组建创业团队以及团队组建的时间表和由哪些成员组成团队。领导创业者只有在意识到组建团队可以弥补自身知识、技能、能力与创业目标之间存在的差距,才有可能考虑是否需要组建创业团队,以及对什么时候需要引进什么样的成员才能和自己形成互补做出准确判断。首先,领导创业者要在对创业动机、目标和前景进行认真的评估后,才能得出是否需要组建团队的结论。如果想要成立一个有较大成长潜力的企业,就必须有一个团队。其次,领导创业者要进一步考虑组成怎样的团队,以期获得创业成功所必备的条件和资源。要对所需要的团队成员拥有什么专长、他们的社会关系网如何,实际工作能力怎样等进行评估,然后再决定什么时候需要引进什么样的成员,才会与自己形成互补。

2. 领导创业者的行为策略

1)树立正确的团队理念

一是形成凝聚力,领导创业者拥有正确团队理念的成员,相信他们处在一个命运共同体中,共享收益,共担风险。二是拥有诚实正直的品行,这是有利于顾客、企业和价值创造的行为准则,它排斥纯粹的实用主义或利己主义,拒绝狭隘的个人利益和部门利益。三是目光长远。领导创业者不是把新企业当作是一个快速致富的工具,领导创业者追求的是最终的资本回报及由此带来的成就感。四是承诺价值创造。领导创业者承诺为了每个人而使"蛋糕"更大,包括为顾客增加价值,使供应商随着团队成功而获益,为创业团队的所有支持者和各种利益相关者谋利。

2)确立明确的团队发展目标

目标在团队组建过程中具有特殊的价值。首先,它是一种有效的激励因素,共同的未来目标是领导创业者带领创业团队克服困难,取得胜利的动力;其次,它是一种有效的协调因素,只有真正目标一致、齐心协力的领导创业者和团队成员才会得到最终的胜利与成功。

3)建立责、权、利统一的团队管理机制

一个成功的企业必须制定井然有序的组织策略。无序组织是混乱的根源,领导创业者要有序组织自己的企业,同时摆正位置,将自己融入团队中。

(1)创业团队内部需要妥善处理各种权力和利益关系

一是领导创业者要妥善处理创业团队内部的权力关系。在创业团队运行过程中,团队要确定谁适合于从事何种关键任务和谁对关键任务承担什么责任,以使权力和责任明晰化。二是领导创业者要妥善处理创业团队内部的利益关系。一个新企业的报酬体系,不仅包括诸如股权、工资及奖金等金钱报酬,还包括个人成长机会和相关技能提高等方面的因素。

(2)制定创业团队的管理规则

规则的制定,要有前瞻性和可操作性,要遵循先粗后细、由近及远、逐步细化、逐次到位的原则。这样有利于领导创业者维持管理规则的相对稳定,而规则的稳定有利于团队的稳定。

首先是治理层面的规则,主要解决剩余索取权和剩余控制权问题。治理层面的规则大致可以分为合伙关系与雇用关系,除了利益分配机制和争端解决机制,领导创业者还必须建立进入机制和退出机制,约定以后创业者退出的条件和约束,以及股权的转让、增股等问题。

其次是文化层面的管理规则,主要解决企业的价值认同问题。企业章程和用工合同解决经济契约问题,而文化契约是一种弥补,它包括"公理"和"天条"这两个内容。所谓"公理",就是团队内部不证自明的东西,它构成团队成员共同的终极行为依据;所谓"天条",就是团队内部任何人都碰不得的东西,它对所有团队成员都构成一种约束。

最后是管理层面的规则,主要解决指挥管理权问题,包括平等原则、服从原则、等级原则等。

 **本章小结**

创业者是即将创办企业或者是刚刚创办企业的领导人,具有正向外部性、试错反馈性、价值扩散性等价值特点。从在创业过程中所处的角色来看,创业者可以分为独立创业者和创业团队,还可按创业者的人格特质、创业内容、创业者所处创业领域等来对创业者进行分类,其在心理、行为、背景、知识、能力等方面拥有一些与众不同的特征和能力。

创业团队是为了实现共同的创业目标,由一定数量创业者组成的,使彼此能担负责任的群体。创业团队领袖是创业团队的灵魂,是团队力量的协调者和整合者,在团队管理中发挥着重要作用。创业团队的组建是一个相当复杂的过程,大致组建程序包括明确创业目标、制订创业计划、招募合适的成员、职权划分和团队的调整融合。

创业者的创业动机有多种类型,如兴趣驱动型、职业需求型、就业驱动型等,创业者选择创业的动机受诸多直接和间接因素的影响,包括胜任需要、自主需要、关系需要。

 **案例分析**

固柏公司的创业团队

南京固柏橡塑制品有限公司(以下简称"固柏公司")是以橡塑制品、输送带生产为主,集产学研、技工贸为一体的有限责任公司,地处经济发达的南京市高淳县。2000年5月18日,在张收才等13位股东组成的创业团队领导下,公司顺利从高淳橡胶总厂改制成为南京固柏橡塑制品有限公司。改制后的南京固柏橡塑制品有限公司,在短短八年多的时间内,固定资产从创始初期的500多万元上升到如今的3 800多万元,产品涉及橡胶板、再生胶两大系列500多个品种,在国内的经济发达区域城市设立了46家分公司、经销部,年销售额超4亿元,达到了一年翻一番的增长速度。

说到南京固柏橡塑制品有限公司的成功,就不得不谈谈董事长张收才。张收才是土生土长的高淳人,1981年在固柏中学高中毕业后,就去参了军。1985年复员,在家务农一年,随后于1986年在高淳橡胶总厂参加了工作。工作初期,张收才主要做的是企业产品的销售。可以说,张收才的创业之路就是从十几年前的跑销售开始的。工作后不久,张收才就因业绩突出,被总公司任命为总厂驻常州办事处经理。多年跑销售的经验给张收才带来了丰富的营销阅历,他率先在常州开设了全厂在外地的第一个经销部试点。

2000年前后,高淳橡胶总厂由于种种原因,发展停滞不前,效益滑坡,于是在县委、县政府指导下进行了改制。此时,张收才觉得只有完全摒弃原有的弱点,企业才有发展,于是他联系了原厂的12位技术骨干、业务代表,大家商量了一下,决定把高淳第二染织厂竞购过来成立有限责任公司。说干就干,张收才带头拿出了自己在跑销售时积累下来的积蓄,再加上其他12位股东(创业团队成员)的资金,集资500多万元,成功地竞购下了高淳第二染织厂,并更名为南京固柏橡塑制品有限公司。

改制初期,很多人对张收才及其领导的12位创业团队成员的这个举动大为不解。在他们看来,当时的固柏公司是一个烂摊子,把它买来自己经营无疑就是死路一条。张收才及其领导的12位创业团队成员并没有因为人们这些负面的看法而感到灰心,相反,张收才把这看作是鞭策自己更加努力的动力。他鼓励其他12位创业团队成员:"不蒸馒头争口气,既然有人认为我们办不好这个企业,那我们就要拿出自己的本事来,好好地干一场,让他们看看我们的实力。"在张收才的带领下,全厂的13位股东组成的创业团队各司其职,既要忙着厂里的生产、管理和销售,又要兼顾自己的家庭生活,很多时候都是忙得不可开交,顾得了这头顾不了那头。这不仅影响了团队成员们的家庭生活,更阻碍了公司的顺利发展。这种情况,张收才看在眼里急在心里:有什么办法可以使创业团队成员安安心心地扑在公司里?最终,他想到了一个主意:让团队成员们的家属从原有的岗位辞职,安心在家当"保姆",并由公司每个月给其发放一定的"后勤基金"。这个创新的举措,使得公司的

13位创业团队成员免去了家庭"后顾之忧",把自己的全部精力都投入新公司的运作中去,很快就使公司走上了正轨。张收才及其他12位股东的创业团队的干劲深深地感动了全厂的职工,在固柏人的齐心努力下,仅仅用了28天的时间,新成立的南京固柏橡塑制品有限公司就开始了正式生产。这一速度不仅震撼了那些原先抱有怀疑态度的人们,更使得13位创业团队成员坚定了自己要办好这个企业的决心。

创业初期的成功并没有让13位创业团队成员感到满足,13位创业团队成员只是把这看作是自己事业的起点。在后来几年的发展中,13位创业团队成员把公司全部的收益都投入到生产和科研中,积极开展二次创业,使企业的发展上升到了一个新的层次。2004年,针对客户不断提出的新要求、新建议,固柏公司高度重视新产品的开发。有志者事竟成,经过多次试验开发出的绿色奥运防滑垫一举在激烈的市场竞争中拔得头筹,率先打入2008年北京奥体场馆,在为企业带来巨大效益的同时,更增加了企业的知名度。

2006年,面对行业成本的上升,创业团队推行点滴细微的长效管理机制,有效控制了企业成本,保证企业效益的持续增长。同时,固柏公司还开发出了具有很大市场潜力的丁基阻燃新品系列,增强了企业产品的竞争力。2007年,公司跨入了高淳县骨干重点企业行列,是南京市"十一五"重点项目企业、南京市废橡胶轮胎综合利用龙头企业,公司也荣获江苏省著名商标,并被南京市名牌战略委员会列为2010年中国名牌推荐单位。

回首固柏公司八年多的发展之路,不难发现,正是创业团队的强劲和魄力带领固柏走向了成功:从创业前竞购高淳县第二染织厂,到创业初期实施的一系列人本管理,再到有效促进企业快速发展的集聚项目、新产品研发工程等,每一项工程的实施都得到了创业团队的强力贯彻,也都取得了预期的效果。可以说,公司的这一切都是在创业团队的努力下成就的。

资料来源:梅强,赵观兵.创业案例集[M].北京:经济科学出版社,2009.

讨论题

1. 固柏公司创业团队形成的主要因素是什么?
2. 固柏公司创业团队属于何种类型的创业团队? 有哪些特征?
3. 张收才激励其领导的创业团队的主要措施有哪些?

 本章习题

1. 你认为创业前,应在思想和心理方面做好哪些准备?
2. 假如你要创业,你觉得自己心理素养还有哪些不足,如何培养?

3. 如何组建一支创业团队？

4. 创业团队该如何管理？

5. 如果让你为创业能力排序，你如何排，为什么？

6. 你需要学习的创业知识有哪些？制订一个短期的学习计划。

7. 创业者是天生的吗？

8. 创业动机的驱动因素主要有哪些？

9. 团队创业与独立创业相比，优势、劣势主要有哪些？

第 3 章

创业机会与创业风险

本章要点

- ☺ 创业机会的类型和表现形式
- ☺ 创业机会的识别
- ☺ 创业机会的发现能力
- ☺ 创业机会的评价与比较
- ☺ 创业风险的识别和防范
- ☺ 商业模式的开发

导入案例

大学校园的创业机会

2010 年 9 月,江苏大学食品与生物工程学院黄鸿飞等几位同学跟着老师做实验,随着在实验室工作时间的增加,他们越来越觉得实验室用品种类和数量的不足。他们和老师做的大多是探索性实验,很多材料的需求都是不确定的,一旦实验过程中发现试剂或仪器缺乏,只能到网上查找、订购或到镇江唯一一家实验室用品公司购买,往往要等上几天,造成许多时间的浪费,甚至导致实验的失败,损失惨重。于是,黄鸿飞产生了一个想法:在学校里创办一家这样的公司,专门为实验室提供相关试剂、耗材。经过调查,他们发现,食品与生物工程学院有 60 多位老师,每位老师平均每年花在实验用品上的费用为 1 万～2 万元,这样每年就有 100 多万元的市场,还不算研究生的需求。另外,江苏大学的化学化工学院、医学院、药学院也都存在较大的需求。镇江市现有高中、职业高中(含技工学校)86 所,普通高校 6 所,各类科研机构 160 个,对各种实验用品的需求也很大。随着国家对科研和创新的重视,预计今后镇江市场需求将进一步扩大。

面对这么大的市场需求,他们觉得这是一个很好的创业机会,于是成立了恒美生物工程有限公司,主要从事玻璃仪器、实验设备和耗材、生化试剂等产品的销售和简单生化产品的生产、加工、研发工作。凭着不断开辟的新业务和优质专业的服务,创业取得了初步的成功。

资料来源:根据创业者提供的资料整理.

3.1 创业机会概述

机会是人在各种经济和社会活动中遇到的,能促进自身事业发展的客观现象,是人能取得成功的关键要素。在经济和社会发展的过程中,存在多种多样的机会,如商机、战机等。创业机会是诸多不同类型机会中的一种。由于创业者的自身特质、知识、经历有所不同,必然会导致创业者或潜在创业者对机会的认识有所差异。抓住创业机会的关键是认真了解创业机会,即所谓的"慧眼识珍珠"。

3.1.1 创业机会界定

什么是创业机会呢? 卡森(Casson)认为,创业机会是指在新生产方式、新产出或生产方式与产出之间新的关系形成过程中,引进新的产品、服务、原材料和组织方式等,得到比创业成本具有更高价值的状态。柯兹纳(Kirzner)认为,创业机会的初级形态是"未明确界定的某种市场需求,或未得到利用、也可能是未得到充分利用的资源和能力"。熊彼特(Schumpeter)指出,创业机会是通过把资源创造性地结合起来,以满足市场的需求,创造价值的一种可能性。蒂蒙斯(Timmons)认为一个创业机会"其特征是具有吸引力、持久性和适时性,且伴随着可以为购买者或者使用者创造或增加使用价值的产品或服务"。亚奇维利(Ardichvili)认为,从获取预期消费者的角度来看,机会事实上意味着创业者探寻到的潜在价值。

依据上面的定义,创业机会应该由以下三部分构成。

第一,创业机会包含创业理念或新企业想法。创业理念是指创业者或创业团队识别出创业机会或对环境中现实需求的回应。发现一个好的创业理念或新想法是实现创业者理想和识别创业机会的第一步。创业理念尽管非常重要,但它只是一个工具而已,还需要进一步转化成有价值的创业机会,因为一个好的创业理念或新想法未必就能形成一个好的创业机会。比如,利用一项新技术发明了一个很有创意的新产品,但是有可能市场并不接受它。或者一个创业理念或新企业想法听起来还不错,但在市场上缺乏一定的竞争力,也不具备必要的创业资源,同样是不值得后续发展的。尽管有些市场存在需求,但是需求的规模还不足以收回创业成本。那么,如何将创业理念或新企业想法转化为一个创业机会呢? 简单来说,就是当创业收益超过成本,从而能够获取利润时,创业理念才能变成机会。

第二,相信事物会产生有利的结果,或者相信创业理念或新企业想法可能带来一个或更多的新产品或新服务产生。

第三,由一系列具体的经济行为完成最终创业目标(经济行为可以是新产品或服务,也可以是建立一个新企业或市场,或者是一些新的规章制度的建立等)。

由此可见,好的创业机会一般要符合以下标准(或特征):实现目标,即满足那些愿意冒险的创业者或创业团队的愿望;某个市场的真实需求,即那些具有购买力和购买欲望的消费者有未被满足的需求;具有有效的资源和能力,即在创业者或创业团队具备的资源、能力和法律必备条件范围内;具有一定的市场竞争力,即消费者认为购买创业者或创业团队的新产品或服务比购买其他企业的类似产品或服务能够获取更高的价值;能够收回创业成本,即在承担风险和努力创业后,可以带来创业的回报和收益。

因此,创业机会作为一种特殊的机会,可以理解为一种商业机会或市场机会。它是指较为持久的、有吸引力的和适时的一种商务活动的空间,并最终表现在能够为消费者或客户创造价值或增加价值的产品或服务过程中,同时能为创业者带来回报(或实现创业目标)。

3.1.2 创业机会类型

1. 根据创业机会可识别性分类

根据创业机会的可识别性,可将创业机会划分为潜在创业机会和显现创业机会。

在市场上存在某种明显的、未被满足的需求称为显现创业机会;而隐藏在现有需求背后的、未被满足的某种需求则称为潜在创业机会。比如 20 世纪 80 年代兴起的吸氧热就是一个明显的显现创业机会。很多创业者都发现并捕捉了这个创业机会,但这种创业机会容易寻找和识别,发现的人多,创业者也就多,创业者人数一旦超过一定限度,就会造成供过于求,最终给创业者带来亏损。在市场中,并非所有的创业机会都是一目了然,凸显于创业者面前的,更多的机会是"隐身"于市场之中,需要创业者运用敏锐的嗅觉去发掘。在寻找创业机会的过程中,潜在的机会是隐藏在现有市场需求背后的未被满足的市场需求。由于很难为多数创业者发掘,潜在的创业机会一般也意味着较高的市场回报。因此,深入挖掘市场中的潜在机会,对于创业者来说,具有较大的诱惑力和更为光明的前途。自 20 世纪 80 年代以来,我国化妆品市场日渐兴旺,这是显现的创业机会。而个别创业者对市场需求进行分析后,找到一个隐藏在化妆品市场背后的大市场——工业护肤品细分市场。他们认为,各种劳动过程和劳动岗位,由于劳动条件不同,如高温、有毒、野外等,对护肤品的要求也不同,生活护肤品满足不了这种要求。因此,他们把这一机会作为新企业的目标市场,结果获得很大的成功。

2. 根据创业机会来源分类

根据创业机会的来源,可以将创业机会划分为行业创业机会与边缘创业机会。

出现在新企业经营领域内的创业机会为行业创业机会;出现在不同行业的交叉点、结合部的创业机会为边缘创业机会。通常创业者对行业创业机会比较重视而忽视行业与行业之间的"夹缝""真空地带"产生的未被满足的需求。但行业创业机会由于行业内竞争比较激烈,机会利用的效益相对较差,而在"真空地带"产生的边缘创业机会,竞争不激烈,机会利用的效果也较好。所以边缘创业机会是创业者在行业外寻找创业机会比较理想的选择。比如,美国由于航天技术的发展就出现了许多边缘创业机会,有人把传统的殡葬业同新兴的航天工业结合起来,产生了"太空殡葬业",取得了很好的回报;"中国铁画"就是把冶金和绘画结合起来产生的;"药膳食品"是把医疗同食品结合起来产生的。再如,芭比娃娃是将婴幼儿喜欢的娃娃与少男少女形象结合起来,形成了一个新的组合,满足了脱离儿童期但还未成年的人群的需求,最终获得了巨大成功。

3. 根据创业机会影响时间分类

根据创业机会的影响时间,可以将创业机会划分为现实创业机会与未来创业机会。

目前市场上存在的尚待满足的某种需求为现实创业机会;市场上还没有或仅表现为少数人的消费需求,但预期在未来某段时间内会出现的大量需求为未来创业机会。现实创业机会是已经出现的,所以创业者容易识别和把握,但对未来创业机会的识别和利用则要困难得多。这两种创业机会之间并没有严格的界线,任何一个未来创业机会经过一定的时间、在特定的条件下,最终都可能变成现实创业机会。从营销的角度来看,创业者要提前预测未来创业机会,并积极进行相应的准备,一旦未来创业机会变为现实创业机会,即将预备的产品抢先进入市场,以获得市场的主动权。比如,20世纪60年代,西欧和美国都热衷于制造大型豪华汽车的时候,日本汽车业对未来汽车市场进行了预测,结论是:随着家庭人口的变少,以及就业机会、闲暇机会的增多,一户一车将会向一户多车转变;中东紧张局势有可能引发能源危机。鉴于上述分析结果,日本汽车业认为:小型、低耗、价格便宜、驾驶灵活的汽车将会有越来越大的市场需求。因此,日本汽车业着手研制小型汽车,并从20世纪70年代开始进军欧美市场,到20世纪80年代,日产小汽车已在美国市场上形成了强有力的竞争优势。

4. 根据创业机会主体分类

根据创业机会主体,可以将创业机会划分为社会机会和个别机会。

社会机会是指在一个特定的历史时期由于社会或经济形势的某种变化所形成的有利客观因素,是一个系统性、全面性的机会,不需要考虑某一社会活动主体的自身条件,而是以全体社会成员为对象。同处一个特定时代的人,都能拥有或利用这种机会。个别机会是针对个别创业者在特定时间的良好机遇而言,是指从事某一社会或经济活动的个别创业者所需要的创业机会,所以也称个人发展机会。这种创业机会因人而异,非常具体。由于创业者自身的情况不尽相同,对有些创业者来说可能是机会,但对另一些创业者未必就是机会。需要指出的是,个别机会是从社会机会中派生出来的,要在社会机会的前提下,才能发挥作用。在目前市场经济的社会大机会里,许多创业者能各显神通,但在过去计划经济时代,创业者纵使身怀绝技,也会有无用武之地的感受。比如,能源危机引起对新能源的需求;优生优育,独生子女越来越多,引发对儿童营养品的需求;生活水平提高,人们保健意识增强,引起对保健品的需求等。而在社会机会中,那些符合创业者目标和能力、有利于形成新企业优势的社会机会才是个别机会。

5. 根据创业机会客体分类

根据创业机会客体,可以将创业机会划分为市场创业机会和技术创业机会。

市场创业机会是指市场机会及环境中存在的未被充分满足的市场需求。这些未被充分满足的市场需求是客观存在的,而并不是创业者所创造的。技术创业机会是指技术商业化的机会。技术创业机会和市场创业机会有时候或许难以区分,但是,这两者存在一个显著差异:市场创业机会是指创业者首先感知到未被满足的市场需求,然后整合资源(包括整合技术资源)去满足这些市场需求;技术创业机会是指创业者首先拥有技术资源,然后为这些技术资源寻找市场。

3.1.3 创业机会的基本特征

1. 客观性和偶然性

创业机会是客观的,无论新企业是否意识到,它都会客观存在于一定的市场环境之中。然而,对某个新企业来说,创业机会并不是每时每刻都显露,机会的发现具有一定偶然性,关键是新企业要努力寻找,从市场环境变化的必然规律中预测和寻找创业机会。

2. 时效性和不确定性

创业机会具有很强的时效性。俗话说,机不可失,时不再来。机会稍纵即逝,不可复得。新企业如果不能及时捕捉,就会丧失机会。另外,机会和威胁是一个事物的两个方面。在一定范围内,创业机会随着环境的变化而产生,并随着时间的推移而减弱和消失甚至演变为威胁。因此,创业机会利用的结果难以预料,具有不确定性。

3. 均等性和差异性

创业机会在一定范围内对同类新企业是均等的,但不同新企业对同一创业机会的认识会产生差别。而且,由于新企业的素质和能力不同,利用同一创业机会获益的可能性和大小也难免产生差异。另外,对某类新企业来说是创业机会的环境变化,对于其他新企业则可能构成环境威胁。

3.1.4 创业机会来源

创业机会来源有以下几个方面:技术变革、社会和人口因素的变化、市场需求条件、产业差异。

1. 技术变革

技术变革带来的创业机会,主要源自新的科技突破和社会经济的科技进步。一般来说,技术上的任何变化,或多种技术的组合,都可能给创业者或创业团队带来某种创业机会,具体表现在以下四个方面。

1）新技术替代旧技术

在某一领域出现了新的科技和技术突破,并且它们足以替代某些旧技术时,通常随着旧技术的淘汰和新技术的未完全占领市场而暂时出现创业机会。例如,当人类基因图像获得完全解决,可以预期必然在生物科技与医疗服务等领域带来很多的创业机会;又如随着健康知识的普及和技术的进步,围绕"水"就带来了许多创业机会,上海就有不少创业者加盟"都市清泉"而走上了创业之路。

2）实现新功能

创造新产品的技术出现无疑会给创业者带来新的创业机会,比如互联网的迅速发展伴随着一系列与网络有关的创业机会的涌现。

3）创造发明

创造发明产生了新产品或服务,能更好地满足消费者的需求,同时也产生了新的创业机会。比如随着电脑产业规模的不断发展,电脑维修、电脑操作的培训、软件开发、信息服务、图文制作等创业机会也随之而来,即便创业者不发明任何新的事物,也可以销售和推广新产品,从而给其带来创业机会。

4）新技术带来的新问题

许多新技术的产生都有两面性,即在给大家带来某种新的利益的同时,也会带来某些新的问题,这就会迫使创业者为了消除新技术的某些不利影响而再开发新技术并使其商业化,比如汽车的消声器和楼房的避雷针,这也就会带来新的创业机会。技术变革使人们可以从事新的事业或者以更有效率的方式从事以前的事业,比如因特网技术的出现,改变了人们沟通的方式,使沟通更快捷、更有效。当然,不是所有的新技术都对新企业有利。研究发现,小规模、个性化生产的柔性制造技术和数字技术更适合于新企业的建立。

2. 社会和人口因素的变化

社会和人口因素的变化同样会创造出创业机会。市场需求是不断变化的,不同阶段的社会和人口因素变化会产生相应不同的市场需求。随着当前社会和经济发展的加快,这种社会和人口因素变化带来的市场需求更加明显。比如,人的寿命延长导致的老龄化问题,产生了老年人用品市场方面的创业机会;相当数量的女性就业,产生了家政服务业和快餐饮食方面的创业机会。社会和人口因素是紧密相连在一起的,有时社会文化的变革也是创业机会生成的引擎,比如随着中国国家实力的不断增强,中国文化产业的相关市场也相应地蓬勃发展起来,越来越多的其他国家的人开始学习太极拳、中医等,唐装、中餐和中国结等中国文化产品在国外的市场规模也越来越大。

社会和人口因素的变化影响了消费者对产品和服务的需求,而这种需求的变化就生成了创业机会。如欧美人口逐渐减少的趋势就引发国外一些大学吸收来自发展中国家的留学生的需求,从而也就产生了一些针对国际学生的服务项目。

社会和人口因素的改变也生成了针对新的市场需求所要求的新问题解决方案,这些方案会比现有方案更加有效。如西方国家的母亲节、情人节、圣诞节等节日,也越来越多地渗透到中国人的生活中去,并逐渐成为年轻人追求的一种时尚,从而生成了或将要产生出许多新的创业机会。

3. 市场需求条件

市场需求条件表现为某个产业里消费者对产品和服务的偏好特性。市场需求条件产生的创业机会,通常主要有以下三种。

1) 新需求

市场上产生了与经济发展阶段相适应的新需求,相应地,就要有新企业去满足这种新的市场需求。如随着居民收入水平的提高,私人轿车的保有量将会不断增加,从而就会派生出汽车修理、销售、清洁、配件、二手车交易、装潢等诸多创业机会。

2) 市场供给缺陷

非均衡经济学认为,市场供给是不可能真正的完全均衡的,总会有一些市场供给不能充分满足,因而,如果创业者能够发现这些市场供给的结构性缺陷,同样也能找到可资利用并成功创业的机会。比如,由于双职工的家庭没有时间照顾小孩,于是就有了托儿所;没有时间去买菜,就产生了送菜公司等。

3) 发达国家(或地区)产业转移

从历史上看,世界各国、各地区的社会经济发展进程有快有慢,即便同一国家的不同区域的社会经济发展速度也不尽相同,因而,一个发展的级差在发达国家或地区与不发达国家或地区之间就产生了。当这个级差大到某种程度的时候,由于国家或地区相互之间存在一定的成本差异,再加上社会经济发展到一定程度时,诸如环境保护等问题往往会先被发达国家或地区提到议事日程上来,发达国家或地区就会向外转移某些产业,这就有可能为不发达国家或地区的创业者创造新的创业机会。

4. 产业差异

研究发现,创业者生成新企业的能力在不同产业中是有较大差异的,形成这些差异的原因通常可能包含四个方面:产业生命周期、知识条件、产业结构和产业动态性。

1) 产业生命周期

新企业在产业的成长期比其在产业的成熟期表现通常更好。依据产业的生命周期,一般能将其分为成长性产业、成熟性产业和衰退性产业。成长性产业一般是指社会对其产品或服务的市场需求比国民收入和/或人口的增速快的产业;衰退性(走下坡路)产业一般是指其产品或服务的市场需求比国民收入和/或人口的增速慢的产业;而成熟性产业一般是指其产品或服务的市场需求与国民收入和/或人口的增速相当的产业。彼得·德鲁克认为20世纪末的成长性产业主要包括政府、卫生保健、教育和休闲产业,21世纪的成长性产业主要是金融服务。

2) 知识条件

知识条件表现为某个产业中支持产品和服务形成的知识类型。产业知识条件中有三种类型对新企业有利。首先,创新源促进新企业的创造。由公共机构(比如政府部门、大学、科研机构等)组织生成新技术的产业比由企业组织生成新技术的产业通常会形成更多的新企业,其中一个原因是大学、政府部门等公共机构对知识外溢并不敏感。其次,具有更高研发强度(单位销售额中企业投入的研究与开发费用,可用来表明企业在新知识创造方面的投入)的产业通常更有利于新企业的生成。一般来说,研发密集型产业生成的新企业会更多。最后,创新过程的性质影响新企业的形成。如果创新和新技术开发要求有较大的资金投入和业务规模,那么往往只有成熟的大型企业才能进行,汽车产业是其中的典型代表。相反,在一些诸如软件这样的产业,对初始规模要求很低,新创的中小企业在这些产业里则具有很好的生存能力,能比大企业提供更灵活的服务。

3) 产业结构

不同的产业结构具有不同的发展空间,决定了进入某个产业的企业实施不同的经营决策和行为,并最终导致不同的经营绩效。由此可见,在选择创业机会的过程中,对于产业结构特征的准确判断显得尤为重要,"男怕入错行",如果对于产业结构进行了错误的判断,必将导致创业所进入的产业空间变得狭隘,成功概率下降。从某种程度上说,选择一个合适的市场或产业作为创业的方向,是创业成功的重要保障。

4) 产业动态性

动态性的产业一般是指技术变革速度较快的产业,如 IT 产业等。通常,成长或动态的产业能创造出更多的创业机会,催生出大量新企业。

总的来说,新产品(或新服务)、新原料或新管理方法的发明、探索和创造催生出大量的创业机会。它需要创业者更多地注意、预测和分析动态的技术、人口、政策和需求等的变化规律,从这些复杂、不确定的社会经济变化中发掘创业的机会信息,从而确定与之相匹配的机会类型。

3.1.5 创意、商业机会和创业机会

发现创业机会是创业过程的第一个环节,创业起源于创业机会发现,在创业机会发现阶段,创业者的认识结果往往表现为创意,创意是创业机会的最初状态。创意即新的想法,这种新的想法是一种模糊的机会,这种模糊的机会如果具有明确的客户需求以及能给创业者带来利益,就有可能被开发成现实的产品或服务,反之,则可能被舍弃。但是,好的创意仅是创业成功的一半。因此,创业机会的发现,从创业机会的表现形式这一角度来说,可以视为是创意的发现。

创业机会和商业机会之间有着紧密联系,创业机会属于商业机会的范畴,是一种特殊的商业机会。根据价值创造流程的目的——手段关系,商业机会代表着目的——手段关系的任何局部或全盘变化,而创业机会则是对目的——手段关系的全盘甚至是颠覆性变化。创业机会能够带来超额经济利润,是孕育一般商业机会的源泉,而一般商业机会则注重改善现有利润水平。把握一般商业机会同样能够创业,其差别在于把握创业机会的创业活动的风险更高,相应的回报也更高,在创业活动中,大部分创业者都是把握一般商业机会从而成功创业的。

3.2 创业机会识别

创业是发现市场需求,识别创业机会,并通过经营新企业满足特定市场需求的活动。机会的识别对于所有的创业者都是均等的,每个创业者都曾与创业机会面对面。结果是,有的创业者在机会来临的时候,抓住不放,其事业发展出现转机;而有的创业者在面对机会的时候却不知所措,无动于衷,其事业仍没有起色。这当中的一个关键差别是对机会的识别有所不同。

3.2.1　创业机会识别定义

创业机会识别是从创意中筛选出具有客户需求的创意。创意只是创业者认识创业机会的阶段成果或创业机会的雏形,创意是指好的想法,但好的想法并不一定都能形成创业机会,只有那些能满足客户需求的、能够提供或开发满足需求方式的创意才可能发展成为创业机会。从辩证唯物的思维来看,需求与满足需求的方式是一个事物的两个方面,是辩证统一的。需求决定了满足需求的方式,满足需求的方式又制约了需求的实现。没有需求,满足需求的方式就失去了存在的意义,反之,有需求,没有能满足需求的方式,需求也就没有可能实现。所以,创业机会究其本质是一种未满足的需求。

因此,创业机会识别本质上是对客户需求的识别,由于客户需求的复杂性、多元化和动态性,使得创业机会识别也成为一个复杂的过程。

3.2.2　创业机会识别目的

创业机会识别是从若干的创意(商业想法或念头)中筛选出潜在(可能)的创业机会,或者就单一的创意从有无需求和"满足特定需求的方式"两方面来进行识别,其结果往往形成一个商业概念。这一概念包括市场需求如何满足或资源如何配置等问题。在识别过程中,主要是针对创意的市场需求进行分析,进而从创意中识别出具有市场需求且现实可行的创意。在综合考虑创业者和创业环境等方面因素的前提下,建立创业机会识别的标准,针对被识别创意,通过对市场环境的系统分析以及一般的行业分析来判断该创意是否属于有利的创业机会,从而筛选出具有市场需求的、有价值的创意。创意可能数量众多,其中很多在现实条件下根本无法实现,只有少量的创意经得起推敲或能够通过随后进行的技术性、经济性等方面的分析。创业机会识别的主要意义是剔除那些具有明显不合理性的创意,为创业机会的形成降低不确定性和减少工作量。

3.2.3　创业机会识别的关键影响因素

创业机会识别影响因素可分为两方面:一是内部因素,主要指的是创业者,包括个人和团队;二是外部因素,主要指创业机会识别的环境,包括技术环境、市场环境和政策环境三个部分。

1. 内部因素

1) 创业者

创业者的人格特质是一项会影响创业成败的关键因素,尤其针对创业者的人品与道德观。在业界具有良好声誉,重视诚信、正直、无私、公平等基本为人处世原则的创业者,在识别其创业机会时通常都具有显著的加分效果。在创业机会识别的过程中,其主观识别的标准或个性化识别的标准一般包括目标和适合性、机会成本、正面与负面相关议题、欲望、风险与收益承受度等项目。创业过程中遭遇的困难与风险比较大,因此有必要了解创业者的创业动机,以判断其愿意为创业活动付出代价的程度。一般认为,创业机会与个人目标的契合程度越高,则创业者投入意愿与风险承受意愿自然也会越大,创业目标最后获得实现的概率也相对越高。因此,一个具有吸引力的创业机会,与创业者的个人目标相契合。

2) 创业团队

创业团队特质和能力既包含团队的总体能力,也包含团队成员个人的生产及技术经验、正直性、个人诚信等方面。创业者与他的团队成员对于所要投入产业的相关经验、知识与了解程度的多寡,也会影响创业机会的识别。

2. 外部因素

影响创业机会识别的外部因素主要为环境,环境影响因素包括技术环境、市场环境和政策环境三个部分,其中任何一个环境因素或多个环境因素的变化,都可能对创业机会的识别造成影响。尤其是从经济转型的视角来看,政策、市场、技术等环境因素的一个或多个发生变化,就可能使经济体产生非均衡状态,从而产生创业机会。与发达经济体相比,由于转型经济体环境各要素的变化具有独特的特征,因此在转型过程中也将形成独特的创业机会。

1) 技术环境

技术的进步难以预测,从某种意义上说,技术是变化最为剧烈的环境因素。因为技术的进步可以极大地影响企业的产品、服务、市场、供应商、分销商、竞争者、客户、工艺、营销方法及竞争地位等。因此,创业者应对所涉及行业的技术变化趋势有所了解和把握,应考虑一定时间和空间的技术需求。技术需求作为人的技术活动的内部条件,引导和调节人的技术活动,创造新工艺和新产品,提高劳动生产率,满足人的物质生产需求。因此,无论是从质的方面,还是从量的方面,人的物质需求都将直接地或间接地、过程地或最终地转化为技术需求。

技术进步往往意味着创业机会的不断涌现。技术进步是人类社会不可逆转的趋势,它又包括技术的变革、技术的重新组合等,它们都可能让创业者识别某种创业机会。例如,当某一领域出现了革命性的新技术或新工艺时,这种新技术就会对旧的技术或工艺具有替代作用,而这种替代本身就意味着新的创业机会,创业者对这种新技术或新工艺的准确识别,是创业机会的重要来源。而当市场上现有的技术通过新的组合方式,得到新的运用时,往往也可能催生新的产品或服务,从而创造新的创业机会。如当年红桃K的创始人在创业之初,就是运用了市场上早已存在的生命科学技术,对其进行新的组合,开发出了红极一时的红桃K补血新产品,获得了巨大的成功。

2) 市场环境

在现有的市场中发现创业机会,往往是创业者最先做出的选择。这主要是因为现有市场是现实存在的,创业者能够通过自己的行动真实地感知和识别,从而使创业者有"逼真"的感觉,减少创业行动的盲目性。同时,对现有市场的深入分析和认识,有助于创业者降低对创业机会和信息的搜寻成本,进而减少创业的风险,增加成功概率。

市场环境的分析可以从市场开放程度和市场吸引力等方面来进行。市场开放程度对创业机会的影响主要有:首先,"市场上出现了与经济发展阶段有关的新需求"。相应地,就需要有新企业去满足这些新的需求,创业者可以识别出这些可利用的创业机会。其次,"当期市场供给缺陷产生的创业机会"。非均衡经济学认为,市场是不可能真正出现供求平衡的,总有一些供给不能实现其价值。因此,创业者如果能发现这些供给结构性缺陷,可以识别出可利用的创业机会。最后,"从中外比较中寻找差距,差距中往往隐含着某种创业机会"。通过与先进国家或地区比较,看看别人已有的哪些东西我们还没有,所没有的就是差距,在其中就有可能识别某种创业机会。

市场吸引力是产品或服务在市场上吸引消费者,获得销售份额的能力。从消费者的角度看,产品的市场吸引力是其竞争能力的最主要标志,其衡量指标是性价比和满足个性化需求的程度。在一般情况下,产品的性价比是消费者购买决策的基础。特殊的消费者还要考虑产品满足其特定需求的性能,比如,高技术产品的市场吸引力表现为包括客户核心利益在内的基本功能与使用价值,特殊功能与使用价值,与相关产品的适配性能——兼容性,模块化/集成化程度以及歧异化产品在组装线和运输过程中的区分位置(区分延迟能力),改进、升级与换代的难易程度与成本,多功能兼容与新功能增值能力,使用与维护的便利性等七个方面,其中最重要的是对客户核心利益的满足与创造能力。

3) 政策环境

政策环境主要指政府的政策、法律与法规、制度等相关因素。政府的政策规定、法律、法规等都可能直接或间接地对创业机会的识别过程造成影响。鉴于政策的多元化,仅从创业政策的角度对政策环境进行分析。

创业政策的范畴涵盖从地方到中央,甚至国家以外的多级政府活动,支持创业意味着促进创造和创新,因此创业政策对创业机会识别影响包含两层含义:一是定量方面,如激励更多的人创建企业、提高初创企业的存活率;二是定性方面,即塑造更好的创业环境、为新企业提供更好的创业机会等。如何认识和把握国内外经济发展趋势与经济政策,是发掘和识别创业机会的关键方面。比如,国内著名企业泰康人寿的创始人陈东升在当年选择保险业作为创业的领域时,便是通过长期跟踪国际经济发展趋势来做出决定的。他经过观察和研究发现,凡是美国流行的产品或服务,大致5年之后在中国会流行起来。陈东升的创业经历,为创业者发掘和识别市场中的创业机会提供了有益的借鉴。

3.2.4 创业机会识别的一般过程和行为技巧

1. 掌握信息

创业机会来源于某种信息,创业者或潜在创业者平时要能养成不断地留意、收集各种有关机会信息的好习惯,这对创业者事业发展会有帮助。信息渠道通常是很多的,如广播电视、报纸杂志、国际互联网等传播媒体,可以是专业书籍、资料,也可以是专家讲授、街谈巷议、朋友交流等所见所闻。那么,创业者究竟要掌握哪些重要的信息呢?创业者要想有计划地掌握创业机会信息,通常可以通过以下渠道。

1) 消费者

消费者是企业的产品需要面对的最终购买者,如何直接到消费者中间去,让消费者表达自身的观点,分析消费者的市场需求特征,是创业者要走的重要一步,同时也是创业机会的重要信息来源。很多创业者自认为很了解新企业面对的细分市场的消费者,而事实是,往往以自身的感觉替代了消费者的感觉,或者以点盖面,不能客观地、系统地分析消费者的市场需求,导致自身的产品市场不对路。很多创业者都是通过和消费者的交流来获取意想不到的创业机会信息。

对于创业机会的好与坏,新产品的市场大与小,消费者具有最终的决定权。创业者需要保持足够的敏感性,对随着时间推移变化中的消费者的需求变化有清楚的认识,对于消费者不断涌现出来的新生需求能够快速地识别。创业者需要从消费者对新企业的产品评价甚至抱怨中获得创业机会的信息,很多创业机会如果不是消费者,很难有切身感受,即使相同地区、职业、社会地位的消费者,也有各种不同的市场需求。在日常生活中留意身边的消费者需求,深入其中去,对身边任何消费者的市场需求保持敏感性,是成功的创业者获取创业机会的重要信息来源。

2) 现有企业

创业者在初步确定了自己的创业方向后,创办的企业所处行业内的现有企业是创业机会的另外一个重要信息来源。创业者对行业内现有企业的产品或服务进行追踪、分析和评估，能够找到现有企业的产品或服务可能存在的缺陷，从而有针对性地制定更加有效的改良手段，或者发掘行业内现有企业尚未涉足或者相对比较赢弱的领域。创业者不仅可以在现有企业的市场中发掘有关创业机会的信息，而且也可能发现其他领域的相关创业机会信息。例如，一家汽车整车厂商，往往能给某个区域提供零配件产业和物流业的创业机会；一家商场的开业，意味着周围地区的电影业、餐饮业、娱乐业等行业的创业机会。现有企业可能是新企业的竞争者，同样也可能是新企业的消费者或合作者。对现有企业的分析，必须做到细致、系统、客观，才能发现其他人难以发现的创业机会。

3）政府机构

在我国，政府部门是创业机会的重要信息来源，政府制定法律、法规和各种发展规划，对于新企业的生成有时起着决定性的作用，相关政策的变化，往往意味着创业机会的产生。例如，政府的电信管理部门对于 3G 技术的发展规划，使华为等通信产品厂商得到 3G 通信设备的良好发展机会；而很多城市对于摩托车的限制，却使摩托车厂商的市场大为萎缩；政府对于企业排污等指标的强制标准，使得企业不得不投入相关环保费用，这也提供了环保产业的创业机会。

政府本身并不参与市场，但新企业的经营是处于政府的种种法律、法规管制之中的，政府的法律和政策是人们发生经济行为的指针，创业者更是要顺应法律和政策的动向，去寻找和把握创业的机会。特别是在社会处于转型或变革之际，政府在产业发展等方面的法律或政策出现调整变化，实际上就是对产品或服务的范围和结构进行新的调整，在这种情况下，新的创业机会必然出现。例如，我国前两年实行的"家电下乡"政策，就是为了应对全球性的金融危机而采取的扩大内需举措的一部分，这为许多创业者提供了难得的机遇。政策所提供的创业机会要求创业者对政府政策变化要十分了解，把握住每次政策变动所带来的创业机会。

4）研发机构

研发可以是在大学、科研机构、企业中进行，也可能仅仅是个人行为。很多科研机构或者大学都拥有很强的研发能力，但由于种种原因而没有实现产业化，或者没有发挥有关研究成果的最大效用，创业者将其重新包装和推出，往往可以取得出人意料的效果。

施乐公司是鼠标、复印机、图形用户界面和以太网等 IT 技术的发明者和标准的制定者，但它对这些领域没有予以足够的重视而导致错失良机。反倒是佳能、微软等后来的创业者更好地利用了这些研究成果并在相关领域获得了成功。很多创业者一开始就是研发者，他们可能一开始并没有创业的意识，只是因为自己的研究成果无法商业化而选择创业，这在 IT 行业中是比较普遍的。我国最早的一批软件公司就是一些程序员以出售自己的研发成果而开始创业的,美国的硅谷更是科技创业者的天堂,创业者不仅可以自己研发,也可以通过和其他研究者的合作获得创业的思路。

2. 善于观察

作为经常性的有关总体市场变化情况的分析,通常从下列几个方面来观察。

1) 他人的成功经验

许多创业者在有了自己的创业梦想后,常常会陷入不知道如何观察、分析创业机会或无从下手的境地。虽说成功创业者的经验不能放之四海而皆准,但学习成功创业者的优点与长处却可以使其他创业者的思维更开阔,遇到创业机会也能更容易把握。以下一位美国小企业家的经验也许会给创业者一些启迪。当麦凯布夫妇的"录像天地"开张时,除了在柜台内摆放了常见的好莱坞电影外,还储备了许多稀奇古怪的电影,并打出了"保证供应城内最糟的电影"的招牌。结果消费者蜂拥而至,来租一些电影院通常极为讨厌而不愿上演的电影。麦凯布夫妇还通过免费电话向全美出租电影录像带,一年的生意额达 50 万美元。有时候,一项新事业的开端可能来自一次偶然的观察发现。

2) 市场竞争情况

创业者需要观察分析潜在竞争者、替代品竞争者、行业内原有竞争者的基本情况,确切实际地了解新企业是否能赢得赖以维持经营所需的足够数量客源、销售额乃至利润。现实中,一旦某个创业机会逐渐显露出来,就会有不少的创业者、竞争者蜂拥而来,这是经常会出现的现象。但是,倘若某个创业者想利用特定机会并获得创业的成功,他就必须具备与其他创业者、竞争者相互竞争的能力。如四川成都彩虹电器集团开发电热毯产品,即在公司二次创业之初,国内在同一时间段有上百家企业参与了电热毯产业的机会竞争,但由于"彩虹"有强于他人的创业精神和创新能力,几轮竞争下来,"彩虹"成了电热毯产业的龙头企业。

3) 创业机会的现实性

即使某个创业机会是一个很有前景的机会,但对于特定的创业者而言,他仍然还需要进一步分析机会的现实性,判断"这一机会是否是自己能够加以利用的创业机会,是否值得自己开发这一机会"。

对某个创业者而言,为了能做出理性的判断,其必须回答以下几个问题。

第一,观察自身是否拥有利用创业机会所需的关键资源?面对某个创业机会,企图利用这一机会的创业者不一定要拥有所需的全部资源,但其一定要拥有利用这一机会的关键资源,如新企业相应的运营能力、技术设计与制造能力、公共关系、营销渠道等。否则,要么创业无法起步,要么在创业过程中会受制于人。如一家新企业的掌上电脑投入市场后十分畅销,但不难想象,如果该企业缺乏运营掌上电脑的多数关键资源,其也就无法生产并销售这一产品,更不要说借此创业。

第二,观察自身是否能够"构建网络"跨越"资源缺口"?在多数情况下,在特定的创业机会面前,新企业不可能拥有创业所需的一切资源,但它需要有能力在资源的拥有者与自身之间建立网络,以弥补相应的资源禀赋不足之处。前述的某掌上电脑公司,可能其本身并没有研制开发该类产品的能力,但它有能力组织相应的设计公司和制造商加盟自身的创业活动。如该公司将自己的设计思想按契约方式外包给某家专业设计公司,设计公司为其设计出符合消费者功能要求的产品方案,将订单委托给某些制造企业后,制造企业为其生产产品。可以说,这家公司以掌上电脑业务起步的创业活动,是创业者利用社会网络跨越资源禀赋不足、成功创业的一个典范。将此推而广之,可以看出,在市场经济中,创业者只要善于建立网络补足资源缺口,整合利用创业所需资源,就有可能取得创业的成功。

第三,观察是否存在可以开发的新增市场以及可以占有的远景市场?理性地判断,某个创业机会是否值得创业者利用,除了要有足够大的原始市场规模外,其市场也应是潜在可创造、可扩展的,拥有良好的成长性,存在远景市场。创业者真正可把握的是"可开发的市场部分",而不是"顺其自然成长的市场部分"。例如,目前一些创业者热衷于"网络增值服务"的创业活动,其原因在于网络增值服务市场是可创造的。只要创业者适时地提供"鼠标加水泥"的增值服务产品,就可能培育起广泛的网络增值服务市场。

第四,观察利用特定机会存在的风险是否是可以承受的?显然,创业者要想利用某个创业机会,他就必须具备利用该机会的风险承受能力,主要包括财务风险、法律风险、技术风险、政策风险、市场风险和宏观环境风险等方面的承受能力。就特定的创业者而言,如果利用特定创业机会的风险是该创业者不可承受的,而创业者硬要知难而进,在创业之初就可能自取灭亡。

3. 冷静分析

想要及时了解市场变化情况,或者说对市场变化保持敏感的触觉,唯一办法就是做好经常性的市场调查分析工作。许多大公司通常设有专职部门负责进行此项工作。当然,创业者通常难以仿效它们的做法,不过也可以采用其他途径和方法进行此项工作,如果运用得当,同样会收到良好的效果。这些途径和方法有:经常订阅有关行业的各种报纸杂志,及时了解最新消息;参加行会及其他专业性的社团组织,争取机会多参加某些贸易展销会之类的公众集会;经常监测所组织的各类营销业务活动的效果,察悉变化情况,查明之所以会造成销售增长或销售衰退的原因;对于任何一种营销新观念、推广新方法、广告新技术或传媒新方法等,应先经实验,而后再选用,要断然采用减少损失的各种措施。

虽然创业机会有显性的和潜在的之分,但大多数情况下,创业机会又不是一成不变的,而是动态复杂的,好的创业机会和不好的创业机会往往只有一步之遥。那么,这就对创业者提出了更高的要求,他们必须对市场及未来的发展趋势做出准确的分析,并在此基础上进行充分的准备。"凡事预则立,不预则废",创业者只有做好市场分析,准确把握市场未来发展的方向,才能赢得更多更好的创业和成功的机会。纵观国内外许多成功的创业者,大多数都是经过对市场趋势的准确、冷静分析而获得创业机会并走上成功之路的。

4. 及时捕捉

1) 从市场供求差异中捕捉创业机会

在市场经济条件下,宏观供求总是有一定差异的,这些差异正是创业者的创业机会。创业机会存在于为顾客创造价值的产品或服务中,而顾客的需求是有差异的。创业者要善于找出顾客的特殊需要,盯住顾客的个性需要并认真研究其需求特征,这样就可能发现和把握商机。时下,创业者热衷于开发所谓的高科技领域等热门机会,但创业机会并不只属于"高科技领域",在保健、饮食、流通这些所谓的"低科技领域"也有机会。随着打火机的普及,火柴慢慢退出了人们的视线,而创业者沈子凯却在这个逐渐被人淡忘的老物件里找到了新商机,他创造的"纯真年代"艺术火柴红遍大江南北。还有为数不少的创业者追求向行业内的最佳企业看齐,试图通过模仿快速取得成功,结果使得产品和服务没有差异,众多企业为争夺现有的客户和资源展开激烈竞争,企业面临困境。所以,创业者要克服从众心理和传统习惯思维的束缚,寻找市场空白点或市场缝隙,从行业或市场在矛盾发展中形成的空白地带把握机会。如海尔人就善于巧妙地填补供需结构空间的"空隙"。几年前,海尔总裁张瑞敏出差四川,听说洗衣机在四川销售受阻,原因是农民常用洗衣机洗地瓜,排水口一堵,农民就不愿用了。于是,张瑞敏就要求根据农民的需求,开发出一种出水管子粗大,既可洗衣又可洗地瓜的洗衣机。这种洗衣机生产出来以后,在西南农村市场很受欢迎。

2) 从市场的"边边角角"捕捉创业机会

边角往往容易被人忽视,而这也正是新企业可以利用的空隙。创业机会无时不有,无处不在,许多机会甚至俯拾即是,但机会又转瞬即逝。因此,想要捕捉创业机会,必须不断强化机会意识,随时留意身边发生的各种事情,同时要具有敏锐的洞察力和超前意识,于一般人熟视无睹或见惯不惊的细微小事中,捕捉到有利可图的创业机会。

中小企业,尤其是小型企业,要充分发挥灵活多样、更新更快的特点,瞄准边角,科学地运用边角,另辟蹊径,通过合理的经营,增强自己的竞争实力,最终达到占领目标市场的目的。日本东京有家面积仅有 43 平方米的小型不动产公司。一次,有人向这家公司推销一块几百万平方米的山间土地。由于这块地人迹罕至,没有公共设施,不动产价值被认为是零,因此其他不动产商都不感兴趣。然而,这家公司的老板渡边却认为,城市现在已是人挤人了,回归大自然将是不可遏止的潮流。因此,他毫不犹豫拿出全部财产,又大量举债将地买了下来,并将其细分为农园用地和别墅用地;而后大做广告,其广告醒目、动人,充分抓住山地青山绿水、白云果树的特色,适应了都市人向往大自然的心理,结果不到一年,就卖出 415 亩土地,净赚 50 亿日元。

3)从竞争对手的缺陷中捕捉创业机会

很多创业机会是缘于竞争对手的失误而"意外"获得的,如果能及时抓住竞争对手策略中的漏洞而大做文章,或者能比竞争对手更快、更可靠、更便宜地提供产品或服务,也许就找到了机会。为此,创业者应追踪、分析和评价竞争对手的产品和服务,找出现有产品存在的缺陷,有针时性地提出改进产品的方法,形成创意,并开发具有潜力的新产品或新功能,就能够出其不意,成功创业。例如,美国的罗伯梅塑胶用品公司自 1980 年高特任总裁起,其业绩增长了 5 倍,净利增长了 6 倍。罗伯梅公司成功的秘诀之一就在于采取了积极参与市场竞争,"取竞争者之长,补竞争者之短"的方式。在竞争对手塔普公司开发出储存食物的塑胶容器后,罗伯梅公司对其进行了认真的分析研究,认为塔普公司的产品,品质虽然高,却都是碗状,放在冰箱里会造成许多小空间无法利用。于是,对其加以改进,开发出了性能更好、价格更低,又能节省存放空间的塑胶容器。就这样,在塔普公司及其他公司还未看清产品问题的时候,罗伯梅公司却已将之转化为极重要的竞争优势了。

4)从市场变化的趋势中捕捉创业机会

产业的变更或产品的替代,既满足了顾客需求,同时也带来了前所未有的创业机会。比如,电脑诞生后,软件开发、电脑维修、图文制作、信息服务和网上开店等创业机会随之而来。任何产品的市场都有其生命周期,产品会不断趋于饱和达到成熟直至走向衰退,最终被新产品所替代,创业者如果能够跟踪产业发展和产品替代的步伐,通过技术创新则能够不断寻求新的创业机会。

变化中常常蕴藏着无限商机,许多创业机会产生于不断变化的市场环境。环境变化将带来产业结构的调整、消费结构的升级、思想观念的转变、政府政策的变化、居民收入水平的提高等。创业者透过这些变化,就会发现新的机会。例如,随着目前私人轿车拥有量的不断增加,将产生汽车销售、修理、配件、清洁、装潢、二手车交易和代驾等诸多创业机会。任何变化都能激发新的创业机会,需要创业者凭着自己敏锐的嗅觉去发现和创造。许多很好的创业机会并不是突然出现的,而是对"先知先觉者"的一种回报。聪明的创业者往往选择在最佳时机进入市场,当市场需求爆发时,他已经做好准备。

此外,追求"负面"也会找到机会。所谓追求"负面",就是着眼于那些大家"苦恼的事"和"困扰的事"。因为是苦恼,人们总是迫切希望解决,如果能提供解决的办法,实际上就是找到了创业机会。例如,双职工家庭因为没有时间照顾小孩,于是有了家庭托儿所,这就是从"负面"寻找机会的例子。

5) 在行业交界处捕捉创业机会

每个企业都有其特定的经营领域。比如木材加工公司所面对的就是家具及其他木制品经营领域,广告策划公司所面对的是广告经营领域。一般来说,企业对行业创业机会比较重视,因为它能充分利用自身的优势和经验,发现、寻找和识别机会的难度系数小,但是它会因遭到同行业的激烈竞争而失去或降低成功的机会。由于各企业都比较重视行业的主要领域,因而在行业与行业之间有时会出现夹缝和真空地带,无人涉足。这种机会比较隐蔽,难于发现,需要有丰富的想象力和大胆的开拓精神才能发现和开拓。这种创业方式选择的空间很大。

3.3　创业机会评价

所有的创业行为和活动都来自于良好的创业机会,但创业者如何才能知道自身所拥有的创业机会是否具有发展前景呢?众所周知,80%以上的创业活动最后都以失败告终。成功与失败之间,除了存在不可控的运气因素外,显然还存在一些必然因素,在创业者的创业之初就决定了未来的成败。因此,创业者如果能在创业之前,进行精心准备与机会评价,无疑能提高创业的成功率。

3.3.1　创业机会评价定义和特殊性

创业机会评价是评价主体从效益、市场、策略等方面对创业机会的价值进行综合评估,并决定下一步是否对创业机会开发和利用的过程。创业机会评价的特殊性表现为,其是创业机会识别和创业机会开发之间的一个过程,在完成对创业机会评价并决定对其开发和利用之后,创业者就可以依据创业计划的构想,组织相关资源对其进行开发,以生产出满足客户需求的产品和服务。

3.3.2　创业机会评价目标

1. 认识创业机会的价值

创业机会评价无论是对创业主体还是对风险投资商而言,都是一个挖掘创业机会价值的过程。一个创业机会是否能够成为一个可以开发的机会,其根本标准是创业机会本身是否能够给消费者带来持续的商业价值。因此,创业机会评价的目的是挖掘其潜在商业价值。

2. 减少创业风险

风险与价值是同时存在的,创业被理解为在不拘泥于当前资源条件的限制下对创业机会的捕捉与利用,对于创业者来说,创业资源往往是紧缺的,创业环境往往是不确定的。因此,如何规避创业风险是创业者所关注的首要问题。创业机会评价就是对商业概念的价值和风险进行全面的评估,从而最大程度上规避风险,创造价值,提升创业成功率。

3. 吸引风险投资

对于创业者而言,创业资金通常是紧缺的,吸收风险投资能够促进创业机会的开发,而风险投资商需要对创业者提供的创业机会到创业计划进行科学的评估,这种评估甚至很苛刻。正是基于这种考虑,将风险投资商的评价和创业者的评价结合起来考虑,既能作为创业者评价创业机会的标准,又能为风险投资商进行风险投资评价提供一定的借鉴,为吸收风险投资基金打下基础。

3.3.3 个人与创业机会的匹配

创业过程是创业机会、创业者个人和创业资源三者合理匹配的动态平衡过程,创业机会、创业者个人和创业资源是创业过程中关键的结构性要素。其中,创业机会表现为创业过程的核心构成要素,创业者个人是在创业过程中识别、开发和利用创业机会,整合创业资源的主体,是新企业的能动性要素。创业的本质特征决定了创业者个人的每一次创业旅程都是"独一无二"的,其成功取决于创业者个人才能与创业机会的独特匹配程度。通常情况下,创业者个人在初期会满怀信心地进入某些其实不适合自己的创业领域,但只有真正进入这一创业过程,他才会逐步发现自己并没有足够的个人才能利用好这难得的创业机会。经过一段时间的信息发现、市场反应、自我激励的相互影响、动态调整过程,市场会选择出最适合某个创业机会的创业者。"滥竽充数"者将无所遁形,而真有创业者才能的个人则有机会充分展现其创业天分。

创业者个人与创业机会匹配有三种类型:增补型匹配、互补型匹配和结构性匹配。

1. 增补型匹配

增补型匹配是指有关顾客的信息与创业者个人所掌握的顾客知识相同或相似,或者有关技术的信息与创业者个人所掌握的技术知识相同或相似,从而能产生类似于成员——组织匹配中的增补型匹配的效果。这种增补型匹配会增强创业者个人的创业意图。

2. 互补型匹配

互补型匹配是指创业者个人或机会因素能在一定程度上改善创业环境或者补充创业环境所缺少的东西,从而产生类似于成员——组织匹配中互补型匹配的效果。因此,互补型匹配有利于识别创业机会。例如,创业者个人掌握了有关顾客问题的先前知识,外部环境提供了相关新技术的信息,如果这种新技术信息能用来解决创业者认知的顾客问题,那么,创业者个人先前掌握的关于顾客问题的知识与外部环境提供关于新技术的信息就属于互补型匹配。或者创业者个人先前掌握了技术知识,外部环境提供了有关顾客的信息,如果创业者个人先前掌握的技术知识恰好能用来解决新的顾客问题,那么两者也产生了互补型匹配。

3. 结构性匹配

结构性匹配是指通过直接推理、类比推理、相似性比较、模式匹配等方式,把某种知识关系(如某种技术或服务适合应用于某类顾客)应用于改进新的潜在或实际顾客需求与创业者个人所拥有的知识、技术和服务方法或新技术之间的匹配上,这与认知领域的结构匹配理论中的结构性匹配相类似。

3.3.4　创业机会评价策略

虽然创业活动本身就是一种干中学、学中干的高风险活动,而且失败是奠定下一次创业成功的基础,但是对于这些市场进入时机不对,先天体质不良或具有致命缺陷的创业机会而言,如果创业者能先以相对客观的方式做评价,那么许多创业失败的结局就不至于屡次发生,创业成功的概率也可以随之提高。

针对如何评价创业机会,需要构建一套包括效益、市场、策略特色三大要素的评价策略。

1. 效益评价

1) 资本需求

创业者一般都会比较喜欢资金需求量相对较低的创业机会。现实中,许多创业行为个案都表明,资本需求过高的创业机会并不利于创业者成功,甚至还会带来稀释投资回报率的负面效应。通常,知识密集度越高的创业机会,对资金的需求量就越低,投资回报反而会越高。因此,在创业开始的时候,并不需要募集过多的资金,但可以尝试通过盈余积累的方式创造资金。而比较低的资本额,将有利于提高新企业盈余,并且可以进一步提高企业未来上市的价格。

2）合理的税后净利

通常而言，具有高吸引力的创业机会，税后净利至少需要达到 15％。如果预期的创业税后净利在 5％以下，那么就不是一个好的创业机会。

3）盈亏平衡所需的时间

达到盈亏平衡的时间应该是企业创办后的两年以内，如果三年还没有达到盈亏平衡，恐怕就不是一个值得创业者利用的创业机会。不过，有些创业机会的确需要经过较长的酝酿时期，通过前期的投入，可以保证后期的持续获利。

4）资本市场活力

如果新企业处在具有较高活力的资本市场中，其获利机会相对就比较高。不过资本市场的变化幅度大、频率高，在资本市场高点时创业，资金成本相对比较低，筹资相对比较容易。但若在资本市场低点，创办企业的诱因较低，好的创业机会也就较少。通常而言，新企业在活跃的资本市场比较容易创造业务增值效果，因此资本市场活力也是一项能用来评价创业机会的外部环境指标。

2. 市场评价

1）市场规模

市场规模的大小与发展速度，也是影响新企业成败的重要因素。一般而言，在市场规模大的产业中创业，障碍相对较低，市场竞争激烈程度也会相对较低。如果创业者将要进入的是一个比较成熟的市场，市场规模纵然很大；但由于市场规模已不太可能再增长，利润空间相对就比较小，因此这种创业机会恐怕就不值得再利用。反之，一个正在成长中的市场通常会是一个充满机会的市场，所谓水涨船高，只要进入时机正确，就会有较高的获利空间。

2）市场定位

通常而言，好的创业机会都具有特定的市场定位，专注于满足消费者需求，同时能为消费者带来增值。因此评价创业机会时，可由新企业市场定位是否明确、消费者需求分析是否清晰、流通渠道是否通畅、产品是否能持续衍生等，来判断创业机会可能创造的市场价值大小。新企业带给消费者的价值越高，创业成功的机会也就越大。

3）市场渗透力

对于一个具有巨大市场潜力的创业机会而言，市场渗透力（创业机会实现的过程）评价对创业者来说，是一个非常重要的影响因素。成功的创业者知道如何选择在最佳时机进入市场，也就是市场需求正要大幅上涨的时候，创业者已经做好准备。

4）市场占有率

从创业机会可能取得的预期市场占有率目标可以看出新企业未来的市场竞争

力。常规而言,要成为行业市场的领导者,新企业需要拥有的市场占有率应达 20%以上。但如果市场占有率低于 5%的话,则这家新企业的市场竞争力比较低,这也就相应地会影响新企业未来的市场价值。尤其是处在高科技产业,新企业要有成为市场领导者的核心能力。

3. 策略特色评价

一个有吸引力的创业机会,通常都需要具有一定的特色,而这些特色往往能够成为未来成功的新企业策略性影响因素。发掘创业活动是否具有这些特色,也是创业机会评价不可或缺的工作。

1)创业模式组合

主要测评新企业在创业机会、创业者、创业资源三个要素间是否能够形成良好的匹配关系,也就是说这项创业活动是否是在因缘际会与天时地利人和的情况下形成的,并且将创业者、资源与机会之间在创业过程的不同阶段进行最佳的匹配。

2)策略弹性

成熟型企业相比于成长型企业的最大弱点就是决策比较缓慢,尤其是在调整经营策略方向的时候,往往要经过较长时间的内部冲突,成长型企业则相对比较灵活。新企业成长历史短,包袱较少,决策速度较快,弹性较大,因此策略弹性将会成为新企业的竞争优势。对于创业机会的评价,当然也要看创业者在面临创业环境变化的时候,其创业决策方面能做出怎样快速的应对。

3)进入时机

若能掌握创业机会窗口打开的时机,采取适当的进入策略,那么新企业成功的概率也将会获得大幅度的提升。因此,基于创业机会的创业者对于市场进入时机的准确拿捏,也是一项重要的策略特色。

除了以上评价策略以外,现金流评价策略也是创业者或团队可以用来评价创业机会的一个简单实用的手段。可通过分析与比较不同创业机会之间现金流的预期大小来判断创业机会的优劣,创业现金流入越大的机会,风险相对就越小。现金流评价法的优点是容易、简单、实用,缺点是只注重眼前利益,对新企业长远的发展及盈利能力缺少评价。

创业机会的评价还需要考虑可实现度,无论特定创业机会可能的现金流有多大,如果在实现的可能性上有较大的难度,那么它同样也不是一个好的创业机会。创业者如果一心好高骛远而不考虑是否具有现实性,那么即便拥有一个潜在收益巨大的创业机会,也可能会等不到有能力获取这一收益,就已经创业失败了。就好比创业者拥有一个巨大的金矿却没有开挖的工具一样。因此,在比较不同创业机会时,不仅要考虑现金流,还要考虑可实现度,可实现度差的创业机会,即便潜在收益巨大也不是创业初期的首选机会。

3.3.5　创业机会评价方法和技巧

1. 定性评价

对创业机会的评价事实上是预期创业过程中将遇到的问题,因此是一种前瞻性的评价。而事情的发展往往是出人意料的,创业的过程中将会遇到许多的问题。许多问题无法精确,这就给机会的评价增加了很大的难度。因此定性的评价方法在创业机会评价方面是一种主要的方法。下面对两种主要的创业机会定性评价方法进行评述。

1) 史蒂文森法

史蒂文森(Stevenson)法提出从以下几方面定性评价创业机会:第一,机会的大小,存在的时间跨度和随时间成长的速度这些问题;第二,潜在的利润是否足够弥补资本、时间和机会成本的投资,并带来令人满意的收益;第三,创业机会是否开辟了额外的扩张、多样化或综合的机会选择;第四,在可能的障碍面前,收益是否会持久;第五,产品或服务是否真正满足了真实的需求。

2) 朗格内克法

朗格内克(Longenecker)法指出了定性评价创业机会的五项基本标准:第一,对产品有明确界定的市场需求,推出的时机也是恰当的;第二,创业机会所形成的投资项目必须能够维持持久的竞争优势;第三,创业机会必须具有一定程度的高回报,从而允许一些投资中的失误;第四,创业者和创业机会之间必须互相合适;第五,创业机会不存在致命的缺陷。

2. 定量评价

1) 标准打分矩阵

选择对创业机会有重要影响的因素,并由相关专家对每一个因素进行打分,最后求出每个因素在各个创业机会下的加权平均分,从而对不同的创业机会进行比较,如表 3-1 所示。

表 3-1　创业机会打分评价法

标　　准	专家评分			
	很好(3分)	好(2分)	一般(1分)	加权平均分
操作性				
成长的潜力				
专利权状况				

续表

标　准	专家评分			
	很好(3分)	好(2分)	一般(1分)	加权平均分
质量和易维护性				
投资收益				
资本增加的能力				
市场接受性				
市场容量大小				
制造的简单性				
广告潜力				

2)蒂蒙斯法

著名的创业学家蒂蒙斯(Timmons)概括了一个定性评价创业机会的框架体系,其中涉及八大类共53项指标,如表3-2所示。创业者可以利用这个体系模型对产业与市场、竞争优势、经济因素、收获条件、管理团队和致命缺陷等做出判断,来定量评价一个新企业的投资价值。

表3-2　蒂蒙斯创业机会评价框架

类　别	指　标
产业与市场	1. 市场容易识别,可以带来持续收入
	2. 顾客可以接受产品或服务,愿意为此付费
	3. 产品的附加价值高
	4. 产品对市场的影响力高
	5. 将要开发的产品生命长久
	6. 项目所在的产业是新兴产业,竞争不完善
	7. 市场规模大,销售额潜力达到1 000万~10亿元
	8. 市场成长率在30%~50%,甚至更高
	9. 现有厂商的生产能力几乎完全饱和
	10. 在五年内能占据市场的领导地位,占有率达到20%以上
	11. 拥有低成本的供货商,具有成本优势
竞争优势	1. 固定成本和可变成本低
	2. 对成本、价格和销售的控制较高
	3. 已经获得或可以获得对专利所有权的保护
	4. 竞争对手尚未觉醒,竞争较弱
	5. 拥有专利或具有某种独占性
	6. 拥有发展良好的网络关系,容易获得合同
	7. 拥有杰出的关键人员和管理团队

类　别	指　标
收获条件	1. 项目带来的附加价值具有较高的战略意义
	2. 存在现有的或可预料的退出方式
	3. 资本市场环境有利,可以实现资本的流动
经济因素	1. 达到盈亏平衡点所需要的时间在 1.5～2 年之间
	2. 盈亏平衡点不会逐渐提高
	3. 投资回报率在 25% 以上
	4. 项目对资金的要求不是很大,能够获得融资
	5. 销售额的年增长率高于 15%
	6. 有良好的现金流量,能占到销售额的 20%～30%
	7. 能获得持久的毛利,毛利率要达到 40% 以上
	8. 能获得持久的税后利润,税后利润率要超过 10%
	9. 资产集中程度低
	10. 运营资金不多,需求量是逐渐增加的
	11. 研究开发工作对资金的要求不高
管理团队	1. 创业者团队是一个优秀管理者的组合
	2. 行业和技术经验达到了本行业内的最高水平
	3. 管理团队的正直廉洁程度能达到最高水准
	4. 管理团队知道自己缺乏哪方面的知识
理想与现实的战略差异	1. 理想与现实情况相吻合
	2. 管理团队已经是最好的
	3. 在客户服务管理方面有很好的服务理念
	4. 所创办的事业顺应时代潮流
	5. 所采取的技术具有突破性,不存在许多替代品或竞争对手
	6. 具备灵活的适应能力,能快速地进行取舍
	7. 始终在寻找新的机会
	8. 定价与市场领先者几乎持平
	9. 能够获得销售渠道,或已经拥有现成的网络
	10. 能够允许失败
致命缺陷	不存在任何致命缺陷
创业家的个人标准	1. 个人目标与创业活动相符合
	2. 创业家可以做到在有限的风险下实现成功
	3. 创业家能接受薪水减少等损失
	4. 创业家渴望创业这种生活方式,而不只是为了赚大钱
	5. 创业家可以承受适当的风险
	6. 创业家在压力下状态依然良好

对于上述每个因素,在具体定量评价时,都设有创业机会的吸引力潜力最高和创业机会的吸引力潜力最低两个极端情况,一般来说所有的创业机会都会处于这两个极端情况之间,创业者根据具体情况对其打分。最后根据打分结果的高低判断该创业机会的潜在价值。

3) 普坦辛米特法

普坦辛米特(Potentionmeter)法是一种让创业者填写针对不同因素的不同情况、预先设定好权值的选项式问卷的方法,详情如表 3-3 所示。对于各种因素,不同选项的得分为－2～＋2 分,对所有因素得分加总就是最后的总分,总分越高的特定创业机会成功的潜力就越大,只有那些最后得分高于 15 分的创业机会才值得创业者进行下一步的行动,低于 15 分的是应该舍弃的机会。

表 3-3　普坦辛米特法的评价指标

序　号	指　标
1	生命周期中预期的成长阶段
2	预期的年销售额
3	对于税前投资回报水平的贡献
4	销售人员的要求
5	投资回收期
6	进入市场的容易程度
7	商业周期的影响
8	为产品指定高价的潜力
9	占有领先者地位的潜力
10	从创业到销售额高速增长的预期时间
11	市场试验的时间范围

4) 巴蒂选择因素法

巴蒂(Baty)的选择因素法通过对 11 个选择因素的设定来对创业机会进行判断。如果某个创业机会只符合其中的 6 个或者更少的因素,那么这个创业机会就不可取;反之则说明该创业机会成功的希望很大,如表 3-4 所示。

表 3-4　巴蒂选择因素法

序　号	因　素
1	这个创业机会在现阶段是否只有创业者本人发现了
2	产品初始生产成本是否是创业者可以承受的
3	创业机会市场初始开发成本能否承受
4	新企业的产品是否具有高利润回报的潜力
5	是否可以预期产品投放市场和达到盈亏平衡点的时间

序　号	因　　素
6	创业机会潜在的市场是否巨大
7	创业者的产品是否是一个快速成长的产品系列中的第一个产品
8	创业者是否拥有一些现成的初始客户
9	创业者是否可预期产品的开发成本和开发周期
10	新企业是否处于一个成长中的行业
11	金融界是否能理解新企业的产品和消费者对它的需求

总体而言,无论采用什么方法识别和评价创业机会的价值,得出的结论大体上是相似的。好的创业机会一般具有以下五个重要特征:市场前景可明确界定;未来市场中前5~7年销售额稳步且快速增长;创业者能够获得利用机会所需的关键资源;创业者不被锁定在刚性的技术路线上;创业者可以用不同的方式创造额外的机会和利润。

3.3.6　创业机会评价步骤

1. 确定评价目标

确定评价目标是创业机会评价的第一步,评价目标直接影响到评价指标体系、评价方法等后续步骤的实现。在创业机会评价开始的时候,要对评价目标的特性进行充分分析,以更好地确定创业机会的影响因素,从而确定创业机会评价的基本框架。

2. 创业机会影响因素分析

影响创业机会的因素有很多:既有内部创业团队的因素,也有外部创业环境的因素;既有社会因素,也有经济因素;既有市场因素,也有社会网络因素等。从各种影响创业机会的因素中抽象出关键性的因素,便构成了创业机会评价指标体系。

3. 构建评价指标体系

创业机会评价指标体系是在对创业机会影响因素分析的基础上构建的。蒂蒙斯(Timmons)法的指标体系是最全面的创业机会评价指标体系,可以作为创业机会评价的属性库。在此基础上,可结合我国国情及创业机会实际情况,构建新的评价指标体系。

4. 评价方法的应用

评价方法是对评价指标的排序和量化。创业机会评价涉及很多指标,有些指标可以量化,如潜在的市场规模、市场增长率等;而有些指标不易量化,如产品的结构等。单纯的定性方法难以对创业机会的优劣进行排序;单纯的定量方法难以对决定创业机会的关键要素进行选择。因此,应在借鉴相关模型的基础上,选择定量与定性相结合的方法进行评价。

5. 评价实施

创业机会评价的实施是评价的实际操作阶段,对定量指标和定性指标进行处理,引入需要的数据和相关专家的评定,并结合相关模型,最终得到评价结果。评价实施也是对创业机会进行选择和淘汰的过程,关键是相关数据的获取和模型的选择。

6. 评价反馈

创业机会评价是一个动态的过程,其本质上是一个主观的、理论的分析过程。创业机会是否能真正成为一个成熟机会,是否可以在现实中开发,还需要进一步从实践中证明,依据创业活动实践,可以从风险规避和价值创造这两个方面对创业机会评价的结果做进一步修正。

3.4 创业风险识别与防范

3.4.1 创业风险的定义

所谓创业风险,是指由于创业环境的不确定性,创业机会与新企业的复杂性,创业者、创业团队与创业投资者的能力与实力的有限性,而导致创业活动偏离预期目标的可能性及其后果。

3.4.2 创业风险的特征

创业风险主要具有如下几个特征。

1. 客观存在性

创业风险是客观存在的,是不以人的意志为转移的。在创业的过程中,由于内外部事物发展的不确定性是客观存在的,因而创业风险也必然是客观存在的。客观性要求创业者采取正确的态度承认和正视创业风险,并积极对待创业风险。当然,客观性并不否认创业风险的存在也有主观的一面。

2. 不确定性

创业的过程往往是将创业者的某一个"奇思妙想"或创新技术变为现实的产品或服务的过程。在这一过程中,创业者面临各种各样的不确定因素,如可能遭受到已有市场竞争对手的排斥,进入新市场面临着需求的不确定,新技术难以转化为生产力等。此外,在创业阶段投入较大,而且往往只有投入没有产出,因而可能面临资金不足的困境,从而导致创业的失败。也就是说,影响创业的各种因素是不断变化难以预知的,这种难以预知就造成了创业风险的不确定性。

3. 损益双重性

创业风险对于创业收益不是仅有负面的影响,创业者如果能正确认识并且充分利用创业风险,反而会使收益有很大程度的增加。

4. 相关性

创业者面临的风险与其创业行为及决策是紧密相连的。同一风险事件对不同的创业者会产生不同的风险,同一创业者由于其决策或采取的策略不同,会面临不同的风险结果。

3.4.3 系统创业风险的识别及防范途径

1. 政策风险的识别及其防范途径

1) 政策风险的识别

对创业者而言,国家和地方政府所采取的政策对其创业的风险度有一定的影响。国内对创业环境的限制政策主要是通过间接施加影响来进行的。例如,通过征收个人收入调节税,调节消费者的收入从而影响消费者的需求与购买力。国家还可以通过增加产品税来抑制某些商品的需求,如对香烟、酒类等产品征收较高的税收来影响消费者的需求。这些政策必然会影响市场环境、社会购买力,进而影响到创业者的生产经营方向。

2) 政策风险的防范途径

对于这种类型的风险,创业者在创业过程应该积极关注和预测国家的政策走向,如果预测到某一政策将对创业者的发展不利,企业可以早做准备,改变企业的运营方式,以适应政策的变化。

2. 法律风险的识别及其防范途径

1) 法律风险的识别

法律、法规的制定和修改,都会对创业者产生影响。政府会采取某些事后的行政措施或法律手段,来限制某些已经开发成功的高技术产品的生产、销售或使用。例如,近年来国内外一些企业开发转基因产品,曾被国家有关政府部门明令禁止销售,由此导致所有创业投入就转化为沉没成本,创业者根本得不到任何商业利益。目前,我国对于新企业的立法还存在很多政策、法规空白,这势必造成法律上的风险。

2) 法律风险的防范途径

随着我国市场经济法制体系建设的不断完善,政府机构的执法力度也在不断加强。在我国,涉及市场管理的部门比较多,主要有工商行政管理局、技术监督局、物价局、环境保护局、劳动与社会保障局等部门。这些部门分别从各自的专业领域对创业者的生产经营活动进行监督,在保护合法经营、保护公平交易与竞争、维护消费者权益与促进市场有序运行、维护社会经济健康持续发展方面发挥了重要作用。对于创业者来说,防范创业风险的最好办法就是知法守法,自觉运用法律、法规来规范自己的经营行为并自觉接受执法部门的管理与监督,同时还应善于运用法律武器来维护自己的合法权益。

3. 宏观经济风险的识别及其防范途径

1) 宏观经济风险的识别

宏观经济风险是因国家宏观经济状况、产业政策、利率变动以及汇率的稳定性等因素所带来的损失的风险。任何新企业的创建都必须依托所在国家和地区的经济环境。利率、价格水平、通货膨胀等因素的变化以及金融、资本市场的层次、规模、健全程度等都会带来很大的不确定性,使创业者容易暴露在风险之中。

2) 宏观经济风险的防范途径

当这类风险将要出现时,创业者应该能够快速响应,采取措施使新企业适应这一变化。

4. 自然风险的识别及其防范途径

1) 自然风险的识别

我国幅员辽阔,是世界上主要的“气候脆弱区”之一,自然灾害频发、分布广、损失大,是世界上自然灾害最为严重的国家之一。随着我国经济的快速增长,天气、气候灾害造成损失的绝对值越来越大。由气候灾害引发的生态、环境、地质、经济等继发性灾害,使经济损失更为严重。这些自然灾害属于创业者不可抗力的范畴。

2) 自然风险的防范途径

对于各种自然灾害,创业者没有能力遏制其发生,但只要事先做好准备工作,就能够尽量降低自然灾害给新企业造成的损失。新企业在寻找创业机会时,不仅需要考虑备选地区的基础设施、原材料供应、劳动力素质及成本、市场需求、税收优惠等方面的环境,还需要考虑当地在气候、卫生等方面的条件。对于因气象条件而可能引发的自然灾害,如洪水、沙尘暴等,应密切注意气象部门的预报;对于流行性疾病,应关注卫生部门的疫情警示和报告。另外,密切关注政府对有关自然灾害的预报有助于新企业提前做好准备。

3.4.4　非系统创业风险的类别及防范途径

1. 市场风险的识别及其防范途径

1) 市场风险的识别

市场风险的识别一般可以从以下两方面进行。一是产品能否被消费者接受的问题,在现实市场中,人们对传统技术产品司空见惯,故对传统技术产品的市场需求是较为稳定的,而新产品或服务对消费者来说是新鲜的,它的市场多是潜在的、待成长的。在这种情况下,创业者就很难预先判定市场是否会接受自己推出的某一新产品,包括接受能力和接受速度。二是新企业生产的产品有不少是高新技术或技术创新产品,由于产品技术本身的前瞻性,新企业无法得到相对准确的市场预期,对市场的接受度、产品导入市场的时间、市场的需求量等都难以估测,因而存在着较大的风险性。

2)市场风险的防范途径

(1)市场进入风险的防范

市场进入是一项挑战性的充满风险的事业。在市场进入中,由于各种因素的复杂性、变动性的影响,往往使新企业进入的实际后果与市场进入的事前预期发生背离,由此导致利益损失的可能性就是市场进入风险,可以从以下两方面进行防范。一是进入成本。进入成本主要是新企业在退出时无法收回的费用,一般称为沉没成本,包括处置专用性资产、设备所造成的损失、无形资产的损失以及取得政府许可的费用。这些在新企业退出市场以前是无法预期和弥补的,也是企业在整个生命周期内所无法收回的。二是市场进入的定位。从整体而言,市场是一个巨大的系统,它是由众多提供各种产品的子市场系统和区域市场系统构成的。因此,任何一个新企业都没有能力进入所有的市场,即无法为所有的客户服务,只能根据自己的优势和特长,进入某一细分市场,在其目标市场上确定自己的竞争优势。因此新企业进行进入区位选择时,既要考虑到竞争者,又要考虑消费者,做到消费者导向和竞争者导向有机结合。

(2)市场营销风险的防范

市场营销风险产生的原因主要有新企业的营销实力不足、进入市场的时机选择不当、过分依赖价格策略以及市场体系的不完善。市场营销风险防范策略主要有:一是树立以市场为导向的整合营销理念,在产品规划、价格制定、销售渠道选择上以市场为导向,从客户的需求出发。二是制定合理的价格策略,在确定价格时,低价不是向顾客表明优质产品的最好方式,尤其对于技术含量比较高的产品而言,顾客对产品质量的要求使得新企业不能采用牺牲品质的低价策略,加上市场的不完全竞争,新企业更应积极主动控制价格。

2. 生产风险的识别及其防范途径

1)生产风险的识别

生产风险是指新企业在创业过程中,由于生产环节的有关因素及其变化的不确定性而导致创业失败或利润受损的可能性。对于新企业来说,由于企业刚刚起步,生产人员的配备、生产要素的供给、各类资源的配置等容易出现问题。这在创业阶段都需要尝试和摸索,故存在较大的风险。生产风险应从生产技术人员构成、生产设备与工艺水平、生产资源的配置状况、原材料供应状况四个方面加以识别。

2) 生产风险的防范途径

为了避免研发技术被替代技术替代或超越,现有生产设备或工艺无法达到产品商品化的要求以及远离原材料供应地,新企业无法正常生产等问题,新企业在技术研发时,就应考察替代技术的发展状况,评估技术本身的替代性,采取风险防范或自留策略;在研发时还要综合考虑现有设备与工艺的水平,以及自我研发相关设备与工艺的能力;创业时还要综合考虑原材料及能源供应,公司的地址要接近原材料产地,且能源供应充足。

3. 技术风险的识别及其防范途径

1) 技术风险的识别

技术风险的识别通常从以下四个方面进行。一是技术成熟度。新颖、独创、先进的技术可以为新企业带来独特的优势,技术成熟度的判断标准一般根据国内外同类技术达到的水平参数指标来确定。二是技术适用性。技术的适用性描述了技术适用的范围,推广和实施的难易程度。技术的适用性是与市场的大小有密切关系的,一项技术所面对的市场越大,那么这项技术的适用性就越强,反之则越弱。三是技术配套性。在新企业创业初期必须确认与该技术配套的工程技术和产品生产技术是否已经完善,达到标准。四是技术生命周期。高技术产品往往生命周期较短,不但自身更新速度快,而且还有被其他类似技术替代的可能,如果不能有效地提高技术的更新速度并维持更新成本或防止技术老化的能力,并在技术生命周期内迅速实现产业化,收回初始投资并取得利润,新企业就将蒙受损失。

2) 技术风险的防范途径

(1) 采用多元化技术开发战略

一次技术研发的失败可以用另一次技术研发的成功来弥补,新企业总体技术风险就分散到了各个具体的技术创新项目上,对于单独的一项技术风险,其风险就大大地降低了。

(2) 组建战略联盟

新企业可以联合其他企业共同参与到技术创新的活动中来,在利益共享的前提下实现资源的优势互补和风险共担,达到防范技术风险的目的。

(3) 转移技术风险

新企业可利用风险投资、保险、证券市场等方法,使技术风险由投资者、投资机构以及企业共同承担,从而实现部分技术风险的转移。

（4）采用有效的激励机制

新企业对技术创新人员采取有效的激励和约束手段，可以防范由于技术人员因素而给新企业可能带来的技术风险。

4. 财务风险的识别及其防范途径

1）财务风险的识别

财务风险的识别主要从资产负债表状况和企业收益状况两个方面进行。

（1）资产负债表状况

从资产负债分析，主要分为三种类型：一是流动资产的购置大部分由流动负债筹集，固定资产由长期自由资金和大部分长期负债筹集，自有资本全部用来筹措固定资产，这是正常的资本机构，财务风险较小；二是资产负债表中累积结余是红字，表明有一部分自有资本被亏损侵蚀，说明出现财务危机；三是亏损侵蚀了全部自有资本，而且还占据了一部分负债，这种情况属于高度风险，企业必须采取强制措施来缓解这种状况。

（2）企业收益状况

从企业收益分析，分为三个层次：一是经营收入扣除经营成本、经营费用后的经营收益；二是在第一层次上扣除财务费用后为经常收益；三是在经常收益基础上与营业收支净额的合计，也就是期间收益。对这三个层次的收益进行分析可以分成三种情况：一是如果经营收益为盈利而经常收益为亏损，说明新企业的资本结构不合理，举债规模大，存在一定风险；二是如果经营收益、经常收益均为盈利，而期间收益为亏损，这种情况如果严重可能引发财务危机，必须加强监控；三是如果从经营收益开始就已经亏损，说明企业财务危机已经显现；反之，如果三个层次收益均为盈利，则是正常经营状况，财务风险不存在或很小。

2）财务风险的防范途径

（1）增强创业者的风险意识

创业投资本身就是一项风险很大的投资行为，应该大大增强创业者的风险意识，使其具备很强的风险观念，这样在创业过程中就会有意识地注意防范风险，特别是财务风险。因为新企业的市场风险和经营风险最终都会在财务风险上有所体现，可以说财务是新企业经营的末梢神经，财务风险是新企业最外在的风险，也是最后的风险，因为财务风险会直接导致企业创业失败。

（2）保持资产流动性

企业资金流转总是周而复始地进行的，因此流动性是新企业的生命，应缩短应收账款周转期以保持良好的资产流动性。新企业应降低整体资产中固定资产的比重，这样就可以防范企业的经营风险和财务风险。

(3) 加强财务会计制度的建设

新企业要按照科学规范、职责分明、监督制约、财务核对、安全谨慎和经济有序的原则建立严密的财务会计制度。

5. 管理风险的识别及其防范途径

1) 管理风险的识别

管理风险主要体现在经营决策、战略规划、营销组合不合理以及组织制度的不科学,创业者的综合素质较低,以及对生产运作、内部沟通、激励等问题管理不力等方面。管理风险的识别主要从以下两个方面进行。一是创业者综合素质和经验。创业者综合素质和经验可以从创业者的技术能力、管理能力和经验、企业家精神和创业者的身心素质等方面来考察。二是管理机制的成熟度。新企业管理制度方面往往不够成熟,新企业应通过调查产业内相似企业的管理制度,将本企业与之对比,识别出哪些管理制度方面还不够完善。

2) 管理风险的防范途径

(1) 建立、健全现代企业制度

建立科学的决策和监督机制是新企业防范管理风险的前提,而这些又离不开合理的产权制度与健全的内部治理结构。所以,为防范管理风险,新企业必须要按照现代企业制度的要求,建立起真正完善的法人治理结构。

(2) 提高员工自身素质

对新企业中高层管理人员的使用必须坚持德才兼备的用人标准,在人员甄选过程中两方面的素质都应该列入考核内容,同时还应加强员工的职业道德教育和业务培训工作。

3.4.5　创业者风险承担能力的估计

创业者的风险承担能力不是一种单一的能力,其大小可以从新企业内外部多种因素加以估计。

1. 外部环境风险承担能力估计

外部环境风险包括经济、法律、自然、社会等的不确定性,如经济危机、国家政策变动等都会导致新企业所处的环境存在着诸多的不确定性和风险。这些虽无法根本消除,但创业者对周围环境的知识积累程度会影响其对突发事件的判断和预防工作的准备,能够提升创业者的风险承担能力。

2. 企业内部风险承担能力估计

企业内部风险承担能力指创业者固有的资源以及配置这些资源的能力,包括技术生产、管理、营销、创新四个方面内容,这些可控因素是决定创业者的风险承担能力的重要指标。

　　技术的无形性、相对性以及其向现实生产力转化的低成功率,增加了新企业生产与技术方面的风险,降低了创业者抵御风险的能力。技术因素是创业者的风险承担能力的重要指标,雄厚的技术实力是创业者的风险承担能力的基石。管理是企业最重要的环节,在企业创业阶段面临风险时,创业者不仅需要投入大量资金,提高创业融资能力,而且需要有迅速组织和调动人力、物力资源的能力,以及快速准确的决策能力,否则一个决策失误或者资源配置不当就可能导致重大风险。如何有效管理和利用资源是创业者防范和抵御风险危机的关键。营销也是新企业运行的关键环节,营销策略错误、营销渠道不畅、市场定位不当等差错也会导致新企业存在风险,减弱创业者抵抗风险的能力。因此,增强营销实力也是创业者抵御风险不可或缺的。创新贯穿以上三方面的因素,是不断改变现状、创立新事物的行为,是创业者的核心动力。只有不断创新,创业者才能主动地适应环境和有效地避免风险,实现新企业的可持续发展。因此,创新能力的强弱也是创业者的风险承担能力的重要表现。

　　总之,创业者的风险承担能力不仅受环境影响,而且与企业内部的技术生产、管理、营销、创新等因素密切相关,这些因素为评价创业者的风险承担能力提供了依据。

3.4.6　基于风险估计的创业收益预测

　　如果创业者知道未来可能呈现出多种风险,但对其出现的概率全然不知,那么在预测创业收益时,就只能根据主观选择的一些准则来进行。

1. 等可能性准则

　　这种方法假定各种风险状态发生的可能性是相同的,通过比较每个创业方案的收益平均值来进行创业方案的选择。在利润最大化目标下选择平均利润最大的创业方案;在成本最小化目标下,选择平均成本最小的创业方案。

　　比如某新企业有三种产品待选,估计销路风险状况和收益情况如表 3-5 所示,用等可能性准则选择最优产品方案。

表 3-5　三种产品的销路风险状况和收益情况　　　　　单位:万元

状　态	甲产品	乙产品	丙产品
销路好	40	90	30
销路一般	20	40	20
销路差	−10	−50	−4

　　计算各产品在三种风险状态下的平均收益值:甲产品为 16.67 万元,乙产品为

26.67万元,丙产品为15.33万元。可见,乙产品的平均收益值最大,所以乙产品为最优方案。

2. 乐观准则

如果创业者比较乐观,认为未来会出现最低的风险状况,所以不论采用何种方案均可能取得该方案的最好效果,那么决策时就可以首先找出各方案在各种风险状态下的最大收益值,即在最低风险状态下的收益值,然后进行比较,找出在最低风险状态下能够带来最大收益的方案作为决策实施方案。仍以上个题目为例,由于甲产品最大收益为40万元,乙产品最大收益为90万元,丙产品最大收益为30万元,所以90万元对应的乙产品为最优方案。

3. 悲观准则

与乐观准则相反,创业者对未来比较悲观,认为未来会出现最高的风险状态,因此创业者不论采取何种方案,均只能取得该方案的最小收益值。所以在决策时首先计算和找出各方案在各风险状态下的最小收益值,即与最高风险状态相应的收益值,然后进行比较,选择在最高风险状态下仍能带来"最大收益"(或最小损失)的方案作为实施方案。仍以上个题目为例,由于甲产品最小收益为-10万元,乙产品最小收益为-50万元,丙产品最小收益为-4万元,所以-4万元对应的丙产品为最优方案。

4. 折中准则

这种方法认为应在两种极端中求得平衡。决策时,既不能把未来想象得如何光明,也不能描绘得如何黑暗,最低和最高的风险状态均有可能出现。因此,可以根据创业者的判断,给最低风险状态以一个乐观系数,给最高风险状态以一个悲观系数,两者之和为1,然后用各方案在最低风险状态下的收益值与乐观系数相乘所得的积,加上各方案在最高风险状态下的收益值与悲观系数的乘积,得出各方案的期望收益值,然后据此比较各方案的经济效果,做出选择。仍以上个题目为例,设销路好的系数为0.7,销路差的系数为0.3,通过计算得到期望收益值,如表3-6所示,由于乙产品的期望收益值最大,所以乙产品为最优方案。

表3-6 期望收益值　　　　　　　　　　　　　　　　　单位:万元

状　态	甲产品	乙产品	丙产品
销路好(0.7)	40	90	30
销路差(0.3)	-10	-50	-4
期望收益值	25	48	19.8

5. 后悔值准则

创业者在选定方案并组织实施后,如果遇到的风险状态表明采用另外的方案会取得更好的收益,创业者在无形中遭受了机会损失,那么创业者将为此而感到后悔。后悔值准则就是一种力求使后悔值尽量小的准则。根据这个准则,决策时应先算出各方案在各风险状态下的后悔值(用方案在某风险状态下的收益值去与该风险状态下的最大收益值相比较的差),然后找出每一种方案的最大后悔值,并据此对不同方案进行比较,选择最大后悔值中最小的方案作为实施方案。仍以上个题目为例,计算后悔值,如表3-7所示。由于甲产品最大后悔值为50万元,乙产品最大后悔值为46万元,丙产品最大后悔值为60万元,在其中再取最小的,所以46万元对应的乙产品为最优方案。

表3-7 后 悔 值 单位:万元

状 态	甲产品	乙产品	丙产品
销路好	50	0	60
销路一般	20	0	20
销路差	6	46	0

3.5 商业模式开发

商业模式的概念是比较宽泛的,与商业模式有关的名称有很多,比如盈利模式、价值创造等。宽泛的概念使分析和理解商业模式产生了困难,因此,有必要对究竟何为商业模式进行界定。

3.5.1 商业模式的含义和本质

商业模式是一种包含了一系列创业要素及其内在关系的概念性系统,用以阐明创业者的创业逻辑。它描述了企业所能为消费者提供的价值以及企业的内部结构、合作伙伴网络和关系资本等用以实现(创造、推销和交付)这一价值并产生可持续盈利收入的要素。具体来说,商业模式内涵包括以下要素。

第一,价值主张。企业通过其产品和服务所能向消费者提供的价值,价值主张确认了企业对消费者的实用意义。

第二,消费者目标群体。企业所瞄准的消费者群体,这些群体具有某些共性,从而使企业能够(针对这些共性)创造价值。

第三,分销渠道。企业用来接触消费者的各种途径,涉及企业的市场和分销策略。

第四,消费者关系。企业同其消费者群体之间所建立的联系。

第五,价值配置。企业资源和活动的配置。

第六,核心能力。企业执行其商业模式所需的能力和资格。

第七,合作伙伴网络。企业同其他企业之间为有效地提供价值并实现其商业化而形成的合作关系网络,这也描述了企业的商业联盟范围。

第八,成本结构。企业所使用的工具和方法的货币描述。

第九,收入模型。企业通过各种收入流来创造财富的途径。

3.5.2　商业模式和商业战略的关系

具有明确的商业模式是创业成功的重要前提。这不仅在于商业模式本身具有重要的商业价值,还在于它直接影响企业的创业过程和商业战略的选择与实现。

从一定意义上说,商业模式相当于一个"地图",它为创业者提供了一条路径参考,而商业战略则是探索如何"走",如何引导创业者走向成功。在现实中,商业模式和商业战略容易混为一谈,两者实际上既有区别又有联系。

商业模式描述的是创业的各个部分是如何组合成为一个系统的,更多的是考察建立和运营企业所必需的各个环节紧密构成的完整要素链。它往往起源于创业机会,考虑的主要是企业、消费者、供应商、股东等利益相关者如何实现"共赢"。一个长期存在并持续发展的企业都有一个合适的模式,即使非常简单。

商业战略在于规划一条从创业机会、企业资源通向创业目标的道路,它必须充分考虑竞争因素。迈克尔·波特提出"战略的实质存在于运营活动中——选择不同于竞争对手的运营活动,或者不同于竞争对手的活动实施方式","竞争战略就是创造差异性,即有目的地选择一整套不同的运营活动系统以创造一种独特的价值组合"。

同样的商业模式,企业可以采取不同的商业战略。例如,美国沃尔玛公司的创始人沃尔顿,在创业初期,虽然也采取了折扣零售这种新兴的商业模式,但与同样采取该模式的其他商家不同,他不是将店址选在繁华的都市中心,而是选在郊区或偏僻的小镇,同时,致力于销售品牌产品,结果获得极大的成功。

相对于成熟企业,新企业往往缺乏资源、缺乏品牌,只有寻找一个新的定位,才可能发挥或者创造竞争优势。由于技术演进、新消费群体的出现和新市场需求等产生的创业机会,对于成熟企业来说敏感性相对较差,或者由于现有业务的压力,不愿意去开发新机会,而新企业作为新的市场进入者,往往更容易发现新的机会,从而更加灵活地抓住创业机会,甚至在一定时期内,有可能较为充分地利用这些机会。许多研究表明,当某个领域还处于发展的阶段,尤其是还没有出现一个绝对的占领导地位的企业时,创业者有更多的成功机会。

不过,企业至少要在市场定位、产品种类、服务、销售方式、渠道、生产过程的某个或多个环节与众不同,才可能赢得独特的竞争地位。

3.5.3　商业模式设计的思路和方法

1. 商业模式设计思路

对于企业而言,要设计一个完善的商业模式必须借助有效的分析手段,牢牢把握商业模式的四大要素:顾客、产品、价值链和利润屏障。

1)以顾客为立足点和出发点

企业必须对顾客的需求和偏好有比较深刻的认识和了解,并且顾客必须形成一定的规模才能满足企业的生存要求。商业模式的设计理念就是把握顾客的需求,比如在 20 世纪 90 年代,正是国内大学毕业生纷纷出国淘金的时代,虽然当时的教育培训机构已经发展到相当的程度,但是专门针对"考 GRE"和"考托福"的培训机构几乎没有,而俞敏洪的新东方正是基于这两个目的而建立的企业,因此发展非常迅速。新东方已经成为国内 GRE 和托福培训企业的龙头,其他机构难以望其项背。另外掌握顾客的心理和偏好也非常重要,比如上海天娱公司策划的《超级女声》节目是 2005 年最成功的创业策划。《超级女声》的成功告诉人们,并不是越好、越精致的节目越引人注目,真正引人注目的是那些观众参与率高、互动性强的节目。天娱公司正是掌握了顾客的这种心理,重点满足了顾客的偏好而迅速成长。大量创业实践表明,设计完善的商业模式时,分析和把握顾客需求和心理,并寻求产品或服务在市场中的最佳定位是一项重要工作。

2)以产品或服务为依托

企业的产品或服务是企业赢得顾客的利润点,针对目标顾客群的清晰的需求和偏好,不但要为顾客创造价值,更要为企业创造价值。例如,从 Windows 1.0 到 Windows 7.0,美国微软公司开发的图形操作系统是根据顾客的需求对产品进行持续改进因而奠定了其在该领域的独一无二的垄断地位。面对不断变化的市场环境和用户需求,改进和修复产品或服务中的不足之处,企业的生存和成长才有保证。

3)以价值链上的价值最大化为根本目标

构筑商业模式的价值链可以从内部和外部两方面着手。打造利润杠杆是规划企业内部运作价值链手段之一,也是商业模式设计与完善的重要内容。企业利润杠杆主要包括以下几种:组织与机制杠杆、技术与装备杠杆、生产运作杠杆、资本运作杠杆、供应与物流杠杆、信息杠杆、人力资源杠杆等。构筑商业模式外部运作价值链主要是通过疏通拓宽利润渠道来实现。打造利润杠杆的有效途径之一就是将没有竞争优势的企业内部价值链外包。这种方式重新确定了企业的定位,截取企业价值链中比较窄的部分,重新配置企业的各种资源,将资源集中于最能反映企业相对优势的领域,构筑自己的竞争优势,获得使企业持续成长的能力。例如2001年爱立信的外包战略就是将手机价值链的七个部分的生产和供应的两个环节交由Flextronics公司负责,而价值链的其他重要部分(研发、设计、营销、销售和售后服务)仍由爱立信经营。对于同类产品,由于利润杠杆的差异,或者说由于企业内部运作价值链的不同,导致了产品的成本迥异,使得一个企业可能盈利,另一个企业可能亏损。这足以说明,利润杠杆决定了企业利润的多寡。

4) 以核心竞争力保证利润来源

商业模式必须是自我保护的,防止竞争者掠夺企业的目标客户,保护企业利润来源不被竞争者侵食、利润点不遭淘汰、利润杠杆不易模仿,或者当对手想模仿的时候,企业已经培养了大量的忠实的客户群。以互联网为例,几乎所有盈利的网站,都得益于网络技术上的不断创新,不断创造新的网络广告技术、网上支付技术、信息定制技术、网络通信技术、信息加工技术、网上游戏技术,同时与电信部门、金融部门、行业信息部门、各种媒体(如报纸杂志)以及较大的具有个性化需求的群体建立长期的战略伙伴关系,最终形成清晰准确的品牌定位,建立起强有力的利润屏障,保护利润来源不被竞争者蚕食。

2. 商业模式设计方法

1) 参照法

参照法是商业模式设计的一种有效方法。该方法是以国内外商业模式作为参照,然后根据企业的有关创业权变因素,如创业环境、战略、技术、规模等不同特点的调整,确定商业模式设计的方向。采用参照法进行商业模式设计时,企业一定要根据自身的情况加以调整和改进,创新地摸索出符合企业的商业模式。许多企业的商业模式设计都是通过参照法进行的,比如腾讯参照新浪等建立门户网站。

2) 相关分析法

相关分析法是在分析某个问题或因素时,将与该问题或因素相关的其他问题或因素进行对比,分析其相互关系或相关程度的一种分析方法。相关分析法需要根据影响企业的商业模式的各种权变因素,运用有关商业模式设计的一般知识,采用影响因素与商业模式一一对应的方法,确定企业的商业模式。利用相关分析的方法,企业可以找出相关因素之间规律性的联系,研究如何降低创业成本,达到价值创造的目的。如亚马逊公司通过分析传统书店,在网上开办电子书店;eBay公司的网上拍卖也来自传统的拍卖方式。

3) 关键因素法

关键因素法是以关键因素为依据来确定商业模式设计的方法。商业模式中存在着多个变量影响设计目标的实现,其中若干个因素是关键的和主要的(即成功变量)。通过对关键成功因素的识别,企业找出实现目标所需的关键因素集合,确定商业模式设计的优先次序。关键因素法主要有五个步骤:其一,确定商业模式设计的目标;其二,识别所有的关键因素,分析影响商业模式的各种因素及其子因素;其三,确定商业模式设计中不同阶段的关键因素;其四,明确各关键因素的性能指标和评估标准;其五,制订商业模式的实施计划。

4) 价值创新法

对一些从未出现过的商业模式设计,企业往往需要进行创新,即通过价值要素的构建、组合等设计出新的商业模式,这一点在互联网的企业中表现得尤为明显,比如盛大网络游戏全面实行免费模式。

3.5.4 商业模式创新的逻辑与方法

1. 商业模式创新的逻辑

商业模式是动态变化的,商业模式创新属于企业最本源的创新,企业的更新换代实际上是商业模式的推陈出新。离开商业模式创新,其他管理创新、技术创新都失去了可持续发展的可能和盈利的基础。因此,商业模式创新贯穿于企业经营整个过程中,贯穿于企业资源开发、研发模式、制造方式、营销体系、流通体系等各个环节,是挖掘企业潜力的重要途径,是企业家的必修之课。面对激烈的市场竞争,所有的企业,不管是传统行业还是新兴产业,都要与时俱进,根据商业环境的变化不断创新商业模式。

1) 分析企业内外部状况

首先,商业模式创新与宏观环境密切相关。当市场经济发展到一定程度时,竞争成为商业模式创新的原动力,推动商业模式创新,促进新的商业模式产生。其次,商业模式创新与企业所处行业状况密切相关,处于行业成熟期的企业更需要创新商业模式以求新的发展,焕发新的活力。最后,商业模式创新与企业自身状况密切相关,当企业原有业务发展空间变小,或者拥有一定的剩余经营资源时,应该积极对商业模式进行探索与创新。因此,商业模式创新的视角要更为外向和开放,更多考虑涉及企业经济方面的因素,更加注重从为客户创造价值的角度出发,从根本上设计企业的行为。

2) 重新进行市场定位

企业为什么样的顾客提供什么样的产品和服务,产品和服务的独特价值或者特点是什么,这就是市场定位。当顾客需求发生变化时,企业可对顾客进行细分,有针对性地提供产品和服务,获取潜在的利润,创新企业的商业模式。因为商业模式创新是一种集成创新,所以在市场重新定位后,往往伴随产品、工艺或者组织的创新,需要企业进行较大的战略调整,多体现为服务创新,表现为服务内容、方式以及组织形态等多方面的创新变化。

3）改变分销渠道

商业模式创新如果提供全新的产品或服务,那么它可能开创了一个全新的可赢利产业领域。即便提供已有的产品或服务,如果创新营销方式,也能给企业带来更持久的赢利能力与更大的竞争优势。让分销渠道难以被竞争者模仿,常给企业带来战略性的竞争优势,而且优势常可以持续数年。首先,要加强分销渠道系统性与规范化建设,解决大渠道利润少、拖账死账、地区串货、渠道无序竞争、零售终端管理复杂、新品推广缺乏积极性等问题。其次,从产品及消费需求入手,以分销成本节约和购买便利性为原则,设计、构建出最符合产品特征和企业实际情况的具有个性化的渠道。最后,对分销渠道进行整合与细分,在同一分销渠道内要尽量进行产品多品种的整合。

4）改变收入模式

可以考虑改变交易方式:是否采用信用交易,推行消费信贷,采用批发或零售交易,实行竞标等;计费方法方面比如选择不同的计费单位,是否分期付款、给予折扣、捆绑定价等。

5）运用现代科技

创业者利用科技与商业创意能为自己和产业伙伴创造新的价值。创业者还可以利用新的科技手段、创意营销与资本的结合,开发潜在的需求,形成市场与科技对接、创意与经济对接。

2. 商业模式创新的方法

1）顾客价值创新法

顾客价值创新的实质是企业通过对一种新的顾客价值的搜索和自身使命的调整实现了一种新的市场定位,扩大价值空间的聚焦半径,由此进入新的利润区。综合归纳起来有以下三种创新方法。

第一,重新定义顾客和顾客需求。这里包含两个方面的含义,一是发现潜在的顾客;二是发现顾客的潜在需求。经济高速发展的今天,顾客需求不断发生变化,个性化、体验式需求趋势越来越明显。那么,创业者就需要适应这些需求的变化,使得新企业在同质化竞争日趋激烈的市场中立于不败之地。

第二,重新定义产品或服务的功能和价值的实现方式。这种创新是围绕新的市场需求来对产品或服务的创新,但是这里所说的重新定义产品或服务的功能,不是指在原有产品或服务的基础上进行的改进,而是根据新的顾客需求,来重新定义产品或服务的功能和价值的实现方式。这体现了对现有顾客价值的提升,改变了现有产品或服务的功能价值和顾客价值实现的方式,是对产品功能、结构和形态的创新,而不仅仅是产品和服务形式或款式局部性的改变。

第三,提供新的服务方式和途径。企业可以通过压缩分销的环节,或者调整与分销商的合作方式,甚至提供新的分销渠道,与顾客之间建立新的信息传递和沟通渠道。这样不仅可以合理控制成本,提高分销渠道的效率,使产品和服务能更便捷到达顾客,为顾客创造更多的价值,而且也能更好地维持企业和顾客之间的关系价值,有助于直接、及时地了解顾客的需求。

2) 价值链创新法

价值链创新的实质是围绕顾客需求,通过优化企业内部资源配置,使得资源最大化利用的同时发挥成本优势。有以下两种具体的创新方法。

第一,价值链组合调整。关键思想就是围绕顾客需求确定重要的部分为中心,组合调整非重要的部分来适应这个中心。也就是说,强化企业价值链条上关键环节的主导作用,非关键环节的辅助配合作用,据此来重新组合调整价值链条上资源的配置。具体的做法是以企业价值链上的"战略环节"的某一点或者几点为中心起点,相应调整价值链条上的其他环节来适应这种变化。

第二,价值链优化整合。关键思想就是做优势,弃弱势,提高效率,优化资源,降低总成本。并不是每个企业都具有价值链条上的每一优势环节,一般而言,一个企业仅具一点或者几点价值链条上的优势环节。然而企业创造价值需要投入大量有形和无形的资源,这必将带来高额的成本,那么优势环节可以使得资源得以充分利用,而有些弱势环节占用较多的资源却创造较少的价值。据此,可以选择具有优势的企业把弱势环节实施外包,在降低自身成本的同时,优化整合出一条具有高效率的新的价值链。

3) 供应链体系创新法

供应链体系创新的实质是优化配置企业内外部的资源,形成整个供应链协同创新,保障企业在激变的市场环境中动态发展。可以通过以下两种方法来实现。

第一,重构供应链结构。这种创新是围绕顾客需求,简化供应链环节,改善企业与供应链上各成员之间的关系,建立关键环节的联盟合作关系,加强在其他环节的灵活应变性,这样在保障供应链稳定性的同时,又具有较强的柔性,能快速依据市场变化进行调整。

第二,形成以顾客价值为中心的价值网络。这个价值网络是以顾客价值为中心,企业考虑利润产生的环节和自身的实力,选择合适的合作伙伴、供应商、分销商,并建立相互之间的伙伴关系和隔绝机制,这样在发挥协同效应的同时,也带来难以模仿的竞争优势。通过这个价值网络，可优化配置企业内外各种资源要素，为顾客提供更多的价值。

市场环境瞬息万变，竞争日趋激烈，对成功商业模式的模仿带来趋同化，新的商业模式层出不穷，因此，没有商业模式是一成不变的，对商业模式的创新始终会是企业所关注的焦点。企业经营的目的归根到底是为顾客创造更多价值，获取利润，这样才能生存和持续发展。因此，企业商业模式的创新应以顾客为中心，来调整、优化配置各种资源，以合作共赢的观念来建立各种联系，不断地对自身的商业模式进行系统的思考，采用合适的创新途径来调整商业模式，以便获得持续的竞争优势。

 本章小结

机会本身是客观存在的现象，但识别与评价创业机会却是一个主观过程。成功地识别并利用创业机会是由机会本身的属性和创业者所拥有的创业信息与认识特质共同决定的。因而，创业者需要了解创业机会的表现形式、具体特征及来源渠道。

识别创业机会是获取、加工并处理机会信息的过程，关键在于获取他人难以接触到或发现的有价值的机会信息，并利用自身优秀的信息处理能力去挖掘信息背后的商业价值和概念，从而识别创业机会。具体来说，识别创业机会包含掌握信息、善于观察、冷静分析和及时捕捉四个阶段过程。

识别创业机会是创业活动的初始阶段，而机会的可行性和盈利性分析则必须要进行创业机会评价，评价的结果是创业者做出是否进行创业的决策依据。创业者可以以市场评价、效益评价、创业团队评价、策略特色评价等为基本准则，运用定性和定量的方法评价创业机会。

创业风险分为系统风险与非系统风险。系统风险主要是创业环境中的风险，诸如政策风险、法律风险等；非系统风险是指创业者自身的风险，诸如技术风险、财务风险等。创业者需要结合对机会风险的估计，努力防范和降低风险。

商业模式的价值主张和价值实现等要素之间的不同组合方式形成了不同的商业模式。商业模式设计是创业机会开发环节的一个不断试错、修正和反复的过程。商业模式创新涉及要素的新组合关系或新要素的增加。

 案例分析

三联房产的创业机会

一、公司简介

镇江市三联房产代理有限公司（简称"三联房产"）创立于 1994 年，是镇江市第

一家也是最具规模的从事房屋代理、中介业务的公司,公司拥有行业最高资质——一级资质,至今已经成为省内规模最大的知名品牌公司之一。

中介,给人大体的印象是:一间几平方米的小屋、几本记事册子、一部电话,简单的装备就可以运行起来。但是,三联作为房产中介却由原来的一间小屋发展成为有限公司。截至 2008 年,三联房产累计营业面积近 300 平方米,拥有 30 余部交易热线,20 多台联网电脑和 40 余名专业人员,下设交易部、租赁部、房屋银行、管理部、代理部 5 个部门,并开设了 8 家网络连锁店,在苏州成立了苏州三联房产代理公司,专业从事新楼盘的行销企划及代理销售。

二、创业过程

在这个大批中介公司起起落落的时代,为什么三联房产能立于不败之地? 公司创办人杨俊杰始终坚信这样一句话:创新并不难。生活中有什么不方便的地方,这里就有创造发明的机会。

杨俊杰在毕业后被分配到了镇江市食品公司。虽然干劲十足,但是,渐渐地,杨俊杰觉得国有企业的体制约束了自身的发展,自己不适合在国有企业工作,同样也不适合在政府机关工作。深思熟虑后,他觉得应该走一条适合自己的路,他想找机会离开国有企业,想创办自己的企业,希望能够拥有一个可以发挥自身才能的舞台,哪怕这个舞台很小,哪怕这个舞台可能会让他跌倒。

机会终于来了。当时镇江市政府财贸办公室下属行业协会有家所属企业是三联经营服务公司。1992 年,政府财贸办公室决定将三联经营服务公司承包经营。在当时两手空空甚至有负债的情况下,杨俊杰谨慎地决定承包经营三联经营服务公司。当时他考虑,这样做可以作为自己创业的一个过渡,毕竟有政府支持,风险小,等摸清了前面的路,再做进一步打算。

当时的三联经营服务公司主要经营糖、烟酒之类的生活用品,没有其他服务项目。由于工作繁忙,为了节省时间,杨俊杰和其他员工经常不回家吃饭,而是订快餐简单应付午饭。但是过了段时间,杨俊杰和员工们觉得快餐的口味不好,送餐速度很慢。他认为:现代人节省时间、提高效率的工作习惯催生了快餐行业并加快了它的发展,目前虽然市场需求很大,但现有市场上的快餐情况却不尽如人意,与现代社会人们喜欢的口味和快捷需求不符,既然如此,为什么不成立一家快餐公司,保证快餐的美味并提高送餐效率呢? 于是杨俊杰计划成立一家快餐公司,以满足市场需求。他考虑了一段时间,并初步做出筹划,决定先在市中心非主干道上找房子作为营业场所。

杨俊杰在找房子的过程中,发现有价值的房源信息很少,也没有专门集中这些信息的媒介,因此房子很难找。虽然有时报纸上会刊登一长串房源信息,但是这些信息的时效性很短,往往下一期的报纸与上一期的房源信息不衔接,或者上一期的房源还未有着落却再也不出现在下一期的报纸上。于是杨俊杰灵机一动:有没有公司能专门收集房产信息,提供中介服务,包括签约、协调等一系列服务呢? 经过深思熟虑,他认为这种房产中介非常可行:第一,市场有这个需求,具有很大的市场空间;第二,这个行业至今没有人涉及,没有竞争或者竞争非常小。于是 1994 年杨俊杰在三联经营服务公司中单独成立了"三联中介服务中心",专门经营"房产中介"这项业务。当时,这类业务在全国几乎没有先例,在镇江是第一家提供房产中介服务的商家,杨俊杰成了第一个吃螃蟹的人。

到底这只螃蟹吃得对不对? 以后的发展又将怎样呢?

通过报纸、海报宣传,房产中介业务运营了一段时间,市场反应强烈,老百姓交口称赞,同时也引起了媒体的关注。刚运营几天,镇江日报就有报道"为房消得人憔悴,今有中介做红娘",称"这一服务项目的确给老百姓带来了极大的方便,弥补了市场空白",房产中介业务的发展势头相当看好。

到了 1996 年,房产中介服务业务的经营一直处于增长趋势。看到这种情况并分析预测了未来前景后,杨俊杰决定专门运营房产中介业务。于是他以自然人入股,注销了原有的三联中介服务中心,准备专门经营房产中介业务。当时房产中介业务在运营两年后,"三联"几乎成了房产中介业务的代名词,名号已经在老百姓中广为流传、人尽皆知。杨俊杰意识到,"三联"这个字号已经具有了良好的商誉,成为了无形资产。为了保留"三联"字号,他吸收其他自然人入股,立即注册了"三联房产代理有限公司"。至此,杨俊杰终于实现了自己的梦想:拥有一个能够发挥自己才能的舞台。1999 年,他开辟外地市场,成立了苏州三联房产代理有限公司。2001 年,公司规模进一步扩大,并开设了 8 家连锁店,同时引进网络技术,建立房产交易网,创立两网合一的运作模式。随着市场需求的变化,公司业务由租赁扩大至房屋买卖。在房产中介激烈竞争的今天,三联房产就是凭着创新不断开辟新业务,凭着优质专业的服务取信于客户,由此获得了大批客源,推动三联房产的不断发展。

资料来源:梅强,赵观兵.创业案例集[M].北京:经济科学出版社,2009.

讨论题

1. 偶然发现的创业机会造就了三联房产的创业成功,这给我们怎样的启示?

2. 结合三联房产的创业机会识别,谈谈创业机会的识别是科学还是艺术,理由是什么?

3. 三联房产的创业机会具有哪些特征?

 **本章习题**

1. 在大学校园里,存在哪些创业机会?

2. 影响创业者识别创业机会的关键因素有哪些?

3. 创业者如何将社会机会转化为个别机会?

4. 创业机会的评价标准是什么?

5. 创业机会如何与创业者的素质和技能相匹配?

6. 商业模式设计的方法主要有哪些?

7. 除本书中所列的创业机会来源,创业机会还存在哪些来源?

8. 创业机会与一般商业机会有什么异同点?

9. 对于创业风险如何有效防范?

10. 如何估算创业者的风险承担能力?

第 4 章

创 业 资 源

本章要点

☺ 创业资源的内涵、种类与作用

☺ 创业资源与一般商业资源的异同

☺ 新企业融资难的影响因素

☺ 启动资金的类型、启动资金及运转过程资金预测

☺ 新企业获取创业投资的基本策略

☺ 创业者获取银行信贷资金的基本程序

☺ 小额担保贷款的适用范围、申请额度、期限和程序

☺ 各类创业扶持资金及获取策略

☺ 创业资源识别、获取、开发与利用

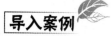

争取政府扶持资金去创业

骆寅,江苏大学流体机械工程技术研究中心博士研究生,主要从事水泵系统节能运行控制技术、泵系统测量测试系统的研发,曾获得多项国家级、省部级科技奖项。马正军,江苏大学流体机械工程技术研究中心硕士研究生,拥有发明专利 2 项,曾获全国大学生节能减排社会实践与科技竞赛二等奖、第八届"挑战杯"全国大学生创业计划竞赛金奖。

他们手中有一个好项目,但是缺乏资金。正当他们为资金发愁时,听到了一个好消息。南京市 2012 年推出了"南京创业人才 321 计划",即用 5 年时间,大力引进 3 000 名领军型科技创业人才,重点培养 200 名科技创业家,加快集聚 100 名国家"千人计划"创业人才。其中,对于符合"领军型科技创业人才引进计划"条件的创业人才,将提供包括企业初创扶持、科教特色扶持、金融财税扶持和生活配套服务等 4 个方面 15 项政策。

"领军型科技创业人才引进计划"申报人选应符合的条件为:第一,符合领军型

科技创业人才引进计划规定的海外留学归国人才、港澳台及外籍人才、国内高层次人才。第二,初创式申报人,是已经或将在南京市创办企业的主要负责人,个人投入企业的实收资本不少于 100 万元(含技术入股);嫁接式申报人,须担任引进项目负责人以上职务,持有新设立企业 30% 以上的股份。

他们获悉后,递交了以"泵站节能关键技术研发与产业化"为题的项目申请,2013年 8 月获批了 130 万元创业启动资金,并获得了政府提供的工作场所和人才公寓,三年内免收租金,随后他们在南京市溧水区成立了南京腾图节能科技有限公司。

资料来源:南京 321 人才网(http://www.321.gov.cn/).

新企业在整个创业过程中需要有效识别各种创业所需资源,并且积极借助企业内外部的力量对这些资源进行组织和整合,实现企业的核心竞争力,促进新企业成长。

4.1　创业资源概述

4.1.1　创业资源的内涵与种类

1. 创业资源的内涵

常言道:"巧妇难为无米之炊。"同样,没有资源,创业者也只能望(商)机兴叹。资源就是企业作为一个经济主体,在向社会提供产品或服务的过程中,所拥有或者所能够支配的能够实现企业战略目标的各种要素以及要素组合。巴尼(Barney)认为创业资源是指企业在创业的整个过程中先后投入和使用的企业内外各种有形的和无形的资源总和。林强认为创业资源是企业创立以及成长过程中所需要的各种生产要素和支撑条件。阿尔瓦兹(Alvarez)和布森尼兹(Busenitz)认为创业本身也是一种资源的重新整合。简单地说,"创业资源"就是创业者所须具备的一些创业条件。布里(Birley)认为企业创业过程中搜索的财务、人力等物质资源和信息、观点、建议等非物质资源都是创业资源。综合上述观点,创业资源是创业者在创业过程中运用的所有资源的总称。其中,政策资源、信息资源、资金资源、人才资源、管理资源、科技资源等是创业资源的重要方面。

总之,创业资源是新企业在创业的过程中所投入和利用的各种资源的总和,包括人力资源、物质资源、信息资料、社会化服务体系等有形和无形的资源。

2. 创业资源的种类

目前创业资源主要分为以下几种。

1) 直接资源和间接资源

按照资源要素对企业战略规划过程的参与程度,创业资源分为直接资源和间接资源。财务资源、经营管理资源、人才资源、市场资源是直接参与新企业战略规划的资源要素，可以把它们定义为直接资源；政策资源、信息资源、科技资源这三类资源要素对于新企业的影响更多的是提供便利和支持，而非直接参与新企业战略的制定和执行，因此，对于新企业战略的规划是一种间接作用，可以把它们定义为间接资源。根据上述分析，创业资源的概念模型如图 4-1 所示。

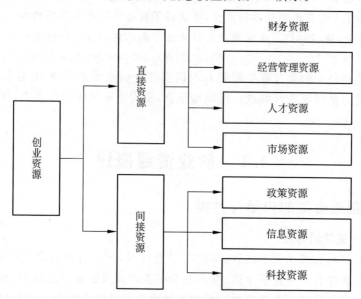

图 4-1　创业资源的概念模型

其中，财务资源主要是考虑是否有足够的启动资金，是否有资金支持新企业最初几个月的亏损；经营管理资源主要考虑凭什么找到客户，凭什么应对变化，凭什么确保企业运营所需能够及时足量地得到，凭什么让新企业内部能有效地按照最初设想运转起来；人才资源条件考虑是否有合适的专业人才来完成所有的任务；市场资源包括营销网络与客户资源、行业经验资源、人脉关系，凭什么进入这个行业，这个行业的特点是什么，盈利模式是什么，是否有起码的商业人脉，市场和客户在哪里，销售的途径有哪些；政策资源主要考虑可不可以有一个"助推器"或"孵化器"推进新企业，比如某些准入政策、鼓励政策、扶持政策或者优惠等；信息资源包括依靠什么来进行决策，从哪里获得决策所需的信息，从哪里获得有关创业资源的信息；科技资源主要考虑新企业凭什么在市场上去竞争，为社会提供什么样的产品和服务。

2）人力和技术资源、财务资源、生产经营性资源

从巴尼的分类出发，创业时期的资源就其重要性来说，分别有以下细分：组织

资源、人力资源、物质资源。由于企业新创,组织资源无疑是三类中较为薄弱的部分;而人力资源为创业时期中最为关键的因素,创业者及其团队的洞察力、知识、能力、经验及社会关系影响到整个创业过程的开始与成功;同时,在企业新创时期,专门的知识技能往往掌握在创业者等少数人手中,因而此时的技术资源在事实上和人力资源紧密结合,并且这两种资源可能成为企业竞争优势的重要来源。在物质资源中,创业时期的资源最初主要为财务资源和少量的厂房、设备等。从而,细分后的创业资源经过重新归纳如图 4-2 所示,主要为以下几种:第一,人力和技术资源,包括创业者及其团队的能力、经验、社会关系及其掌握的关键技术等;第二,财务资源即以货币形式存在的资源;第三,生产经营性资源,即在企业新创过程中所需的厂房、设施、原材料等。

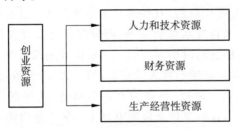

图 4-2　巴尼等人的创业资源细分概念模型

3) 核心资源与非核心资源

根据资源基础论,创业资源可分为核心资源与非核心资源。

核心资源主要包括技术、管理和人力资源。这几类资源涉及新企业有别于其他企业的核心竞争力,是创业机会识别、筛选和运用几大阶段的主线。创业者必须以这几类要素资源为基点,扩展新企业发展外延。人力资源对于企业来说,主要是一种知识财富,是企业创新的源泉。高素质人才的获取和开发是现代企业可持续发展的关键。管理资源又可理解为创业者资源。创业者自身素质对新企业的成长有至关重要的作用。创业者的个性,对机遇的识别和把握,对其他资源的整合能力都直接影响创业成败。技术资源是一种积极的机会资源。对于新企业来说,主动引进和寻找有商业价值的科技成果,是企业的立身之本和市场竞争之源。

非核心资源主要包括资金、场地和环境资源。如何有效地吸收资金资源,并保持稳定的资金周转率,实现预期盈利目标,是创业成功与否的瓶颈课题。场地资源指的是高科技企业用于研发、生产、经营的场所。良好的场地资源能够为企业大幅度降低运营成本,提供便利的生产经营环境,使其短期内累积更多的顾客或质优价廉的供应商。而环境资源作为一种外围资源影响着新企业的发展。例如,信息资源可以提供给创业者优厚的场地资金、管理团队等关键资源,文化资源可以促进管理资源的持续发展等。

识别核心资源,立足核心资源,发挥非核心资源的辐射作用,实现创业资源的最优组合,这就是创业资源运行机制的基本思路。

4) 自有资源和外部资源

自有资源来自内部机会积累,是创业者自身所拥有的可用于创业的资源,如创业者拥有的可用于创业的自有资金、自己拥有的技术、自己所获得的创业机会信息、自建的营销网络、控制的物质资源或管理才能等,甚至在有的时候,创业者所发现的创业机会就是其所拥有的唯一创业资源。

外部资源可以包括如朋友、亲戚、商务伙伴或其他投资者资金,或者包括借来的人、空间、设备和其他原材料(有时是由客户或供应商免费或廉价提供的),或通过提供未来服务、机会等换取的,有些还可能是社会团体或政府资助的管理帮助计划。外部资源更多地来自外部机会发现,而外部机会发现在创业初期起着决定性作用。创业者在开始创业的时期面临的一个重要问题即资源不足和资源供给。一方面,企业的创新和成长必须消耗大量资源;另一方面,企业自身还很弱小,无法实现资源自我积累和增值。所以,企业只有识别机会,从外部获取到充足的创业资源,才能实现快速成长,这也是创业资源有别于一般企业资源的独特之处。对创业者来说,运用外部资源是一种非常重要的方法,在企业的创立和早期成长阶段尤其如此,其中关键是创业者具有资源的使用权并能控制或影响资源部署。

自有资源的拥有状况将在很大程度上影响甚至决定人们获取外部资源的结果。"打铁还要墩墩硬",立志创业者要致力于扩大、提升自有资源,自有资源的拥有状况(特别是技术和人力资源)可以帮助创业者获得和运用外部资源。

4.1.2 创业资源与一般商业资源的异同

1. 创业资源与一般商业资源的相同点

创业资源作为商业资源的一种,具有商业资源的普遍特征。

首先,两者都具有稀缺性。资源相对于创业需求是稀缺的,这里所说的创业资源的稀缺性,既不是说这种资源不可再生或可以耗尽,也与这种资源的绝对量大小无关,而是指这样一个事实:与成熟企业相比,新企业缺少时空上的资源积累,即在给定的时间内,与创业资源的需求相比,其供给量相对不足。

其次,两者包含内容相同。创业资源和商业资源从包含内容上来讲都涵盖了厂房、场地、设备等有形资源,以及企业名称、商标、专利、营销能力、管理制度、信息资料、企业文化等无形资源。

2. 创业资源与一般商业资源的不同点

创业资源作为一种特殊的资源有其典型的特点。

第一，创业资源多为外部资源。新企业创业资源短缺，意味着企业直接控制的内部资源不足。创业者选择的途径是使外部资源内化（股权安排、战略联盟、专业化协作、信用贸易等）。利用外部资源既能解决创业资源的短缺问题，又能大大减少公司的风险与固定成本，加上创业公司本身的市场地位和市场空间都并不稳固，所以利用外部资源可以避免将来废弃这些资源的风险。

第二，创业者在创业资源中的作用举足轻重。Bird指出，创业家开创事业的意图与开创事业前的决定都是之后新企业目标、策略与结构的成型因素，并且对日后新公司的存活、成长与获利都有所影响，所以创业者是创业过程中最重要的创业资源。当然，雇员的素质也是一种特别重要的人力资源，创业者可以应用市场力量（金钱、竞争等）和个人人格力量（如承诺、经验、品格等）影响雇员的投入。

第三，专有化高的知识在创业资源中至关重要。创业所需要的资源中，知识是非常重要的一项，它为公司实施差异化战略提供了基础，一般是公司核心竞争力的根源所在，可为新企业在某些方面建立一定的竞争优势。这种竞争优势，一方面取决于这种资源本身的价值，也和企业对于这项资源的运用方式和其他相关资源的配合密切相关。另一方面专有知识不容易交易，比显性知识更容易建立起竞争优势。

4.1.3 创业资源的作用

创业资源对创业成长具有重要的支持作用，在创业过程中，创业者的工作重点应当放在如何有效地吸收更多的创业资源并且进一步整合到企业的竞争优势上。

1. 技术和人力资源是决定资源

人力资源包括创业者及其团队的特长、知识和激情，以及创业者及其团队拥有的能力、经验、意识、社会关系、市场信息等。创业团队自身的人力资源为创业时期中最为关键的因素。创业者及其团队的洞察力、知识、能力、经验及社会关系影响到整个创业过程的开始与成功。技术资源是决定新企业产品的市场竞争力和获利能力的决定性因素。

同时，在创业时期，专门的知识技能往往掌握在创业者等少数人手中，因而此时的技术资源在事实上和人力资源紧密结合，并且上述两种资源可能成为新企业竞争优势的重要来源。

2. 财务资源是根本资源

新企业要想正常运行，最根本的保障是财务资源。新企业的经营活动，从原材料采购、运输、组织生产加工到产成品销售等各项活动能否顺利进行，取决于各个环节的资金保障。在创业初期，创业者一般没有太多的资金，而且新企业在初创期需要购置相对较多的资产,所以一些新企业常常会出现资金短缺现象进而制约企业成长,而合理的财务资源管理为新企业解决了资金后顾之忧。

3. 信息资源是重要资源

新企业要想在复杂多变的社会经济环境中生存和发展,就必须有准确、真实、便利的信息作保障。在创业的早期阶段,信息对创业者来说更为重要,尤其是对于计算机、通信和网络等高科技企业来说,良好的信息资源能为新企业提供快捷、便利、全面的技术信息、创新信息、市场信息等,使新企业在激烈的市场竞争中得到快速的发展。

当然,新企业要想茁壮成长,除了运用好以上几种资源外,也必须对政策资源、市场资源、经营管理资源等其他创业资源统筹运用。

4.2 创 业 融 资

4.2.1 创业融资分析

所谓创业融资,是指创业者根据其创业计划,通过不同的融资渠道,并运用一定的融资方式,经济有效地筹集所需资金的财务活动。创业离不开资金,创业者要使企业成立并能够走向正常经营,最重要的一步就是筹集到所需资金。

1. 新企业不同发展阶段的资金来源

企业在成长的不同时期,面临的挑战也不同,融资需求和方式会随之发生改变。为了便于理解,将新企业的发展过程分为初创期和成长期两个阶段。新企业在这两个阶段,处于不同的发展状态,在企业规模、资金需求、融资方式等方面都有差别。

1) 初创期

在这个阶段,企业已经成立,有了一个处于初级阶段的产品,并有数量有限的顾客试用,费用在增加,但仍没有销售收入。到这个阶段末期,企业完成产品定型,着手实施其市场开拓计划。这个阶段的技术风险逐渐减少,但投资成功率较低。这个阶段的资金来源主要有创业者的自有资金、向亲戚朋友借入的资金、民间借贷、吸收合伙人投资及创业投资。

2) 成长期

在这一阶段,企业开始出售产品和服务,但支出仍大于收入。在最初的试销阶段获得成功后,企业需要投资以提高生产和销售能力。企业的生产、销售、服务已具备成功的条件,企业希望组建自己的销售队伍,扩大生产线,增强其研究开发后劲,进一步开拓市场,拓展其生产能力或服务能力。企业逐步形成经济规模,开始达到市场占有率目标,优秀企业开始考虑上市计划。这一阶段资金需求量更大,私募股权投资者往往希望在这一阶段提供资本。在股本金增加的同时,企业还可以争取各种形式的债务资金,如银行贷款、信用担保贷款、小额贷款公司贷款等信贷资金。

2. 新企业融资与一般企业融资的差别

对于时刻都有可能面临生存问题的新企业来说,融资显得非常重要。创业融资是企业在设立与发展期间的重要活动。企业在不同发展阶段,采用不同的组织形式,其融资渠道和方式的选择都会有差异。

一般企业融资比创业融资更加具有优势,可以借助成熟的资本市场进行融资,面临更多的融资渠道可供选择;而新企业融资,可能只是有一个好的创意,没有形成产品,由于存在较大的技术风险和不确定性,融资渠道的选择面更窄。新企业作为企业发展的初级阶段,在以下几个方面都与一般企业存在差异,如表 4-1 所示。

表 4-1　新企业融资和一般企业融资的差别

指　标	新企业	一般企业
资金来源	资金来源很少,无法借助成熟的资本市场	资金来源较多,可以和成熟的资本市场直接对接
资金数量	相对较小	一般较大
资金用途	用于解决威胁企业生存的急需问题	用于企业持续、快速发展的一般问题
融资方式	融资方式单一	融资方式较多,可以组合融资
融资难易程度	较难	相对容易
资金风险	相对较大	适中
资金回报率	可能较大	适中

3. 创业融资难的影响因素

新企业融资困难的原因是多方面的,主要有新企业自身原因以及外部融资环境因素。

1) 新企业自身的原因

一是新企业缺乏足够的有形资产作担保。新企业的资产构成以无形资产为主,它包括企业独家拥有的专利(或专有)技术和以此为基础开发出来的技术产品、流程和服务以及创业人员的智力资本。相比之下,新企业的有形资产则较少,一般不能达到银行提供贷款的要求。

二是新企业未来发展具有不确定性。新企业创建时间短、规模小、底子薄,不具备足够的资本强度,抗风险能力差而创业成功率低又是我国新企业的显著特征,这使得银行及创业投资机构对新企业的融资不得不采取更为谨慎的态度。

三是新企业在起步阶段往往管理机制不够完善，与投资者、债权人存在信息不对称，投资者、债权人难以了解企业的真实情况，因而不会轻易投资。

四是部分新企业对信用的培育不够重视。由于许多新企业为了自身的生存发展，对所借款项采取能拖就拖，甚至贷款不还的方式来维持企业的正常运营，而这种行为降低了企业在银行的信用度，给企业日后的融资造成了障碍。

2) 融资市场不规范、政策法规不健全

我国金融市场的发育还不够完善，虽然早在 2002 年就已经出台了《中华人民共和国中小企业促进法》，但在促进新企业融资的同时却存在信用定价机制缺乏，对债权人权利的保护不尽如人意，融资担保行业法律法规不健全，以及创业投资的退出机制缺乏等问题。这就亟须政府加快相关法律的出台，完善我国新企业融资的相关法律、法规体系。

3) 融资渠道不畅、融资结构不够合理

虽然我国有政府的政策支持、银行贷款、创业基金、创业投资、创业板市场等融资渠道，但有些融资渠道在我国的发展并不成熟。具体表现在：首先，创业投资作用有限。我国创业投资起步晚，发展时间较短，数量较少，发挥的功能还很有限，再者创业投资注重的是短期行为，追求的是高利润，而新企业难以满足其目的，所以很多创业投资商并不热衷于投资新企业。其次，民间资本的利用率低。我国民间财富巨大，但多数都作为存款存在银行，只有较少的一部分作为个人投资流入资本市场。再次，由于新企业一般不能提供银行贷款所需的抵押担保物，因此难以获得银行贷款。最后，创业板市场推出时间较短，入市的门槛高也使得新企业难以通过在创业板发行股票融资。

4. 创业融资的原则

1) 效益性原则

新企业进行融资的目的是进行投资从而获得更大的经济效益，而通过融资吸纳进来的资金是要支付一定成本的。不同融资方式筹集的资金，其支付的成本也是不尽相同的。企业在进行融资活动时，应当考虑资金的成本，综合平衡资金的效益性。

2) 合理性原则

考虑到资金的使用成本和企业的风险承受能力，新企业在融资时要合理地确定融资的金额和期限，并确定合理的融资结构。融资规模过大，不仅会导致资金闲置浪费，而且会导致融资成本增加，加大企业财务风险；融资规模过小，则导致企业资金供应紧张，影响企业正常运营和业务发展。

3）及时性原则

在市场经济条件下,创业机会往往稍纵即逝,如果企业不能及时获得所需要的资金进行投资而致使新产品不能及时开发,不仅有可能导致新产品过时而丧失市场机会,还有可能使竞争对手提前进入而使竞争对手获得时间优势和“先入者优势”,导致自身产品丧失竞争力。

4）合法性原则

合法性原则要求新企业在融资时,融资目的和采用的融资方式要符合国家法律法规的规定,通过合法的渠道来筹集企业所需要的资金,不能非法集资。

4.2.2　创业所需资金的测算

创业者必须先要有一定的资金,才可以开展自己的经营活动。创业者需要筹集哪些资金?需要的资金规模有多大?企业正常运转后,又需要准备多少资金?这些都是创业前必须考虑的问题。

1. 启动资金的预算

在创业者对市场有了一定的分析和了解并确定产品的市场状况良好后,创业者下一步要做的一项非常重要的工作就是:确定开办企业必须购买的物资和必要的开支,并测算总费用,这些费用称为启动资金。

1）启动资金的类型

启动资金分为固定资产投资和流动资金两部分,主要用来支付场地(土地和建筑)、办公家具和设备、机器、原材料和商品库存、营业执照和许可证、开业前广告和促销、工资以及水电费和电话费等费用。

固定资产是指企业购买的价值较高、使用寿命长的资产,如使用期限超过一年的房屋、建筑物、机器、机械、运输工具以及其他与生产经营有关的设备、器具和工具等。不同的企业所需的固定资产不同,有的企业用很少的投资就能开办,而有的却需要大量的投资才能启动。在创办企业时应尽可能把必要的投资降到最低限度,让企业少承担些风险。

流动资金是指项目投产后,为进行正常生产运营,用于购买原材料、燃料、支付工资及其他经营费用等所必不可少的周转资金。

2）启动资金的预测

创业者要认真而详细地对固定资产投资和流动资金进行预测,不同类型的企业所需资金有所不同。

(1) 固定资产投资预测

对于企业而言,最主要的固定资产投资就是企业用地和建筑投资及设备投资。

一是企业用地和建筑投资。办企业或开公司,都需要有适用的场地和建筑。也许是用来开工厂的整个建筑,也许只是一个小工作间,也许只需要租一个店面。如果你能在家开始工作,就能降低投资,节省费用。对于营业地点的选择,创业者可以根据自己的条件及工作性质,确定企业具体需要什么样的场地和建筑等。当你清楚了需要什么样的场地建筑时,就要做出以下选择:建造新的厂房建筑;买现成的建筑;租房;在家开业。

二是设备投资。设备是指你的企业所需要的所有的机器、工具、工作设施、车辆、办公家具等。对于制造商和一些服务行业,最大的需求往往是设备。一些企业需要在设备上大量投资,因此了解清楚需要什么设备,以及选择正确的设备类型就显得非常重要。即便是只需少量设备的企业,也要慎重考虑是否确实需要那些设备。

（2）流动资金预测

企业开张后要运转一段时间才能有销售收入。制造性企业在销售之前必须先把产品生产出来;服务性企业在开始提供服务之前要买材料和办公用品;零售商和批发商在卖货之前必须先买货。所有企业在揽来顾客之前都必须先花时间和费用进行促销。总之,你需要流动资金支付以下开销:购买并储存原材料和成品;促销费用;工资;租金;保险和其他费用。

一般而言,创业者必须准备足够的流动资金来维持企业的正常运转。不同类型的企业对流动资金规模要求不同,一些企业需要足够的流动资金来支付 6 个月的全部费用,还有一些企业只需要支付 3 个月的费用。创业者必须预测,在获得销售收入之前,新企业能够支撑多久。

一是购买原材料和成品费用。制造性企业生产产品需要原材料;服务性企业的经营者也需要一些材料;零售商和批发商需要储存商品来出售。创业者预计的库存越多,需要用于采购的流动资金就越多。既然购买存货需要资金,创业者应该将库存降到最低限度。如果创办的是一个制造性企业,创业者必须预测生产需要多少原材料库存,这样可以计算出在获得销售收入之前需要多少流动资金。如果是一个服务性企业,创业者必须预测在顾客付款之前,提供服务需要多少材料库存。零售商和批发商必须在开始营业之前,预测需要多少商品存货。

二是促销费用。新企业开张后,由于消费者对自己生产的产品或提供的服务还不了解,为了让消费者购买自己的产品或服务,就需要对自己的产品或服务进行促销活动,而促销活动需要一些费用开支。

三是工资。如果新企业雇用员工,在起步阶段就得给员工付工资。创业者还要以工资方式支付自己家庭的生活费用。计算流动资金时,要计算用于发工资的资金,只要通过用每月工资总额乘以还没达到收支平衡的月数就可以计算出来。

四是租金。正常情况下,新企业一开始运转就要支付企业用地用房的租金。计算流动资金中用于房租的金额,用月租金额乘以还没达到收支平衡的月数就可以得出来。而且,创业者还要考虑到租金可能一付就是 3 个月或 6 个月,如此会占用更多流动资金。

五是保险。同样,企业一开始运转,就必须投保并支付员工医疗保险、养老保险、工伤保险等相关保险费,这也需要流动资金。

六是其他费用。在企业起步阶段,还要支付一些其他费用,例如电费、办公用品费、交通费等。

例 4-1 是一份创业启动资金预算的案例。

例 4-1　启动资金预算案例
开办一家小型餐馆的资金预算

李东升大学毕业后准备开办一家小型餐馆,在经过考察以后,他决定租用一间 120 平方米的门面房,下面是他开办餐馆进行的资金预算(不同城市及地段各项费用有差别,仅作参考)。

(1) 房租:每月租金 7 000 元,先预付 6 个月,共计 42 000 元。

(2) 店铺装修:普通的中小餐馆,装修每平方米 500 元。120 平方米的餐馆需投入装修费约 60 000 元。

(3) 营业设备:厨具、餐具、用具、桌椅、柜台、电脑、打印机、电话等,费用大约为 30 000 元。

(4) 人员工资:120 平方米的餐馆须聘请厨师、杂工各 2 人,服务员 2 人。其中厨师每月工资平均为 6 000 元,其他人员每人每月工资及保险费平均为 2 500 元,预备 3 个月,共计 66 000 元。

(5) 原材料储备:参考其他餐馆情况初步确定为 5 000 元。

(6) 固定开支预算:水、电、煤气、通信、卫生管理费、税收等费用,每月预算 2 000元,预备 3 个月,共计 6 000 元。

(7) 其他开支:约 5 000 元。

以上各项费用合计 214 000 元。

结论:开设这样一家 120 平方米的小型餐馆需要启动资金约 214 000 元。

2. 运转过程所需资金的预测

为了使企业能正常地运转,企业必须有足够的资金予以保障,这就需要制订现金流量计划。现金就像是使企业这台发动机运转的燃料,有些企业由于缺乏管理现金流量的能力,可能会影响企业的正常经营。在大多数企业中,每天都要收取和支付现金,成功的创业者都要制订现金流量计划。现金流量计划显示每个月预计会有多少现金流入和流出企业。预测现金流量将帮助你的企业保持充足的动力,使你的企业不会出现现金短缺的威胁。当然,制订现金流量计划绝非易事,常常有下列因素影响其准确性。

第一,有些销售需要赊账,赊销通常在几个月后才能收回现金。创业者在制订市场营销计划时,已经决定了赊销政策,因此需要考虑到这个因素。

第二,有时企业采购会赊账,之后再付现金,这也会使现金流量计划的制订变得更加复杂。但赊购对于一个新企业而言不太可能,因而也就不太常见。

第三,新企业的某些费用是"非现金"的,如设备折旧等项目将不包括在现金流量计划里。但是,当设备折旧期一过,就可能丧失功能,必须购买新设备。若没有考虑到这个因素,现金准备不足,不能按时购进新设备,将会影响企业的正常运转。

通过制订现金流量计划,会使创业者明确流动资金需求量。现金流量计划有助于保障企业在任何时候都不会出现无现金经营的情况。为了保证新企业的正常运转,一旦发现现金短缺,企业应尽快考虑筹措资金的渠道和方式。

4.2.3 初创期融资渠道及融资策略

在创业者开始创业之初,一般需要购买固定资产和持有一定数量的流动资金。所需的资金首先是通过自有资金解决,不足部分必须通过其他渠道获得,如向家庭成员和亲朋好友融资、民间借贷、寻找合伙人投资及吸纳风险投资等。

1. 自筹资金及策略

1) 自有资金

创业者的自有资金是成功创业的基础,创业者应将自有资金的大部分投入新创的企业中。一方面,创办新企业是捕捉商业机会、实现价值的过程,将尽可能多的自有资金投入其中,可以在新企业中持有较多的股份。创业成功后,将获得较大的创业回报。另一方面,自我融资是一种有效的承诺。如果在投身创业的过程中投入自己的资金,这本身就是一种信号,它告诉其他投资者等外部资金提供者,创业者对自己认定的商业机会十分有信心,对自己的新企业充满信心。这种信号会给其他资金所有者投资新企业一种积极的暗示,增加其对新企业投资的可能性。

另外,创业者自己投入资金的数量还取决于自己与外部资金供给者谈判时所处的地位。如果创业者在某项技术(产品)方面具有公认的较大市场价值,创业者就有权自行决定自有资金投入的数量。一个成功的例子是百度公司的创始人李彦宏,在对外融资的初期,由于他掌握的搜索引擎技术在世界上比较领先,风险投资者就没有考虑李彦宏的自有资金数量。

当然,对很多创业者来说,自有资金虽然是新企业的一个重要资金来源,但它不是根本性的解决方案。一般来说,创业者个人的资金对于新企业而言,总是十分有限的。

2)向家庭成员和亲朋好友融资

家庭成员和亲朋好友的资金是创业融资的重要来源。家庭是市场经济的主体之一,在创业中起到重要的支持作用。特别是在我国,以家庭为中心形成的社会网络关系,对包括创业融资在内的许多创业活动产生了重要影响。家庭成员和亲朋好友由于与创业者的个人关系而愿意给予投资,这有助于克服非个人投资者面临的一种不确定性:缺乏对创业者的了解。在创业初期,创业者往往缺乏正规融资的抵押资产,缺乏社会筹资的信誉和业绩。因此,非正规的金融借贷——从创业者的家人、亲戚、朋友处获得创业所需的资金是非常有效且常见的融资方法。

虽然从家庭成员和亲朋好友处获得资金相对要容易一些,但与所有融资渠道一样,向家庭成员和亲朋好友融资也有不利的方面,有时容易引起纠纷。为此,创业者必须明确所获得资金的性质是债权性资金还是股权性资金。在借助传统的社会网络关系时,必须要用现代市场经济的游戏规则、契约原则和法律形式来规范融资行为,以保障各方利益,减少不必要的纠纷。为了避免日后出现问题,一方面,创业者必须将有利方面和不利方面都告诉家庭成员和朋友,还要告诉他们存在的风险,以便于将日后出现问题时对家庭成员和朋友关系的不利影响降到最低。另一方面,用非个人投资者融资的商务方式来对待向家庭成员和朋友融资,对每一笔债权性资金都要讲明其利息率和还本付息计划,对股权性资金承诺未来支付的红利率及支付时间。如果能用对待其他投资者的方式对待家庭成员和朋友,就能避免将来可能产生的矛盾。在运用这些资金之前,创业者还可以事先用书面方式将相关事项确定下来,规定融资的所有细节,包括资金的数量、有关条件、投资者的权利和责任以及对业务失败的处理等。一般而言,制定一份涉及所有上述条款的正式协议可以帮助避免未来可能出现的纠纷。

3)民间借贷及策略

民间借贷是指公民之间、公民与法人之间、公民与其他组织之间的借贷。除了从家庭成员及亲朋好友处融资外,还存在大量的其他资金供给主体。民间借贷作为正规金融的一种补充,顺应市场融资的需求,长期以来一直存在,并不断发展壮大。《中华人民共和国商业银行法》规定,只要民间借贷的利率不超过银行同期利率的 4 倍,即属合法。有些地区民间借贷以其优厚的吸存条件、简便的放贷手续以及良好的信誉而大受欢迎,其规模及市场需求急剧增大。对于民间金融的存在,管理部门应采取积极疏导,而非简单抑堵的态度,使巨额的民间资金能在解决新企业资金难题上发挥大作用。

作为民间金融最为活跃的温州市，为规范发展民间融资行为，于2011年11月出台了《关于进一步加快温州地方金融业创新发展的意见》，决定开展"民间借贷登记服务中心试点"。2012年3月，温州民间借贷登记服务有限公司（温州民间借贷登记服务中心）正式成立，这是温州市乃至浙江省的首家民间借贷登记服务中心。该中心将以公司化形式运营，注册资金600万元，由14家法人，8个自然人投资设立，经营范围涉及信息登记、信息咨询、信息发布、融资对接服务等。该中心于2012年4月开业试运行。下面以温州民间借贷登记服务中心为例说明借贷流程。

第一，资金借出程序。如市民甲需要借出100万元。首先需要在登记服务中心柜台填写一张个人信息情况表，这张个人信息情况表包括身份信息、学历、联系方式、借贷要求等。

甲填好后，登记服务中心的工作人员会将甲的个人信息录入系统，贷款人到时候也可以在网上登记。

登记结束后，甲可以根据自己的投资需求，在另外一个窗口寻找并选择自己满意的中介机构，中介机构就可以通过登记服务中心系统直接看到市民的个人信息和投资需求。

第二，资金借入程序。若市民乙需要借入100万元。按照相关规定登记后，就可以在登记服务中心系统查询到供应方的信息，登记服务中心再安排借贷双方一对一面谈，确定借贷利率，达成借贷交易。

截至2014年2月底，在登记服务中心登记的借贷总额达到30多亿元。2014年3月1日，《温州市民间融资管理条例》正式实施，从而进一步扩大了登记服务中心民间资金登记的规模。据统计，自2014年3月1日至11月17日，在温州登记服务中心备案的民间借贷共计4 463笔，总金额增加到55.51亿元。

2. 寻找合伙人投资

除了以上自筹资金方式外，创业者还可以寻找志同道合的投资者与自己一起创业，也就是寻找合伙人投资。这是一种建立在利益共享、风险共担基础上的合作创业，合伙人可以是亲朋好友，也可是原先素昧平生者。与向家庭成员及亲朋好友借款、民间借贷不同的是，合伙人的出资是投资，而非借款，是无须偿还的。

要寻找到志同道合的合伙人，使新企业能顺利开业，走上正轨，创业者需要做好以下工作。

一是对合伙人的资格进行审查。由于合伙企业要对合伙人的经营行为承担责任，一定要审查好合伙人的资格。包括合伙人的人品、能力、家庭情况、资产情况、有无对外大额债务等，这是签订合伙协议的最重要的方面，合伙人的身份证明一定要备份。二是合伙企业的账目要清晰。应聘请专业人员按规定建立、健全新企业的财务制度,注意单据入账的审批制度要经全体合伙人通过,合伙人有查阅账目的权利。三是合伙人的出资一定要明确。合伙人出资的方式、金额、期限要明确,创业者要注意落实,动产要转移持有人,不动产要办理变更登记,建立合伙企业账目。四是合伙合同的其他条款要尽量具体。凡涉及合伙事务的管理制度,应尽量落实到书面上,预防将来发生纠纷,无据可查。

3. 创业投资及策略

除了以上融资方式之外,新企业还可以通过吸引创业投资获得资金支持。一般而言,创业投资主要对新企业初创期进行投资。

1) 创业投资概述

创业投资(venture capital),也称风险投资、风险资本,是指向新企业进行股权投资,以期在企业发育成熟或相对成熟后通过股权转让获得资本增值收益的一种投资方式。其特点如下。

第一,具有高风险、高收益性。创业投资的对象是刚刚起步或还没有起步的新创高新技术中小企业,具有很大的不确定性及风险性。与高风险相联系的是高收益。一般来说,投资于“种子”式创立期的公司,所要求的年投资回报率在40%左右;对于成长中的公司,年回报率要求在30%左右;对于即将上市的公司,要求有20%以上的回报率。

第二,具有长期性。创业投资从投资到回收通常在3～7年之间,投资项目一般经历创立、开拓、成长、成熟四个阶段。在投资期间,创业投资者还需根据企业发展的不同阶段给以不同性质的资金融通,分阶段地持续注入创业资本。

第三,具有周期流动性。投资者的着眼点是权益的增长而不是短期的利润,创业投资的目的是尽量以高价将风险企业卖掉,以便收回投资,实现风险资本与产业资本的置换。投资者用收回的投资再次投向符合条件的项目,以实现资本的周期性流动。

第四,具有较强的参与性。为了保证项目的顺利实施和锁定风险,创业投资者会进入企业决策层。因此,创业投资者不仅要精通专业科技知识,熟谙最新技术发展动态和发展趋势,而且需要具备较高的管理技能和精通金融等方面的知识。

第五,投资领域具有高技术性。创业投资是以冒高风险为代价来追求高收益的。而高技术产业正迎合了这个特点,成为创业投资的热点,如计算机、通信、医疗技术、电子等领域。

2) 创业投资的运作过程

创业投资运作既是一门艺术,也是一门科学。就其艺术的一面来说,需要创业投资者在运作过程中充分发挥自己的直觉和创造性思维;而就科学的一面是指在评估过程中需要运用科学的方法、遵循规范的步骤对数据进行处理。

创业投资活动一般分为下列几个步骤:第一步是交易发起,即创业投资者获知潜在的投资机会;第二步是投资机会筛选和评价,即创业投资者在众多的潜在投资机会中初选出小部分进行进一步分析,对选定项目的潜在风险与收益进行评估。如果评价的结果是可以接受的,则进入第三步,创业投资者与创业者进行谈判和签署投资协议。一旦谈判成功,创业投资者就要与创业者签订合同,并进入最后一步——投资后管理。最后一步的内容包括设立控制机制以保护投资、为企业提供管理咨询、募集追加资本、将企业带入资本市场运作以顺利实现必要的兼并收购和发行上市。

3) 吸引创业投资的条件及策略

新企业在弄清了创业投资的特点和运作过程后,要想获得创业投资公司的青睐,一般还要具备以下条件:首先,有较高素质的创业者。新企业的创业者必须有献身精神,有决策能力,有信心,有勇气,有思路,有出色的领导水平,并能激励下属为同一目标而努力工作。其次,有既有远见又符合实际的创业计划。这个计划要阐明新企业的价值,明确企业目标和发展趋势、企业产品服务的市场和顾客、企业的优势和劣势,同时指明新企业所需的资金总量及筹资方式。再次,企业生产的产品有较大的市场需求或潜在市场需求。有需求,就会有顾客;有顾客,就会有市场;有市场,就有了企业生存发展的空间。复次,拥有技术人员、生产人员、营销人员等配备均衡的管理队伍,有能高效运转的组织团队。最后,有一定数量的自有资金。

新企业获得创业投资的基本策略如下。

第一,明确创业投资机构的范围。寻找创业投资的新企业,必须明确自身的初步意向目标,即通过了解创业投资市场的行情,了解不同的创业投资机构的偏好及能力,然后根据本企业的特点和资金需要来筛选出若干个可能会对该公司的创新项目感兴趣及有此能力的投资机构。在筛选时,新企业所要考虑的因素包括企业所需投资的规模、企业的地理位置、所处的发展阶段和发展状况、销售额及盈利状况、经营范围等。先选定 8～10 位可能的创业投资者作为目标,然后再开始和他们接触,在接触之前,要认真了解一下那些有可能对项目感兴趣的创业投资者的情况,并准备一份候选表。

第二,充分准备谈判文件。在访问创业投资者之前,新企业应准备好所有的必要文件。投资者会通过这些文件的准备情况以及创业者的应对情况来评估这一投资项目,相关文件主要有以下几种。其一,业务简介:关于新企业的管理者、利润情况、战略定位及退出程序的简要文件。其二,创业计划书:关于新企业情况的详细文件,包括经营战略、营销计划、竞争对手分析、财务文件等。其三,综合调查与分析或审慎的调查分析:关于新企业、管理队伍以及行业的背景分析或财务性分析。其四,营销资料:一切直接或间接与新企业的产品或服务有关的部门的文件。

在所有这些文件中,最重要的是新企业的创业计划书。创业计划书的编制是由企业或申请人自己独立完成的,企业或申请人可以求助顾问机构协助编写创业计划书,但主题思想和具体要求必须由企业和申请人反复核实才行。

第三,与创业投资者会谈。在接到新企业所提供的文件之后,创业投资者会初步审查这些文件,如果认为有谈判的价值,他们就会决定与资金申请者进行会谈。在多数会议过程中,新企业和创业投资者之间将会一直围绕着创业计划书而进行。对创业投资者来说,了解新企业的产品或服务是非常必要的,因此,在举行会议时带上一件产品会对投资者了解产品或服务大有帮助。

第四,与创业投资者进行价格谈判。双方在初次会谈成功之后,就要对投资项目的价格进行谈判。创业投资者在考虑每个投资项目的交易价格时,需要考虑补偿其他交易的损失。一般而言,由于新企业的失败率较高,创业投资者对新企业所期望的回报率常常达到10:1,而对非新企业所期望的回报率则为5:1。随着企业的成长和企业风险的降低,新企业在新资金投入者面前的价值也在不断上升,显然,新企业所处的阶段越早,其投资前的价值也越低。当然,创业投资的盈利潜力也越大。在对投资项目的价格进行评估时,投资者会着重考虑四个因素:资本增值的潜力、资本流动的潜力、未来的资本需求、企业家的能力。

第五,双方签署文件。文件的签署标志着新企业争取投资过程的结束,同时也标志着双方建立长期合作关系的开始。在投资合同书中,新企业的管理者和投资者双方必须明确下面两个基本问题:一是双方的出资数额与股份分配,其中包括对新企业的技术开发设想和最初研究成果的股份评定;二是新企业的人员组织和双方各自担任的职务及双方基于平等互利合作关系的权利和义务。

4.2.4 成长期融资渠道及融资策略

当新企业生产的产品或提供的服务逐步被市场接受,获得的收益能维持企业的正常运转甚至有一定数量的结余时,企业就进入了成长期。在这个阶段,以上谈及的向家庭成员及亲朋好友融资、寻找合伙人等融资渠道仍然可以供创业者使用。此外,由于企业的不断发展壮大,有一些其他融资渠道可供选择。

1. 信贷资金及获取策略

在我国,新企业的信贷资金来源主要有商业银行贷款、信用担保贷款和小额贷款公司贷款等形式。

1) 商业银行贷款及获取策略

一般而言,由于新企业风险较大、缺乏抵押品等原因,商业银行很少对这类企业贷款;但是,对其中有产品、有市场、成长性好的新企业可以发放一定额度的贷款。但总体而言,新企业从商业银行获得的贷款偏少,不能满足企业发展的需要。为解决新企业的融资难问题,中央积极采取措施,切实帮助新企业改善融资环境。由于新企业绝大多数是中小企业,构成了中小企业的一部分,而且国家鼓励银行发放贷款的政策主要是针对中小企业的,因此这里主要以国家对中小企业的银行信贷扶持政策、措施来介绍。

第一,颁布了多项扩大中小企业融资渠道的优惠政策。2008 年 3 月,中国银行业监督管理委员会下达了《关于在从紧货币政策形势下进一步做好小企业金融服务工作的通知》。2008 年 5 月,央行和银监会又联合颁布了《关于小额贷款公司试点的指导意见》。2009 年 9 月,国务院下发了《关于进一步促进中小企业发展的若干意见》,明确提出要切实缓解中小企业融资困难。2011 年 10 月,针对一些小型和微型企业经营困难,融资难和税费负担偏重等问题,国务院总理主持召开了国务院常务会议,研究确定了《支持小型和微型企业发展的金融财税措施》。2014 年 4 月,国务院出台了《关于进一步支持小型微型企业健康发展的意见》,明确提出要努力缓解小型微型企业融资困难。

第二,金融机构对中小企业信贷支持力度逐步加大。为有效开展中小企业信贷业务,各金融机构积极筹建小企业金融服务专营机构。目前,四大国有商业银行、12 家全国性股份制商业银行、邮政储蓄银行等主要金融机构均已设立小企业金融服务专营机构。促进村镇银行、贷款公司、农村资金社等新型中小金融机构发展是缓解中小企业贷款难的又一举措。

第三,新型金融产品和融资方式不断出现。目前,各商业银行专门为创业而设计的贷款有多种,如为有一定生产能力的个人而发放的创业贷款、无形资产抵押贷款、个人消费贷款、特许免担保贷款等。此外,各商业银行不断创新金融产品和融资模式,如建设银行的"速贷通"、交通银行的"展业通"、招商银行的"专业市场贷"等产品;建行、中行的"信贷工厂",工行的"网贷通",交行、招行的"打分卡",浙江泰隆银行、包商银行"地缘信贷"等业务模式。新融资模式的推出,一定程度上缓解了中小企业融资难。

创业者获取银行信贷的基本策略如下。

对新企业来说,要想比较容易地获得银行的贷款,应该找地域性比较强的银行。

第一,在贷款品种方面,宜从小到大逐步升级,可先通过有效的质押、抵押或第三方保证担保等手续向银行申请流动资金贷款,等有了一定实力再申请项目贷款。

第二,在贷款金额方面,由于创业者一般资金不太富余,贷款时应量力而行,尽量避免搞大投入。

第三,在贷款利率方面,根据人民银行有关规定,各商业银行对个体经营者的贷款利率可实行上浮,上浮幅度为30%以内。但各家银行、信用社的上浮幅度并不一致,所以在申请贷款时,可"货比三家",尽量选择利率上浮幅度小的金融机构去贷款。

第四,在贷款期限方面,现行短期贷款分为6个月以内(含6个月)、6~12个月(含1年)两个利率档次,对1年期以下的短期贷款,执行合同利率,不分段计息;中长期贷款分为1~3年、3~5年及5年以上3个档次,对中长期贷款实行分段计息,遇到贷款利率调整时,于下一年度1月1日开始执行同期同档贷款新利率。总之,期限越长,利率越高,因此应把握贷款利率在两个时间段的"利差",在确定贷款期限时尽量不要跨过一个时间段。

2)信用担保贷款及获取策略

新企业获得信用担保贷款有两种形式:小额担保贷款和一般担保贷款。

(1)小额担保贷款

针对创业者开始创业时小额资金的需求,在财政部等部门的支持下,鼓励商业银行开展小额担保贷款业务。小额担保贷款是指通过政府出资设立担保基金,委托担保机构提供贷款担保,由经办商业银行发放,以解决符合一定条件的待业人员从事创业经营自筹资金不足的一项贷款业务,包括自谋职业、自主创业或合伙经营和组织创业的开办经费和流动资金。

第一,贷款适用范围。该项贷款业务主要支持创业者的微利项目。2006年,中国人民银行、财政部、原劳动和社会保障部等联合下发了《关于改进和完善小额担保贷款政策的通知》(银发〔2006〕5号),明确由各省、自治区、直辖市、计划单列市人民政府结合实际确定微利项目的范围。主要包括家庭手工业、修理修配、图书借阅、旅店服务、餐饮服务、洗染缝补、复印打字、理发、小饭桌、小卖部、搬家、钟点服务、家庭清洁卫生服务、初级卫生保健服务等。对于从事微利项目的,贷款利息由财政承担50%(中央财政和地方财政各承担25%,展期不贴息)。

第二,申请额度、期限和程序。国家规定个人申请额度最高不超过5万元,各地区对申请该贷款额度有不同规定,一些地区额度还高于5万元。合伙经营贷款额度更大,小额担保贷款的期限一般不超过2年,可展期1年。小额担保贷款按照自愿申请、社区推荐、人力资源社会保障部门审查、贷款担保机构审核并承诺担保、商业银行核贷的程序,办理贷款手续。各国有商业银行、股份制商业银行、城市商业银行和城乡信用社都可以开办小额担保贷款业务,各地区根据实际情况确定具体经办银行。在指定的具体经办银行可以办理小额担保贷款。小额担保贷款利率按照中国人民银行公布的贷款利率水平确定,不得向上浮动。从事微利项目的小额担保贷款由中央财政据实全额贴息,展期不贴息。

第三,申请小额贷款所需材料。小额贷款申请书、户口本、身份证、租房协议或自有房产证明、工商执照副本、卫生许可证和生产许可证、税务登记副本、再就业优惠证、贷款银行要求提供的其他材料。

(2)一般担保贷款

若创业者需要较大数额的资金,由于缺乏抵押品,很难直接从商业银行获得。若能由第三方(如融资性担保机构)提供商业银行认可的有效担保,新企业则可以获得信贷资金。

中小企业信用担保体系是依托政府信用,以财政资金作引导,社会资本作支撑,解决达不到银行信贷条件的中小企业资金需求,其中存在一定比例的新企业。经过十几年试点探索和规范发展,以政策性、商业性和互助性担保机构为主体,以中小企业为主要服务对象的信用担保业发展迅速,为缓解中小企业融资难发挥了重要作用。2010年银监会等7部门联合发布了《融资性担保公司管理暂行办法》,决定对全国信用担保机构进行规范整顿。截至2013年年底,担保法人机构总计8 185家,实收资本共计8 793亿元。2013年新增担保2.39万亿元,2013年年末在保余额2.57万亿元,较上年末增加4 833亿元;其中融资性担保在保余额2.22万亿元,较上年年末增加4 024亿元。

新企业申请担保贷款应具备的条件及贷款的程序如下。

申请信用担保贷款企业应具备的条件如下。

第一,关于支持对象。符合国家现行企业划分标准、能按照规定提供有效反担保措施的中小企业(不分所有制和企业类型)。

第二,关于对企业性质及经营状况的要求。经工商行政管理部门批准登记注册、独立核算、自负盈亏,具有法人资格,在国家有关商业银行或其他依法设立的金融机构开立账户的中小企业;具有符合法定要求的注册资本金和必需的经营资金,合法经营、资信程度良好、经营管理水平和经济效益较高;资产负债比例合理,有连续的盈利能力和偿债能力。

第三,关于担保额度及期限。为单个企业提供担保的金额原则上不超过企业资产额的50%。按行业划分,原则上工业(城建)企业单个项目的担保最高限额为1 000万元人民币,商业、农业企业单个项目的担保最高限额为500万元人民币,200万元人民币以下、9个月以内的短期流动资金担保项目可优先支持;为单个企业或项目提供担保的期限,原则上不超过 2 年。

新企业获得担保贷款的策略如下。

一是新企业应提出书面担保申请,提交相关文件资料,并保证其真实性。相关文件资料有:企业《章程》及经过年检的营业执照复印件并加盖企业公章;当期(季、月)和经会计(审计)师事务所验证的上年度财务报表;申请企业的总体概况;申请企业法定代表人及主要管理者身份证明及简历;项目可行性研究报告及主管部门的批件;拟提供的反担保措施;贷款证;必要的其他文件。

二是新企业在提交书面担保申请后,还须经过预审、详细评审、担保阶段。担保合同生效后,担保公司会及时开出《担保通知书》,企业连同有关合同及合同复印件送担保公司,并由担保公司转交推荐人备案。

三是商业银行在收到新企业贷款申请及担保公司出具的《担保通知书》后,应及时与担保公司进行确认。确认无误后,新企业可办理有关贷款手续。

3)小额贷款公司贷款及获取策略

小额贷款公司是由自然人、企业法人与其他社会组织投资设立,不吸收公众存款,经营小额贷款业务的有限责任公司或股份公司。其主要资金来源为股东缴纳的资本金、捐赠资金,以及来自不超过两个银行业金融机构的融入资金。小额贷款公司与商业银行在两个方面有较大差别:一是只贷不存。即小额贷款公司只能利用自有资金对外发放贷款,不能对公众吸收存款。二是贷款利率浮动区间较大。小额贷款公司按照市场化原则,根据借款人的资产和信用状况确定贷款利率,最低为人民银行公布的贷款基准利率的 0.9 倍,最高为基准利率的 4 倍。

2010 年 4 月 11 日西藏裕融小额贷款公司的开业,标志着我国内地 31 个省、市、自治区均建立了小额贷款公司。据中国人民银行统计,截至 2013 年年底,全国共有小额贷款公司 7 839 家,贷款余额 8 191 亿元,全年新增贷款 2 268 亿元。实践证明,小额贷款公司的业务有效地满足了中小企业及农村的融资需求,从总体上来看,对中小企业和县域经济的发展作用明显。

根据银监会 2008 年颁布的《关于小额贷款公司试点的指导意见》的要求,小额贷款公司发放贷款,应坚持"小额、分散"的原则,鼓励小额贷款公司面向农户和微型企业提供信贷服务,着力扩大客户数量和服务覆盖面。同一借款人的贷款余额不得超过小额贷款公司资本净额的 5%。有关贷款期限和贷款偿还条款等合同内容,均由借贷双方在公平自愿的原则下依法协商确定。新企业可以利用小额贷款公司借款条件相对灵活的特点,积极向小额贷款公司申请贷款,并争取较为有利的信贷条件。

2. 各类创业扶持资金及获取策略

新企业在各国国民经济发展中都占有重要地位,但与一般企业相比,由于其先天性的资金短缺和竞争力不足，因此在竞争中处于不利地位。作为公共管理者的政府，基于扩大就业、增加税收的目的，通常采用多种方法支持新企业发展，如资金扶持和税收优惠。其中为了支持中小企业发展，我国财政部等相关部门、企业、高校等设立了多种创业扶持基金，从而丰富了我国新企业金融产品的供给，对资助新企业起到了一定的作用。根据设立基金的主体不同，主要有地方层面设立的创业扶持资金和国家层面设立的创业扶持资金两大类。需要说明的是，部分创业扶持资金也可在新企业初创期申请。

1）地方层面设立的创业扶持资金

2008 年，国家人力资源和社会保障部等 11 个部门起草了《关于促进创业带动就业的若干意见》，通过为新企业提供良好的政策环境来鼓励公民创业，并以此带动社会就业。在此背景下，各地政府、企业等积极配合，出台配套创业扶持措施，设立创业扶持资金。

第一，扶持对象较广的创业资金。江苏省镇江市 2009 年设立了 1 000 万元的创业扶持资金，用于扶持创业孵化基地开办、创建新企业等方面，2010 年 4 月出台了《镇江市市区创业扶持专项资金使用管理办法》，以规范创业扶持资金的使用；湖北省武汉市从 2010 年起，每年安排 2 000 万元创业扶持资金，引导、支持科技创业和高校毕业生创业；湖南省常德市自设立创业扶持资金以来，2010 年以贷款贴息和定额补贴两种方式发放了第一批扶持资金，有 87 个创业项目获得扶持；安徽省合肥市 2010 年出台了 13 项创业扶持活动，计划 3 年内建立 1 亿元创业扶持专项资金等。各地创业扶持资金的设立，为新企业提供了另一个政府扶持资金来源。

第二，扶持大学生的创业资金。为解决大学生就业问题和激发创业意识，从 2002 年起，教育部、原劳动和社会保障部、人事部等部委以及许多地方政府就相继出台了有关扶持政策，政府有关部门及社会各界有识之士纷纷出资，帮助大学生创业并提供启动资金。根据出资主体，大学生创业基金有以下几种类型：一是以政府名义设立的大学生创业基金。主要有中国大学生创业基金、上海市大学生科技创业基金、陕西省西安市大学生创业贷款基金等。二是以高校名义设立的大学生创业基金。如北京吉利大学大学生创业基金，该校出资 3 000 万元设立大学生创业基金，是国内首家高校设立的创业基金。此外，北京航空航天大学、上海复旦大学等高校也设立了为学生量身定做的创业基金。三是以企业或个人名义设立的大学生创业基金。主要有诺基亚青年创业教育基金，远悉（中国）集团联合全国高校管理机构设立的大学生创业基金，武汉新技术创业中心设立的大学生创业基金，金鹰国际集团总裁郑泽出资设立的中国大学生西部创业基金等。四是以联合形式设立的大学生创业基金。主要有由政府牵头、与高校、企业联合设立的大学生创业基金,由社会组织和企业共同设立的创业基金。

2) 国家层面设立的创业扶持资金

目前,我国国家层面设立的中小企业扶持资金主要有科技型中小企业技术创新基金、中小企业发展专项资金和中小企业国际市场开拓资金。

第一,科技型中小企业技术创新基金。科技型中小企业技术创新基金(以下简称"创新基金")是由国务院批准建立、用于支持科技型中小企业技术创新的政府专项基金。作为政策性专项基金,创新基金不同于一般的民间基金,也不同于商业性风险投资。创新基金不以盈利为目的,而是通过支持高技术成果的转化,鼓励和引导中小企业参与技术创新活动。创新基金支持的企业或项目必须具备的条件详见科学技术部财政部 2005 年颁布的《科技型中小企业技术创新基金项目管理暂行办法》(国科发计字〔2005〕60 号)。

第二,中小企业发展专项资金。中小企业发展专项资金(以下简称"专项资金")是根据《中华人民共和国预算法》《中华人民共和国中小企业促进法》等有关规定制定的。由中央财政预算安排,专项资金用于支持中小企业特别是小微企业科技创新、改善中小企业融资环境、完善中小企业服务体系、加强国际合作等。专项资金的支持方式及额度,项目资金的申请、审核及审批详见财政部、工业和信息化部等部门 2014 年颁布的《中小企业发展专项资金管理暂行办法》。

第三,中小企业国际市场开拓资金。中小企业国际市场开拓资金(以下简称"市场开拓资金")是指中央财政用于支持中小企业开拓国际市场各项业务和活动的政府性预算基金和地方财政自行安排的专项资金。其宗旨是支持中小企业发展,鼓励中小企业参与国际市场竞争,降低企业经营风险,促进国民经济发展。市场开拓资金支持的对象、支持的内容、资金管理等内容详见财政部、商务部 2010 年联合颁布的《中小企业国际市场开拓资金管理办法》(财企〔2010〕87 号)。

3) 获取创业扶持资金的策略

以上各类创业扶持资金的设立,为创业者提供了一条获取资金的新渠道。那么,创业者如何能够成功申请相关创业扶持资金呢?这就涉及创业者对创业基金的申请。要成功申请相关创业扶持资金,创业者可以采取以下策略。

第一,认真学习充分理解各项创业扶持资金申请相关的政策。认真学习有关扶持资金的文件(管理办法、实施细则等),充分理解资金类别、设立宗旨、设立目的、实施步骤、申请条件、管理办法、申请程序、政策取向、申报时间、关键步骤等规定。要对资金支持专项计划,政策与配套资金申请办法、时间有一个较全面的了解,可以通过基金设立部门的网站或直接到基金主管部门与有关人员交谈,或通过行业协会以及协会兴办的一些活动和讲座,或通过专家、专业人士以及中介机构去了解和把握。

第二,充分挖掘新企业价值。在这方面,一是要根据企业实际情况,选择一个或多个项目立项;二是要分析条件,补充不足;三是要准备硬件材料,展示企业价值。

要借助外部资源,对企业进行适度包装。在包装中,要详细分析、评估本企业拥有的核心技术,生产市场方面的优势、劣势,发展潜力,财务状况,把本企业的内在价值充分挖掘出来,这就是人们通常所说的价值发现。

此外,申请人应根据项目所处的阶段和个人的具体情况,明确选择一种相应的基金支持方式。针对大学生创业,由于创业基金对同一个大学生只支持一个项目,申请人应按照自己的创业项目选择适合自己的基金来获得支持。

第三,加强信用管理。解决新企业融资困难的根本途径是企业必须提高自己的经营素质和信誉,特别是财务信用,一定要聘任专门的财务会计人员,提高企业财务信息的可信度。应主动与基金主管部门的人员接触、沟通,使他们对企业的基本情况,特别是管理团队有一个比较深刻的了解。必要的公共关系和信用关系必须建立起来,要使政府了解到新企业在行业中的技术水平是领先的,财务状况是良好的,企业运作是正常的,市场前景是广阔的,管理团队是过硬的。

第四,高度重视申报材料编写。申请材料一般包括项目可行性报告、申报单位情况和附件准备整理,每一部分都要求认真精心准备。

3. 私募股权基金及获取策略

从 20 世纪 90 年代开始,我国出现了主要对新企业成长期进行投资的私募股权基金。它与创业投资既有联系,又有差别。这里主要介绍私募股权基金的含义和特点、与创业投资的差别及获取策略。

1) 私募股权基金的含义和特点

私募股权基金(private equity fund,PE fund)有广义和狭义两个方面的含义。广义的私募股权基金是指涵盖中小企业首次公开发行前各阶段的权益投资资金,包括种子资本、创业投资、并购资金等资金。狭义的私募股权基金是指对已经形成一定规模并产生稳定现金流的、处于成长期的新企业的股权投资。本书采用狭义的概念,私募股权基金的特点如下。

第一,资金的筹集和投资采取私募形式。在资金募集方面,主要通过非公开方式面向少数机构投资者或个人募集,如风险基金、杠杆并购基金、战略投资者、养老基金、保险公司、富有的个人等。它的销售和赎回都是基金管理人私下与投资者协商进行的。

第二，一般采取权益型投资方式。私募股权基金一般采取权益型投资方式，很少涉及债权投资。私募股权投资机构也因此对被投资企业的决策管理享有一定的表决权。主要投资于私有非上市企业，很少投资已公开发行公司，不会涉及要约收购义务。

第三，投资时间较长，退出渠道较多。私募股权基金的投资期限较长，一般可达 3~5 年或更长，属于中长期投资。同时，私募股权基金退出渠道较多，有上市、售出、兼并收购、标的公司管理层回购等。

2）私募股权投资与创业投资的区别

私募股权投资与创业投资虽然都是对上市前企业的投资，但两者在组织结构、投资阶段和投资规模、投资理念、投资后管理内容等方面有很大的不同。二者的主要区别如下。

第一，组织结构不同。创业投资机构通常采用公司制组织结构，在公司制结构中投资者是公司股东，依法享有股东权利，并以其出资为限对公司承担有限责任。而在私募股权投资的组织结构中，目前我国大多采用有限合伙制，投资者作为合伙人参与投资，依法享有合伙企业财产权。基金管理人作为普通合伙人代表对外行使民事权利，并对基金债务承担无限连带责任。其他投资者作为有限合伙人以其认缴的出资额为限对私募股权投资债务承担连带责任。

第二，投资阶段和投资规模不同。创业投资的投资阶段相对较早，但是并不排除对企业发展中后期的投资。而私募股权投资的投资对象比较偏向于已形成一定规模和产生稳定现金流的处于成长期的新企业，主要为拟上市公司。

第三，投资理念不同。在投资理念上，创业投资强调高风险、高收益，既可长期进行股权投资并协助管理，也可短期投资寻找机会将股权进行出售。而私募股权投资一般是协助投资对象完成上市然后套现退出。

第四，投资后管理内容不同。创业投资一般偏重于企业的早期和初创期投资，这对团队能力提出了很高的要求，很多初创期企业技术、产品等都不成熟、不规范，非常薄弱。要成为一个比较成功的创业投资机构，需要对整个企业的未来发展做出很好的规范和辅导。资金不是最重要的，投资后的增值管理才是关键性因素。而私募股权投资机构更多是帮助企业扩大市场规模，提升企业的经营业绩以及进一步完善经营目标，让企业更快、更好地发展。

然而在目前的股权投资市场上，很多传统上的创业投资机构现在也介入私募股权投资业务，而许多传统上被认为专做私募股权投资业务的机构也参与创业投资项目，也就是说私募股权投资与创业投资只是概念上的一个区分，在实际业务中两者界限越来越模糊。

3) 私募股权基金的获取策略

第一,熟悉私募股权融资过程。在融资之前,首先要了解私募股权投资家对产业的偏好,特别是要了解他们对一个投资项目的详细评审过程。很多创业者出身于技术人员,很看重自己的技术,对自己一手创立的企业有很深的感情。其实投资者看重的不是技术,而是由技术、市场、管理团队等资源配置起来而产生的盈利模式。

第二,充分挖掘企业的价值。通过对新企业技术资料的收集、详细的市场调查和管理团队的组合,认真分析从产品到市场、从人员到管理、从现金流到财务状况、从无形资产到有形资产等方面的优势、劣势。把优势的部分充分地体现出来,对劣势的部分通过一定的方式加以弥补,实事求是地把企业的价值挖掘出来。

第三,写好创业计划书。创业计划书是获得私募股权基金的敲门砖,这是因为:首先,它使投资者快速了解项目的概要,评估项目的投资价值,并作为尽职调查与谈判的基础性文件。其次,它作为创业蓝图和行动指南,是企业发展的里程碑。从投资者的角度看,一份好的创业计划书应该包括详细的市场规模和市场份额分析;清晰明了的商业模式介绍;集技术、管理、市场等方面人才的团队构建;良好的现金流预测和实事求是的财务计划。

第四,积极配合价值评估与尽职调查。随着深入接触,如果投资者对该项目产生了兴趣,准备做进一步的考察,为此,他将与新企业签署一份投资意向书;紧接着就是对新企业的价值评估与尽职调查。通常创业者与投资者对新企业进行价值评估时着眼点是不一样的。创业者总是希望能尽可能提高企业的评估价值;而只有当期望收益能够补偿预期的风险时,投资者才会接受这一定价。所以,创业者要实事求是看待自己的企业,配合投资家做好尽职调查,努力消除信息不对称的问题。

第五,进行交易谈判与签订协议。最后,双方还将就投资金额、投资方式、投资回报如何实现、投资后的管理和权益保证、企业的股权结构和管理结构等问题进行细致而又艰苦的谈判。如达成一致,将签订正式的投资协议。在这过程中创业者要摆正自己的位置,要充分考虑投资者的利益,并在具体的实施中给予足够的保证。

4. 其他资金来源

除了以上资金来源外,新企业还可以通过其他融资方式获得资金,如供应商的融资或客户提前付款、融资租赁、通过证券市场获得资金等,下面分别简要介绍。

1) 供应商的融资或客户提前付款

在与供应商接洽的过程中,创业者应该考虑对方能否提供商业信用,如延期付款、分期付款等。如果供应商愿意为货物提供这类信用,愿意提供灵活的付款期限,那么可以减少创业者的资金支出。对于资金紧缺的创业者来说,这有时比供货价格更加重要。若在支付供应商货款之前能售出货物且能够回收资金,那么创业者只需较少的资金就可以维持其经营。

全球最大的网络书店之一的亚马逊公司创始人杰夫·贝索斯曾经运用这种方法,发现比较有效。通过向顾客出售书籍,顾客用信用卡付款或支付现金,他能够在向出版商付款之前获得资金,这就减少了他所需要的运营资金。国内企业运用这种方式融资的也较多,其中包括曾经作为我国最大的家电连锁企业国美电器,该公司运用这种融资方式,成功实现了企业的跨越式发展。

如果创业者生产的产品在市场上的需求量较大,而自身的生产能力有限,客户为了确保能获得货物,往往愿意提前付款。这对于创业者来说,无异于雪中送炭,将大大缓解自身资金不足的压力。此外,创业者也可以通过适当的激励手段(如对提前付款的企业给予一定比例的价格折扣),来促使客户提前支付一定比例或全部的货款。

2)融资租赁

融资租赁是一种集信贷、贸易、租赁于一体,以租赁物件的所有权与使用权相分离为特征的新型融资方式。例如,设备使用厂家看中某种设备后,即可委托金融租赁公司出资购得,然后再以租赁的形式将设备交付企业使用,当企业在合同期内把租金还清后,最终还将拥有该设备的所有权。融资租赁自从1952年在美国诞生以来,作为一种融资创新,其融资规模增速较快,在许多国家已经排在了仅次于银行信贷之后第二位的融资方式,特别是已成为新企业最重要的融资方式。

在我国,融资租赁业渐被人们所认识、所利用,其作用也日益显现。一些新企业,当年通过融资租赁方式,在创办初期使业务得到快速发展,已成长为今天的"小巨人"企业。但总体来看,我国融资租赁业才刚刚开始,新企业通过金融租赁方式融入的资金占新企业融资总额的比例极低。许多发展中国家和地区租赁交易额占到了GDP的20%左右,而目前我国的融资租赁额占GDP的比重远低于这个比例。因此,利用融资租赁解决新企业发展中的融资问题潜力极大。

3)通过证券市场获得资金

进入成熟期的新企业可以通过国内、外资本市场融资,如国内、外创业板,深圳中小企业板;此外,新企业还可以组团进行集合融资。

4.3 创业资源管理

4.3.1 创业资源的识别

创业资源的识别是指创业者根据自身资源禀赋,对企业创业所需资源进行分析、确认,并最终确定企业所需资源的过程。

新企业创业资源识别主要是围绕两个方面来进行的，一个是企业内部资源的识别；一个是企业外部资源的识别。资源识别需要清楚地了解企业执行战略所需的资源，并且需要列出一个详细目录，以确定资源获得的数量、质量、时间。创业者通过评估企业的初始资源库，决定采用何种资源和能力，并确定哪些资源需要内部开发和外部获取，决策下一阶段的资源获取战略。资源识别的目的不仅是识别出当前拥有的资源和所需资源，还要识别出潜在的资源供应商，为资源的获取奠定基础。

由于新企业天然的资源稀缺秉性，如何从企业内外部识别对企业有价值的资源，是企业利用资源产生竞争优势的前提条件。新企业创业资源识别也是企业成长发展的重要前提，是新企业资源整合过程的第一个阶段。

1. 创业资源识别的影响因素

1）初始资源

初始资源对资源识别过程有重要影响。新企业根据当前拥有的初始资源识别所需资源，不仅包括识别所需资源类型、数量、质量、时间，也包括识别所需资源的来源。初始人力资源对资源的识别有重要的影响作用，因为创业者或创业团队的教育背景、经验和行业知识有利于准确识别出企业发展所需的重要资源。初始财务资源影响新企业识别所需资源的数量、质量、获得的先后顺序以及资源的提供者，而初始网络资源则有利于新企业识别所需资源的来源。

2）创业者素质

成功的创业者一般具有风险承担力、创新性、市场应对知识和能力、新企业管理技能和合作精神、责任、决心、对不确定性的容忍、胜出动机等素质，这些创业者素质对于新企业资源识别至关重要，是新企业成功的最重要因素。一方面，面对不断变化的创业环境，创业者必须加强自身对市场变化的敏感度；另一方面，在企业创建初期，创业网络还不稳定，资源识别很大程度上要依赖于创业者的某些素质。创业者根据创业环境的变化、自身的异质性素质不断地调整理念、思想、行为，不断地获取稀缺的、有价值的以及不可替代的资源，以保持企业的竞争优势。

3）创业环境动态性

企业所处环境变化是不确定的，这种不确定性对于创业者进行决策时会产生影响。创业环境动态性表现为创业环境随时间不断变动的程度，以及在创业环境中创业者可用和需要资源的稀缺或充裕程度，具体包括顾客、增长机会、竞争者、创新的不可预测性。创业者要想获得独特竞争优势，必须及时有效了解动态环境的变化，在动态环境下提高关键资源的识别。

4）创业网络

创业网络是新企业获取信息、资源、社会支持以便识别和利用机会或资源的一种特殊途径,包括正式网络和非正式网络。通过创业网络,创业者可以直接将亲友等的资金、创业者相互关系人的个人能力或人力资源、初创时的组成人员带进企业。很多成功的创业者,特别愿意花费更多的精力在关系的维护上,比如亲戚、朋友、供应商、经销商、顾客、合作伙伴、中介结构、大学机构、政府等。

2. 创业资源识别的方法

根据创业者的不同驱动因素,可将新企业的资源识别方法分为决策驱动型创业资源识别方法和机会驱动型创业资源识别方法。

1) 决策驱动型创业资源识别方法

决策驱动型创业资源识别方法是指创业者首先决定创业,然后发掘创业机会,组织资源,创建企业的过程。这是一个自上而下的过程,具有计划性,以创建企业为实现目的的手段。创业者首先将建立企业作为其创业目标,因此创业者的初始资源将决定其能够识别的创业机会。在这一过程中通过创业者对自身禀赋资源的反复评价,也将会对创业愿景进行不断地修改,这是一个反复的过程,直到找到适合自己的创业机会为止,因此通过这一过程确定的创业机会是以创业初始资源为基础的。

新企业在创业过程中需要考量自身资源禀赋和需求两方面内容,建立资源禀赋和需求的优势、劣势矩阵(参见图 4-3),根据资源和机会的匹配程度来决定创业的具体方向。其中,自身资源禀赋包括两个方面:一是新企业现有资源;二是需要通过一定途径获取的资源。创业者可以通过自身资源禀赋与市场需求的反复比较和对照,从而发现创业机会。

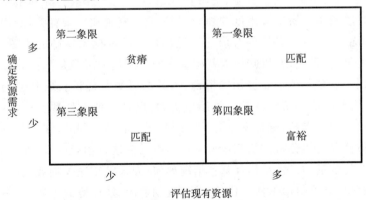

图 4-3   资源禀赋和需求的优势、劣势矩阵

从图 4-3 可以看出,如果创业者通过资源评估发现现有资源禀赋和资源需求都比较少,就需要匹配现有资源,确定资源差异,填补资源缺口,如第三象限所示;

如果创业者现有资源比较丰富，确定创业所需资源比较少，那么，说明资源基础比较雄厚，能够满足创业需求，如第四象限所示；如果创业者现有资源丰富，创业需求也较多的时候，同样也需要资源匹配，确定差异，满足需求，如第一象限所示；如果创业者现有资源较少，创业需求较多，这说明资源贫瘠，需要寻找相应的资源，如第二象限所示。

2）机会驱动型创业资源识别方法

机会驱动型创业资源识别方法是创业者首先发现创业机会，然后评估创业资源，创建企业的过程。与决策驱动型创业资源识别方法不同的是，这种创业资源识别方法是将创办企业作为机会实现的手段，目的在于提供一种产品或服务。这是一个自下而上的过程，具有"偶然性"，以创建企业为目的。在这种资源识别方法中，创业者对创业资源的识别和评价都是围绕创业机会来进行的，相对于决策驱动型创业资源识别方法来说，机会驱动型创业资源识别方法更注重机会开发所依赖的核心资源和独特能力，其他创业资源都是围绕这些基础资源来识别和利用的。

3. 创业资源识别的过程

在这里要分两种情况来看，一种情况是企业还没有形成前，需要识别、获得资源，从而构成企业发展的基础；另一种情况是企业已经建立了，创业者要识别哪种资源对新企业的发展起到重要的作用，能形成新企业的核心竞争优势。

新企业的创业资源识别过程一般包含三步。第一步是资源的分类，资源通常可分为六类：人力资源、社会资源、金融资源、物质资源、技术资源和组织资源。第二步是对每项资源进行交叉维度的划分，分为简单资源和复杂资源，实用型资源和工具型资源。简单资源是那些有形的、离散的、以所有权为基础的资源；复杂的资源是那些无形的、系统的、以知识为基础的资源。实用型资源是那些直接用于生产过程的或用于整合其他创业资源的资源；工具型资源是提供获取其他创业资源路径的资源。例如，金融资源既是一种简单资源，也是一种工具型资源，可以用来获取其他创业资源。当然，这种划分对于不同的新企业是不同的，在实际操作过程中需要视具体情况具体分析。第三步就是考虑有没有这种创业资源，如果有的话，这种创业资源的数量、质量、结构等基本情况如何；如果没有这种创业资源，通过哪些方式可以获得，需要付出怎样的代价，并通过创业内、外环境的考量，评估这种创业资源的占用程度、获取方式。

4.3.2 创业资源的获取

创业资源的获取是指在确认并识别资源的基础上，利用其他创业资源或途径得到所需资源并使之为新企业服务的过程。创业资源的获取是创业资源整合不可或缺的重要环节,获取创业资源是任何新企业在发展过程中都不可忽视的一个关键环节。创业资源获取主要是根据创业资源识别的结果,来获取新企业所需的资源。不同的创业资源可能需要不同的获取途径,同一资源获取方式可能获得多种资源。新企业在此阶段要根据实际情况将需要获取的创业资源与获取途径进行合适的匹配。

1. 创业资源获取影响因素

1) 创业者才能

如何获取资源、获取何种资源以及能否获取资源,在企业初创期有着关键的作用。创业者管理才能在此过程中扮演了重要的角色。如果创业者有效协调好创业团队内部人际关系,就会提高创业团队凝聚力,促进共同行动,获取必要的外部资源;如果创业者能够有效激励团队成员、有效和创业团队合作,将提升新企业综合能力,产生团队外溢效果,获取必要的外部资源;如果创业者有较强的行政管理能力,便能将各种资源进行较完美的匹配与组合,新企业的运作将会很有效率,能吸引更多的人力资源和其他无形资产;创业者的学习能力越强,新企业的创新行为就越频繁,这便加大了新企业对无形资源的需求,因而客观上促使新企业获得诸多有价值的资源;创业者的外部协调能力越强,与合作者(如供应商、销售商等)达成一致的可能性就越大,创业者就可以利用外部资源为新企业服务。

2) 创业者先前工作经验

先前工作经验分为创业经验和行业经验两大类。创业经验是指创业者在先前创建过的组织(包括商业企业、非营利性组织或社会企业等)中,所获得的感性和理性的观念、知识和技能等。它提供了诸如机会识别与评估、资源获取和公司组织化等方面的信息。行业经验是指创业者在某行业中的先前工作经历,它提供了有关行业规范和规则、供应商和客户网络以及雇用惯例等信息。创业者的创业经验和行业经验将有利于新企业人力资源、资金资源、技术资源等创业资源的获取。

3) 集聚经济效应

集聚经济对新企业的作用在于其能够使创业者更容易获取资源。在现有企业集聚区域创业,是因为已经集聚的领先企业对新企业具有孵化作用。一方面,从要素市场看,集聚经济能够提供更丰富的创业资源;另一方面,许多创业者曾经是集群中企业的员工,这些员工的行业经验及与集群中的企业和机构之间的网络关系,使其更容易接近资源所有者并说服其提供创业资源。

4) 社会网络

社会网络对于创业资源获取具有重要意义。这是因为社会网络是隐性知识传播的重要渠道,它能通过促进信息(包括技能、特定的方法或生产工艺等)的快速传递而协助组织学习,同时还可以大大降低新企业的交易成本,帮助获取与新企业需求相匹配的资源。由于新企业的实力和声望等方面都显得较为薄弱,很难通过传统的市场关系获取自身所需要的资源,因此,新企业通常会利用创业者自身的社会关系网络获取所需的相关资源,用以弥补通过市场关系获取资源的不足。

5) 信息

信息是指新企业所获取的有关资源所有者的显性和隐性信息,显性信息包括资源所有者的基本信息和资源的基本信息,隐性信息通常以经验和技能的形式存在,对新企业的资源积累和资源整合具有重要作用。信息资源作为一种特殊的战略性资源在新企业资源获取过程中发挥着杠杆作用。而新企业在获取创业资源过程中常常会遇到信息不对称的困境。首先,创业者掌握较多的企业层面、产品技术层面和团队能力层面的信息,出于防止他们利用同样机会的考虑,往往不愿向资源所有者公开全部信息,因此用以评估的信息很可能是不完备的,这种信息不对称导致资源所有者都不愿投资新企业。其次,创业者可能采取机会主义行为,因为他们掌握了资源所有者所不具备的信息。

2. 创业资源获取途径

创业资源获取途径从创业资源来源方向看,包括资源外部获取和资源内部积累两种方式,内部和外部主要是以新企业作为边界。

资源外部获取主要包括资源购买、资源租赁、资本运营三种方式。资源购买即利用财务资源杠杆获取外部资源,主要包括购买专利和技术、聘请有经验的员工及通过外部融资获取资金等方式。资源租赁是通过租赁的方式获取需要的创业资源,但是获取的是资源的使用权而不是所有权。资本运营指通过兼并、收购和联盟的方式获取需要的资源。

资源内部积累是利用现有资源在新企业内部培育的资源,主要包括新企业的厂房、装置、设备,在新企业内部开发新技术,通过培训来增加员工的技能和知识,通过新企业获得市场订单、扩大销量、提高利润等自我积累获取资金,通过建设创业文化、培养全员的创业精神来积累创业资源。

3. 创业资源获取过程

创业者在资源获取过程中,可以通过识别创业资源禀赋的价值,利用有形资源杠杆和无形资源杠杆来实现创业资源的获取。

创业者可以在创业资源获取阶段同时利用这两种杠杆"撬动"其他创业资源,其中有形资源杠杆是双向的,既可以通过工具型创业资源发挥杠杆作用获取生产型资源(如物质资源、市场资源、技术资源、智力资源),也可以利用生产型资源来获得有形的工具型资源(如财务资源),进而继续发挥工具型资源的杠杆作用。由于创业者个人声誉和社会网络的积累是一个长期的过程,因此无形资源杠杆只能发挥单向作用,即通过无形的工具型资源来获得生产型资源。因此,新企业有效合理地利用这两类资源杠杆,能够提高新企业的资源获取效率。

4.3.3 创业资源的开发

在创业者识别和获取创业资源之后,并不能保证新企业的存活,创业者必须对创业资源进行开发,挖掘潜在价值。对于资源开发的研究通常从过程和方式两个视角来研究。从过程的视角研究资源开发需要从企业的生命周期角度出发考虑问题,从方式的视角研究创业资源开发需要从战略选择的视角来研究问题。

对新企业来说,创业资源在未开发之前大多是零碎的、未经系统化的。要发挥这些资源的最大使用价值、产生最佳商业效益,为新企业带来利润,就必须运用科学方法对各类创业资源进行综合、集成和激活,并将有价值的资源有机地融合起来,使之具有较强的柔性、条理性、系统性和价值性。

新企业在成立之初,具有较强的创业精神和凝聚力,但是新企业的生存能力相对较弱,所需要的基本创业资源匮乏,即便获得所需创业资源也很难根据市场需求进行有针对性的创业资源开发和利用。新企业在创业资源开发过程中面临着诸多问题,会受到很多因素的影响,还要考虑资源开发的途径和过程。

1. 创业资源开发的影响因素

创业资源开发是指企业在获取了必要的创业资源之后,对创业资源进行调整,使它们互相匹配、相互补充并获得独特竞争力的过程,为新企业制定战略决策提供依据。这是创业资源整合的中心环节,获取的创业资源是否有价值,关键在于如何开发使用,如何增值并为新企业带来价值。

新企业的拥有者或创业者在企业运行过程中起到关键性作用。创业者的经验、行业知识、社会关系网络和受教育程度对于资源的整合过程有重要意义。创业者自身的素质反映出其看问题的视角、深度和广度,分析问题的综合程度,这对创业资源的开发起着指挥和调配作用。创业者要通过个人的能力来建立新企业学习系统,从而开发、管理和维持创业资源开发基础。创业者引导着新企业发展的方向,在资源开发过程中扮演关键角色。创业者要根据不同的创业理念将资源的价值和潜能加以开发从而转化为新企业所特有的资源。

利益相关者面临的风险也是对新企业资源开发的一个重要的影响因素。创建一个新企业,众多参与者都要冒一定风险,原因在于他们的投入或投资是不可逆的。也就是如果创业失败,那么利益相关者都要不同程度地遭受损失,在对新企业的有形和无形资产的清算过程中,利益相关者一般都要受损失。如果将其机会成本考虑在内,这一问题更加突出。利益关系网络的复杂性使得新企业在开发创业资源的时候,不得不考虑其他主体的利益。新企业的发展过程充满不确定性和风险,可通过利益关系网络的资源开发建立战略联盟,进而降低创业的不确定性和风险利益战略联盟中的知识溢出。

社会网络是新企业资源开发的另一个重要的影响因素。新企业的发展处在复杂的社会网络中,网络规模反映了新企业与其他网络成员联系的范围。网络强度反映的是新企业与其他网络成员来往的频度。网络强度越大,表明企业与其他网络成员之间来往越密切,企业越容易获取和整合创业资源,开发创业资源在不同领域的价值。网络成员间的关系越紧密,行动就越默契,越有利于网络成员之间的学习和模仿,提高相互间的信任程度,提高资源开发深度和广度,促进资源的流动性。

员工的非正式交流和频繁流动使新企业可以从企业联盟中获得新的管理技能和新的产品研发、生产运作、营销传播技能,新企业可利用这些技能对创业资源进行有效的开发和利用。

2. 创业资源开发的途径

创业者识别、获得有价值的创业资源之后,如何开发这些创业资源,使资源发挥更大的作用和价值,这是创业者在创业过程中重点要考虑的问题。创业资源的开发途径主要可以分为三大种:"步步为营""杠杆效应"和"资源拼凑"。

1) 步步为营

新企业成立初期拥有和掌握的创业资源匮乏,在此情况下,创业者要充分开发自身创业资源。创业者可分多个阶段投入创业资源并在每个阶段或决策点投入最少的创业资源,如果成功则扩大投入;如果不成功则马上悬崖勒马,这样就能稳扎稳打,保证最后的成功。

2) 杠杆效应

新企业要想走向成功,光靠自身的资源是远远不够的,必须利用自身资源"吸引"和"撬动"更多的资源,就是物理学上的杠杆效应。杠杆效应就是"四两拨千斤",杠杆效应的发挥是一个创造性的过程。美国著名的投资银行家罗伯特·库恩说过:"一个企业家要具有发现价值和创造价值的能力,就要具有在沙子里找到钻石的功夫。"识别一种没有被完全利用的资源,能看到一种资源怎样被运用于特殊的方面,说服那些拥有资源的人让渡使用权,这意味着创业者并不被他们当前控制的或支配的资源所限制,他们用大量创造性的方式,利用杠杆"撬动"资源,利用自身获取的资源开发更多资源。杠杆资源效应体现在以下几方面:利用他人或者别的企业的资源来完成自己创业的目的;将一种资源补足另一种资源,产生更高的复合价值;利用自身已有的资源获得更多的资源。

3) 资源拼凑

新企业获取的创业资源往往是不充分的,在资源约束条件下,创业者往往忽视在正常情况下被普遍接受的惯例、定义和标准的限制。创业者可以开发已经获得的创业资源或者在他人看来无用的、废弃的创业资源,通过巧妙的整合,实现自己的目的。

3. 创业资源开发的过程

创业者识别和获取资源并不能保证新企业的存活。创业者还应根据不同的创业理念将资源的价值和潜能加以整合转化为新企业所特有的资源基础。资源的开发也就是配置和整合这些资源,获得特有的能力和功能,而非简单的资源组合,经整合后的资源应该具有新颖性和柔性。资源开发过程不单单要将获得的资源加以整合,还要将创业者的初始资源和其他资源一起转化为组织资源。因此,资源开发阶段包括资源合并和转化两个环节。

1) 资源合并

对大多数新企业来说,创业资源不是立即形成的,而是通过逐渐的演进,经过一定时间周期后形成的。创业者将各种离散的产权型资源和知识型资源进行整合,形成系统的创业资源,这一开发过程依赖于对创业资源的整合过程。这一过程可以建立在现有的资源和能力基础之上,对现有能力进行提升,也可以通过吸收新的创业资源,开发新的能力,但无论哪种方式,其最终结果都实现了创业资源的整合。

2) 资源转化

在对离散创业资源组织和整合的同时,创业者或创业团队还必须将个人的优势资源投入到新企业之中,或者将个人的能力与新企业优势相结合,产生独特的竞争优势。创业者的知识和能力是实现新企业的创业资源规模不断扩大、价值逐渐提高的必要基础。这种转化大多是通过创业资源开发过程完成的,这就要求创业者在进行创业资源开发的过程中将个人的初始创业资源用于建立企业的竞争优势。创业者要通过个人的能力来建立新企业这个学习系统,从而开发、管理和维持整个资源基础。

4.3.4 创业资源的利用

新企业有了资源还远远不够,资源不会自动转化为竞争优势,还需要新企业运用自身的资源整合能力,将不同来源、不同类型、不同效用的创业资源科学合理地利用,才能形成新企业的核心竞争力。

新企业的创业资源利用指新企业配置创业资源形成企业特有能力，以提升竞争优势为目的，最终创造价值和财富的过程。创业资源利用就是创业者使用所获取并经过匹配协调的各种创业资源，在市场上形成一定的能力，通过这种能力的发挥，生产出产品或服务为客户创造价值，并继续开发创业资源价值的过程。资源利用是资源整合过程的最后环节，是新企业的创业资源价值实现的过程。在通常情况下，资源利用是一个动态循环过程。

1. 创业资源利用的影响因素

新企业如果不能有效配置所拥有的创业资源，价值创造就不可能实现，资源转化后形成的能力只有满足市场需求，才能实现利润回报。对新企业来说，资源是稀缺的，而新企业若要生存、发展下去，只有拥有匹配当前竞争优势的能力，才能利用创业机会创造价值。新企业在匹配内、外部能力的过程中，通过创业资源利用形成竞争者难于观察和模仿的能力配置结构。

风险偏好是影响新企业资源利用的关键影响因素。资源和能力的转换过程受外部环境的强烈影响。由于创业者对风险的态度会影响其行为，风险承担性会影响企业实现资源向能力转化的方式选择。在不确定的情况下，具有较强风险偏好的创业者可能会选择具有较高产出潜力的产品或服务，但需承担较高风险。而具有较低风险承担性的创业者则可能会选择承担较低风险。在能力匹配过程中，风险承担会影响匹配机制的选择。在能力配置结构实施的过程中，风险承担性强的新企业有制定风险较大、但可能带来较高绩效战略的趋向，而风险承担性弱的新企业则与之相反。

超前行动是影响新企业资源利用的另一个因素。超前行动主要指新企业通过先动行为对外部环境产生积极的影响，从而引导市场变化，创造市场需求。在资源向能力转化过程中，超前行动会影响新企业进行资源利用的相对时间，有许多新企业是由于发现一个新的市场机会而创立的，其利用创业资源的行动一般在行业中是超前的，会对环境和市场产生一定影响。

另外，创业者自身的素质也是影响资源利用的重要因素，包括创业者的受教育程度、行业认知度、社会声誉、社会关系网络和社会阅历等。创业者自身的经历和历史经验都会影响创业者利用资源的选择。从先前创业经验中转移来的知识能够提高创业者有效识别和处理创业机会的能力，有助于发现、汲取、利用创业资源。创业者对拥有和掌握的资源越是了解，他就会掌握更多的资源利用方式，从而可选择最优的使用方式。同样地，创业者的社会关系网络越丰富，他就会拥有更多的资源利用渠道，从而可选择最优的使用对象。

2. 创业资源利用的途径和过程

创业资源识别和利用是创业资源有效整合的开始和结束，识别有价值的创业资源有助于创业者在创业过程中利用资源,正确选择资源利用途径可以使资源使用达到最优化。在创业过程中,创业者不但要能识别所需的各种不同效用的创业资源,还需知道如何对资源进行整合,整合过程包括绑聚、匹配以及合理利用等。资源整合是一个复杂的动态过程,是指企业对不同来源、不同层次、不同结构、不同内容的资源进行选择、汲取、配置、激活及有机融合,使之更具柔性、条理性、系统性和价值性,并对其原有的资源体系进行重构,摒弃无价值的资源,以形成新的核心资源体系。新企业识别、获取、开发资源最终的目的是更好地利用资源,发挥资源"1+1>2"的增值效应。充分合理地利用资源,能够帮助新企业快速地建立竞争优势,制定切实可行的战略规划,为新企业的成长打下良好的基础。

创业者通过前期的准备工作,识别、获取、开发资源,可以利用这些资源进行价值创造。创业者根据企业经营的范围和承受风险的能力,可以将资源投入企业自身的生产活动中,为企业生产产品提供充足的资源支持。同时,企业可以根据自身的能力,将资源进行投资、出售以及借贷等,为新企业带来其他风险投资收益。

本章小结

创业资源是新企业在创业的过程中所投入和利用的各种资源的总和,根据不同的划分视角可以分为几种不同类型的创业资源,创业资源对创业成功与否起到关键性作用。创业资源与一般商业资源之间既存在共同点,又存在差异。

新企业在不同发展阶段可以采取不同的资金筹集方式。在融资方面,新企业与一般企业存在较大差别。创业融资难的原因主要包括企业自身原因以及外部融资环境因素。创业资金的测算对企业的成立和发展至关重要。在初创期,创业者获得资金的来源有多个方面,主要包括自有资金、向家庭成员和亲朋好友融资、民间借贷、寻找合伙人投资及其他来源,本章介绍了以上几种资金来源的特点及获取策略。在成长期,创业者的融资方式有所不同,主要有商业银行贷款、信用担保贷款、小额贷款公司贷款、各类创业扶持资金等,以上几种融资方式的特点及资金获取策略与初创期有较大的不同。

识别、获取、开发和利用是整合创业资源的四个环节。整合到创业所需的资源对大多数创业者非常重要,创业资源的识别、获取、开发和利用的整个过程受到诸多因素的影响,创业者需要掌握识别、获取、开发和利用创业资源的有效途径和方法,并了解这四个环节的具体子过程。

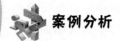 **案例分析**

分众传媒的融资故事

2005年7月13日,美国东部时间8点30分,分众传媒创始人、32岁的财富新贵江南春,站在纽约纳斯达克证券交易所门前,仰望着那个早已为国人熟识的巨大的电子屏。也就在这一天,分众传媒股票(FMCN)在纳斯达克正式挂牌交易,从此在中国创造了一个传媒帝国。

一、江南春的创业历程

大学时代,江南春是颇有名气的华东师范大学"夏雨诗社"社长,还出过一本诗集《抒情时代》。江南春的人生转折点出现在华东师范大学学生会主席的竞选中。据说,江南春的胜利主要得益于他的口才和事先充分的准备工作。一个广为流传的版本是:当时江南春找了很多系的学生会主席,一顿十块、十几块钱地请吃饭,沟通想法兼拉票。

江南春上任不久,上影属下一家广告公司到学生会招聘兼职拉广告。由于这家公司的负责人是江南春的校友,并且还是他的前任诗社社长,江南春的应聘自然顺利。第一个客户是汇联商厦,给了1 500元钱让他做影视广告策划。江南春连夜写了剧本,随后客户痛快地投入了十几万元拍广告。第一单的成功,让原本准备只干一个月的江南春打消了回校过惬意生活的念头,把学生会的工作放下,全身心干广告,沿着淮海路"扫"商厦。1993年,江南春所在的广告公司一年收入400万元(人民币),其中150万元(人民币)来自江南春的贡献。

1994年,大学三年级,21岁的江南春筹资100多万元成立了永怡广告公司,自任总经理。到1998年,永怡广告公司已经占据了95%以上的上海IT领域广告代理市场,营业额达到6 000万至7 000万元人民币,到了2001年,收入达到了1.5亿元人民币。永怡广告公司的辉煌持续了几年,终于在中国互联网严冬到来的时候画上了句号。2001年后,成千上万的网站纷纷倒闭,江南春的广告公司利润一落千丈。为了维持运转,习惯做大买卖的江南春也接起了餐厅的小广告,这一年他每天都在熬日子。

然而,在广告代理业辛苦打拼七八年的江南春,痛苦地意识到一点:在广告产业的价值链中,广告代理公司处于最下游,是最脆弱的一环,赚很少的钱,付出最多的劳动。作为其广告客户和好朋友的陈天桥的一席话,更触动了江南春转型的念头:为什么非要一直在广告代理的战术层面上反复纠缠,不跳到产业的战略层面上去做一些事情呢?2001年,江南春决定另辟蹊径,开创一个新的媒体产业,这源于一次偶然。

那天,他正百无聊赖地等电梯,不经意间发现围在电梯附近的人都同样无聊,而这时大家眼前的电梯门不就是很好的广告投放点吗!

2002年5月,29岁的江南春把自己2 000万元人民币的家底全部拿出来,锁定上海顶级的50幢商业楼宇安装液晶显示屏。但是面对这种全新的广告投放模式,客户们并没有忙着掏腰包,大家都在观望。没有客户投放,就等于每天在烧钱。

2003年5月,江南春把永怡传媒公司更名为分众传媒(中国)控股有限公司。

二、分众传媒的融资方式

之后不久,先期积累的2 000万元人民币在公司成立不久很快就花完,于是他想到了通过风险投资来融资。江南春曾开玩笑说,他的第一笔风险投资是在厕所里谈出来的。因为当时他自己对风险投资并不熟悉,也不会做融资方案,幸运的是他的办公室恰巧跟软银中国的办公室在同一层。但平时大家互不熟悉,只有在去厕所时大家也许还可以碰上面,于是江南春在每次去厕所时,只要碰到软银的人就跟他们讲分众,讲自己的创业史。

(一)吸纳创业投资

终于,皇天不负有心人,软银上海首席代表余蔚经过一番认真详细的调查之后,决定找江南春好好聊一聊。三个小时聊完之后,余蔚已经和江南春达成了初步融资协议。于是软银中国就帮江南春写了份商业计划书,然后直接转交给软银日本总部。软银原本计划要投1 000万美元,但江南春没有同意,因为他觉得1 000万美元投进来,公司就会更换门庭了,江南春坚持只接受软银50万美元的投资。同时,另外一家VC维众中国也在这一轮投资不到50万美元。这样,分众传媒第一轮不到100万美元的融资就搞定了。

江南春获得了第一轮风险投资之后,将业务从上海扩展到了4个城市。一年以后,即2004年3月,分众传媒再次获得注资,与CDH鼎晖国际投资、TDF华盈投资、DFJ德丰杰投资、美商中经合、麦顿国际投资等国际知名风险投资机构签署第二轮1 250万美元的融资协议。TDF华盈投资的董事总经理汝林琪则说:"江南春是个帅才。他创立了楼宇电视这个商业模式,并且在广告业界有很强的人脉和执行能力。分众能成功,不仅是提出一个新概念,而且让这个模式迅速得到市场认同,迅速把概念变成赢利的模式,他有这个能力。"分众第二轮融资的规模原来计划是600万~800万美元,后来扩大到1 250万美元。

8个月之后,即2004年11月,在当时不需要很多资金的情况下,分众传媒完成第三轮融资,美国高盛公司、英国3i公司、维众中国共同投资3 000万美元入股分众。高盛直接投资部董事兼总经理科奈尔说:"高盛对分众传媒进行了详细深入的分析,对其取得的业绩感到惊讶和赞赏,看好其创造的商业楼宇新媒体的市场前景和商业模式,完全可以确保其在未来的发展过程中将继续保持极高的成长性。"

后来的发展证明江南春的决策是对的,因为获得了大量的资金支持,网络规模得以迅速扩张,能够配合市场需求的迅速增长,对公司的效益提升很大。

（二）上市融资

2005 年 7 月 13 日,分众登上了 NASDAQ。上市以后,有了更多资金的支持,江南春把这种商业模式扩张开来,将其新媒体的版图一步一步扩张到涵盖楼宇、互联网、手机、卖场、娱乐场所等。通过兼并收购的方式,分众传媒吃下了框架传媒、聚众传媒、好耶、玺诚传媒等大大小小的竞争对手,其中,聚众、好耶、玺诚甚至都是在上市之前的最后一刻才被收入囊中的。

分众传媒的成功不仅创造了一个新媒体的帝国,更带动了中国整个新媒体产业的极大发展。户外新媒体行业在短短三年间,从 2005 年的 8 起投资案例,发展至 2007 年的 26 起;而涉及的投资金额,从 2005 年的 5 660 万美元,在 2007 年上升至 3.74 亿美元。一干沿袭分众模式的后来者,在隐身其后的资本鞭策之下,在各自领域内兴起圈地瓜分热潮。

当然,分众传媒的上市也让投资分众的 VC 赚得盆满钵满。同时,投资框架、聚众、好耶、玺诚等公司的 VC 也收益颇丰。分众传媒可能是国内涉及 VC 最多的新企业,也是让最多 VC 赚到钱的企业。细心的创业者可能会发现,分众传媒也是被 VC 用来作为宣传用得最频繁的成功案例。

资料来源:杨明海,耿新,等. 创业实务——创业准备、实施与保障[M].北京:电子工业出版社,2011.

讨论题

1. 简述江南春的创业历程及成功的主要原因。

2. 分众传媒是如何获得创业投资的?

3. 通过 NASDAQ 上市后,分众传媒在业务上有哪些变化?

 **本章习题**

1. 新企业融资难的影响因素有哪些?

2. 新企业需要哪些类型的启动资金? 如何进行预测?

3. 简述寻找合伙人投资的策略。

4. 什么是创业投资? 新企业如何获得创业投资?

5. 试述创业者获得商业银行信贷资金的程序及策略。

6. 什么是私募股权投资？新企业如何获得私募股权投资？

7. 阐述创业资源与一般商业资源的异同。

8. 创业资源的识别、获取、开发受到哪些因素的影响？

9. 创业资源在创业过程中的作用主要有哪些？

第 5 章

创 业 计 划

本章要点

- ☺ 创业计划的作用
- ☺ 创业计划的基本结构
- ☺ 创业计划的信息收集
- ☺ 市场调查的内容和方法
- ☺ 创业计划的撰写和展示

江大学子马正军的创业故事

2010 年,马正军考取了江苏大学流体中心硕士研究生,致力于水泵节能方向的研究。

水泵广泛应用于工业部门,是我国的能耗大户,年耗电量占全国耗电量的 20% 以上,且每年呈现递增的趋势。仅 2010 年因水泵造成的能量浪费就高达 1 700 亿千瓦时,相当于大亚湾核电站 11 年的发电量。

马正军在水泵节能运行方面的科研颇有成效,拥有两项相关发明专利。2011 年他的"化工循环水系统节能策略研究"项目参加全国大学生节能减排社会实践与科技竞赛获得二等奖。2012 年由他牵头组织的江苏大学创业团队项目"腾图节能科技创业计划"夺得在吉林大学举办的第八届"挑战杯"全国大学生创业计划竞赛金奖。

受全国竞赛的鼓舞,马正军立志要把创业计划变成创业行动。马正军在镇江市注册了腾图节能科技有限责任公司,专门对企业进行水泵能耗评估以及节能方案设计。

但开办公司需要钱,运转公司也需要钱。钱从哪来呢?

2012 年苏南人力资源市场、镇江市创业指导服务中心、镇江文广集团城市资讯频道、镇江嘉颐商业广场、镇江万达商业广场联合举办 2012 嘉颐商业广场杯"寻找创业英雄"大型励志创业电视活动。活动分为海选、初赛、复赛、决赛四个阶段，最终进入决赛的8位选手分享共30万元的现金大奖以及5年全免租金的旺铺。马正军带着他的团队和"腾图节能科技创业计划"项目一路闯关，最后拿下了决赛总冠军，获得了镇江市政府10万元的创业资助和一个门面房5年使用权的奖励，这样，启动经费有了，连办公用房也一并解决了。

创业计划很好，但新公司初出总难被市场接纳。为了增进客户的信任，腾图节能科技有限责任公司把业务范围从只做能耗评估和节能方案设计扩展到节能改造实施，并引进了EMC(合同能源管理)商业模式，与客户签订节能改造合同后由腾图出全资对其泵站进行节能改造，在合同期内与客户按合同规定的比例分享节能收益，让客户在改造过程中零投资零风险。改造后水泵电耗降低，合同期内由腾图公司和客户共同分享节能收益；合同期满后，设备移交给客户，由客户完全独得节能收益。这就意味着腾图科技必须预先垫付所有前期投入所需费用，公司面临的资金压力就非常大了。

幸运的是，马正军的"腾图节能科技创业计划"项目受到了南京市政府的关注与支持，并于2013年8月份入选南京"321"领军型科技创业人才引进计划，获得130万元创业启动资金。同年8月，南京腾图节能科技有限公司成立，注册资本120万元。

受马正军创业梦想的感召，马正军的师兄弟也放弃了原有的工作，一并加盟了腾图节能科技公司。

2014年，马正军和他的团队带着创业经历和梦想参加了在华中科技大学举办的"创青春"全国大学生创业大赛，获得创业实践挑战赛金奖。

资料来源:(1)好产品难找好市场[N].中国青年报,2014-02-04.(2)马正军.我要寻找节能改造的春天[N].中国科学报,2013-01-24.

5.1 创业计划概述

在管理学中，计划具有两重含义：一是计划工作。计划工作是指根据对组织外部环境与内部条件的分析，提出在未来一定时期内要达到的组织目标以及实现目标的方案途径。二是计划形式。计划形式是指用文字和指标等形式所表述的组织以及组织内不同部门和不同成员，在未来一定时期内关于行动方向、内容和方式安排的管理事件。

创业计划是由创业者准备的一份工作计划，用以描述创办一个企业时所有相关的外部及内部要素，包括商业前景的展望、人员、资金、物质等各种资源的整合，以及经营思想、战略确定等。创业计划为创业企业的发展提供了一份完整、具体、深入的行动指南,也为衡量企业业务进展情况确定了具体的评价标准。因此,创业计划又称为创业企业的商业计划。

5.1.1　创业计划在创业过程中的作用

创业计划在创业过程中最重要的作用有以下几点。

1. 检验创业构思是否可行

在制订创业计划的过程中,创业者必须自己考虑企业的各个方面,如设想谁会购买企业的产品或服务,竞争对手最可能是谁,要使企业运转起来需要花费多少时间和金钱,企业未来可以预计到的成本和销售是否会使企业赢利等。

2. 全面规划企业发展路径

在制订创业计划的过程中,创业者可以对企业的各个方面有一个全面规划,比如确定目标客户、辨明竞争态势、规划市场范围、形成营销策略。创业计划的制订可以保障这些方面的考虑能够协调一致。

创业计划可以帮助创业者列出一个明细清单,确定企业需要的各种资源及数量,如厂房、设备、人员、资金等。

创业计划可以为创业经营目标和相关活动提供一个时间表,根据计划规定什么时候必须完成哪些工作。

3. 帮助企业进行融资

由于没有很好的抵押品,又缺少良好的业绩证明,创业者融资会面临诸多困难。若想获得风险投资家、银行、担保公司的青睐,创业计划是最重要的工具之一。

好的创业计划能让投资商更快地了解企业,对创业项目充满信心,继而产生投资该项目的兴趣,最终为企业筹集所需的资金。

4. 吸引合作伙伴加盟

创业者需要各种各样的合作伙伴,使企业充满活力,更好发展。创业计划向合作伙伴提供企业有关信息,以增强他们对企业的信心。

创业者可以通过创业计划向合作伙伴介绍创业者团队及创业目标。创业计划也是直接和有关人士交流的基础工具,包括投资者、股东、法律人士等。

对于企业的员工,创业计划中使命陈述、愿景规划和价值观可以帮助员工建立起强烈的团队协作感和团队精神。

5. 争取政府部门扶持

各级政府相关部门为鼓励创业,都在以各种形式扶持创业者,除了出台多项政策,给创业者提供政策性支持外,还采取了各种措施给予扶持创业。有些扶持是长久性的、日常性的、职能性的,有些则是临时性的。有的直接提供经济上的帮助,如资金扶持、场地扶持、税收扶持、社保扶持等,有的则在其他方面提供便利,社会各界也采取了各种举措来帮助创业者。

要争取到这些扶持,必须借助完整的创业计划来展现企业及其创业项目所具有的积极的社会意义,以及企业需要政府部门提供的具体支持。

根据政府有关部门的要求,创业计划可能会以可行性论证的形式出现。

6. 衡量企业发展进程

创业计划中包括对企业即时状态的描述,包括描述半年、一年甚至更长时间以后企业可能处于什么状态。当这些时刻来临时,创业者可以对照创业计划,衡量一下企业在各方面表现如何。

7. 应对各种经营危机

创业计划对企业可能面临的风险做出分析并设计出规避措施,对突发事件的应对方式也进行相应的设计,这些都有助于新企业在面临困境时很快找到解决方案。

5.1.2 创业计划的需求者

需要了解创业计划的人主要有两大类:一类是企业内部人员,如创业者、管理团队成员、员工;另一类是与企业发展有关的外部人员,如风险投资家、银行、供应商、销售商以及政府有关部门等。

1. 企业内部人员

随着创业活动的落实,创业者所考虑的问题必须更全面、更严谨,创业计划是帮助创业者集中精力思考企业重要问题的工具。

创业者和管理团队还可以借助创业计划确定自己的行为,如为了制定营销战略,需进行一定的市场调查。为避免企业资金流产生问题,需评估每个月的计划收支情况。

员工需要了解个人未来和企业发展的关系,创业计划则是向员工展示公司未来愿景的有效工具。

2. 企业外部相关人员

除非创业者自己资金很充足,或有朋友愿意提供足够资金,否则就必须设法向外界融资。创业计划就是创业者寻求资金的重要工具。

风险投资商、银行、担保公司以及政府有关部门等资金拥有者都需要借助创业计划对企业所提供产品或服务的类型、市场性质和管理团队进行了解,如果不能给创业计划一个较好的评估,是不会给创业者提供资金的。

5.1.3　创业计划的内容

当创业者选定了创业目标与确定了创业的动机之后,在资金、人脉、市场等各方面的条件都已准备妥当或已经累积了相当实力,这时就必须提出一份完整的创业计划。创业计划是整个创业过程的灵魂,主要详细记载了创业相关的内容,包括创业者团队介绍、核心竞争力分析、市场及营销分析、财务管理分析、风险分析。在创业的过程中,这些都是不可或缺的元素。

第一,创业者团队介绍。在制订创业计划时,创业者也应重点介绍公司的管理团队。一个企业的成功与否,最终将取决于该企业是否拥有一支高效、团结的管理队伍。

第二,核心竞争力分析。这一部分是向战略合伙人或者风险投资人介绍创业者公司的基本情况和价值所在。创业者进行创业,最重要的是要有具有市场前景的产品或者服务,因为这是公司利润的根源。

第三,市场及营销分析。市场分析包括已有的市场用户情况、新产品或者服务的市场前景预测。市场营销的好坏决定了一个企业的命运,在创业计划中,创业者应建立明确的市场营销策略。

第四,财务管理分析。要列明各种固定成本与变动成本、直接成本与间接成本、销售数量与价格、营运成绩与利润、股东权益与盈余分配办法等。创业者要花费时间和精力细心编制财务计划,因为战略合伙人与风险投资人都十分关心企业经营的财务损益状况。

第五,风险分析。要尽可能多地分析出企业可能面临的风险、风险程度的大小以及创业者将来采取何种措施来规避风险或者在风险降临时以何种行动方案来减轻损失。

5.1.4　创业计划的基本结构

创业项目各式各样,但大多数创业计划在基本内容、写作规范、框架结构、编排格式上基本相似。

创业计划一般包括以下几个部分:创业计划摘要、企业及战略、产品与服务、市场分析、营销计划、生产运营、财务分析、管理团队与组织、风险及其规避、风险投资退出策略等。根据阅读对象不同,侧重点可以不同。

1. 创业计划摘要

创业计划摘要也称执行总结、执行概要,作为创业计划的第一部分,是对整个创业计划的浓缩,是整个创业计划的精髓所在。作为投资者首先要看的内容,创业计划摘要必须能迅速引起投资家的兴趣,否则整个创业计划都失去了它的价值。

创业计划摘要一般包括以下内容。

1) 创业计划中的创意背景

简要告诉投资者创业计划中的创意是在什么背景下产生的,目的是让投资者相信创业者的理念是正确的,创业者具有把握时机、抓住机遇的能力。

2) 创业项目(产品或服务)简述

对产品或服务有清楚的描述,主要是显示与竞争对手相比本企业的产品或服务在技术、成本等方面所具有的显著优势,以及可给顾客提供的独特利益。

3) 目标市场的分析和预测

对目标市场的分析和预测,让投资家确信拟创公司的发展战略是有科学依据的,是经过深思熟虑后制定的。

4) 运营策略简介

介绍创业者对企业进入市场的时机、策略、方式的考虑,以及产品或服务的升级、退市路径。

5) 创业团队概述

主要展示创业团队卓越的管理能力,使投资家相信创业计划的背后是一个具有高效执行力的管理团队。

6) 预计能产生的效益

介绍企业的资本结构、资金需求量、资金使用、3～7 年的收益情况,让投资家对创业项目的经济性、营利性持有信心,确信这是一个非常有朝气、值得投资的公司。

创业计划摘要一般不超过两页,这样或许才会使投资家感到意犹未尽而产生继续读下去的欲望。

2. 企业及战略

这部分主要是让投资家对企业有一个整体的印象,通常包括以下内容。

1) 行业背景

介绍行业的发展现状、未来趋势;描述影响创业计划的行业发展的特殊情况。

2) 企业一般描述

第一,企业具有特殊含义的内容,如企业名称、企业成立的背景、企业的实体性质。

第二,如果是已创企业,需要介绍企业的发展历史。

第三,企业的主要业务,想取得的市场和产品及服务领域。

第四,企业在竞争中的潜在优势可详细阐述,包括专利、版权、商标及专有技术等其他市场优势。

3) 企业的商业目标、潜力及里程碑

第一,全面介绍企业及其未来发展潜力。这部分的重点工作是给企业定位。如企业战略是什么,关键的制胜因素是什么,发展的重要里程碑是什么。给风险投资家一个清晰的远景规划,使他们知道企业打算和正在干什么。

第二,企业的里程碑计划表,是企业将要完成的各种活动的时间表,其中很重要的是阐明计划的时间框架与在此时间内的相关事件。其中的事件除了涉及产品研发、管理团队建设、营销计划等早期活动外,还可以包括企业合并、首次订货发货回款等企业运营中的事件。

3. 产品与服务

产品与服务是必须向投资者重点介绍的,这部分内容一般包括以下几方面。

1) 产品或服务的一般描述

第一,产品或服务的名称、特征、功能。

第二,竞争对手提供的产品或服务。

第三,现有的替代产品或服务。

2) 产品或服务的价格描述

主要对产品或服务的价格,价格制定的依据,企业所提供的产品或服务的成本、利润等情况进行说明。

价格描述主要向投资家提供以下几方面的信息:产品或服务的价格是在科学研究的基础上制定的,在逻辑上是合理的;价格在市场上是可以被接受的,而且有一定的竞争力;如果投资该产品或服务是可以盈利的,且投资回报很好。

3) 产品或服务的独特性

为让投资家对企业充满信心,必须证明产品或服务具有一定创新性,创业计划中一定要在某些细节上做出比较详细的解释。只有当一个新的产品或服务优于市场上已有的产品或服务时,它才可能受到顾客的青睐。因此需要清楚地解释产品或服务能完成的功能,并使顾客能够认清它的功能价值。在介绍企业产品或服务的优点和价值的同时,把它与竞争对象进行比较,解释它还具有哪些额外价值,并讨论它的发展步骤,列出初步开发它所需要的条件。

4) 技术与研发

并不是所有的创业计划都需要这部分内容,但如果是高技术产品或服务,这部分就不可缺少。这部分主要内容应包括以下几方面。

第一,从技术层面看,现有产品或服务的状况、存在的不足;产品技术的发展趋势;产品或服务的市场发展走向对现有技术改善或突破的要求。

第二,展示企业的技术研发力量,可以列出本企业所拥有的技术骨干的背景、经历、成果。

第三,简介企业 3～7 年的研发计划,包括项目、成本、时间及相应的技术更新升级计划。

第四,简介企业在保护知识产权方面采取的措施。

第五,在认真完成产品或服务功能的描述之后,如果能做出一个样品,对证明产品或服务的可实现性无疑是很有意义的。

4. 市场分析

市场分析是整个创业计划的基础,也是创业计划中最重要的部分。完整的市场分析包括以下内容。

1)市场容量和趋势的分析、预测

第一,介绍整个市场的发展情况,包括历史、现状和未来,对影响市场发展的各种因素如政策、法律、经济、技术、人口、自然、社会、文化的作用也应做必要的分析。

第二,对整个市场容量及其发展趋势用具体数据和图表进行描述。通常需要描述的指标有总销售量、总销售收入、行业的平均回报率等,时间范围通常包括对过去五年的回顾和对未来五年的预期。

第三,运用迈克尔·波特五力分析模型对市场相关产业链上的各主体概况及其相互作用情况进行介绍,如供应商、购买者、其他拟进入者和替代产品提供者。

2)目标市场的描述与分析

需要将市场进行细分,根据企业的能力和产品特性,从中选择一个或几个目标市场,结合客户特征、企业目标、竞争者战略设计准确的市场定位。

这部分通常也是创业计划中最难准备也是最关键的内容,创业者需要用数据展示企业目标市场的大小及其趋势,因为后面涉及的销售量预测、制造规模、营销计划、需要的资金量都要根据目标市场的大小来确定。

3)竞争者分析和各自的竞争优势

创业者需要评估竞争者,包括其产品或服务的价格、性能及其他相关因素,以及竞争者的优势与劣势。

除了对竞争态势的一般描述外,创业者还应针对同一目标市场的重点竞争者具体阐述其市场占有率、销售额、生产能力、质量等级、市场分布、获利能力、利润趋势等。必要时可用图表的形式将反映竞争力的主要指标进行分析与比较。

在进行市场分析时有许多可以利用的信息资源,如报纸、期刊、市场研究机构、行业协会、贸易团体和政府机构公开的信息等,还可以向专家请教,必要时也可自行组织市场调查以获取数据资料。

5. 营销计划

这部分主要介绍企业计划如何销售产品或服务以实现设定的市场目标。创业者尽可能清楚地、完整地介绍产品或服务投放到市场的计划。一般涉及以下问题。

1）确定目标市场客户

企业应首先具体列举出初始销售工作所针对的各种潜在客户，描述他们对企业产品或服务表示出的兴趣以及原因。其次描述接下来的销售努力目标及特定的潜在客户。要清楚地阐述这些潜在消费者的特征以及他们对企业的不同要求，强调为不同消费者服务时应突出的产品或服务的特质。

2）制定产品策略

确定和计划合理的产品品种、数量以适应各个细分市场的现实和潜在需求，调整和改进产品的式样、品质、功能、包装，优化产品组合，确定产品的品牌和商标、包装策略；制订新产品的开发目标及其计划，以保证企业具有可持续发展的潜力，以及应对由于政策变动、技术革新、顾客需求冲击现在产品或服务市场的能力。

3）制定价格策略

这是营销计划乃至竞争战略中极重要的部分。在充分考虑各种影响因素后确定企业的定价目标、定价方法、定价策略，制定产品的价格和价格调整方法；创业者不仅要告诉投资者为每种产品或服务制定的价格，还应阐述定价的理由。

4）制定销售渠道策略

渠道是产品或服务从企业转移到顾客手中所经过的途径或通路，这中间的最主要的决策有销售渠道的长度和宽度设计。对于渠道长度，要说明在企业和顾客之间需要经过多少中间环节；对于渠道宽度，则要说明在每个中间环节需要设置多少个点。创业者还应阐述渠道决策的理由。

5）制定促销策略

促销的实质是通过企业对顾客的信息沟通行为来提升或增加顾客的购买行为。

从战略层面上，创业者须考虑对谁促销以及采取什么样的促销组合，如促销对象是中间商还是消费者，是局部突进还是全面覆盖，是缓慢渗透还是快速轰炸等，这些问题都应事先有一定的考虑。

在战术层面上就是要对涉及的所有细节都做周密设计。例如，是采取内部销售人员促销，还是借助外部销售机构；可运用的广告形式如报纸广告、杂志广告、广播广告、电视广告、互联网广告抑或是它们的组合，以及具体的媒体品种和板块，广告表达的主题；影响企业生存的主要公众类别以及与他们建立良好关系、为企业营造宽松生存环境的方法；售前、售中、售后服务的内容及其组织。

6. 生产运营

这部分主要展示企业所需要的资源，安排这些资源开展生产活动以及生产计划等。

1）生产资源需求

创办企业需要各种各样的资源,有些资源在企业创办初期就需要筹备好,如土地、厂房、设备、技术、管理团队等,这些资源需求应开列明细清单加以说明。有些资源会随着生产的进行需要不断追加,这就需要列出企业的生产资源需求计划,如原材料采购计划、员工招聘计划等以及相应的资金需要计划。

2）生产活动过程

创业计划需对整个生产流程做介绍,并强调企业的着重点在哪里。例如,企业是包揽所有环节还是只从事其中若干个环节,员工是否具备生产所需的技能,以及企业是否已经掌握成熟的生产工艺。

3）生产目标控制

生产目标包括产量目标、质量目标、成本控制目标。产量目标是企业根据市场潜能预期和企业的销售能力来确定的。创业计划应对现有的质量控制水平做出分析并提出针对性的改进计划,且对产品的成本结构加以分析,说明计划如何通过优化采购流程、控制存货、提高工作效率来降低生产成本。

7. 财务分析

财务分析涉及的内容一般有以下几方面。

1）投资计划

企业融资渠道虽然有很多,但对于创业公司来说,可用的并不多,也就几条:创业者个人、亲属和朋友、风险投资基金。

如果是向风险投资家募集资金,创业者就必须认真做一份投资计划,也称融资计划。

投资计划是财务分析的一个非常重要的组成部分,它说明了风险投资家所关心的关于未来双方合作的投资问题。它的内容应该涉及以下问题。

第一,企业预计的投资数额,创业者期望从风险投资家那里获得的投资数额,风险投资的实现形式,如贷款、出售债券、出售普通股、出售优先股。

第二,企业的资本结构,包括全部债务情况的说明。

第三,获取风险投资的条件。

第四,企业投资收益和未来再投资的安排。

第五,风险投资家投资后,双方对公司所有权的比例安排。

第六,投资资金的收支安排及财务报告的编制,包括编制种类及周期(按月,按季度,按半年或一年)。

2）财务报表

创业计划中应该将前面几个部分收集的数据整理后把涉及财务的内容做成一

个五年计划。这个计划应包括以下三个部分:资金预算、收入预测和财务报表。现金流量是一个非常重要的信息,因为它展现了计划执行中的资金需求数量。对于资本的评价,可以从收入和利润的预测开始,然后编制预计现金流量表、预计利润表及预计资产负债表等财务报表。在这之前,必须仔细考虑预期的人力资源和资本花费等方面的问题。

(1) 预计现金流量表

预计现金流量表是从现金的流入和流出两个方面,揭示企业一定期间经营活动、投资活动和筹资活动所产生的现金流量。它以业务预算、资本预算和筹资预算为基础,是其他预算有关现金的汇总,主要作为企业资金头寸调控管理的依据,是企业持续经营的基本保障预算。预计现金流量表可以让风险投资家确信公司不会破产和面临资金链断裂。为了让公司现金流量计划更加准确,创业计划中可以做出第一年的每月计划,第二年的季度计划,第三年的半年计划,第四年、第五年的年度计划。

(2) 预计利润表

预计利润表反映的是企业一定时期的盈利状况,它展现的是企业在一段时间运作后的经营结果。它是利用本期期初资产负债表,根据销售、生产、资本等预算的有关数据加以调整编制的。按照创业计划所预测的标准收入线做出的五年的收入预测,可以给投资者提供一些重要信息。

(3) 预计资产负债表

预计资产负债表则反映在某一日期的财务状况,是依据当前的实际资产负债表和其他预算所提供的资料编制而成的。投资者可以用预计资产负债表中的数据得到的比率指标来衡量企业财务状况的稳定性和流动性以及可能的投资回报率,这有助于投资者做出相关决策。

3) 财务预测

财务分析过程中有两个预测工作必须要做好:一个是企业的资金需求预测;另一个是企业未来的盈利状况预测。

企业的资金需求预测包括资金需求额度、需求目的和需求时间。例如企业创办后第二年,为扩大生产能力需要添置某种设备,就需要一定量的资金。把不同时期企业的资金需求按时间列举出来,可以编制出企业的资金需求计划。

企业未来的盈利状况预测则涉及对销售收入、销售成本、营销费用以及税收等方面的预测。

需要提醒的是,在财务分析过程中,务必保证所依托的基础数据和创业计划的其他描述内容一致,如销售量、价格、生产成本、人力资本等,以确保财务分析的精确性和逻辑性。

8. 管理团队与组织

管理团队与组织部分一般是风险投资家在阅读执行概要部分后首先要关注的内容,因为他们急于知道管理队伍是否有能力和有经验管理好公司的日常运作。

团队管理主要展现以下内容。

1) 企业的组织结构图

在绘制组织结构图时,有几项必须先行考虑:企业的组织结构形式,部门机构设置及职能,各部门主要岗位设置、岗位职责、聘用人数等。

2) 企业管理团队主要人员介绍

这部分可附上与企业有关的关键人员的简历,管理团队主要成员的分工和组合优势也可有所交代。

3) 企业关键人员薪酬体系

介绍企业关键人员在公司成立后的职务和收入计划,这里的收入指从公司取得的全部收入,具体包括股权、股东收入、咨询费、佣金、红利、工资等。企业关键人员的持股情况也有必要先给予介绍。

9. 风险及其规避

尽管对企业投资的高风险是众所公认的,但是风险投资家仍希望尽可能多地弄清可能面临的风险种类、导致风险产生的原因、风险的大小,以及创业者将采取何种措施来降低或者防范风险等。在创业计划答辩阶段,风险投资家也很可能会提出一系列与风险相关的问题,因此在创业计划中必须对此做出说明。

需要注意的是,创业计划中描述的风险应侧重于风险投资家投资本企业将可能面临的主要风险,所有的风险都要一一列出。企业可能涉及的风险及其分类,在本书第7章"新企业生存管理"另有阐述,在此不再赘言。

创业者不可为了增大获得投资的机会而故意人为缩小、隐瞒风险因素,这样只会令风险投资家产生不信任感,对于企业的融资没有任何帮助。如有可能,可对企业的一些关键性问题做最好和最坏的设定,估计出最好的机会和最大的风险,以便风险投资家更容易估计企业的可行性及其相应的投资安全性。

10. 风险投资退出策略

在阅读了创业计划中一系列的美妙设想和规划后,风险投资家最后关注的问题是投资资金将如何退出,这直接关系到风险投资家是否会属意本次投资,因为这也是他十分关心的关键问题之一。

风险投资家最终想要得到的是现金回报而非为投资而投资。因此要描述清楚怎样使风险投资家最终能以现金的方式收回其对本企业的投资。

风险投资人收回投资的方式大体有以下三种。

1) 公开上市

第一种可能的方式就是公开上市。上市后公众会购买公司股份,风险投资家所持有的部分或全部股份就可以卖出。

2) 兼并收购

即可以把企业出售给一家大公司。如果采用这种方式,需要提出几家对本企业感兴趣并有可能采取收购行动的大公司。

3) 偿付协议

此方式可以给风险投资人提供偿付安排。在偿付安排中,风险投资人会要求本企业根据预先商定好的条件回购其手中的权益。

创业计划中应该对这三种方式进行描述,如对拟创公司未来上市公开发行股票的可能性、出售给第三者的可能性及创业者自己将来是否在拟创公司无法上市或出售时回购风险投资家股份的可能性给予周密的预测。当然,任何一种可能性都要让风险投资家明了他的投资回报率,并指出哪一种是最可能的投资退出方式。

5.1.5　创业计划的信息收集

制订创业计划须以大量信息为基础,创业者进行的决策也是基于各种信息,决策水平越高,对外部信息和对将来的预测信息的依赖性越大。

一般来讲,制订创业计划前须收集创业宏观环境信息和创业微观环境信息。

1. 创业的宏观环境信息

创业面临的宏观环境包括国家或地区的政治法律、经济、人口、社会文化、科技、资源以及地理气候等环境。宏观环境的变化,可能会给创业带来两种不同性质的影响:一是为企业的生存和发展提供新的机会;二是可能会对企业生存造成威胁。这样,企业要谋求继续的生存和发展,就必须研究和认识宏观环境。

1) 政治环境信息

创业者需要收集的政治环境信息有以下三方面。

第一,国家制度和政策,主要包括政治制度、对不同国家和地区的政策等。

第二,国家或地区之间的政治关系,包括设立或取消关税壁垒,采取或撤销一些惩罚性措施,增加或减少一些优惠性待遇等。

第三,国家或地区的政治安定情况。

2) 经济环境信息

创业者需要收集的经济环境信息有:国家或地区的能源和资源状况、交通运输条件、经济增长速度及趋势、产业结构、国民生产总值、通货膨胀率、失业率等;国家

（或地区）的国民收入、消费水平、消费结构、物价水平、物价指数等。

3）政策法律环境信息

创业者了解或熟悉与创业相关的法律与政策法规是非常必要的。与创业相关的法律与法规大致可以分为三类：一是涉及企业主体、调整平等主体之间关系的主体法和程序法，如《中华人民共和国民法通则》等；二是涉及企业运营和对于企业运行进行规范、管理的法律，如《中华人民共和国票据法》等；三是涉及税收法律，对于创业者而言，比较重要的税收法律是流转税（增值税、营业税、消费税）法和所得税（个人所得税和企业所得税）法。

国家和地方为了鼓励自主创业，相继推出了多项优惠政策，这些优惠政策涉及开业、融资、税收和创业培训等方面，掌握这些方面的政策对创业大有裨益。

4）社会文化环境信息

社会文化环境信息主要包括社会文化、社会习俗、社会道德观念、社会公众的价值观念、职工的工作态度以及人口统计特征等。如社会行业准则、社会习俗、社会道德观念等文化因素；影响人们对婚姻、生活方式、工作、道德、性别角色、公正、教育、退休等方面的态度和意见的公众的价值观念；包括人口数量、人口密度、年龄结构的分布及其增长、地区分布、民族构成、职业构成、宗教信仰构成、家庭规模、家庭寿命周期的构成及发展趋势、收入水平、受教育程度的人口统计特征。

5）科技环境信息

创业地区的新技术、新材料、新产品、新能源的状况，国内外科技总的发展水平和发展趋势，创业所涉及的技术领域的发展情况。专业渗透范围、产品技术质量检验指标和技术标准是创业者应掌握的科技环境信息。

6）自然环境信息

如果创业对地区条件、气候条件、季节因素、使用条件有一定要求，那么对自然环境信息也必须了解。

2. 创业的微观环境信息

微观环境是指对新企业构成直接影响的各种力量，包括企业所在的社区环境、行业环境以及企业自身的内部环境。

1）社区环境信息

新企业的规模大多较小，影响力就局限于社区范围内，社区环境的小气候对其影响更是巨大，所以掌握创业所在社区环境信息极为重要。

通常需要收集的社区环境信息有以下几方面。

第一，社区购买力信息。主要包括居民货币收入、流动购买力、购买力投向。

第二，社区人口状况信息。主要包括总人口、家庭总数和家庭平均人口数、人口的年龄构成、人口的职业构成、人口的受教育程度等。

第三,消费者对产品或服务的需求信息。包括消费者购买动机、购买行为、购买习惯及潜在需求,对产品的改进意见及服务要求等。

第四,市场供给信息。包括现有竞争对手的产品对消费者需求满足的情况,竞争对手产品或服务的不足之处,现有竞争对手对于市场需求可能的反应,新的竞争对手出现的可能情况等。

2) 行业环境信息

行业是影响企业生产经营活动最直接的外部因素,是企业赖以生存和发展的空间。一个行业的经济特性和竞争环境以及它们的变化趋势往往决定了该行业未来的利润和发展前景。行业环境信息包括以下几方面。

第一,行业经济特性。包括市场区域范围及规模大小、规模经济特征、行业进入与退出壁垒及难易程度、对资源的要求程度及平均投资回收期、市场成熟程度、市场增长速度、行业中公司的数量及其规模、购买者的数量及规模、分销渠道的种类及特征、技术革新的方向及速度、行业总体盈利水平等。

第二,行业竞争信息。根据迈克尔·波特行业结构分析模型,行业竞争主要包括五个方面:行业中现有企业之间的竞争状况、供应商的议价能力、顾客的议价能力、替代产品或服务的提供商为了争夺顾客所采取的进攻性行动、潜在进入者的威胁等。

第三,行业中的变革驱动因素。指那些改变整个行业及竞争环境的主要原因及因素,创业时能敏锐地判断行业驱动因素非常有利于企业未来的战略制定。

第四,行业中竞争地位信息。主要是确认竞争对手,并理解竞争对手的战略及其意图,跟踪竞争对手的策略,预测其可能采取的行动。不仅应关注现时的竞争对手,还应估计谁可能成为未来最主要的竞争对手,并为此积极采取应对之策。

第五,行业的关键成功因素。指影响行业中的各个公司能否取得成功的关键因素,包括产品与服务属性、资源要求、竞争能力、特定战略等。

第六,行业未来前景。创业者从前面五个方面可以对该行业未来前景做出基本判断。

3) 企业内部环境信息

创业的内部环境包括企业内部资源、企业能力以及核心竞争力。

企业内部资源除包括企业目前拥有的财力资源、物力资源、市场资源、环境资源、技术资源、人力资源等方面外,还包括企业的无形资源,如技术资源、信誉资源、文化资源和商标等。

企业能力主要包括以下几方面。

第一,企业资源供应能力。企业资源供应能力直接决定着企业战略的制定和实施,包括从外部获取资源的能力和从内部积蓄资源的能力。企业从外部获取资源的能力取决于以下一些要素:企业所处的地理位置,企业与资源供应者(包括金融、科研和情报机构)的契约和信誉关系,资源供应者与企业讨价还价的能力,资源供应者前向一体化趋势。企业从内部积蓄资源的能力可以从以下几个方面入手:各经营领域投入产出比率,净现金流量,规模增长分析,企业后向一体化的能力和必要性,商标、专利、商誉,员工的忠诚度。

第二,生产能力。生产与供应是保障创业者能够实现创业梦想的基础条件,相关的信息包括加工工艺和流程的先进性,生产设备设施的计划安排,仓储、员工、产品或服务质量信息,生产规模和技术进步信息,产品的质量、数量、品种、规格的发展信息,原料、材料、零配件的供应变化趋势等信息,并以此为依据拟订创业的融资方案、建设时间、生产计划、质量目标。

第三,营销能力。营销信息事关商品价值能否顺利传递到顾客,相关的信息包括企业的市场定位、营销组合、营销管理;销售通路的过去与现状、商品的价值运动和实体运动所经的各个环节;销售机构及其人员的基本情况、销售渠道的利用情况、现有促销手段的运用及其存在的问题等。

第四,科研与开发能力。包括企业科研队伍的现状和变化趋势,与高等院校或科研单位合作的基础和条件。创业总要涉及开发新产品或开拓新市场,为此还需收集与产品相关的新技术、新工艺、新材料的发展状况,新产品与新包装的发展动态,产品所处的市场生命周期阶段情况,顾客对相关产品的评价以及对其改进的意见等。

企业核心能力是指决定新企业得以生存和发展的最根本因素。可以由前面的分析得出。

3. 创业环境信息分析的基本方法

1) PEST 分析法

PEST 是政治(political)、经济(economic)、社会(social)和技术(technological)英文单词的缩写,PEST 分析是指对影响一切行业和企业的各种宏观环境因素进行扫描分析。不同行业和企业根据自身特点和经营需要,分析的具体内容会有差异,但一般都应对上述四大类影响企业的主要外部环境因素进行分析。

有时,也会用到 PEST 分析的扩展变形形式,如 SLEPT 分析或称 STEEPLE。STEEPLE 是指以下因素:社会/人口(social/demographic)、技术(technological)、经济(economic)、环境/自然(environmental/natural)、政治(political)、法律(legal)、道德(ethical)。

2) SWOT 分析法

SWOT 分析法是指通过对企业内外部环境的分析，找出企业自身的优势（strength）、劣势（weakness）以及所面临的机会（opportunity）和威胁（threat），寻求环境变化对企业战略发展路径的影响。它是对企业内外部条件进行综合和概括，进而分析组织的优势、劣势，面临的机会和威胁的一种方法。

（1）优势与劣势分析

当多个企业处在同一市场或者说它们都有能力向同一顾客群体提供产品和服务时，如果其中一个企业有更高的盈利率或盈利潜力，则该企业比另外的企业更具有竞争优势。竞争优势即指一个企业超越其竞争对手的能力，这种能力有助于实现企业的主要目标——盈利。竞争优势并不一定完全体现在较高的利润率上，有时企业可能更希望增加市场份额，或者多奖励管理人员或员工。

竞争优势可以指消费者眼中一个企业或它的产品有别于其竞争对手的任何优越的东西，它可以是产品线的宽度、大小、质量、可靠性、适用性、风格和形象以及服务及时、态度热情等。

做优、劣势分析时必须从整个价值链的每个环节上，将企业与竞争对手做详细的对比。如产品是否新颖，制造工艺是否复杂，销售渠道是否畅通，价格是否具有竞争性等。如果一个企业在某一方面或几个方面的优势正是该行业企业走向成功应具备的关键要素，则该企业的竞争优势就强一些。

企业在维持竞争优势过程中，必须认识自身的资源和能力，并采取适当的措施。因为一个企业一旦在某一方面具有了竞争优势，势必会吸引到竞争对手的注意。一般地，企业经过一段时期的努力，建立起某种竞争优势，然后处于维持这种竞争优势的态势，而竞争对手开始逐渐做出反应。如果竞争对手直接进攻企业的优势所在，或采取其他更为有力的策略，就会使这种优势受到削弱。

影响企业竞争优势的持续时间，主要有三个关键因素：一是建立这种优势要多长时间；二是能够获得的优势有多大；三是竞争对手做出有力的回应需要多长时间。如果创业者分析清楚这三个因素，就会明确自己在建立和维持竞争优势中的地位了。

（2）机会与威胁分析

创业环境发展趋势分为两大类：一类为环境威胁；另一类为环境机会。环境威胁指的是环境中一种不利的发展趋势所形成的挑战，如果不采取果断的行为，这种不利趋势将导致企业的竞争地位受到削弱。环境机会就是对公司行为富有吸引力的领域，在这一领域中，该公司将拥有竞争优势。

（3）SWOT 分析的应用

SWOT 分析的主要目的在于对企业的综合情况进行客观公正的评价，以识别各种优势、劣势、机会和威胁因素,这有利于开拓思路,正确地制定企业战略。它把企业内外环境所形成的机会、威胁、优势、劣势四个方面的情况,结合起来进行分析,以寻找制定适合本企业实际情况的经营战略和策略的方法。

SWOT 分析还可以作为选择和制定战略的一种方法,它提供了四种战略,即 SO 战略、WO 战略、ST 战略和 WT 战略。

SO 战略就是依靠内部优势去抓住外部机会的战略。WO 战略是利用外部机会来改进内部弱点的战略。ST 战略就是利用企业的优势,去避免或减轻外部威胁的打击。WT 战略就是直接克服内部弱点和避免外部威胁的战略。

5.1.6 市场调查的内容和方法

创业者在创业过程中需对企业所处的环境进行仔细的分析,准确地预测市场行情,而在分析和预测市场行情前,创业者必须通过市场调查收集一些必要的市场信息。

1. 市场调查的内容

市场调查主要收集各种市场信息,即与企业经营活动相关的各种信息、情报、数据、资料等。

1) 政治法律状况

政治法律状况信息包括政治体制、经济体制、政府的管制、税法的改变、专利的数量、专利法的修改、环境保护法、产业政策、投资政策、政府补贴水平、反垄断法规等。

2) 经济发展状况

经济发展状况信息包括 GDP 及其增长率、可支配收入水平、居民消费(储蓄)倾向、利率、通货膨胀率、规模经济、政府预算赤字、消费模式、失业趋势、劳动生产率水平、汇率、证券市场状况、外国经济状况、进出口因素、不同地区和消费群体间的收入差别、价格波动、货币与财政政策。

3) 人口统计、社会文化与风土人情

人口统计、社会文化与风土人情的信息包括人口总数、性别、年龄构成、职业分布、家庭人口、户数、婚姻状况、结婚数、离婚数、人口出生、死亡率、人口移进移出率、社会保障计划、人口预期寿命、人均收入、生活方式、平均可支配收入、对工作的态度、购买习惯、对道德的关切、储蓄倾向、性别角色、投资倾向、种族平等状况、节育措施状况、平均教育状况、对退休的态度、对质量的态度、对闲暇的态度、对服务的态度、污染控制、对能源的节约、社会活动项目、社会责任、对职业的态度、对权威的态度、城镇和农村的人口变化、宗教信仰状况等。

4) 技术发展趋势

技术发展趋势除了要考察与企业所处领域的活动直接相关的技术手段的发展

变化外,还应及时了解:国家对科技开发的投资和支持重点,该领域技术发展动态和研究开发费用总额,技术转移和技术商品化速度,专利及其保护情况等。

2. 市场调查的方法

在制订创业计划的过程中,常用的市场调查方法有文献分析法和实地调研法。

1) 文献分析法

文献分析法又称为桌面研究法或二手资料分析法。指收集、鉴别、整理资料,并通过对资料的研究,形成对事实科学认识的方法。这些资料是经他人收集、整理的,有些是已经发表过的。

文献分析法是一项经济且有效的信息收集方法,它可以帮助创业者在短时间内以低成本获得大量的资料,然后通过对与创业相关的现有资料进行系统的分析来获取有关信息。

文献分析法可以为创业者提供一个宏观的信息框架。即使需要进行实地调研,事先的文献分析也必不可少,它使调研的目标更加明确,从而能够节省时间和调研费用。

文献分析法的关键是发现并确定二手资料的来源。

二手资料的来源有很多,归纳起来有以下几种。

(1) 相关企业内部资料

包括新企业、合作企业、竞争企业内部的资料,主要包括以下三个方面。

第一,企业职能管理部门提供的资料,如会计、统计、计划部门的统计数字、报表、原始凭证、会计账目、分析总结报告等。

第二,企业经营机构提供的资料,如进货统计、销售报告、库存动态记录、合同签订执行情况、广告宣传效果、消费者意见反馈等。

第三,其他各类记录,如来自企业领导决策层的各种规划方案,企业总部做的专门审计报告,以及以前的市场调查、报告等。

(2) 外部资料

多指来自企业以外的信息资料,主要包括以下几个方面。

第一,政府机构及经济管理部门的有关方针、政策、法令、经济公报、统计公报等。

第二,行业协会已经发表和保存的有关行业销售情况、经营特点、发展趋势等信息资料。

第三,各种信息机构,如国家经济信息中心、国家统计信息中心所能提供的各类统计资料。

第四,各种大众传播媒介,如电视、广播、报纸、杂志等,也含有丰富的经济信息和技术情报。创业者也可以通过计算机数据库系统进行查询。

各种类型的图书馆是各种文献资料集中的地方，创业者可以充分利用图书馆的优势，获得关于某个特定主题的信息资料。此外，二手资料的来源还有银行、研究机构、消费者组织等，在实际工作中需要不断扩大信息来源。

2）实地调研

实地调研指由创业者自己或委托专门的研究机构通过发放问卷、面谈、电话调查等方式收集、整理并分析第一手资料的过程。二手资料毕竟不是为创业所关心的具体问题而做出的，因此往往缺乏针对性和时效性，很多情况下只能作为参考性材料。第一手资料相对而言真实可靠、针对性强、时效性强，但相对文献分析法而言，实地调研的费用高、涉及面窄，所以创业者在采用这种方法收集信息时应分析成本与利得的关系。

常用的实地调研方式有询问调查法、观察调查法和实验调查法。

（1）询问调查法

指直接向被调查人提出问题，并以所得到的答复为调查结果。这是最常见的和最广泛采用的一种方法。它包括面谈调查（最常用的是个人访问和开小组座谈会）、电话询问、邮寄调查等。询问调查法可深入了解被调查者的动机、态度，调查内容广泛，最适用于描述性调研。询问调查法的不足在于，它容易掺杂人为因素，干扰信息的客观性，如被调查者对问题理解的偏差或情绪的变化都会影响调查的质量。

（2）观察调查法

指通过观察有关对象的人群、行为方式和具体场景来收集第一手资料。该法可以获得人们不情愿或无法提供的信息。观察法大多用于单一项目调查，如顾客购买习惯调查等。观察法可以客观地记录事实的情况，具有较高的准确性，最适用于探测性调研。但它无法解释事件发生的原因和顾客的动机，所以调研人员通常将观察法与其他方法结合起来使用。

（3）实验调查法

实验调查法是为了探求事物的前因后果关系而使用的信息收集方法。这种方法需要选定实验对象、设定对照标准、控制和排除干扰因素等程序和方法。实验调查法最适用于因果调研。

5.2　撰写与展示创业计划

创业计划书，是指创业者在创业初期根据自己的创业计划制作的一份专业的书面文件，用以描述创办一个新的风险企业时所有相关的外部及内部要素。即指创业者在正式启动创业项目之前,基于前期对整个项目的调研、策划的成果,对创业项目进行全面说明的计划性文件。

创业计划书的起草过程是一个展望企业未来前景,探索生产运营具体思路,确认所需的各种必要资源,谋求所需支持的过程。

创业计划书的起草与创业本身一样是一个复杂的系统工程,不但要对行业、市场进行充分的研究,而且还要有很好的文字功底。对于一个初创企业,专业的创业计划书既是寻找投资的必备材料,也是企业对自身的现状及未来发展战略全面思索和重新定位的过程。

5.2.1　研讨创业构想

创业计划其实就是将创业构思转化为完善的企业运营方案的过程。

从有创业冲动、创业热情到形成创业决策,并决定创业方向、创业行业、创业产品或服务以及创业方式,对每个创业者来说都是一个巨大的挑战。技术人员一般选择利用自己的技术优势进行创业;非技术人员一般会选择技术含量相对较低的服务行业进行创业,或者利用构思、资金形成创业组合,选择技术含量高的行业和产品进行创业。

创业构思细化关系到企业能否成功,因此创业者应冷静分析、谨慎决策。创业者想要想得完整、想得细致,那就需要按部就班,一步一步地进行思考。

1. 寻找创业模式

对于创业如何进行,创办一个公司前,创业者首先要有一个构想和一定的理想,然后再从构想开始,考虑怎样组成一个团队,怎样把这个公司发展成为一个完整的公司,怎样预见公司的发展前景,确定公司的发展方向。

2. 确立创业目标

赚钱是重要的目标,但并不是唯一的目标,因为创业本身应该有理念,理念会带动很多新的产品创意和实践冲动。

3. 制定创业原则

在创立公司的时候,不应该一直想着什么时候能收到成果;今天还没有赚钱,明天会不会赚钱。第一次创业时,创业者赚钱的期望会比较高,第二次创业时就不会这样了。但每一次创业都需要用热情去支撑。

4. 怎样规划创业步骤

这是一个循环的过程。首先要看创意从哪里来;怎么会有这个创意;资金怎么找;怎么组织一个团队;产品的市场营销怎么做;这个产品做完了,会不会还想做。如此周而复始。

5. 创造创业条件

创业时,不一定要有一个很重大的发明,重要的是所做的东西在市场上会不会成功,然后要考虑市场上需求怎么样,自己的能力是什么,最后再把这些内容都结合起来。

6. 确定创业期限

一个很大的公司,至少要花三年至五年才能做出来,时间太长,风险也大,因为市场是不断变化和发展的。因此创业最好以两年为期限,要想办法在两年内把产品做到最好。

7. 处理与投资商的关系

很多创业者觉得,自己占这个公司的股份应该是99%,投资人应该是1%。这种想法对风险投资来讲是不对的。如果需要更多投资的话,创业者在公司持有的股份会越来越少,但这并不表示你拥有的钱越来越少,因为公司的价值会越来越高。

8. 产生好创意

一个很好的创意,在市场上并不一定有价值。任何好创意都已经有很多人想过了,重要的是,在好创意里面是否包含着市场需求。

9. 组织好的团队

在组建团队时,很多人认为要把最好的人才都网罗起来。事实上创业团队简单一点,朴素一点,每个人不一定都很强,只要能凝聚起来,就是一个非常好的团队。

10. 选择风险投资商

首先,要确定好各自的股份占多少;其次,要选择能够跟你一起同甘共苦的风险投资商;最后,要找有很大影响力的风险投资商,借助他们的经验和力量。

在开始行动之前把各种问题都想清楚,创业者就能在心中明确一些创业的问题和困难,而到开始行动之后,在处理问题时也就有了更多的准备。

5.2.2 分析创业可能遇到的问题和困难

有的创业者激情高、行动快,但成功率并不高。究其原因,主要是对创业过程中面临的问题和困难估计不足,没有想好应对措施,以致一旦实施创业就困难重重。

1. 制订创业计划书时常见的问题

一是对创业项目的相关调查研究不够,对市场态势想当然,在没有做好充分准备的情况下就匆匆上马,致使骑虎难下。

创业者不做科学的市场调研,不了解潜在市场的需求量,错误预估占有率,对销售渠道和竞争对手的情况了解不清,一味凭自己的感觉行事,到头来往往吃尽苦头。

在国外做生意通常要委托专门的市场调查公司做专项调查,而国内许多创业者往往头脑一热凭直觉来决策。当然,还有一个原因,那就是为了节省市场调查这笔看似可以忽略的费用。

例如,2005 年 12 月 27 日,南京召开了一场特别的新闻发布会。说其特殊,是因为新闻发布会的主角是一位在校的大学生——南京某大学 21 岁的大二学生陈某。在新闻发布会上,他大声向众多媒体宣布,由他自筹资金 300 万元并担任董事会主席的电器有限公司正式成立。在陈某的创业计划中,对公司的市场规模做了这样的测算:"根据南京仙林地区有 12 万名大学生,手机、笔记本电脑和数码产品的年市场份额达 3.6 亿元,如果有 18% 的学生选择到唐电电器购买,公司就会占有6 400 万元的销售额。"凭着这个理想化的数字,他要打造一个庞大的商业帝国:年销售额达到 4 000 万元,3 年超过南京本地电器销售龙头"苏宁";5 年上市,年销售额达到 8 亿元;占有南京仙林大学城 80% 的市场份额,并将业务拓展到餐饮、娱乐、电子商务等领域。不切实际的构想导致经营失败,而且陈某于 2006 年 7 月因涉嫌诈骗和非法集资,被南京市警方拘捕。

二是构思与实际脱节,过多认可自己的设想,对创业的理解容易停留在一个美妙想法和概念上,没有和现实紧密结合,与社会需求不符。

例如,武汉非职务发明界内有位"发明大王",在 2004 年时他就申请并拥有121 项专利。多年来痴心专注于搞发明而耗尽财力,每月还要坐上两个多小时的长途车,到原单位领取 300 元失业救济金。媒体称其为"专利流浪汉"。

许多创业者在撰写创业计划时往往对流动资金的重要性考虑不足,并不一定是计算方法上有什么错误,主要问题是创业者按理想状态来制订创业计划,对创业初的破冰期估计不足。创业后经营不是很顺利,需要坚守一段时日时,如果没有充足的流动资金就不得不提前关门。再者,即使经营按正常状态进行,大多数情况下资金回笼都需要一定时间,这期间的各种开销都需要流动资金支撑。因此创业者在创业计划中应保证能够维持企业运作半年以上的充足的流动资金。

构思与实际脱节还表现在对风险的认知上。好的创业计划会对创业过程中可能出现的风险加以预测并设计相应的应对策略。许多创业计划的模板上对如何写风险分析也有一定的建议,即可以从哪几个方面着手分析。

许多创业者在撰写创业计划时不知变通,不清楚每个项目面临的具体风险是不同的,是要具体分析的,只会照搬模板框架,认为该项目实施过程中可能在所有方面都会遇到风险,包括政策风险、技术开发风险、经营管理风险、市场开拓风险、生产风险、财务风险、汇率风险、投资风险、股票风险、对公司关键人员依赖的风险等。但多是泛泛而谈,又提不出针对性的控制、防范手段和措施。

三是对创业者个人条件不足缺乏认识,碰到困难无法克服,使难点久攻不下。

这也是最常见的问题,是创业者本身不具备企业管理的基本条件,如知识储备、商业意识、时间精力等。

创业者管理经验不足,没有从自己最熟悉、最擅长的业务起步,往往听说什么赚钱,就开什么店,做什么业务,在业务深入到一定程度后,方才发现自己的经验、知识、能力和人际关系都与业务不吻合甚至相差太远。

虽说可以在错误中学习,但却要耗费公司的许多资源,这对于资源匮乏的初创企业往往是致命的。

例如,2004年11月19日,某高校食品科学系6名2003级上海籍研究生自筹资金20万元,在成都著名景观——琴台故径边上开起了"六味面馆"。在创业计划中,6位股东目光还挺长远,"2年内在成都开20家连锁店,跟肯德基、麦当劳较量"。4个月后,面馆倒闭。有媒体分析认为6位研究生因功课繁忙,无暇顾及店堂,导致管理混乱。另外高学历者开面馆只有新闻轰动效应,并不能保证他们的食物会受顾客欢迎。

四是应变能力差,由于社会经验、个人素质、社会关系等不足,不能及时解决碰到的问题,导致长期处于被动局面。在缺少资金、竞争激烈的环境中创业,青年人的确面临着巨大的压力和风险。

2. 创业过程中常见的困难

创意和构思是影响创业的不容忽视的重要因素之一。好的、新的创意则是决定创业能否成功的重要因素。创业者一般富有热情和创意,他们求新求变,如何将这些新颖的创意转化为创业的基石是需要重点考虑的问题。

初创企业由于缺乏经营业绩,主要靠自有资金开展自主创业,资金不充裕,创业融资难、融资贵和担保难。

在企业初始运营过程中,受资源要素价格持续上涨影响,企业应收账款、存货占用资金上升加剧,初创企业资金需求量大幅增加,企业财务成本大大增加。企业贷款需求与金融机构信贷的结构性矛盾突出,针对小型微型企业的贷款比重和支持中小企业技改中长期贷款比重很低。虽然小额创业贷款政策已经实施了几年,但由于担保门槛较高,融资来源不足,政策的受益面十分有限。

在企业的经营模式上,为渡过创业初期的难关,多采取家族式的经营管理模式,妨碍了企业的科学决策和规范管理;创业者经营管理等相关知识欠缺,创新意识和能力不足；企业产权结构单一，限制了企业的融资渠道，成为了企业发展的制约因素。

5.2.3 凝练创业计划的执行概要

从撰写时间上看，执行概要是最后完成，但却是阅读者最先看到的内容。

衡量创业计划摘要写得好坏的标准，就是看它是否能让阅读者感兴趣并渴望通过阅读创业计划全文获得更多更全面的信息。

在撰写执行概要时要注意以下关键元素。

第一，问题和解决方案。这些是创业者用来吸引投资者的利器，最好在第一段就描述清楚。陈述拟建企业的价值定位，能给谁提供什么特别的产品（服务）。在这部分不要写缩写词、公司历史以及方案背后用到的技术。

第二，市场大小和增长机会。投资者都在寻找巨大的、处在增长期的市场。需说明基本的细分市场、市场大小、增长情况和市场动态：有多少人或多少公司、多少产值、增长速度如何、是什么因素驱动这个细分市场。

第三，竞争优势。辨别出持续竞争优势，如独特的优势、成本节约或行业关系。

第四，商业模式。谁是企业的客户？产品如何定价？一件产品的成本是多少？目前是否有真实客户？是否正在发展阶段？概括销售和营销策略（直接营销、销售渠道、病毒营销、潜在客户开发等）。列出一些关键数字，如客户量、授权量、产品数量和利润等。

第五，执行团队。要记住投资的是人而不是创意。为什么自己的创业团队有能力成功？他们以前做过什么？解释每个人的背景、角色、工作过的公司。

第六，财务预测和融资。需要展示 3～5 年的收入和支出预测。投资者要知道创业者现在想融资多少，能给他们什么样的回报。这样的融资需求通常是为了实现创业计划书中下一个重要里程碑所需要的最小金额。

以上这些要点并不是创业计划书执行概要的硬性要求。不需要涵盖所有创业项目的执行概要，但是要确保每一个关键问题都要提到。

5.2.4 把创业构想变成文字方案

这个阶段是将创业理念进行梳理并通过一定方式呈现出来的过程。这一阶段要做以下几件事。

1. 确认经营目标与策略

在顾客调研和竞争对手调研的基础上，利用一般创业计划提供的思路，将企业的经营方向、目标市场和运营策略等问题分析得细致透彻。包括对市场机遇的描述,实现盈利目标应采取的策略都需具体阐述。除正文论述外,还可以将各种佐证材料妥善整理,作为附录纳入创业计划,如顾客座谈会记录、问卷调查原始数据、文献资料、产品规格清单、产品或服务的推广资料。

2. 合理设计并展示管理团队

创业计划展望的前景无比辉煌,对风险投资家具有很强的吸引力,并不一定就能吸引到企业所需的资金。创业者必须让风险投资家相信自己的管理团队有能力实现所描绘的美好前景。风险投资家固然看重创意,但最看重操作这个创意的团队。

创业计划应重点说明所组建的管理团队有能力实施此项创业,这需要通过详细介绍各负责人的专业技能与相关背景来加以证明。

3. 进行细致的财务预算

在创业计划中要进行全面的财务预算,包括融资筹划和企业盈利能力测算。

通盘考虑实现创业所需的具体投资内容,做到可靠、可行、可信。

所有财务预算要与经营目标、市场营销和生产运营方面的设计要求保持一致。

4. 评估企业面临的风险

简要评估可能面临的主要风险及其影响,设计规避风险的基本思路。

5.2.5　创业计划的撰写和展示技巧

1. 创业计划措辞行文的原则

1)简明扼要

制订创业计划的目的是获取风险投资,或者向合作者展示企业发展思路。因此行文或口头表达时要直截了当,简明扼要。风险投资家没有时间也没有兴趣看对他来说没有意义的东西。

简明扼要的另一个要求是通俗易懂,不可塞入过多的技术术语及英文缩写来证明自己的专业性。事实上,阅读者更关注行动计划能够创造的价值,技术只是价值实现的保障而已。

2)条理清晰

良好的写作水平和表达方式虽然不能挽救创业者不成熟的理念,但思路不清的表达却有可能使好的创意无法有效地与阅读者交流而导致企业夭折。

清晰的材料可以使创业计划中阐述的理念具有可信度,主要表现在计划中所做的任何主张都有相应的证据支撑。

3)客观公正

创业者应实事求是地用数据来说明存在哪些市场机会,而不是用过多的形容词来夸耀市场是多么巨大。

客观公正可以让阅读者相信你对市场进行了深入的了解与分析,竞争态势也在掌握之中,所有行动计划都是经过深思熟虑的结果。

2. 创业计划内容展示的原则

1) 客户价值至上

具有创新性的产品或服务对企业固然重要,因为整个企业都是建立在出色的产品和服务上。但企业在市场上取得成功的关键是满足客户需要,客户购买企业产品或服务的目的是满足其需求或解决问题。因此判断创业计划的创意是否成功的原则是看它是否能满足客户什么样的需要以及用什么方式去满足。

许多创业者与风险投资家沟通的重大分歧就在此处,创业者过多地关注产品的生产技术特征,而风险投资家则首先会从市场角度观察企业产品或服务可以给客户带来的价值有多大。在风险投资家眼里,客户价值是第一位的,其他都退居次位。

2) 产品描述清楚明了

在创业计划中,应将所有与产品和服务相关的细节描述到位,而这并不是一件容易的事。因为对创业者来说,对产品及服务的概念和属性非常清楚,但对风险投资家或其他合作者却不一定,他们很有可能是外行,过分专业化的描述不仅不能吸引他们,有时甚至会怀疑是创业者故意用技术词汇蒙人。

因此,创业计划要用简单的词语把产品及服务阐述清楚,让投资者或合作者与创业者一样对产品和服务感兴趣,且相信该产品和服务有极强的生命力,并被其发展前景所鼓舞。

3) 市场研究科学细致

创业计划要让阅读者相信创业者对市场非常了解,也要让阅读者对市场有深入的了解,才能建立起他们对企业的信心。

企业要成功必须要有市场,也就是要有顾客。要想吸引顾客,必须要有自己的特色,这个特色也许是服务更优、价格更便宜、交通更方便或体验更美妙,这都要通过市场研究清楚了解市场需求。

通过市场研究,创业者和投资者都能预见到企业开张后的目标市场规模、客户购买特征、产品或服务给客户带来的利益。

4) 直面竞争不回避

为了能给投资者一个前景很好的印象,有的创业计划会忽略企业即将面临的真实竞争程度,认为没有什么替代品可以取代它们的产品,或者认为企业不会引起其他竞争者的注意,实际上这种回避现实的鸵鸟心态一点也不可取。

制订创业计划时,创业者应认真研究已存竞争对手及其关键管理人员的状况,比较不同竞争对手的优、缺点,密切关注竞争对手推销的最新相关产品,评估任何一个竞争对手想进入目标市场的可能性。

5）行动计划无懈可击

创业者应该为企业制订一个周密的行动计划。这个计划中应该包括下列内容:企业如何把产品推向市场、如何设计生产线、如何组装产品,需要哪些原料、拥有哪些生产资源,还需要什么生产资源、需要多少,生产和设备的成本是多少,是买设备还是租设备,与产品组装、储存及发送有关的固定成本和变动成本的情况如何,员工工资福利的筹划等。

6）管理队伍富有战斗力

创业成功的关键因素就是要有一支强有力的创业管理队伍。这支队伍的成员必须有较高的专业技术知识、管理才能和多年工作经验,能给投资者"投资他们就是投资成功"这样一种感觉。

风险投资家对管理队伍的关注主要集中在以下几点:创业者是否具备领袖式的人物应有的素质;管理团队的信念是否坚定,目标是否一致;是否具有强大的凝聚力使管理团队始终努力地追求事业成功;这个管理团队的市场战斗力如何;这个团队是否非常熟悉市场和善于开发潜在的市场。

在制订创业计划时,可以先考虑展示整个管理队伍及其职责,再分别介绍每位管理人员的特殊才能、特点和造诣,细致阐述每个管理者将对公司所作的贡献,管理团队成员的互补、匹配与协作情况。

3. 创业计划文本制作的原则

当创业计划以文本形式展示时,制作精美的创业计划可以给投资家留下良好的第一印象,做好以下几点对获得投资家好感大有帮助。

1）文本篇幅要适当控制

创业计划文本应尽可能控制在 40 页以内,这就要求创业者用精练的语言描述出最能吸引投资家注意的构思和结论。

2）版面设计要精致

排版、装订和印刷不能粗糙,否则会让人产生不舒服感。注意检查文本,不可有排版混乱或错别字之类的低级错误,否则会引起阅读者对创业者做事严谨性的怀疑。使用优质纸张可以使创业计划整洁又耐用,经得起多人翻阅而不受损。

3）方便读者阅读

给创业计划设计一个封面,把企业的名称、地址、联系方式印在上面,使感兴趣的投资者能方便地联系到创业者。

给创业计划编好页码,设计目录,方便阅读。

仅仅依靠创业者个人的力量撰写创业计划很难做到尽善尽美,在写作过程中,求助于律师、会计师、专业咨询师可以帮助弥补个人的不足,他们的建议能让创业计划更加完美。

4. 创业计划核查

对创业计划核查主要有两方面:文本核查和内容核查。

文本核查主要对创业计划本身进行核查,如对格式排版、文字措辞、数据运算、表格图形、资料引用、模型公式、数据处理等方面进行核查。

行文上要确保创业计划容易被阅读者所领会。应备有索引和目录,使阅读者可以方便地查阅。

内容核查则主要从阅读者角度审视,对创业计划所反映内容的完整性、科学性、合理性进行核查。

可以从以下几个方面加以核查:摘要引人入胜,足以引起投资者的兴趣;能够显示企业具有很强的偿债能力;能够显示创业团队已进行过科学的市场研究;能够打消投资者对产品或服务的疑虑;能够显示出创业团队具有管理企业的经验等。

5. 创业计划展示

如果投资商对创业项目感兴趣,一般会给创业者展示机会,让创业者当面介绍创业计划,并对计划中未充分表达的,或者表达了却不易理解的,或者充分表达但可信度还不够的内容进行进一步的确认。

投资商通常会让创业者先陈述创业计划,创业者应很好地设计陈述词,竭尽全力展示创业方案。

方案陈述时要高度集中于创业中的关键要点,而不必面面俱到。尽可能用精确的市场分析和可靠的数据来说服风险投资家。

要尽量利用书面文档、投影 PPT、影像资料、实物等辅助设施来吸引投资家的注意力。

陈述后即进入答辩阶段,风险投资家会向创业者提出任何他感兴趣的问题。创业者可以事先针对风险投资家关注的内容设计一些问题,并准备好自己的回答。对风险投资家提出的无法当场回答的问题,可申请事后补充资料另行呈上。

在展示创业计划时保持高昂的激情是非常重要的。风险投资家们认为有激情地做事往往是成功与平庸甚至是失败的区别。激情并非成功的唯一要素,但要想在缺乏激情的情况下打造成功的公司会更为困难。

6. 创业计划书撰写大纲示例

例 5-1 是一份创业计划书提纲。

例 5-1 创业计划书提纲

江苏曦锐汽车环保技术有限公司创业计划

报告

附件六：ORVR 装置回收效率企业证明

附件七：应用证明(3 件)

附件八：专家推荐意见(3 件)

附件九：科技查新报告

附件十：发表论文(14 篇)

附件十一：技术授权书

附件十二：技术入股协议书

附件十三：投资意向书

附件十四：市场调查问卷

附件十五：财务基础性附表

附件十六：现有企业财务报表

资料来源：2014 年"创青春"全国大学生创业大赛第九届"挑战杯"大学生创业计划竞赛金奖作品，江苏大学参赛作品——《江苏曦锐汽车环保技术有限公司创业计划》，主要撰写人：陈雨峰、郭蕙珺、邓晓析、高蕾等。指导教师：梅强、郭龙建。

项目说明：汽油车加油时从油管中挥发的油气，含强致癌物质，危害人们健康，也是烟雾和霾的成因之一。江苏大学曦锐创业团队核心技术成员求学期间专注车载油气回收(ORVR)装置的研发，申请专利 10 项，发表论文 14 篇(学生论文 12 篇)，2011 年在"挑战杯"第十二届全国大学生课外学术科技学术竞赛中荣获一等奖。2013 年组建江苏大学曦锐创业团队，制订车载油气回收(ORVR)装置的创业计划书。

5.3　创业计划的修订

创业计划在企业创办过程中能起到指路、引航的作用，因为它指明了企业想完成的目标及达到目标的路径。但创业计划毕竟是在对企业发展环境事前预测的基础上制订的，很可能实际面临的情形与设想的有较大出入，这就必须对创业计划进行修订。

大多数企业对长期计划每年都要修订一次，至少要进行一次检查。当企业外部或内部环境发生巨变时，就必须随时检讨计划内容的适应性。

一般在处于以下情形时，企业就要考虑创业计划的修订了。

第一，费用上升，收入下滑。企业各项费用比预计的高且还在缓慢上升，而经营收入比预计的低且还在下滑，利润状况不理想且日益紧缩，创业者必须马上回头审视创业计划的内容，尤其是财务预测部分。

第二，销售量下跌。新产品或服务的销售情况不如预期的那么好，或者发现当前的销售额迅速下跌，可能是因为提供的产品的特性和顾客需求不相符合，可能是质量问题，也可能是因为对顾客的服务水平下降，还可能是因为竞争比创业者预期的更加残酷。这时要迅速找出原因所在，然后修订创业计划中的相关部分，如产品与服务、营销策略等。

第三，重要项目过于落后或超前。创业计划中的里程碑计划对什么时候应该达到哪一步目标都列出具体的时间期限。如果企业发现重要项目没能按时完成，就要找出原因在哪里，认清问题的来源，包括目前计划中没有按预期进展的各个部分。在团队协作下，努力回到正常的轨道。如果不行的话，就调整创业计划。

企业如果发展得太快，快得以至于其他方面难以充分准备，也需调整计划。如业务发展太快导致供货不及时或者对顾客的服务水平下降，甚至组织结构也不能适应，这时也需要对创业计划进行调整。

第四，财务状况紧张。虽然创业计划中有较长时段的资金需要计划，但毕竟是建立在对企业财务未来状况预测的基础上。尤其是对于运营过程中需要追加投资的项目，如果融资出现状况或者计划资金不能适应环境变化，就需要审核所有假设条件，列出可能改变预先计划的所有事物，根据新情况修订财务陈述和相应的行动计划。

第五，新技术出现。新技术是一种致命的力量，它可以彻底摧毁制订创业计划的基础：让原先的产品或服务毫无用处，改变顾客需求，缔造更强劲的新竞争对手。因此当一项新技术可能会影响创业所在的行业时，必须立即重新评估创业计划，制订将新技术转化成自身优势的新计划。

本章小结

创业计划可以起到以下作用：帮助创业者厘清创业思路；向风险投资家游说以取得创业所需资金；吸引合作伙伴加盟。

创业计划的结构大同小异，阅读对象不同，侧重点也不同。执行概要、产品或服务、市场、竞争对手、团队、财务计划是创业计划的基本内容。如果以融资为目的而制订创业计划，则需注意股权结构、组织架构、收入模式、资金用途等风险投资家最关注的内容。

制订创业计划需要收集大量的信息，主要有创业的宏观环境信息，包括政治、法律、经济、人口、社会文化、科技、资源以及地理气候等环境，以及微观环境信息，包括企业所在的社区环境、行业环境以及企业自身的内部环境。

创业者常用的调查方法有文献分析法和实地调研法。

创业计划的出炉需经历研讨创业构想、分析创业可能遇到的问题和困难、凝练创业计划的执行概要、把创业构想变成文字方案、创业计划的撰写和展示等环节。在创业计划展示阶段，激情发挥着重要作用。

 **案例分析**

"创青春"全国大学生创业大赛简介

一、"挑战杯"中国大学生创业计划竞赛

"挑战杯"中国大学生创业计划竞赛由团中央、教育部、中国科协、全国学联共同主办,每两年举办一次。竞赛坚持育人宗旨,引导大学生在专业学习和课外学术科技创作基础上,围绕一项具有市场潜力的产品或服务,组成优势互补的创业小组,形成规范系统、具有可操作性和说服力的商业计划,通过参加培训和比赛,不断完善项目设计,吸引风险投资介入,进而催生高新科技创业公司的实践活动。

到 2012 年为止,"挑战杯"中国大学生创业计划竞赛举办了 8 届。第一届于 1999 年在清华大学举办,汇集了 120 余所高校近 400 件作品。第二届于 2000 年在上海交通大学举办,有 137 所高校的 455 件作品参赛。第三届于 2002 年在浙江大学举办,共收到 244 所高校的参赛作品共 542 件。第四届于 2004 年在厦门大学举办,276 所高校的 603 件作品参赛。第五届于 2006 年在山东大学举办,来自香港地区的 9 所高校、澳门地区 1 所高校、台湾地区的 3 所高校前来参赛。第六届于 2008 年在四川大学举办,来自内地的 109 所高校的 150 支大学生团队以及港澳地区的 18 支大学生团队角逐金银铜奖。第七届于 2010 年在吉林大学举办,汇集了全国 374 所高校(含港澳台)的 640 项创业作品,参赛学生达 6 000 多名。第八届于 2012 年在同济大学举办。

二、"创青春"全国大学生创业大赛

2013 年 11 月 8 日,习近平总书记向 2013 年全球创业周中国站活动组委会专门致贺信,特别强调了青年学生在创新创业中的重要作用,并指出全社会都应当重视和支持青年创新创业。党的十八届三中全会对"健全促进就业创业体制机制"做出了专门部署,指出了明确方向。

为贯彻落实习近平总书记系列重要讲话和党中央有关指示精神,适应大学生创业发展的形势需要,在原有"挑战杯"中国大学生创业计划竞赛的基础上,共青团中央、教育部、人力资源和社会保障部、中国科协、全国学联决定,自 2014 年起共同组织开展"创青春"全国大学生创业大赛,每两年举办一次。

2014 年"创青春"全国大学生创业大赛在华中科技大学举行。大赛下设 3 项主体赛事:第九届"挑战杯"大学生创业计划竞赛、创业实践挑战赛、公益创业赛。其中,大学生创业计划竞赛面向高等学校在校学生,以商业计划书评审、现场答辩等作为参赛项目的主要评价内容。创业实践挑战赛面向高等学校在校学生或毕业未满 5 年,且已投入实际创业 3 个月以上的高校毕业生,以经营状况、发展前景等作为参赛项目的主要评价内容。公益创业赛面向高等学校在校学生，以创办非营利性质社会组织的计划和实践等作为参赛项目的主要评价内容。

三、大学生创业计划写作指南

目标：指明计划的投资价值所在。解释是什么（What），为什么（Why）和怎么样（How）。

参赛项目具体来源：参赛小组成员参与的发明创造或专利技术；经授权的发明创造或专利技术（在此种情况下，参赛小组须向组委会提交具有法律效力的发明创造或专利技术所有人的书面授权许可，以引用其产品）；可能研发实现的概念产品或服务。

1. 核心内容

产品（或服务）的独特性；详尽的市场分析和竞争分析；现实的财务预测；明确的投资回收方式；精干的管理队伍。

2. 写作框架

（1）概述：公司的业务和目标及其他；产品或服务；用途、好处；竞争优势所在；专利权、著作权、政府批文、鉴定材料等。

（2）市场：市场状况、变化趋势及潜力；调研数据；细分目标市场及客户描述。

（3）竞争：现有和潜在的竞争者分析；竞争优势和战胜对手的方法。

（4）营销：针对每个细分市场的营销计划；如何保持并提高市场占有率。

（5）运作：原材料、工艺、人力安排等。

（6）管理层：每个人的经验、能力和专长；组成营销、财务和行政、生产。

（7）财务预测：营销收入和费用、现金流量；前两年月报、后三年年报。

（8）附录：支持上述信息的材料。

3. 思考方法

（1）收入成本法（适用于利润的预测和变动分析）

利润＝收入－成本；收入＝价格×销售量；成本＝固定成本＋可变成本。

（2）市场营销 4Ps（适用于销售状况的预测和变动分析）

Product（产品）；Price（价格）；Promotion（促销）；Placement（分销）。

（3）波特五大竞争作用力（适用于分析是否应当进入某个市场或产品领域，以及是否具有长期的竞争力）

供应商议价能力；购买者议价能力；潜在竞争者；替代品竞争；行业内原有竞争者。

（4）内部因素和外部因素（适用于分析各类经营问题）

外部因素：市场（趋势、细分市场、替代品）；客户（需求、品牌忠诚度、价格敏感度);竞争对手(数量、市场份额、优势)。

内部因素:营运(生产效率、成本因素);财务(利润率、资金利用率、现金管理);产品(竞争优势、差异性)。

(5) 3Cs综合法(适用于分析各类经营问题)

Company(公司):市场营销、生产运营、财务管理、战略规划。

Competition(竞争):行业竞争态势、波特五大作用力、竞争定位价格、质量。

Customers(客户):市场细分、容量、增长、变化趋势、价格敏感度。

资料来源:http://www.chuanqqingchun.net/创青春全国大学生创业大赛官方网站.

讨论题

1. 仔细阅读大学生创业计划写作指南,试分析写作的困难点主要在哪些方面。

2. 根据大学生创业计划写作指南,自行选择一个项目,试撰写一份创业计划。

本章习题

1. 创业计划的阅读者主要有谁? 他们希望通过创业计划了解什么信息?

2. 试描述创业计划的内容框架。

3. 撰写创业计划需要收集哪些方面的信息?

4. 常用的市场调查方法有哪些?

5. 撰写创业计划书应遵循哪些原则?

第 6 章

新企业的开办

本章要点

- ☺ 新企业组织形式的选择
- ☺ 开办新企业的法律规定
- ☺ 创业的扶持政策
- ☺ 新企业的社会责任与认同
- ☺ 新企业办理注册登记
- ☺ 新企业开立银行账户

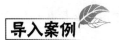

开店选址不可忽略细节

一项事业的成功往往离不开天时、地利、人和。一旦决定开店,必须对所选地点做全面的考察,了解该区人口密度、人缘等。开店选址是很讲究的,一般应该掌握以下10个细节。

第一,交通便利。应在主要车站的附近,或者在顾客步行不超过20分钟的路程内的街道设店。至于选择哪一边较有利于经营,则需要观察马路两边行人流量,一般以行人较多的一边为好。

第二,接近人们聚集的场所。如剧院、电影院、公园等娱乐场所附近,或者大工厂、机关附近。一方面可吸引出入行人;另一方面能使顾客易于记住该店铺的地点。只要来过的顾客向别人宣传介绍,就会比较容易指引人光顾。

第三,选择人口增加较快的地方。企业、居民区和市政的发展,会给店铺带来更多的顾客,并使其在经营上更具发展潜力。

第四,要选择较少横街或障碍物的地方。一般而言,行人过马路时,会集中精力去避开车辆或其他来往行人,而忽略一旁的店铺。

第五,选取自发形成某类市场的地段。在长期的经营中,某街某市场会自发形成销售某类商品的"集中市场"。事实证明,对那些经营耐用品的店铺来说,若能集中在某一个地段或街区,则更能招徕顾客,因为人们一想到购买某商品就会自然而然地想起这个地方。

第六,根据经营内容来选择地址。店铺销售的商品种类不同,对店址的要求也就不同。有的店铺要求开在人流量大的地方,比如服装店、小超市;但并不是所有的店铺都适合开在人山人海的地方,比如保健用品商店和老人服务中心,就适宜开在偏僻、安静一些的地方。

第七,要有"傍大款"意识。即把店铺开在著名连锁店或品牌店附近,甚至可以开在它的旁边;与超市、商厦、饭店、24小时药店、咖啡店、茶艺馆、酒吧、学校、银行、邮局、洗衣店、冲印店、社区服务中心、社区文化体育活动中心等集客力较强的品牌门店和公共场所相邻。例如,你想经营饮食方面的店铺,那你就可以将店铺开在"麦当劳""肯德基"的周围。这些著名的洋快餐在选择店址前已做过大量细致的市场调查,挨着它们开店,不仅可省去考察场地的时间和精力,还可以借助它们的品牌效应"捡"些顾客。

第八,位于商业中心街道。东西走向街道最好坐北朝南;南北走向街道最好坐西朝东,尽可能位于十字路口的西北拐角。另外,三岔路口是好地方;在坡路上开店不可取;路面与店铺地面高低不能太悬殊。

第九,要选择有广告空间的店面。有的店面没有独立门面,店门前自然就失去独立的广告空间,也就使你失去了在店前"发挥"营销智慧的空间。

第十,选择由"冷"变"热"的区位。与其选择现在被商家看好的店铺经营位置,不如选择不远的将来由"冷"变"热"但目前未被看好的街道或市区。

资料来源:http://www.studentboss.com/html/news/2011-10-20/92182.htm.

6.1 开办新企业的法律政策与伦理问题

如果把创业比作一场游戏,国家相关法律政策无疑就是最基本的游戏规则。从准备筹划设立企业,到企业的日常运营,乃至可能面临的解散破产,这一系列行为中的每个环节都有相关的条文予以调整。创业者如果能够在企业初创时就对规则加以了解,势必会给创业带来很多便利。

6.1.1 企业组织形式选择

创建一个新的企业,创业者首先面临的问题就是如何选择企业类型。根据我国《中华人民共和国民法通则》(以下简称《民法通则》)、《中华人民共和国公司法》(以下简称《公司法》)、《中华人民共和国合伙企业法》(以下简称《合伙企业法》)等法律的规定,可供创业者选择的企业类型分为两大类:第一类在民法上不具有独立的人格地位,包括个人独资企业、合伙企业;与之相对应的第二类则具有完全独立的法律人格,包括有限责任公司、股份有限公司。企业是否具有独立的法律人格,直接影响法律责任的承担主体问题。如当企业产生债务时,个人独资企业、合伙企业的出资人都要承担相应的清偿责任,而有限责任公司、股份有限公司的股东对公司债务一般不承担对外清偿义务。

此外,由于资金、人力等限制,相当数量的创业者会选择成立个体工商户,个体工商户虽不是法律规定的企业组织形式,但由于现实存在数量众多,本书将个体工商户单独列出进行介绍。

1. 个人独资企业

个人独资企业是指按照《中华人民共和国个人独资企业法》(以下简称《个人独资企业法》)在中国境内设立的,由一个自然人投资,财产为投资个人所有,投资人以其个人财产对企业债务承担无限责任的经营实体。个人独资企业性质上属于非法人组织,具有团体人格的组织体属性。虽然可以起字号,并可以对外以企业名义从事民事活动,但也只是自然人进行商业活动的一种特殊形态,属于自然人企业范畴。

国家对于个人独资企业并没有很详细的法律规定,而是给了出资人相当的空间,企业的设立程序也非常简易。但由于个人独资企业本身并没有独立的法律人格,因此出资人对企业的债务承担无限连带责任,即当企业的财产不足以清偿债务时,出资人要以自有的其他财产对债权人进行清偿。个人独资企业的设立门槛最低、设立程序最简单,但出资人承担的法律责任较重。

2. 合伙企业

合伙企业适用于创业者有多人时的情形,是指自然人、法人和其他组织依照《合伙企业法》在中国境内设立的,由两个或两个以上的合伙人订立合伙协议,为经营共同事业,共同出资、合伙经营、共享收益、共担风险的营利性组织。合伙企业分为普通合伙企业和有限合伙企业两种类型,并且需要在企业名称中明示"普通合伙"或者"有限合伙"的字样。两者的区别如表 6-1 所示。

表 6-1　普通合伙企业与有限合伙企业的区别

类　别	普通合伙企业	有限合伙企业
合伙人类型	所有合伙人均为普通合伙人	至少有一个普通合伙人,可有多个有限合伙人
合伙人的责任	合伙人以其财产对合伙企业债务承担无限连带责任	普通合伙人对合伙企业债务承担无限连带责任,有限合伙人以其认缴的出资额承担责任

类　　别	普通合伙企业	有限合伙企业
出资方式	合伙人可以用货币、实物、知识产权、土地使用权或者其他财产权利出资,也可以用劳务出资	有限合伙人不得以劳务的方式出资
经营管理方式	所有合伙人共同经营、共同管理	有限合伙人一般不参与企业的日常管理活动,也不得对外代表合伙企业
合伙份额的转让	合伙人将自己的份额转让给合伙人之外的人时,应当征得其他合伙人的一致同意	有限合伙人对外转让份额只需提前 30 日通知其他合伙人
相互转化	两者可以因合伙人类型的变化而发生企业类型的相互转化,但有限合伙企业中若只剩有限合伙人,必须依法予以解散	

　　较之个人独资企业,合伙企业虽然也没有独立的人格地位,但显然法律对其的规制更为严密、细致。根据《合伙企业法》第十四条的规定,设立合伙企业前,合伙人之间必须签署书面的合伙协议,并且对利润分配方式、协议有效期等合伙协议必须载明的内容做出了严格的规定。

3. 有限责任公司与股份有限公司

　　有限责任公司和股份有限公司是我国《公司法》中明确规定的两种具有独立法律人格的公司类型,也是现代社会最主要的企业形式。有限责任公司是由 1 个以上、50 个以下的股东共同出资,每个股东以其所认缴的出资额对公司承担有限责任,公司以其全部资产对其债务承担责任的经济组织。股份有限公司是将全部资本分为等额股份,股东以其所持股份金额为限对公司承担责任,公司以其全部资产对公司债务承担责任的经济组织。

　　一旦具有法律人格,即表示法律认可公司是享有民事权利、承担民事责任的独立个体,公司有独立的法人财产,享有法人财产权,以其全部财产对公司的债务承担责任。同时,股东一旦认缴或实缴股份,即丧失对出资物的所有权,转而获得公司的股权。股东并不直接对外承担责任,但以其认缴、认购的出资额为限对公司承担内部责任。根据我国 2013 年修订的《公司法》,有限责任公司与股份有限公司两者之间的区别如表 6-2 所示。

表6-2　有限责任公司与股份有限公司的区别

类　别	有限责任公司	股份有限公司
股东数量	1名至50名	发起人数目为2人以上,200人以下
设立方式	发起设立	发起设立或向公众募集设立
注册资本	无最低注册资本额要求	无最低注册资本额要求,但法律、行政法规及国务院决定等对注册资本实缴、最低额另有规定的,从其规定
出资方式	股东可以以货币、实物、知识产权、土地使用权或其他可以用货币评估并可以依法转让的非货币资产出资	股东可以以货币、实物、知识产权、土地使用权或其他可以用货币评估并可以依法转让的非货币资产出资
内部机构	可以只设执行董事、监事,不设董事会、监事会	内设股东(大)会、董事会、监事会

而在有限责任公司中,有一种较为特殊的"一人公司。"一人公司完全不同于前述的"个人独资企业",也不是一种单独的公司类型,而是有限责任公司中一种比较特殊的类别。我国在2005年修订《公司法》时才允许设立一人公司,一人公司的设立,一方面适应了国际立法潮流,使我国的公司制度更加完善;另一方面也在一定程度上给创业者提供了便利。但一人公司的制度与普通的有限责任公司又有一些不同之处。

第一,一人公司必须在公司营业执照中载明自然人独资或者法人独资,予以公示。

第二,一个自然人只能设立一个一人公司,该一人公司不能再设立一个新的公司。

第三,在发生债务纠纷时,一人公司的股东有责任证明公司的财产与股东自己的财产是相互独立的,如果股东不能证明公司的财产独立于股东个人的财产,股东即丧失只以其对公司的出资承担有限责任的权利,而必须对公司的债务承担无限连带清偿责任。这些规定既为公众投资创业增加了一条渠道,多了一种方式,又有利于规范一人公司股东的行为,防止一人公司可能产生的弊端。

我国《公司法》在2013年进行了一次重要修订,其中一些变化对于创业者来说显得非常重要。

1) 取消公司最低注册资本额的相关规定

在此前的《公司法》中规定有限责任公司、一人有限责任公司、股份有限公司的最低注册资本分别为3万元、10万元、500万元,同时还对设立公司时股东的首次出资额、货币出资比例有所规定。但在这次修订中，这些规定已被全部取消。对于这个变动创业者需要注意以下一些细节。

第一，取消设立公司最低注册资本额的要求，也就意味着除了设立证券公司、商业银行、保险公司、国际货运代理公司等一些由法律、行政法规、国务院决定特别规定的公司外，有限责任公司和一般的股份有限公司均不再有最低注册资本额要求。取消注册资本额的要求从理论上来说让"一元钱设立公司"成为可能，因为它大大降低了设立公司的门槛，减少了创业成本，也激发了社会的投资热情，为创业初期囊中羞涩的创业者提供了更好的创业法律保障。

第二，原先《公司法》规定，有限责任公司全体股东的货币出资额不得少于注册资本的30%。但由于注册资本额规定的取消，对货币出资比例进行规定也就没有了意义。对于一些有技术背景的创业者来说，可以不再为"有技术、缺资金"而发愁，全部或大部分用技术出资或者其他可以评估的实物出资已成为现实。

2）将公司注册资本实缴登记制改为认缴登记制

根据新修订《公司法》的规定，除法律、行政法规以及国务院决定对公司的注册资本实缴有另行规定的以外，取消了关于公司股东应自公司成立之日起两年内缴足出资、投资公司在五年内缴足出资的规定；取消了一人有限责任公司股东应一次足额缴纳出资的规定；转而采取公司股东自主约定认缴出资额、出资方式、出资期限等，并记载于公司章程的方式。

3）简化有限责任公司的登记事项和登记文件

新修订的《公司法》简化了成立有限责任公司所需登记的事项和登记文件。有限责任公司股东认缴出资额、公司实收资本不再作为登记事项。同时不再要求验资机构验资，只需股东认足公司章程规定的出资后，由全体股东指定的代表或者共同委托的代理人向公司登记机关报送公司登记申请书、公司章程等文件，申请设立登记。这些规定大大简化了申请登记的步骤，使有限责任公司的登记更为简便。但需要注意的是，对股份有限公司的登记事项和登记文件的相关规定并没有发生改变。

可以看出，这样的更改降低了公司设立的门槛，为公司设立提供了制度上的便利，有利于鼓励投资创业，便于民间资金流入市场，促进经济发展和扩大就业。

4. 四种企业类型的比较

个人独资企业、合伙企业所具备的优势在于：首先，设立的手续简便，所需要的费用较低；其次，出资人对企业的财物拥有所有权；再次，规模较小，反应灵活；最后，投资者只需要缴纳个人所得税，企业不需要缴纳营业税。但由于这两种企业不具备法人资格，因此投资者个人对企业债务承担较重的清偿责任，且创业能否成功很大程度上取决于创业者自身的能力高低。

而有限责任公司、股份有限公司的优势在于:第一,有完备的现代企业制度保障公司的正常运作;第二,除非发生滥用股东权利、公司财产与个人财产混同的现象,否则股东不对外承担责任,公司以其自有财产清偿其对外债务;第三,产权可以以股票的形式进行充分的流动。但两种公司的设立流程比较复杂,法律要求也更为严格。

5. 个体工商户

从我国现行法律角度来说,个体工商户并不是一种企业组织形式,在世界范围来看,"个体工商户"也是我国独有的概念。但仍有相当比例的创业者选择以该种方式作为创业的开端。究其根本是因为个体工商户的成立方式、运作模式等方面都比上述四种企业更为简便灵活。特别是从2008年9月起,我国取消了原有的个体工商户管理费,这在一定程度上刺激了个体工商户的发展。基于以上原因,本书在此对个体工商户一并予以简单介绍。

根据我国《民法通则》第二十六条规定,个体工商户是在法律允许的范围之内,依法经核准登记,从事工商业经营的自然人或家庭。《民法通则》也明确规定,个体工商户在运营过程中产生的债务,个人经营的以个人财产承担,家庭经营的以家庭财产承担。

随着我国市场经济的不断发展,各类法律法规、规章政策也在一定程度上推动了个体工商户的发展。在这一形势下,我国的个体工商户总量不断上涨。截至2013年年底,全国实有个体工商户4 436.29万户。总体来看,个体工商户具有以下几个特点。

第一,设立手续较为简便。相比较上述四种企业的设立登记手续,个体工商户的设立登记程序简便很多。根据国家行政工商管理总局2011年出台的《个体工商户登记管理办法》规定,除使用名称的个体工商户须按照《个体工商户名称登记管理办法》进行名称登记外,不使用名称的个体工商户的开业登记事项仅包括经营者姓名住所、组织形式、经营范围和经营场所四项。除涉及卫生、环保、消防等事项需要进行前置许可审批外,个体工商户设立登记时所需要提交的材料也仅为个体工商户开业登记申请书、申请人身份证明、经营场所证明。

第二,税收方式更为灵活。根据个体工商户的实际经营状况,个体工商户的纳税方式也有区别。对于账证减轻、核算准确的个体工商户,税务部门对其进行查账征收;对于生产经营规模小又确无建账能力的个体工商户,税务部门对其实行定期定额征收;对于具有一定情形的个体工商户,税务部门也可核定其应纳税额,实行核定征收。

第三,运营管理更加灵活。由于个体工商户规模有限,各种管理措施都本着简便的原则而制订。从财务管理的角度来看,个体工商户的经营活动多为现金交易,可以不建银行账户;从经营场地来看,从事客货运输、贩运以及摆设摊点、流动服务的个体工商户,无须具备固定的经营场所。

个体工商户虽然有以上一系列特点,但并非所有创业者的最优选择。总结来看,个体工商户同样存在以下一些劣势。其一,当个体工商户在经营中出现债务后,经营者必须以个人或者家庭的全部财产为债务承担无限连带责任。而在创业初期,有部分创业者缺乏对债务风险的合理防范,一旦出现债务承担的无限连带责任,很可能会对个人或家庭生活带来很大影响。其二,个体工商户的规模受到限制。个体工商户的经营者是个人或者家庭,不可加入家庭成员外的投资者,不可设立分支机构,这对个体工商户经营规模的扩大有很大影响。其三,个体工商户的融资贷款相对困难。相较于公司的独立法人财产,个体工商户缺乏足够的证据来证明自己具备足够的偿还贷款能力,因此金融机构对于个体工商户的信贷支持相对有限,融资困难直接带来创业初期的资金匮乏。其四,个体工商户的流转受到限制。个体工商户不能进行投资转让,根据《个体工商户条例》规定,个体工商户变更经营者应当在办理注销登记后,由新的经营者重新申请办理注册登记。由此可以看出,在具备一定规模之后,实现从个体工商户到各类企业组织形式的转型升级,是关乎创业者创业规模的关键所在。

6. 新企业组织形式定位

投资者选择新企业组织形式时应当主要考虑以下六个方面的因素。

第一,创业人数。如前所述,《公司法》等法律规范对新企业的投资者人数有着详细规定。如果仅有创业者一人投资,则可供选择的企业组织形式为个人独资企业和一人有限责任公司;如果以一个家庭投资,则只能选择个体工商户,如果两个以上的人投资,则应考虑合伙企业、有限责任公司或股份有限公司。

第二,创业者的资本实力。创业资金的多少,对企业形式的选择具有重要的影响。一般来讲,创业者在创业初期资金相对比较紧张,如果注册公司制企业,除了有最低注册资本金的要求外,企业还要承担企业所得税和股东个人所得税,同时需要备用周转资金,投资者资金不足的矛盾可能会更突出,这时可以考虑注册个体工商户、个人独资企业和合伙企业等非公司制企业;如果两人以上的人联合创业,且资金较充裕,可以注册有限责任公司或股份有限公司。

第三,投资人所承担的责任。法人和非法人组织的最本质区别在于是否能够独立承担民事责任,个人独资企业和普通合伙制企业不具有法人资格,投资人对企业债务承担无限责任,公司制企业的有限责任相对于个体工商户、独资和合伙企业的无限责任来说是一个巨大的优势。在创业初期,由于资本条件限制,投资者不得不选择非法人企业组织形式,但出于风险控制或风险回避考虑,投资者会在适当的时机将企业组织形式变更为公司制。如果在创业时就具有注册公司制企业组织形式的条件,则应尽量考虑组建公司制企业。

第四,税负差异。根据我国税法规定,由于个体工商户、个人独资企业和合伙企业不是法律上的法人实体,对于企业收益仅对投资人征收个人所得税,不缴纳企业所得税。而有限责任公司和股份有限公司的经营所得既要缴纳企业所得税,也要缴纳个人所得税,这使得公司制企业的股东实际负担的所得税税额远大于非公司制企业投资者所实际负担的税额。

第五,行业特点。行业特点的不同决定企业经营规模的不同,从而影响企业组织形式的选择。有些传统行业中的企业绝大部分规模较小,竞争较为激烈,如餐饮业、日用品零售业等。那就需要创业者实施灵活经营,在企业组织形式的选择上就需要能够快速反应和灵活应对。

第六,创业者的经营管理能力。如果创业者认为自己有较强的经营管理能力,能独当一面,可以选择个体工商户、个人独资企业或者一人有限责任公司;如果投资者对经营企业没有什么经验,感觉到经营管理能力不足,为了安全起见,防止经营上出现大的问题,最好选择能够弥补自身不足的合作伙伴,注册那些能够将多种人才纳入企业内部的组织形式,这时可以考虑合伙企业、有限责任公司或股份有限公司形式。

6.1.2　开办新企业的法律规定

1. 著作权法

著作权即版权,英文为"copyright",常见的"©"就是其缩写。著作权是指自然人、法人或者其他组织对文学、艺术或科学作品依法享有的财产权利和人身权利的总称。

我国《中华人民共和国著作权法》(以下简称《著作权法》)中规定著作权分为两类:著作人身权和著作财产权。著作人身权是指作者通过创作表现个人风格的作品而依法享有获得名誉、声望和维护作品完整性的权利。该权利由作者终身享有,不可转让、剥夺和限制。作者死后,一般由其继承人或者法定机构予以保护。根据我国《著作权法》的规定,著作人身权包括:发表权,即决定作品是否公之于众的权利;署名权,即表明作者身份,在作品上署名的权利;修改权,即修改或者授权他人修改作品的权利;保护作品完整权,即保护作品不受歪曲、篡改的权利。著作财产权是指作者及传播者通过某种形式使用作品,从而依法获得经济报酬的权利,包括复制权、发行权、出租权、展览权、表演权、放映权、广播权、网络信息传播权等多项权利。著作权的获得不以权利人的申请为必要条件,相反,当作品完成的一瞬间,作者就自动获得著作权。著作权的保护年限是作者的有生之年加上去世后 50 年。

另外,根据《著作权法》第三条的规定,我国《著作权法》保护的作品包括:文字作品;口述作品;音乐、戏剧、曲艺、舞蹈、杂技等艺术作品;美术、建筑作品;摄影作品;电影作品和以类似摄制电影的方法创作的作品;工程设计图、产品设计图、地图、示意图等图形作品和模型作品;计算机软件;法律、行政法规规定的其他作品。

2. 商标法

商标是用以区别商品和服务不同来源的商业性标志,由文字、图形、字母、数字、三维标志、颜色组合或者上述要素的组合构成。商标权是指商标主管机关依法授予商标所有人对其注册商标受国家法律保护的专有权。由于商标是产业活动中的一种识别标志,所以商标权的作用主要在于维护产业活动中的秩序。

商标是企业的无形资产,其中蕴含着企业的声誉、历史、文化等因素,具有很高的价值,驰名商标更是如此。保护并提升商标的价值,可以为企业带来巨大的经济效益。

我国《中华人民共和国商标法》(以下简称《商标法》)规定,商标必须经商标局核准注册方受法律保护,即所谓的注册商标。注册商标包括商品商标、服务商标和集体商标、证明商标,有效期为 10 年,到期后可申请续展,每次续展注册的有效期也为 10 年。

此外,在新企业创设时创业者还需了解以下一些关于商标的法律规定。

第一,根据我国《商标法》第十条、第十一条的规定,有些标志不得作为商标使用。比如:国旗、国徽、红星等正式标志;带有民族歧视、欺骗、违反道德风尚的;仅使用本商品的通用名称、图形、型号的;仅仅直接表示商品的质量、原料、功能、用途等特点的;缺乏显著特征的。

第二,商标的抢注。国内著名商标在国外被恶意抢注的报道已是屡见不鲜,被抢注商标的企业往往缺乏商标保护的自主意识,等到发现问题后,大多需要通过长时间的协商、商事仲裁乃至司法诉讼等途径来解决。商标的抢注针对的是未注册商标,由于我国商标保护实行在先申请原则,且注册商标受地域限制,只在注册国内受保护,因此需要创业者加强对商标的保护意识,以积极的态度来应对,防患于未然。

3. 专利法

专利包括发明、实用新型、外观设计三种。发明是指对产品、方法或者其改进所提出的新的技术方案;实用新型是指对产品的形状、构造或者其结合所提出的适于实用的新的技术方案;外观设计,是指对产品的形状、图案或者其结合以及色彩与形状、图案的结合所作出的富有美感并适于工业应用的新设计。

专利权的获得需要申请人向国家专利局递交申请，专利局通过形式审查、公开申请文件、实质审查等一系列程序之后，对通过审核的申请人颁发专利证书授予专利权，专利权人在法律规定的期限内，对制造、使用、销售享有专有权。其他人必须经过专利权人同意才能从事上述行为，否则即为侵权。发明专利权的期限为 20 年，实用新型专利权和外观设计专利权的期限为 10 年，均自申请日起计算。专利期限届满后，专利权即行消灭。任何人皆可无偿地使用该项发明或设计。

我国于 2009 年对《中华人民共和国专利法》（以下简称《专利法》）进行了修订，修订后的《专利法》在专利的国际优先权、专利共有人的权利行使、实用新型的保护等多方面进行了变更，使我国的专利保护制度得到了完善。

4. 商业秘密的保护

在商业活动中，有些信息无法被著作权、商标权和专利权的权利客体所涵盖，但却具有极高的商业价值，如创业者的计划想法、现有的客户名单等。在创业初期，创业者往往需要靠这些信息来吸引投资，但又害怕信息泄露造成重大损失。而保护商业秘密最直接的手段就是签订保密协议。在欧美等商业发达国家，创业者为保护商业秘密，与参与有关构思或者过程开发的雇员签订保密协议的方法得到广泛的认同。

保密协议签订双方为创业者和接触商业秘密的相关人员，协议对商业秘密的范围、雇员在职及离职后的保密义务、违反协议后的处理方式等进行详细的规定。以此来约束双方的行为，若出现泄密情况，由相关人员根据协议约定承担责任。通过这样一份保密协议，在促进雇员工作积极性的同时，能最大限度地保护创业者自身利益。由于我国现有法律没有对商业秘密的具体保护手段做出单独规定，创业者应当提高自我保护意识，利用好签订保密协议这一手段，维护自己的合法权益。

5. 合同法

合同是平等主体的双方或多方当事人关于建立、变更、终止民事法律关系的协议，而合同法即是有关合同法律规范的总称。我国《中华人民共和国合同法》（以下简称《合同法》）中对合同的订立、效力、履行、担保、终止等问题进行了细致的法律规定，并对诸如买卖合同、加工承揽合同、租赁合同等多种具体合同类别予以专门调整。可以说合同是企业日常经济活动的呈现载体，而合同法更是引导企业合法经营、保护企业正当权益的利器。

1）合同的订立

合同的订立是当事人意思表示一致的结果，具体分为要约、承诺两个部分。要约是当事人一方向对方发出的希望与对方订立合同的意思表示，在要约中必须明确合同的标的、数量、质量等主要内容。而承诺即受要约人完全接受要约的意思表示。一个合同在订立过程中可能会形成多次磋商,只要当事人还未完全达成一致,就意味着承诺还没有形成。需要注意的是,不论做出要约还是承诺,都必须是当事人真实意志的体现,若一方当事人使用欺诈、胁迫或其他不法方式使对方与之订立合同,都会对合同的效力产生影响。

2) 合同的履行

合同一旦成立并生效,就立即在合同当事人之间形成法律关系,当事人依照合同的约定内容享有和承担相应的权利和义务。合同的履行,是指合同当事人依照合同约定的内容,履行各自应当承担的义务,以此实现各自应享有的权利。合同的履行是合同具有法律约束力的表现。

应当注意的是,履行合同是指合同的全部履行。只有当事人双方按照合同的约定或者法律的规定,全面、正确地履行各自承担的义务,才能使合同内容得以实现,也才使合同法律关系归于消灭。因而,合同履行当事人全面、正确地履行合同义务,是对当事人履约行为的基本要求。只履行合同规定的部分义务,就是没有完全履行;任何一方或双方均未履行合同规定的义务,则属于完全没有履行。无论是完全没有履行,还是没有完全履行,均与合同履行的要求相悖,当事人均应承担相应的责任。

3) 合同的终止

合同的终止是指生效的合同因具备法定或约定的情形,使得合同关系消灭,并使合同的法律效力消失。导致合同终止的原因有很多,最常见的比如合同已经履行完毕,合同目的已经达到;有时合同当事人单方的意思表示也可导致合同的终止,比如借款合同中债权人单方面免除借款人的还款义务。此外,若发生自然灾害、战争之类不可抗力使得合同无法履行等法定情形,也可依照法律规定解除合同,从而导致合同的终止。

6. 劳动法

用工纠纷一直是企业日常运营过程中的多发问题,2008 年随着我国《中华人民共和国劳动合同法》(以下简称《劳动合同法》)的颁布实施,对劳动合同的订立、用人单位的法定义务等焦点问题予以进一步的规范,在明确劳动合同双方当事人权利和义务的前提下,重在对劳动者合法权益的保护。因此,企业的经营者应当严格遵守法律,以避免劳动纠纷的产生。

第一,用人单位与劳动者建立劳动关系后,必须在 1 个月内订立书面劳动合同。满 1 年不与劳动者订立书面劳动合同的,视为用人单位与劳动者已订立无固定期限劳动合同。超过 1 个月不满 1 年未与劳动者订立书面劳动合同的,应当向劳动者每月支付两倍的工资。违反规定不与劳动者订立无固定期限劳动合同的,自应当订立无固定期限劳动合同之日起向劳动者每月支付两倍的工资。签订合同不得扣押劳动者的居民身份证和其他证件,不得向劳动者收取财物。

第二,与劳动者签订劳动合同后不能随便解聘,如解聘,要有法定事由。关于解除合同,《劳动合同法》第三十九条至第四十一条共有 13 项具体规定。过失性解除,以劳动者有过错为前提;非过失性解除,是依据客观情况发生变化,如身体不好、不能胜任工作等原因,而不是由劳动者过失引起;用人单位的经济性裁员,是因经营状况不好出现的问题。

第三,无论什么理由解聘,都要给予劳动者经济补偿。补偿方法,按劳动者在该单位的工作年限,每满一年支付 1 个月工资。6 个月以上不满 1 年的,按 1 年计算;不满 6 个月的,向劳动者支付半个月工资。对高端劳动者的经济补偿有适当限制,最高标准是职工月平均工资的 3 倍,补偿年限最多 12 年。

第四,对试用期有了更加明确的规定。合同期限 3 个月以上不满 1 年的,试用期不得超过 1 个月;劳动合同期限 1 年以上不满 3 年的,试用期不得超过 2 个月;3 年以上固定期限和无固定期限的劳动合同,试用期不得超过 6 个月。同一用人单位与同一劳动者只能约定一次试用期。以完成一定工作任务为期限的劳动合同或者劳动合同期限不满 3 个月的,不得约定试用期。试用期包含在劳动合同期限内。

7. 反不正当竞争法

不正当竞争是指商品生产者和经营者在生产和经营活动中,违反法律、法规或者商业道德,损害其他生产经营者的合法权益,扰乱市场经济秩序的行为。反不正当竞争法是国家鼓励和保护公平竞争、制止不正当竞争行为、维护市场的正常经济秩序、保护经营者和消费者合法权利的重要法律制度。

我国 1993 年制定的《中华人民共和国反不正当竞争法》(以下简称《反不正当竞争法》)中,明确将市场竞争的自由、公平和诚实信用作为基本原则,并在《反不正当竞争法》第二章条文中详细列举出 11 种不正当竞争的具体类型。主要包括仿冒他人商品、滥用独占地位排挤竞争、商业贿赂、虚假宣传、侵犯商业秘密、压价销售、诋毁他人商誉等。

此外,《反不正当竞争法》还在第四章条文中明确了违反本法所要承担的法律责任。经营者违反本法规定,给被侵害的经营者造成损害的,应当承担损害赔偿责任,被侵害的经营者的损失难以计算的,赔偿额为侵权期间因侵权所获得的利润;并应当承担被侵害的经营者因调查该经营者侵害其合法权益的不正当竞争行为所支付的合理费用。被侵害的经营者的合法权益受到不正当竞争行为损害的,可以向人民法院提起诉讼。

8. 税法

税收是国家为满足社会公共需要,凭借公共权力,按照法律所规定的标准和程序,参与国民收入分配,强制取得财政收入的一种特定分配方式。它体现了国家与纳税人在征税与纳税的利益分配上的一种特殊关系,是一定社会制度下的一种特定分配关系。税收收入是国家财政收入最主要的来源。

根据税法相关规定,我国现行共有 23 个税种,现将涉及企业日常运营的一些常见税种进行简单介绍。

1) 增值税

增值税是以商品生产流通和劳务服务各个环节的增值因素为征税对象的一种流转税。增值税的纳税人是在我国境内销售货物或者提供加工、修理修配劳务以及进口货物的单位和个人。这里的货物是指有形动产,包括电力、热力、气体等,不包括不动产。加工是指受托加工货物,即委托方提供原料及主要材料,受托方按照委托方的要求制造货物并收取加工费的业务;修理修配是指受托对损伤和丧失功能的货物进行修复,使其恢复原状和功能的业务。增值税的基本税率为 17%,但纳税人销售或者进口诸如粮食、天然气等特殊规定货物时,适用低税率。

2) 营业税

营业税是以在我国境内从事应税劳务、转让无形资产和销售不动产业务取得营业收入为征税对象的一种流转税。其中,所谓应税劳务是指建筑业、交通运输业、邮电通信业、文化体育业、金融保险业、娱乐业、服务业。从事上述业务就应该缴纳营业税,不同的税目税率会有差异,税率在 3% 到 20% 不等。

3) 企业所得税

企业所得税是对我国内资企业和经营单位的生产经营所得和其他所得征收的一种税。企业所得税纳税人即所有实行独立经济核算的中华人民共和国境内的内资企业或其他组织,包括国有企业、集体企业、私营企业、联营企业、股份制企业、有生产经营所得和其他所得的其他组织这六类。企业所得税的征税对象是纳税人取得的所得,包括销售货物所得、提供劳务所得、转让财产所得、股息红利所得、利息所得、租金所得、特许权使用费所得、接受捐赠所得和其他所得。企业所得税的税率为 25%。

4) 消费税

消费税是对在我国境内从事生产、委托加工和进口应税消费品的单位和个人,就其销售额或者销售数量,在特定环节征收的一种税。消费税只在应税消费品的生产、委托加工和进口环节缴纳,在以后的批发、零售等环节,因为价款中已包含消费税,因此不用再缴纳消费税,税款最终由消费者承担。消费税征税项目具有选择性,以税法规定的特定产品等为征税对象。即国家可以根据宏观产业政策和消费政策的要求,有目的地、有重点地选择一些消费品征收消费税,以适当地限制某些特殊消费品的消费需求。

消费税的征收范围包括五种类型的产品：第一类是一些过度消费会对人类健康、社会秩序、生态环境等方面造成危害的特殊消费品，如烟、酒、鞭炮、焰火等；第二类是奢侈品、非生活必需品，如贵重首饰、化妆品等；第三类是高能耗及高档消费品，如小轿车、摩托车等；第四类是不可再生和替代的石油类消费品，如汽油、柴油等；第五类是具有一定财政意义的产品，如汽车轮胎等。不同的产品所对应的税率不尽相同，共有 13 个档次的税率，最低为 3％，最高为 56％。

6.1.3　新企业的伦理、社会责任与认同问题

如今创办企业不仅要强调创新，同样需要讲究企业伦理。企业在追求经济利益的同时，也要承担相应的社会责任，这就要求创业者开展伦理管理。以"双赢"策略处理与其利益相关者之间的关系：对内赢得员工的忠诚，建立良好的员工关系；对外赢得公众支持、顾客满意、投资者青睐和供应者信任。

1. 新企业的伦理问题

第一，创业者要处理好与原雇主之间的关系。大部分创业者在创建新企业前面临向原雇佣企业辞职的问题。在辞职进行创业后，一些创业者发现自己已置身于与前雇主公司敌对的境地。因此创业者在辞职时应从态度和行为的角度考虑，让自己的辞职更加职业化。从态度上来说，应对原雇主提供的工作机会给予感谢，用积极、建设性的视角去处理事务，而不要带着泄愤、不满的心态辞职。从行为上来说，创业者要尽力做到圆满交接，如提前足够时间向雇主说明辞职意图、对自己的工作负责到辞职那天、未辞职前不要占用工作时间处理创业事项等。特别要注意的是，创业者必须要学会尊重所有的雇佣协议，若原雇佣协议中涉及保密条款，创业者必须遵守该条款行事。

第二，创业者要处理好创业团队成员之间的关系。鉴于独自创业的一些局限性，相当多的新企业由创业团队发起成立，但创业团队"合久必分，分久必合"的情况也普遍困扰着新企业的创业者。基于亲友关系的创业团队模式可能在短期内获得利润，但长远来看不利于改善决策效率。这要求新企业要更多考虑企业管理和制度建设，通过加强组织规范性来加强个人与企业之间的联系。因此，创业团队的成员不仅要注意成员能力、经验、知识互补等结构层面的问题，更要处理好创业团队成员的相关利益关系。特别是在创业团队成员的职务安排、股权分配方案、股份回购方案等重大事项上给予谨慎处理。

第三，创业者还要处理好与其他利益相关者之间的关系。管理学意义上的利益相关者是指组织外部环境中受组织决策和行动影响的任何相关者，可能是新企

业的内部雇员,也可能是外部的供应商或债权人等。利益相关者对新企业起着很重要的作用,他们的意见也应作为决策时所需要考虑的因素。对内部雇员不符合伦理的行为范围较为广泛,包括从招聘面试中询问不恰当问题、不公平对待不同员工,其根源可能是因为他们在性别、肤色、道德背景、宗教等方面有所不同;对外部利益相关者不符合伦理的行为包括虚假宣传、以非正当理由向自己亲友提供商业机会等。这些问题能否得到公正、公平处理直接关系到企业形象和发展的稳定性。

2. 新企业的社会责任与认同

新企业从创立、运营开始,如果要不断地做大做强、持续不断地发展,在追求利润最大化的同时,不仅要遵纪守法、诚实经营,还要承担必要的社会责任,通过良好的行为表现得到社会的普遍认同。

企业社会责任(corporate social responsibility,CSR)是指企业的经营活动应该符合法律、法规和社会道德规范的要求。企业在创造利润的同时还要承担对国家、企业、员工、股东、消费者、供应商以及社区等诸多利益相关者的责任,将提供优质安全的产品、获取利润、保护环境和对社会的贡献融合在一起考虑,以获得可持续发展的能力。简而言之,企业不仅要为自身谋利益,还应为社会作贡献。虽然国际社会对企业社会责任还未有一个统一的定义,但各国都非常重视企业社会责任,很多国家的企业都成立了专门的委员会或类似机构来推进,公开发表社会责任报告书或可持续发展报告书,并将之视为提升企业形象的重要战略之一,积极参与企业社会责任活动。活动的类型既有社会重视的欧洲型,也有人权重视的美国型和重视经济伦理、追求多方共赢的日本型。我国在 2005 年通过、2006 年开始实施的新《公司法》中第一次提及"企业社会责任"。该法第一章第五条规定:公司从事经营活动,必须遵守法律、行政法规,遵守社会公德、商业道德,诚实守信,接受政府和社会公众的监督,承担社会责任。这里"社会责任"的范围涉及法律、法规和社会道德规范的遵守、环境保护、职业的安定和提供更多的就业岗位以及缴纳税金的义务等内容。

近年来,随着全民创业热潮的兴起,在企业社会责任领域,公众和政府的注意力正逐步由大中型企业向中小型企业,尤其是向新企业、小企业转移。人们发现社会责任不再只是大企业、成熟企业的事,即使是处于初创期的企业也很难置身于社会责任之外。利益相关者对企业的接受和认可、社会对企业的认同是新企业生存的基础,企业社会责任的履行给了新企业获得认同的一个机会——为了企业自身的发展,为了股东的利益,同时也为社会创造价值。

从外部来看,初创阶段的企业规模小,资金等关键性的资源缺乏,市场占有率低。行使社会责任有助于树立良好的企业形象,扩大市场的影响力,赢得媒体的良好评价、政府的大力支持,提高品牌知名度,增强顾客的忠诚度,改善与利益相关者各方的关系,与政府和社区形成良性互动,给亟待成长的新企业带来了宝贵的资源,有效地提高了企业的合法性和利益相关者及整个社会公众对企业的肯定和认同。从内部来看,新企业可以通过将社会责任的实施与自身的经营管理活动紧密地结合在一起获得战略性的竞争力和企业价值的提高,实现利润最大化。员工的安全、士气、忠诚度以及生产力都是企业获得成功,占有竞争优势的要素。对社会负责的商业活动和员工参与管理的治理模式为员工创造了更好的工作环境,提升了员工对工作的满意度,稳定了员工队伍,降低了离职率,为企业赢得了良好的声誉。同时通过环保型产品和服务等的开发,鼓励创新,节约开支,体现了企业的价值和责任感,提高了企业在公众心目中的地位。这样的新企业更容易为社会所接受和认可。

尽管企业社会责任的成本会影响到短期财务绩效,但从长期来看,追求企业价值最大化的经营目标与追求利润最大化的目标是一致的。企业社会责任活动能真正实现社会目标和经济目标的统一,有助于新企业的生存、成长、发展。

6.2　成立新企业

新企业在开办之时,首先如前所述,要取得一个明确的法律地位,确定企业的组织形式。而且根据法律程序的规定,开办新企业必须经工商行政管理部门核准登记,获得正式颁发的营业执照以及有关部门颁发的经营许可证,取得合法身份,并刻制印章,办理组织机构代码证,进行税务登记,开设银行账户后方可开展生产经营等业务活动。新企业注册登记具体流程如图 6-1 所示。

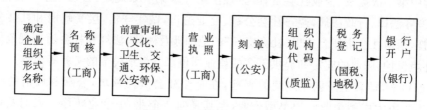

图 6-1　新企业注册登记流程

6.2.1　新企业办理工商注册登记

1. 办理工商注册登记的前期准备

1）新企业名称的确定

（1）企业名称的规定

企业名称即企业的名字、字号,是企业区别于其他企业或其他社会组织,被社会识别的标志。

企业名称由行政区划、字号、行业、组织形式依次组成。如江苏恒顺醋业股份有限公司。

企业名称中的行政区划是本企业所在地县级以上行政区划的名称或地名。市辖区的名称不能单独用作企业名称中的行政区划。

字号一般是指企业的名字,使用这个名字能够与其他企业区别开来。企业名称中的字号应当由两个以上汉字构成,对于涉及驰名商标和上市公司企业名称的公司字号一般不予核准。国民经济行业和经营特点的用语可以用作企业名称中的字号,但不得作为本行业或相关行业的字号,且应以不引人误解为前提。如"南京航天房屋中介有限公司",但不得核准如"南京航天机械有限公司"类似的名称。

企业名称中的行业表述应当是反映企业经济活动性质所属国民经济行业或者企业经营特点的用语。企业名称中行业用语表述的内容应当与企业主要经营范围一致。企业经济活动性质分别属于国民经济行业不同大类的,应当选择主要经济活动性质所属国民经济行业类别用语表述企业名称中的行业。行业类别用语的核准按照《国民经济行业分类》(GB/T 4754—2002)执行。

依据《公司法》和"外资三法"等相关法律规定登记的公司制企业的组织形式为"有限公司"或"股份有限公司"。非公司制企业可以申请用"厂""店""部""中心"等作为企业名称的组织形式。

根据《个体工商户管理条例》和《企业名称管理条例》,个体工商户的字号名称为自愿原则,可以不起字号名称。私营企业可以使用投资人姓名作字号。

(2) 企业名称预先核准

我国实行公司名称预先核准制度,公司在成立之前就应拟定名称,否则无法进行注册登记。

企业只准使用一个名称,在登记主管机关辖区内不得与已登记注册的同行业企业名称相同或者相似。所以企业名称在企业申请登记时,由工商行政管理机关核准。企业名称经核准登记注册后方可使用,在规定的范围内享有专利权。

办理名称预先核准登记,一般要经过以下步骤。

第一步:咨询后领取并填写《名称预先核准申请书》《指定(委托)书》,同时准备相关材料。

第二步:递交名称登记材料,领取《名称登记受理通知书》,等待名称核准结果。

第三步:按《名称登记受理通知书》确定的日期领取《企业名称预先核准通知书》。

预先核准的名称毕竟不同于企业名称的最终确定,这时的企业还属于"设立中的企业",尚未取得独立法人资格,不能享有和承担与企业人格相关联的各种权利和义务,包括名称权。企业名称经预先核准后,非公司制企业保留期为 1 年,公司制企业保留期为 6 个月。在保留期内不得用于从事生产经营活动,也不得进行转让。保留期满,核准的名称自动失效。

在进行企业名称预先核准申请时,工商部门要求提交的材料一般有:全体投资人签署的《企业名称预先核准申请书》;全体投资人签署的《指定代表或者共同委托代理人的证明》及指定代表或者共同委托代理人的身份证复印件,应标明具体委托事项、被委托人的权限、委托期限;申请名称冠以“中国”“中华”“国家”“全国”“国际”字词的,提交国务院的批准文件复印件;全体投资人的资格证明,包括自然人的身份证、企业加盖公章的营业执照复印件或股东、发起人的法人资格证明的复印件。以上各项未注明提交复印件的,应当提交原件。

提交复印件的,应当注明“与原件一致”并由投资人加盖公章或签字或由指定代表或者共同委托代理人签字。需投资人签署的,投资人为自然人的由本人签字,自然人以外的投资人加盖公章。

2) 经营范围及前置审批和后置审批许可证的办理

(1) 企业经营范围的确定

确定公司的经营范围是新企业的首要任务之一。经营范围是指国家允许企业生产和经营的商品类别、品种及服务项目,反映企业业务活动的内容和生产经营方向,是企业业务活动范围的法律界限,体现企业民事权利能力和行为能力的核心内容。

《民法通则》规定,“企业法人应当在核准登记的经营范围内从事经营”。这就从法律上规定了企业法人经营活动的范围。经营范围一经核准登记,企业就具有了在这个范围内的权利能力,企业同时承担不得超越范围经营的义务,一旦超越,不仅不受法律保护,而且要受到处罚。核定的企业经营范围是区分企业合法经营与非法经营的法律界限。

经营范围分为一般经营项目和许可经营项目。一般经营项目是指不需批准,企业可以自主申请的项目。申请一般经营项目,申请人应当参照《国民经济行业分类》及有关规定自主选择一种或者多种经营的类别,依法直接向企业登记机关申请登记。许可经营项目是指企业在申请登记前依据法律、行政法规、国务院决定应当报经有关部门批准的项目,包括前置审批和后置审批许可项目。

(2) 前置审批和后置审批许可证件的办理

前置审批许可是指当事人在名称核准之后申请工商登记之前,按照法律规定对涉及特定行业、特定经营范围等的经营项目必须经过国务院及有关行政部门审批,获得许可证明之后方可注册办理工商营业执照。例如,从事卷烟销售经营的经营者,在办理或者审验《营业执照》这一行政许可时,必须持烟草专卖管理机关核发的有效的《烟草专卖许可证》,方能办理或审验。在这里,《烟草专卖许可证》就是前置许可证件。当前,涉及前置许可的项目一般指:股份公司设立,电力供应,食盐生产批发,道路货运,车辆维修及报废回收,国际海运及水路运输,加油站及成品油批发、零售,医疗机构及器械,书报杂志,基础电信,印刷,危化品及危险废物等项目。具体可查阅现行的国家工商总局企业注册局汇编的《企业登记前置许可项目目录》或去工商部门咨询。

后置审批许可是在办理营业执照后需要再去审批的项目,也就是在办理工商营业执照后再去有关部门审批,审批完后才可以正式展开经营活动。具体项目可查阅现行的《企业登记后置许可项目目录》或去工商部门咨询。

常见的日用百货、五金交电、家具、办公用品、机械电器设备、建筑材料等销售类项目以及技术开发类和咨询服务类项目不需要专项审批。

十二届全国人大一次会议审议通过的《国务院机构改革和职能转变方案》提出,工商登记制度改革的内容集中为两项:第一项是注册资本登记制度改革,核心内容是"把注册资本实缴登记制逐步改为认缴登记制";第二项是行政审批制度改革,核心内容是"由先证后照改为先照后证"。2014 年 8 月 12 日和 11 月 24 日,国务院两次发布《关于取消和调整一批行政审批项目等事项的决定》,梳理出由"先证后照"改为"先照后证"的事项共计 226 项,并正式推出 31 项和 82 项工商登记前置审批事项改为后置审批。包括自费出国留学中介服务机构资格认定,煤炭开采审批,废弃电器电子产品处理许可,兽药生产许可证核发,设立内资演出经纪机构审批,外商投资旅行社业务许可,食品生产、流通以及餐饮服务许可,机动车维修和驾驶员培训服务许可,从事出版物批发零售许可等,涉及教育、文化、卫生、旅游等多个行业和领域。"前置改后置"是指在工商登记中,原本必须在领工商执照之前领取许可证的部分审批项目,现在可以改为先领工商执照再去申办许可证,即将"先证后照"改为"先照后证"。"前置改后置"即先给创业者办营业执照,再去补办行政许可手续,在这个过程中可以同时启动招工、租房、建厂、贷款等需要营业执照为前提的准备工作。

3) 新企业住所及经营场所证明的办理

新企业要开展正常的生产经营活动,必须拥有其固定的活动场所。这个活动场所在法律上称为住所或经营场所。企业住所登记的功能主要是公示企业法定的送达地和确定企业司法和行政管辖地,而经营场所是企业从事经营活动的机构所在地。在实际工作中,企业法人住所和经营场所往往是同一地点。住所和经营场所是开业必须具备的基本条件之一,没有住所和经营场所的企业是不允许存在的。

（1）新企业的选址

创业者的企业注册和经营场地的选择包括两层含义：一是地区选择，包括不同的国家、地区、地区内的城市或乡村等；二是具体经营地址的选择，包括具体路段、商业区、住宅区、市郊等。

新企业的选址是创业前期准备工作中一项最艰巨的任务。不论创立何种类型的企业，地点的选择都是决定成败的一大要素。尤其是零售、餐饮等行业，店面地点的选择尤为重要。经营地点的好坏，影响企业的经济效益，因为它关系到与客户接触的方便度、客户光顾的频率、交通的方便度、场地固定支出，甚至规划、环保、消防等政策的要求。可以说经营地点的正确选择是创业成功的一半。

影响企业经营场地选择的因素有很多，各种影响因素对不同行业产生的作用大小也不同。总体来讲，经营场地选择的因素主要有市场因素、商圈因素、资源因素、竞争因素、地区因素、个人因素和价格因素等。

如上所述，在寻觅理想经营地点时，有很多方面的因素要加以考虑。不同行业对经营地点的选择要求是不同的。新企业在选址时要注意策略和技巧。

第一，零售商的选址。便利店、小型超市一般是经营一些价值不高，但消费者又经常需要的日常生活用品。顾客购买这类商品时一般不反复思考、反复比较，只求方便快捷。经营这类商品应尽量接近消费者。一般应选址在居民住宅区、主干线公路边以及车站、医院、娱乐场所、机关、团体、企事业所在地，顾客步行约 10 分钟以内可到达的地方。

在较大规模综合性超市里，生活用品比较齐全，消费者进入一次一般要买多种物品，一次性购买量比较大，客户到达距离可以远一些，可以选址在商业密集区、商品房小区或居民住宅区较为集中的地方。随着交通工具的便利，也可选址在城乡接合部。

家具、服装、家用电器等价值较高，顾客挑选性强、购买频率较低，讲究外观和品质，商店应选在商业密集区并且有多家竞争的地方，便于客户比较选择。经营地方特产物品，如本地的土特产、外地生产在本地销售的特色商品，主要销售对象应是外来流动人群，故地方特产商品店应选址在外地人员流动量比较大的地方，如旅游区、商业街等。

第二，批发商的选址。批发业企业选址时主要考虑两个方面的问题：一是要有公路、铁路等良好的交通条件；二是要在建筑、设备、公共设施等方面便利。批发经营场地一般首选批发市场，因为这里聚集着大量搞批发的商户，容易招来人气；由于进出量较大，运输量也较大，应选择城乡接合部的地方，以便于找到租金低廉又宽敞的经营场地，也便于避开主城区对货运车辆的管制。

第三，餐饮服务企业的选址。一般应选在人流量比较大、靠近居民区或学校的地方，或者选在小餐馆聚集的地方，如小吃一条街。大饭店的选址要比小餐馆讲究得多。进大饭店的人一般讲究的是环境、档次和特色。大饭店一般应该选在交通便利或较高收入人群比较集中的地方，并要求环境好、噪声较低、停车方便。

第四，文化娱乐企业的选址。俱乐部、电影院、活动中心、健身和运动场馆等文化娱乐场所是人们休闲消遣的场所。随着经济条件的改善和工作生活节奏的加快，人们更希望拥有一个放松的空间来调节紧张的情绪，提升文化娱乐业需求，但同时人们对娱乐场所的文化氛围和环境要求也越来越高。文化娱乐场所应选在人群较密集的地方，但要与住宅区保持一定的距离，要有便利的交通，有宽敞的停车场所，环境要幽雅，空气要清新。

第五，生产制造企业的选址。由于生产制造企业需要相对较多的员工、原料和转运仓储，还容易形成一定程度的噪声和"三废"污染等，所以选址一般应在交通便利的郊区。而农副产品加工企业、矿产资源加工企业等应尽量建在资源产地附近，因为这些企业需要水电、原材料方便供应，运输方式灵活，远离原料产地会大大增加运输和储藏成本。

第六，高新技术企业的选址。高新技术企业的成长依赖于政策环境、产业聚集度、办公环境的重要支撑。从性价比的角度来考虑，入驻交通便利、商务成本较低的非中心区域的科技产业园区、创业基地等已成为高新技术企业的首选。园区不仅聚集着大量上下游产业链关系的企业或相同、相关产业的企业，形成产业链乃至区域的整体竞争力，打造出和谐共生的现代企业生态环境，而且提供现代化信息通信设施、公共服务设施、税收、融资等优惠政策以及行业信息、科技成果转化等优质、全方位的创业服务，促进新企业的快速发展。

（2）住所使用证明

住所使用证明是指能够证明企业对其住所享有使用权的文件，包括产权证明或者房屋租赁协议。房屋租赁的期限必须在一年以上。

企业住所和经营场所是租赁用房的，需要提交房主的《房屋产权登记证》的复印件或有关房屋产权归属的证明文件、使用人与房屋产权所有人直接签订的房屋租赁协议书或合同。

企业住所使用证明是股东作为出资投入并作为企业住所使用的，即提交股东的《房屋产权登记证》或有关房屋产权证明的文件及该股东出具的证明文件。

随着我国经济快速的发展和社会投资热情的高涨，住所（经营场所）资源日益成为投资创业的制约因素之一。住所的规范管理是一个复杂的社会管理问题：一方面，市场主体要求放宽住所登记条件，根据其生产经营情况自主选择住所。另一方面,出于社会治理的需要,并非任何场所都可以注册为住所,例如:注册登记的住所是违章建筑或危险建筑,就可能造成住所的合法性问题和严重的安全隐患;注册登记的住所是民用住宅的,经营者的经营活动可能扰乱邻里生活,造成民事纠纷。

在现实中,许多企业,特别是小微企业、初创企业、新业态等,对住所(经营场所)的要求较低。根据《注册资本登记制度改革方案》,可以简化住所(经营场所)登记手续。只要申请人提交场所合法使用证明即可予以登记,但由地方人民政府按照既方便注册,又保障社会经济生活规范有序的原则,做出具体规定。

4) 制定公司章程

公司章程,是指公司依法制定的,规定公司名称、住所、经营范围、经营管理制度等重大事项的基本文件;或是指公司必备的规定公司组织及活动的基本规则的书面文件,以书面形式固定下来的股东共同一致的意思表示。公司章程是由全体发起人在协商一致的基础上共同制定的。

公司章程是公司设立的最基本条件和最重要的法律文件。我国《公司法》明确规定制定公司章程是设立公司的条件之一;公司依章程享有各项权利,并承担各项义务;公司章程规定了公司的组织和活动原则及其细则,包括经营目的、财产状况、权利和义务关系等,是公司实行内部管理和对外进行经济交往的基本法律依据。公司的股东和发起人在制定公司章程时,可以参照工商行政部门要求及自身情况制定,也可以委托律师等法律专业人士起草,内容必须考虑周全,规定得明确详细。

我国《公司法》第二十五条和第八十条分别对有限责任公司和股份有限公司的章程应当载明的事项给予了规定。有限责任公司章程应当载明下列事项:公司名称和住所;公司经营范围;公司注册资本;股东的姓名或者名称;股东的出资方式、出资额和出资时间;公司的机构及其产生办法、职权、议事规则;公司法定代表人;股东会议认为需要规定的其他事项。有限责任公司章程由股东共同制定,经全体股东一致同意,由股东在公司章程上签名盖章。修改公司章程,必须经代表三分之二以上表决权的股东通过。

2. 办理工商注册登记

经过企业名称预先核准、编写章程、办理住所证明等一系列的手续之后,就可以进行正式的工商注册登记,申请营业执照了。

1) 营业执照的规定

营业执照是指工商行政机关发给工商企业、个体工商户的准许从事某项生产经营活动的凭证。其格式由国家工商行政管理局统一规定。营业执照的内容主要包括企业名称、地址、负责人姓名、开业日期、经营性质、生产经营范围、生产经营方式等。没有营业执照的工商企业或个体工商户一律不许开业,不得刻制公章、签订合同、注册商标、刊登广告，银行不予开立账户。

根据新企业不同的法律形式，营业执照的种类分别为《个体工商户营业执照》《个人独资企业营业执照》《合伙企业营业执照》和《企业法人营业执照》等。

按照改革要求，国家工商总局决定对在工商部门登记的各类市场主体启用新版营业执照，把原版15种类型的营业执照统一为1种版式，通过执照记载事项的调整、归并分为8种格式，适用于不同类型的市场主体。新版营业执照还增加了二维码，包含更大的信息量。自2014年3月1日起，经工商部门准予设立、变更登记以及补发营业执照的各类市场主体，将全部颁发新版营业执照。2014年3月1日前存续的企业，可以继续使用原版营业执照，也可以申请换发新版营业执照，但原版营业执照的使用期限不得超过2015年2月28日。

营业执照分正本和副本，二者具有相同的法律效力。正本应当置于公司住所或营业场所的醒目位置，副本一般用于外出办理业务用。营业执照不得伪造、涂改、出租、出借、转让。

近年来，随着信息化的发展和加强网络商务监督管理的需要，应建立适应互联网环境下的工商登记数字证书管理系统，积极推行全国统一标准规范的电子营业执照和全程电子化登记管理，为电子政务和电子商务提供身份认证和电子签名服务保障。电子营业执照是企业营业执照副本，是无纸化的电子牌照，是根据有关登记注册法律、法规和条例，由依法成立的具有认证资格的认证机构认证，以数字证书为基础，由工商行政管理部门制作、核发、载有企业注册登记信息的电子信息证书，与纸质营业执照具有同等法律效力，用于办理网上名称查询、网上注册登记、网上信用查询、网上审核、网上公示、网上投诉、工商业务表格下载等工商业务，还可以享用有关部门提供的网上报税、网上报关、网上采购、网上竞标等服务，以提高市场主体登记管理的信息化、便利化、规范化水平。

2）新企业注册登记时应提交的材料

（1）申请设立个体工商户应提交的文件

申请个体工商户设立登记，应当提交下列文件：申请人签署的个体工商户设立登记申请书；申请人身份证明；经营场所证明；国家法律、法规规定提交的其他文件。

从事法律、行政法规规定须报经有关部门审批的业务的，应当提交有关部门的批准文件。

（2）申请设立个人独资企业应提交的文件

个人独资企业设立登记，应提交下列文件：投资人签署的个人独资企业设立申请书；名称预先核准通知书；投资人委托代理人的委托书及代理人的营业执照复印件、授权书、代办人的身份证；投资人身份证复印件及职业状况证明，非本地户口人员还须出具暂住证；出资权属证明；经营场所证明（产权证或产权证明，场地租赁合同或使用协议）；法律、行政法规规定须前置审批的，应提交批准文件或许可证。

（3）申请设立合伙企业应提交的文件

合伙企业设立登记，应提交下列文件：全体合伙人签署的《合伙企业设立登记申请书》；全体合伙人的主体资格证明或者自然人的身份证明；全体合伙人指定的代表或者共同委托的代理人的委托书；全体合伙人签署的合伙协议；全体合伙人签署的对各合伙人认缴或者实际缴付出资的确认书；主要经营场所证明；全体合伙人签署的委托执行事务合伙人的委托书。执行事务合伙人是法人或其他组织的，还应当提交其委派代表的委托书和身份证明复印件；合伙人以实物、知识产权、土地使用权或者其他财产权利出资，经全体合伙人协商作价的，提交全体合伙人签署的协商作价确认书，经全体合伙人委托法定评估机构评估作价的，提交法定评估机构出具的评估作价证明；法律、行政法规规定设立特殊的普通合伙企业需要提交合伙人的职业资格证明的，提交相应证明；法律、行政法规或者国务院决定规定在登记前须经批准的项目的，提交有关批准文件。

（4）申请设立有限责任公司应提交的文件

申请设立有限责任公司（包括一人有限责任公司），应当向公司登记机关提交下列文件：公司法定代表人签署的设立登记申请书；全体股东指定代表或者共同委托代理人的证明；公司章程；股东首次出资是非货币财产的，应当在公司设立登记时提交已办理其财产权转移手续的证明文件；股东的主体资格证明或者自然人身份证明；载明公司董事、监事、经理的姓名、住所的文件以及有关委派、选举或者聘用的证明；公司法定代表人任职文件和身份证明；企业名称预先核准通知书；公司住所证明；国家工商行政管理总局规定要求提交的其他文件。

特别地，设立一人有限责任公司应当在公司登记中注明自然人独资或者法人独资，并在公司营业执照中载明。

（5）申请设立股份有限公司应提交的文件

申请设立股份有限公司，应当向公司登记机关提交下列文件：公司法定代表人签署的设立登记申请书；董事会指定代表或者共同委托代理人的证明；公司章程；发起人首次出资是非货币财产的，应当在公司设立登记时提交已办理其财产权转移手续的证明文件；发起人的主体资格证明或者自然人身份证明；载明公司董事、监事、经理姓名、住所的文件以及有关委派、选举或者聘用的证明；公司法定代表人任职文件和身份证明；企业名称预先核准通知书；公司住所证明；国家工商行政管理总局规定要求提交的其他文件。

特别地,以募集方式设立股份有限公司的,还应当提交创立大会的会议记录;以募集方式设立股份有限公司公开发行股票的,还应当提交国务院证券监督管理机构的核准文件。

经审查,对符合条件的企业,工商行政管理机关应准予核准登记,并自做出决定之日起 15 日内通知申请人,发给营业执照,企业即告成立。领取营业执照后,并不能马上开业,还必须办理以下事项:刻制印章;进行组织代码登记;开立银行账户;申请纳税登记等。

另外根据国务院发布的《注册资本登记制度改革方案》,将企业年度检验制度改为企业年度报告公示制度。也就是说,自 2014 年 3 月 1 日起企业不再需要像过去那样每年都要上门到工商机关递交书面年检材料。企业只要在规定的期限内,通过市场主体信用信息公示系统向工商行政管理机关报送年度报告,并向社会公示就行了。关于企业年度报告与公示的内容以及发布方式,国家将制定专门的规定。年报公示制度使企业相关信息透明化,任何单位和个人均可查询。工商部门将建立公平规范的抽查制度,按照规范的工作程序对企业年报情况进行抽查。

6.2.2 新企业刻制印章

工商登记注册完成、领取营业执照后,作为一个经济实体,企业必须开展各项经营活动,与外部单位进行各种业务往来,对企业内部实行各种管理,这时企业就需要有作为企业权利和信用证明的印章。因此,企业成立后就必须刻制各种印章来保证正常的运营。

1. 印章的种类

印章是一个统称,包括公章、财务章、税务章、合同章、法人代表章等。

第一,公章是代表整个企业或单位的,用于对外一切公务的印章。盖了公章的文件具有法律效力。若单位没有合同专用章可以使用公章代替。

第二,财务章是用于财务方面的专用章。用于银行开户、办理财务业务和货币结算业务等与财务相关的所有业务,一般由企业的财务人员专门管理。

第三,税务章也称为发票专用章,一般是指增值税专用发票销货单位税号章,是刻有公司税务登记证上税号的印章。在销售产品,开具销售发票时使用。

第四,合同章是企业签订合同或协议时使用的印章。

第五,法人代表章是在对外业务中需要企业法定代表人签字盖章时使用的印章。在与银行的业务往来中,一般与财务章共同使用,作为预留银行的开设账户用的印章,用来办理银行收付款业务。

2. 刻制印章的有关规定

盖有企业印章特别是公章的文字资料代表着企业的决定和意见,国家对企业印章的权威性进行保护。这种保护是企业正常运行的基本条件之一。所以工商管理部门对企业印章的刻制有着严格的规定。

第一,公章一律为圆形,公章上的名称采用国务院公布的简化宋体字,自左而右弧形排列。

第二,公章、财务章、合同章必须经公安局批准并备案,必须在公安局指定的刻印点刻制,不允许私自刻制。刻制发票专用章必须通过地方国税部门备案,法人代表章无须在指定刻印点刻制,但必须在有关部门备案后方可有效。以上印章都必须有专人保管。

3. 刻制印章的程序

第一,新成立的企业在取得工商营业执照后,应当在一个月内办理申请刻制印章。须持《营业执照》副本和复印件各一份,法定代表人和经办人身份证原件及复印件各一份,到当地公安分局办证大厅或政府行政服务中心公安窗口申请办理印章持章证(也称为印章准刻证)。

第二,持印章到由公安机关审核批准、指定的具备合法刻章资质的企业刻制印章。

第三,刻制完成后在公安机关及相关业务主管部门留底备案后方可启用。

6.2.3 新企业办理组织机构代码证

1. 组织机构代码的概念

组织机构代码是指由组织机构代码主管部门的技术监督局根据国家关于实行统一代码标识制度的规定,赋予中华人民共和国依法注册、依法登记的机关、企事业单位、社会团体及其他组织在全国范围内唯一的、始终不变的、符合国际标准化组织(ISO)有关机构编码规则的法定代码标识。

全国组织机构代码由八位数字(或大写拉丁字母)本体代码和一位数字(或大写拉丁字母)校验码组成。为便于人工识别,应使用一个连字符"—"分隔本体代码与校验码。中华人民共和国组织机构代码证是组织机构的"身份证",简称代码证,是指组织机构代码识别标识的载体和法定凭证,分为正本和副本。正本为纸质证书,副本包括纸质证书和电子证书智能 IC 卡。组织机构代码证书由国家质检总局统一确定式样、内容,由全国代码中心统一制作和管理。

2. 组织机构代码证的具体应用

代码证已在银行基本账户管理、贷款、税收征管、国家统计、质量技术监督管理、公安车辆管理、国有资产登记、清产核资、海关管理、外经贸业务管理、外汇管理、人事管理、社会保险和医疗保险、大型国家普查等领域应用。

根据公司或企业种类的不同,代码证书分为《中华人民共和国企业法人代码证书》和《中华人民共和国企业代码证书》。前者是取得企业法人资格的合法凭证,有限责任公司和一人有限责任公司等有限公司即属此类;后者是合法经营权的凭证,不具备法人资格的个人独资企业和合伙企业核发该种执照。向个体工商户赋码和颁证时不做硬性要求,根据自愿申请原则,对持有工商营业执照,有注册名称和字号,有固定经营场所,并需要开立银行账户的个体工商户进行赋码并颁发组织机构代码证书。

3. 办理组织机构代码证应提交的材料

办理组织机构代码证一般要求提交的材料有:单位公章;营业执照副本原件和复印件;法定代表人(负责人)、经办人身份证复印件(新版身份证要正、反面复印,用 A4 纸);工商部门颁发的"名称预先核准通知书"复印件;组织机构代码证申报表。

4. 办理组织机构代码证的程序

应在取得营业执照之日起 30 日内申请组织机构代码证,基本程序如下。

第一步:到技术质量监督局或行政服务中心质量监督窗口,填写《组织机构代码证申报表》并提交申请材料。

第二步:技术质量监督部门对申报材料和证件及所填申报表进行审查并赋予代码。

第三步:企业领取代码证书正本、副本和电子副本(IC 卡)。

6.2.4 新企业办理税务登记

1. 税务登记的概念

从事生产、经营活动的企业单位和个人,应当自领取营业执照之日起 30 日内,持税务机关要求提供的有关证件和资料到生产、经营所在地或者纳税义务发生地的主管税务机关的"税务登记"窗口或行政服务中心税务窗口申报办理税务登记,如实填写税务登记表,经审核后领取税务登记证。如果是服务业、建筑业、饮食业等缴纳营业税的业户,要到地税局办理;如果是缴纳增值税的业户,要到国税局办理。目前,对个体工商户的税收管理一般采取"定期定额"的方式,新开业户的税额定额要经当地主管税务机关核定。

税务登记又称纳税登记,是税务机关依据税法的有关规定,对纳税单位和个人的生产经营活动进行登记管理的一项基本管理制度,是征、纳税双方法律关系成立的依据和证明,也是纳税人必须依法履行的义务。

2. 税务登记证的用途

除按照规定不需要提供税务登记证之外,纳税人办理下列事项时,必须持税务登记证件。

第一，在银行或其他金融机构开立基本存款账户或其他存款账户。

第二，申请减税、免税、退税。

第三，申请办理延期申报、延期缴纳税款。

第四，领购发票。

第五，申请开具外出经营活动税收管理证明。

第六，办理停业、歇业。

第七，其他有关税务事项。

3. 税务登记的管理规定

第一，国家税务局、地方税务局对同一纳税人的税务登记应当采用同一代码，信息共享，一般情况下从事工商行业者税务登记由国税办理，从事其他行业的税务登记由地税办理。

第二，税务机关对税务登记证件实行定期验证和换证制度。纳税人应当在规定的期限内持有关证件到主管税务机关办理验证或者换证手续。

第三，纳税人应当将税务登记证件正本在其生产、经营场所或者办公场所公开悬挂，接受税务机关检查。

第四，纳税人遗失税务登记证件的，应当在 15 日内书面报告主管税务机关，并登报声明作废。

第五，从事生产、经营的纳税人到外县（市）临时从事生产、经营活动的，应当持税务登记证副本和所在地税务机关填开的外出经营活动税收管理证明，向营业地税务机关报验登记，接受税务管理。

第六，从事生产、经营的纳税人外出经营，在同一地累计超过 180 天的，应当在营业地办理税务登记手续。

第七，纳税人应按照国务院税务主管部门的规定使用税务登记证件，税务登记证件不得转借、涂改、损毁、买卖或者伪造。

4. 办理税务登记时应提交的材料

办理税务登记时应有的手续依照行业、经济性质与具体相关事务的不同而有所区别，所以税务登记办理前应咨询相应税务机关。但一般情况下，税务登记时应向税务机关如实提供如下相应证件和材料。

第一，营业执照或其他核准执业证件原件及复印件。

第二，组织机构统一代码证及复印件。

第三，法定代表人或负责人或业主的居民身份证、护照或其他合法证件及复印件。

第四，租房合同或房产证及复印件。

第五,工商局出具的开业通知书及复印件。

第六,合伙人或出资人清单。

第七,企业章程及复印件。

第八,税务登记表。

第九,税务机关要求提供的其他有关证件和资料。

办理税务登记手续后,一经领取相应的发票,每月不管有没有收入,都必须在特定的时间段内向税务管理部门办理税务申报手续。现在大多数企业都是采用网上申报,第二年年初再将上年全年的申报表纸样送税务机关备案。

6.2.5 新企业开立银行账户

1. 银行账户的概念

银行账户是指各单位为办理贷款、结算以及现金收付,而在银行开立的户头。具有监督和反映国民经济各部门、各单位活动的作用。开立存款账户是与银行建立往来关系的基础,只有在银行开有账户才能委托银行办理各种资金往来业务。

2. 开立银行账户的种类和规定

按照《银行账户管理方法》的规定,银行账户分为基本存款账户、一般存款账户、临时存款账户和专用存款账户四种。各种账户均有不同的设置和开户条件。

1）基本存款账户

基本存款账户是指存款人办理日常转账结算和现金收支的账户。存款人的工资、奖金等现金的支取,只能通过此账户办理;基本存款账户的开立须报当地人民银行审批并核发开户许可证,许可证正本由存款单位留存,副本交开户行留存;存款人只能选择在一家银行的一个营业机构开立一个基本存款的账户,不得同时开立多个基本存款账户。

2）一般存款账户

一般存款账户是指存款人在基本存款账户之外的银行借款转存或与基本存款账户的存款人不在同一地点的附属非独立核算单位开立的账户。存款人可以通过此账户办理转账结算和现金缴存,但不能办理现金支取。

3）临时存款账户

临时存款账户是指存款人因临时经营活动需要开立的账户。存款人可以通过该账户办理转账结算和根据国家现金管理规定办理现金收付。

4）专用存款账户

专用存款账户是指存款人因特定用途需要开立的账户。专用存款账户设置的条件是根据《银行账户管理办法》的规定,存款人对特定用途的资金,由存款人向开户银行出具相应的证明即可开立该账户。特定用途的资金范围包括基本建设资金、更新改造资金、住房基金、社会保障基金，以及具有其他特定用途而需要专户管理的资金。

3. 开立基本存款账户应出具的材料

存款人申请开立基本存款账户，应向开户银行出具以下证明材料。

第一，营业执照原件和复印件。

第二，税务登记证原件和复印件。

第三，组织机构代码证原件和复印件。

第四，法人身份证或负责人身份证原件和复印件。

第五，若是他人代理，需要法人授权书和经办人身份证原件和复印件。

第六，单位公章、财务章、法人代表章。

需要特别说明的是，在开户时需要在银行预留印鉴，也就是财务章和法人章。印鉴要盖存在印鉴卡片上，留在银行。印鉴卡片上填写的户名必须与单位名称一致，同时要加盖开户企业财务章和企业法人代表章。当企业需要通过银行对外支付时，先填写对外支付申请，申请时必须有如上印鉴。银行经过核对，确认对外支付申请上的印鉴与预留印鉴相符，即可代企业支付。开立基本存款账户需要经过人民银行的审批，所以完全办理完毕大概需要一周到两周的时间。

基本户办完之后才能开一般户、临时户和专用户。

4. 开立银行账户的程序

开立银行账户的程序包括以下几个步骤。

第一步：提交有关开户证明。

向银行提交开立账户应出具的营业执照、组织机构代码证等材料，经银行审查同意后，由银行发给开户申请书。

第二步：填写开户申请书。

按照要求填写申请书，由单位盖章后交由银行审查。

第三步：填写印鉴卡。

印鉴是开户单位委托银行从自己的账户中支付款项时，留给银行核对鉴定支付款凭证印章的底样。银行在为单位办理结算业务时，应该在印鉴卡片上预留印鉴，以保障开户单位的存款安全。印鉴卡片上应盖有开户单位公章并载有财务主管及会计经办人员名单。

第四步：获得银行的账号并确定账户的使用方法。

经银行审核同意，并凭中国人民银行当地分支机构核发的开户许可证，即可开立账户，获得银行编发的账号。

银行设立的账户,从使用方法上分为支票户和存折户。支票户是指使用银行支票办理支取现金、转账付款业务的账户。存折户是指在开立账户后,由银行发给用户单位一个存折,业务发生时,无论存取现金还是转账收付,都要凭存折办理。此账户适用于账面金额小,业务发生少,缺少专职财会人员的单位和个体经营户。

第五步:缴存开户款项。

开户申请获准后,开户单位应到银行缴存一定数额的资金。通常,第一笔开户存款应以转账的形式缴存。如开户单位持工商局所开转资证明或开户许可证入资时的原始进账单等材料,划转注册资金到缴存银行。个体经营户可持现金开户。

第六步:领取业务凭证。

开户后,为了能使用银行账户办理业务,开户单位要向银行购买各种业务所需的凭证。如现金存款凭证、进账单、信汇凭证、电汇凭证、转账支票等。

 **本章小结**

涉及创业的法律有很多,企业法定组织形式主要包括个人独资企业、合伙企业、有限责任公司(包括一人有限责任公司)和股份有限公司四大种类。个体工商户虽不是法定企业组织形式,但也是众多创业者首选的组织形式。创业过程中所涉及的法律主要包括著作权法、商标法、专利法等。此外,创业者还应在创业过程中遵守税法、合同法、劳动法、反不正当竞争法、税法等法律制度的相关规定。

我国的创业扶持政策主要由各个省市地方政府制定,包括税收优惠政策、融资服务政策、鼓励科技创业政策、场地扶持政策、非正规就业政策、创业能力提升政策六大项。大学生创业扶持政策作为我国创业扶持政策的一部分,也正逐渐规范完善化,政策覆盖面和涉及面越来越广,并且有针对性地向农村、西部等地区倾斜。

创建新企业时还应注意伦理问题,包括创业者与原雇主之间、创业团队成员之间、创业者与其他利益相关者之间的伦理问题。而企业也需要注意主动承担社会责任,从而获得社会认同。

新企业要正式开业运营,需要进行相关的注册登记,并且在申请登记时需要提交规定文件。新企业开办的程序一般包括企业名称预先核准、企业登记注册、领取营业执照、刻制印章、办理组织机构代码和税务登记以及开立银行账户等。当有劳动用工关系时还应该办理社会保险登记。

住所和经营场所是开业必须具备的基本条件之一,经营地点的选择主要需要考虑市场因素、产业聚集因素、资源因素、环境环保因素、地方政府政策因素、人文因素等。不同行业的企业具有不同的选址策略。

案例分析

用心策划完美的"爱情电影"——中君博纳公司的创业之路

仲建军是江苏省镇江市的一名普通青年,当他2002年进入大学时,可能并没有想好今后要从事什么职业。而当他大学毕业决定开始独自创业时,估计也没有想到几年之后的他将成为一家注册资本为50万元的公司的老板。从个体工商户到有限责任公司,从单一的婚礼策划到专业的营销策划。仅仅6年的时间,各类创业扶持政策伴随他渡过一个个难关,仲建军完成了从一名大学生到创业者的华丽蜕变。

一、创业起步

仲建军创业遇到的第一个问题就是"做什么"。2005年大学刚毕业,他便信心百倍地踏上了创业之路,准备搞办公用品批发。而市场也给这个"愣头青"结结实实上了一课,没多久生意就失败了。经历这次失败,仲建军冷静了很多,他发觉一名刚踏上社会的大学毕业生搞创业,仅凭自己的一腔热血是绝对不够的,需要收集更多的信息,了解市场,做好充分的准备。

2005年一个偶然的机会,仲建军在好友婚礼中当伴郎,这位好友很新潮地请来南京的婚庆策划公司为他策划婚礼,高雅的场地布置、炫目的声光效果、有趣的环节设计等都让人耳目一新。这场策划花费了3 500元钱,在当时的镇江市是几乎没有的。仲建军不仅被这场婚礼所吸引,更是敏锐地抓住了其中的商机,决定把创业的目光投向婚礼策划这块新兴市场。这次他谨慎了很多,不仅广泛收集信息,还去上海、杭州等地学习。鉴于场地、资金实力等因素局限,他决定选择设立门槛较低的个体工商户。当他去工商局注册时得知,政府针对毕业两年内的大学生创业者有特别的优惠扶持政策,不仅免除了设立登记等相关行政收费,还在三年内免除营业税、个人所得税、城建税、教育费附加等。这些政策无疑给创业初始的仲建军打了一剂强心剂,他的"爱情电影婚礼策划"就这样顺利开业了。

接下来,和无数创业者一样,仲建军遇到了严重困扰自己的资金问题。当时绝大多数镇江人结婚时都没有找婚礼策划的意识,整整8个月,他没有接到一单策划。但除去日常基本开销,他还需要不断购置幕布、"T"台等设备来迎接即将到来的顾客。惨淡的生意让仲建军非常沮丧,甚至一度想过放弃。但他相信人的消费观念会逐渐变化,市场会逐渐接受这个新兴行业。于是他依据镇江市大学生创业小额贷款的相关政策,顺利申请到10万元贷款,贷款利息财政全额补贴,贴息期为2年。另可展期一年,展期不贴息。正是这10万元,让仲建军渡过了创业初期的资金难关,也支撑着他迎来第一位顾客。

二、创业升级

随着镇江人结婚的理念逐渐发生改变,凭借优良的服务品质,仲建军的"爱情电影婚礼策划"生意逐渐红火了起来。仅2009年一年,他就为200多对新人成功策划了婚礼,在市民中已经有了一定的知名度。但市场是残酷的,一个行业的兴起,必定有它逐渐饱和的一天。近两年来,镇江的婚庆公司犹如雨后春笋一般一家家地开了起来,市场竞争非常激烈,同其他行业一样也打起了价格战,虽然"爱情电影婚礼策划"凭借早期的口碑,客户相对稳定,在镇江市场业绩位列前三,但是整体的利润较往年有一定幅度下降。经过反思,仲建军认识到,要把自己的事业做得更大,必须要进行转型升级。于是他在婚庆订单稳定的情况下,努力寻找新的盈利项目。2010年,通过一次偶然的机会,仲建军为一家大型外资企业策划了一次年终酒会。这次策划案的成功让他明确了今后的发展方向:从只针对个人客户转为拓展企业客户,业务范围从单纯的婚礼策划逐步发展为专业的营销策划。

随着仲建军创业升级的念头愈加强烈,他也清醒地看到个体工商户这个载体的缺陷。一些企业客户慕名而来,前期洽谈非常顺利,但当发现仲建军只是个体工商户时便对他的资金实力等产生疑问,质疑他履行较大合同的能力,转而拒绝与他合作。个体工商户设立程序简便,没有最低资本数额要求,税收数额、方式也更灵活,适合创业者在初期开展创业。但由于个体工商户不是法定的企业组织形式,不具有法人资格,缺乏规范的管理运作,几乎不可能进一步发展壮大。而经过这几年的摸爬滚打,资金、场地、创业团队等基础已基本具备。于是在2011年,仲建军与他的创业团队共同设立了中君博纳营销策划有限责任公司,注册资本为50万元。

公司成立的喜悦并没有冲昏仲建军和他的创业团队的头脑,他们知道成立公司是个新的开始,意味着更大的挑战。公司的管理、运营、风险控制等都必须规范化,而在这个团队中没有人是"科班出身",缺乏足够的理论知识和管理公司的实战经验。为了弥补不足,仲建军经常利用中小企业服务网络平台,在网络上向专家询问政策、法律、税收等问题,还积极参加镇江市中小企业举办的创业辅导培训。负责培训的教师包括行政服务机构、大专院校的工作人员以及本地企业家,他们不仅帮助中小企业提高经营管理、政策运用、整合能力,而且还给创业者提供了良好的沟通平台。

三、运用法律手段为创业保驾护航

在这些年的创业过程中,仲建军遇上了大大小小的各类法律问题,但最常见的还是恶性竞争带来的侵犯商业秘密问题。

某家公司搞年终晚会,通过朋友介绍,仲建军和相关负责人取得了联系。在了解客户的要求后,中君博纳公司的策划人员为客户精心设计了整个活动晚会,并在和负责人沟通后基本商定了价格,双方觉得都比较满意,客户负责人称和领导请示一下即可签合同。由于前期洽谈十分顺利,出于对客户的信任,仲建军就将整个方案留在了客户负责人那里。没想到第二天接到对方电话,说另有其他公司给出和中君博纳公司一样的方案,但价格低了近 20%,以此拒绝了和中君博纳公司的合作。

事情发生后,仲建军一下子蒙了,很明显这是客户负责人找了另一家公司,将中君博纳的方案拿给了对方,由于不正当竞争,这个生意就此泡汤了。虽然生意没做成,但是给仲建军的启发很大,他意识到做策划这一行的特殊性,要避免恶性竞争,除了自己小心之外,还必须要运用法律手段保护自己的权益。为此,他特地向专攻知识产权事务的律师请教解决方法。在律师的指导下,仲建军了解到给客户所做的策划方案属于商业秘密的范畴,受国家法律保护。此外,律师还给仲建军支招,提示他今后在签订正式合作协议之前,并不急于将策划方案的全部内容交给对方,先把方案的大致内容告知对方,等正式签订协议,给付部分费用后再给出完整方案。为进一步避免类似情况的发生,在与正规公司合作的过程中,仲建军采取了与接触策划方案相关人员签订保密协议的方法,对接触策划方案相关人员的保密义务、违反协议后的处理方式等进行详细的规定,以此来约束双方的行为,最大限度地保护公司的合法利益。

如今,中君博纳营销策划有限责任公司已逐步迈上正轨,已为多家客户策划出优秀的营销方案,如中铁三局京沪高铁镇江段阶段性宣传策划、工商银行镇江市分行 VIP 客户活动策划等。在这条创业之路上,仲建军和他的团队用自己的不懈努力,收获了成功的果实。

资料来源:根据创业者仲建军所提供的相关素材整理。

讨论题

1. 试分析仲建军选择个体工商户,后又转为有限责任公司的原因。
2. 仲建军采取什么方法保护自己的商业秘密?
3. 根据本案例,试分析创业者应如何利用好国家创业扶持政策。

 本章习题

1. 我国企业的法定组织形式有哪几类? 个体工商户是不是企业?
2. 试分析有限责任公司和股份有限公司的异同点。
3. 近年来我国的大学生创业扶持政策有哪些新发展?

4. 新企业应注意哪些伦理问题？

5. 如何进行新企业的选址？影响高新技术企业选址的因素主要包括哪些？

6. 试描述企业开办流程。

7. 新企业如何进行开业的登记注册？应提交的文件材料包括哪些？

8. 什么是公司章程？公司章程为什么至关重要？

第7章

新企业生存管理

本章要点

- ☺ 新企业管理的特殊性
- ☺ 新企业成长的驱动因素
- ☺ 新企业营销管理的技巧和策略
- ☺ 新企业财务管理的技巧和策略
- ☺ 新企业人力资源管理的技巧和策略
- ☺ 新企业的风险投资与化解

贝贝云的畅想

罗小钊,2009 年毕业于南京财经大学经济系,系阿里巴巴 B2B 销售类岗位第一批大学校园招聘生;2011 年年初离开阿里巴巴,与朋友在北京创办爱一起乐网——专注于游乐园领域的旅游资讯平台,由于资源合作伙伴的变故项目终止;2011 年 9 月加入雅座在线,负责江苏区域的市场拓展,建立苏州、无锡办事处;2013 年年初,创办老榕树网站——邻里生活服务平台。在邻里社区网站项目的市场拓展中,创业伙伴们发现:由于中国国情的特殊性,现代邻里之间交流的触点主要在于小孩和宠物,家长尤其是孩子的爷爷奶奶非常关心孩子在幼儿园的生活状况;而幼儿园既是小孩的聚集地,也是对家长们具备高黏性的重要社区。因此,基于原有的互联网社区思路和用户触点思维,创业伙伴们意识到了连接小孩及家长的幼儿园信息服务平台存在着巨大的商业价值;在对该领域大量的市场调查基础上,确立了以幼儿园为基础、以宝贝成长为核心的幼儿园家长社区服务平台的思路。

三位共同创办老榕树网站的创业伙伴,开始创业项目的原型设计和寻求天使投资人。在这一过程中,已与罗小钊熟识多年的王翱听说了这个项目的想法后非常感兴趣。王翱 2000 年毕业于东南大学,创办了多家贸易及工程类公司。经过反复的考察、调研、交流,2013 年年底,几位创业伙伴与天使投资人王翱共同启动了

Babyun 项目；2014 年 2 月，注册南京贝贝云网络科技有限公司，王翔作为公司种子期投资人，罗小钊任公司总经理。

在公司成立之初，创业伙伴们敏锐地意识到：在互联网发展的现阶段，在一个垂直的细分领域，单纯的互联网工具类产品很难取得持久的生命力，必须深入结合幼儿教育行业的特性，才能真正推动移动互联网技术在幼儿教育领域的改造。于是，在大家共同的努力下，顺利地与南京师范大学教育科学学院达成战略合作伙伴关系，一方面确保产品的开发方向符合幼儿教育行业的需求；另一方面也能够使得公司较快地获得市场的认可度和信任背书。2014 年 4 月，Babyun 1.0 版本上线，组建核心团队，招募首批员工，在南京 5 家幼儿园进行产品内测，经过市场反馈，不断调整产品，并着手 Babyun 2.0 版本的开发；2014 年 5 月，开始组建杭州办事处，并拓展杭州市场；2014 年 8 月，组建合肥、福州、青岛办事处；2014 年 9 月，Babyun 2.0 版本上线，签约幼儿园数突破 100 家，陆续组建运营团队和市场团队；2014 年 11 月，签约幼儿园数突破 200 家，同时启动融资；2014 年 12 月，完成首轮数百万人民币的 pre-A 轮融资；截至 2014 年年底，实现签约幼儿园 350 多家，并覆盖江苏、浙江、安徽、福建、山东五个省份，同时开始推进湖南、湖北、广东、上海等省市的市场拓展。

资料来源：南京贝贝云网络科技有限公司提供，周辉、罗小钊整理。

企业从创立之初到其摆脱生存困境，并步入规范化管理这一过程，如果按照企业"初创、成长、成熟、衰退"的四阶段生命周期来看，新企业显然是指处在生命周期第一个阶段的企业，这时企业首先要考虑的问题是生存下来。由于新企业立足未稳、实力较弱，加上企业内外部环境变幻莫测，企业必须十分重视各项管理决策工作。因此对于新企业而言，此时最为重要的就是认知企业存在的主要风险，通过有效的市场营销管理、财务管理和人力资源管理等职能手段规避和化解风险，积累相关资源，加快企业进入快速成长期。

7.1　新企业管理的特殊性

新企业的成长在第一阶段初创期中一般需要经历三个时期，即初创期、调整期、快速发展期。其中"快速发展期"决定着企业能否长期发展的命运，决定着该新企业能否真正成为创业者心中期盼的企业。全球创业观察（GEM）报告中的新企业指成立时间在 42 个月以内的企业。当然，不同的研究机构和媒体对于创业期究竟有多长并无统一的标准。

7.1.1 新企业的特征

1. 新企业管理模式基本上是以创业者个人能力和魅力维系的"人治"模式

新企业创立之初，创业者往往会深入每一个企业的细节和运作环节：亲自谈判、亲自招聘、亲自制订工作计划，这种方式既能够使得创业者对经营全过程了如指掌，在业务上越来越精通，同时也表明创业者对创业风险的担忧和对创业成功的期盼。在这一阶段，企业的内部管理制度、团队成员之间的磨合等都还很不成熟，企业的运行和秩序的维护主要靠创业者的个人能力和人格魅力，来激发企业员工的主动性和自觉性。因此，创业者的业务能力、领导魅力、管理能力以及创业团队的目标共识、沟通机制及协调决策等决定着企业的生存发展。

2. 新企业行动目标是以立竿见效的销售业绩目标导向为主

新企业要得以持续发展，生存是第一要务，而生存的唯一理由就是产品或者服务能够打开市场，被市场认可，有销售业绩才能带动企业成长。企业的绝大多数人，包括创业者及创业者的亲戚、朋友都会被带动起来，通过各种人际关系和宣传渠道争取客户。往往在这一时期，企业并不关注企业内部的制度建设和流程规范，而是开足马力，调动一切可以调动的力量，围绕市场，确定以销售业绩为主的目标导向。

3. 新企业是以充分调动"所有人做所有事"为主的群体管理阶段

企业的组织系统是在企业成长过程中逐渐建立起来的，包括设立正式的部门、规范企业制度、完善岗位设置、建立企业文化等。但在企业初创期，大部分情况下是员工身兼数职，在分工的基础上更强调合作，依靠初创期员工的主动、自觉建立起自组织系统。因为在初创期，员工一般会有比较强烈的工作热情和团队精神，期盼能在新企业中体现自身的贡献和价值，只要企业有什么工作需要，大家都会比较自觉地齐心协力，按照角色划分相互配合，共同完成。

7.1.2 新企业的优势与问题

新企业其实也拥有许多大企业或成熟企业所不具备的优势，借助这些优势，创业者或创业团队也能在市场竞争中扬长避短，着力壮大自己的企业：一是没有成功带来的包袱，这是创业者最大的优势。大企业经过几十年的经营积累，或多或少都会形成一套墨守成规的做法。比如，员工众多的企业喜欢维持现状，避免变化可能带来的风险，而新企业的创业激情和创新热情是许多成熟企业无法比拟的。二是上下同欲，组织运行效率高。新企业内部结构简单，人员精干，员工对未来的憧憬和期待激励他们的行动，工作效率较高，合作氛围较强。三是新企业对市场变化、客户要求更加敏锐,行动也更加迅捷,能及时响应市场及客户的需求。

当然,新企业与成熟企业相比较,也存在一些客观上的不足。

1. 新企业市场资源缺乏

新企业是行业中的新兵,对于中间渠道以及最终客户来说都还比较陌生,短时间之内也很难迅速树立起企业形象和品牌的知名度、美誉度。尤其是原有行业的品牌忠诚度较高,存在一定的产品转手成本的时候,新企业的市场进入障碍无疑较大,再加上新企业的产品差异化程度不高,企业进入市场的难度加大,这对新企业短期内打开市场不利。

2. 自由现金流偏出

所谓企业自由现金流就是不包括融资,不包括资本支出以及纳税和利息支出的经营活动的净现金流。自由现金流一旦出现赤字,企业就将发生偿债危机,导致破产。对于新企业来说,自由现金流的运作管理至关重要,创业者必须高度重视资金流运作,加速周转,节省开支,以避免资金风险。

3. 企业员工还处在不断的磨合期

新企业由于经营运作时间不长,员工的岗位职责、岗位关系、岗位权限都还不是特别明确,相互之间也还在不断磨合,难免会造成角色定位偏差、角色定位冲突的现象。

4. 管理制度和业务流程不规范

新企业由于缺乏管理经验,有些制度和业务流程是简单地复制其他企业的,但是由于各个企业的差异化,这些克隆制度并非有效。企业要在成长过程中经历一些突发事件以及管理中的困难和问题,在寻求解决方案的过程中逐渐建立和完善企业的管理制度和业务流程。逐渐地标准化才能使得企业的日常管理工作成为常态,企业管理模式才能从"人治"自然地过渡为"法治"。

5. 因人设岗,岗位职责交叉、重叠或者空缺的现象较为严重

在初创期,企业人员所承担的责任和义务是重叠、交叉的,由于初创时期许多岗位的工作量不大,因此许多人员一人身兼数职的情况比较多,这时的企业是围绕人,不是围绕工作本身进行组织的。企业的组织结构设计也并不是很规范,创业者往往也是比较随意地对人员的分工、职责进行安排和调整,能力强的下属会被安排更多的工作,相互之间的职责交叉、重叠、空缺的现象也就不足为奇了。

6. 工作目标和工作计划随意性较强

企业创业初期,虽然也会有工作计划和目标,但是由于企业追求短期利益,以追求市场销售业绩为导向,因此,常常会被客户的要求和节奏所牵引,工作计划和目标往往会被打乱,而公司上下对计划所遵循的态度是:计划没有变化快。

7.2　新企业成长的驱动因素

新企业的主要问题是要解决生存问题,此时的企业最为关注的就是如何快速成长和扩张,只有企业的市场份额和企业自身达到一定的规模,企业的运行才能逐渐向稳定、规范、标准的方向转型。

7.2.1　内部驱动因素

1. 创业者的愿景与能力

创业者对企业的发展目标和成长愿景十分清晰,工作充满激情,对企业的成长和发展有着强烈的欲望,把创业当作一种事业发展的平台,不是简单地享受通过创业给个人带来的短期的利润和满足于物质生活水平的提升,而是有着把企业做大做强的长远战略计划和企业家的心胸和气魄。

创业者具备开拓市场、把握产品方向、整合资源、打造企业发展平台的能力。创业者不仅要有明确的目标和充沛的体力、活力,还要有强大的创业能力。一是对外部资源的整合与市场机遇的把握;二是对企业内部的运作平台的打造和产品技术的发展方向要有预见性和洞察力。

创业者面对市场竞争和环境变化的挑战,有着良好的心理素质和坚毅刚强的逆境商。创业初期,企业难免会遇到各种各样无法预见的困难,创业者要有坚定的信念和执着的追求,在逆境中涅槃重生。

2. 企业技术突破性创新与产品服务的差异性

企业在创业初期能够抓住行业技术发展演变的趋势,进行有效的技术创新与变革,尤其可贵的是能把握住行业突破性技术创新的方向和脉搏,使得产品的发展符合市场发展的规律,企业的产品和服务有别于其他成熟企业,能创造独特的市场价值,这样能推动企业快速地成长和发展。突破性创新能够导致产业技术趋势的变化而引致产业格局的重大改变。新企业在某一核心技术领域实现重大技术突破或有重大发明而产生突破性创新后,相同技术领域的多个企业持续推进技术演进,直至一个或多个企业组成的联盟企业取得产业技术发展趋势的主导地位,学术界将之称为主导范式地位的创业模式。这种模式尤其在电子、信息、新材料、新能源、生物技术领域出现较多。

3. 企业资源的配置与积累

企业资源主要包括物质资源、人力资源、资金资源和无形资源等。企业成长过程中资源优势能够帮助企业具备一定的竞争力,但是在长期发展中,企业要善于运用企业资源的配置和积累来赢得企业未来的竞争利器。正如象棋比赛，博弈双方对资源在空间和时间上的不同配置方式决定了棋局的未来走势。资源的配置方式代表了企业未来竞争优势的积累方向，同时也是企业资源配置高效率、企业运行平台和运行模式的实现途径。

7.2.2　外部驱动因素

1. 市场发展的速度

新企业在选择进入的行业领域时应该充分分析其市场增长潜力，新企业的成长与发展非常重要的一个因素就是行业市场的快速发展，市场容量的迅速扩大能带动众多的新企业快速成长。20 世纪 90 年代后期的互联网网络经济的快速发展造就了许许多多的新经济企业就是最好的例证。

2. 客户需求的进一步细分

客户需求的多元化细分有利于新企业瞄准新兴的细分市场，在新兴的细分市场中成熟企业的市场竞争优势还未能建立和渗透，且一些大企业对于新兴的专业细分市场也未必能关注，这就给了新企业一个良好的机遇。"蓝海"战略中一个重要的环节就是善于寻找行业市场中的新兴细分市场，例如日本的傻瓜相机是成功的典范。

3. 政府部门的相关政策与扶持力度

在一定时期内，国家的产业政策或者地方的区域经济发展规划都会引导和鼓励某些行业的投资和企业的创建。在这样的背景下，新企业如果能借助政府的经济扶持资助政策，进入相关的市场领域进行创业经营，无疑能得到更好的成长环境，推动企业的快速发展。

7.3　新企业营销管理的技巧和策略

新企业创建伊始，由于目标市场的潜在客户对企业不熟悉，无疑会对新企业的能力，产品的质量、交货期，经营者的信誉等问题产生疑虑。如何利用自身的优势，迅速地渗透市场，树立企业形象、打造企业品牌，获得市场或被同行接受，如何在短时间内与目标客户建立关系，这直接关系到新企业的成长和发展，也关系到新企业是否能够很好地规避初创期的市场风险。新企业必须在短时间内探求适合的营销技巧，制定最有效的营销战略和策略，充分展示新企业及产品在市场上的独特性、差异性的特征，提高企业及产品在市场上的知名度。

7.3.1 新企业营销特征

1. 新企业营销的首要任务是快速进入市场

新企业往往没有市场基础,品牌缺乏知名度,渠道的配合与支持也相对较弱,同时也缺乏足够的现金流支撑其长线经营,这更加迫切地要求新企业在短时间内必须迅速打开市场,获得客户认同,摆脱企业初创期生存的压力。

2. 新企业营销的关键是品牌传播

大多数新企业都认识到企业要发展壮大,必须开展品牌建设。但是在创业初期,由于受制于资源约束或者缺乏长远的品牌战略目标,甚至有些创业者把品牌建设简单地理解为就是做广告,就是造影响,使得品牌建设缺少层次感甚至方向性。因此,新企业应该有全新的品牌诠释和系统的品牌内涵,由内而外、持续坚定地向消费者和社会公众传递品牌文化。

3. 新企业营销的目标具有阶段性

新企业营销的各个阶段,其目标和任务都不一样。成功的新企业营销可能需要历经凝聚创业团队的项目创意营销阶段,吸引投资者关注的商业计划营销阶段,寻求市场认同的产品/服务营销阶段,以及塑造品牌形象的企业营销阶段等。

4. 新企业营销策略灵活多变

新企业营销的实施环境更为动荡,具有很大的不确定性,这也使得创业者的营销策略必须更加灵活。一方面,其灵活多变的特征有助于创业者积极发挥优势,促进企业快速成长;另一方面,营销策略既需要高度灵活,又需要内在一致,自然也就加大了实施的难度。

7.3.2 市场再评估

新企业在进入市场、初尝市场成果之后仍然要考虑市场评估的问题:一是因为创业策划阶段的市场分析与实际进入市场之后的情况可能不一致;二是新企业面对生存压力还将考虑如何扩大市场、如何进一步开发产品种类、如何寻找新商机、如何巩固市场地位等问题。在这样的背景下,积极开展新一轮的市场分析可以帮助新企业开发符合顾客需求的新产品,找准自己的位置,并进行有效的营销策划。借助科学的评估,才能在激烈的竞争中抓住有利的机会,才能有效地回避市场危机,创造成功的机会。

1. 市场需求再分析

市场需求再分析,是指新企业进入市场后对产品或服务再次进行市场需求调研、分析及数据处理,以此作为企业产品开发和项目决策以及营销策略调整的依据,同时也可用于指导企业的生产、销售。对新企业而言,市场需求再分析应从更加深入地接近顾客、分析和验证顾客的真实需求入手。顾客真实的需求指顾客存在未解决的问题,而现有的产品或服务又不能提供一种解决方案。如果新产品能够更好地为顾客提供服务,满足顾客的需求,那么可以理解为存在真实需求。但是,值得注意的是,顾客的消费习惯都有保持现状的倾向,要真正实现顾客的转移,新产品必须有足够的吸引力。

如何判断是否存在真实的顾客需求呢?找出顾客的问题与渴望,就能找到真实的顾客需求。例如,日本的一次性尿布产品的开发正是缘于顾客对带孩子过程中洗换尿布的麻烦的抱怨。因此,顾客沮丧、抱怨的原因通常是真实需求的信号。

查找到顾客的问题并根据顾客的问题尽快拿出解决问题的方案,不断改进现有产品或研制出满足顾客需求并解决顾客的问题的新产品和服务,只有从模仿到改造再进行不断创新、不断优化产品结构,新企业才有实现顾客转移的可能,才能拥有市场。

企业在发展过程中要特别注意倾听顾客的抱怨,发现问题背后的商业机会,这样才能了解顾客的真实需求。要对顾客的抱怨和需求进行有效分析,发掘更有市场价值的产品,制订开发新产品新方案,满足顾客的需求。当然,在制订满足顾客需求方案的同时,要对方案进行经济可行性分析、市场潜在竞争分析。一个新产品方案的策划,首先要考虑它的成本应小于顾客所愿意承担的价格,同时具备独特性、差异性、难以复制性等,这样新企业才更具市场竞争性。

2. 准确把握顾客偏好

顾客偏好是顾客在重复购买过程中建立起对购买对象、购买方式的喜好。假如顾客在每次购买过程中都有相对较愉悦的购买经历,势必会形成相对固定的购买模式,从而建立起购买习惯,形成偏好。所以,顾客的购买习惯与偏好的形成与其经历、性格、成长环境、社会地位及受教育程度等多方面复杂因素相关。偏好从理论上而言不一定是顾客最优的选择,但应该是购买者心理上最优的选择、最佳的满足。

作为新企业,不仅要针对顾客的真实需求,提供相应的新产品,还应该了解客户的购买偏好,选择销售渠道、设计销售流程和服务模式。

3. 分析影响购买需求的产品主要属性

购买者的收入水平、偏好、对未来的预期及相关商品的价格(互补品、替代品)等因素影响着购买者的购买行为。产品的质量、价格、功效、外观、操作方法和售后服务,或者是其中的几种因素共同影响着购买者的选择。在实际购买过程中,顾客的购买行为与产品的属性很难一一对应,因此,要获得对顾客选择产品影响最重要的属性是很困难的。只有针对产品的属性,利用相关的分析方法,评估出每个属性的相对重要性,才能查找出对顾客影响的最重要的属性。

在成熟的目标市场中,新企业只有了解产品的某一属性或某些属性影响着购买者的决策,从而修正产品的不满意属性,使其更为接近目标顾客理想的产品,并将顾客偏好转化成实际的购买行为,才能增强其成功的可能性。在未被开发的市场中,新企业更要加大研发力度,开发出更优于市场产品的、更能满足目标顾客需求的新产品,尽快抓住市场机遇,抢占市场份额,成就新企业的发展。

当然,对新企业而言,在成熟的目标市场中,获取顾客的信息不同于现有企业,受时间、资金等因素的影响难以获得足够的信息量,这些也直接影响新企业对顾客的偏好的把握和对市场需求程度的分析。

7.3.3　新企业的营销策略

新企业的营销与成熟企业的营销不同,完全沿用成熟企业的营销模式对新企业不合适而且风险很大。成熟企业的营销策略是建立在有自己的品牌和形象、有雄厚的资金、有完善的销售渠道、有市场、有人才、有市场口碑、有自己特定的忠实顾客群这一基础之上的,而这一切正是新企业所缺乏的。新企业没有任何基础条件,要想走向成功,必须精心设计独特的营销策略。采取何种策略将技术或创意变为客户愿意购买的产品,如何将产品实现大规模生产和销售,是新企业面临的首要问题。

1. 产品差异化切入

市场定位是新企业营销管理的核心。如何扬己之长、避己之短是企业创业期制胜的关键。企业创立之初就要认真研究市场机会,拓展产品和市场的边界,从广阔的行业市场中寻找最适合的消费者群体。创新市场需求,从满足需求的角度去认识产品,创新产品价值,寻求自身特色和优势。新企业在制定产品策略的过程中必须要有清晰的产品上市思路,即企业先上什么产品,下一步再开发什么产品,产品结构升级的战略地图如何描绘。尤其是对于最初上市的产品,在产品决策之前必须有所了解:产品的哪些特质满足顾客的需求;哪些顾客接受本企业产品;产品在哪些方面优于市场竞争对手;产品制造的可行性、收益分析及市场前景如何。作为一个新企业,必须集中所有的优势和资源,力求在个别产品上打开市场缺口。这就要求新企业了解消费者的更深层次的需求,创造更优于竞争对手的产品。同时,在企业发展过程中,集中技术优势、资源优势、品牌优势对产品进行不断地修正和研发,以期从行业的开拓者或追随者成为行业领先者,并成为行业标准的标杆。华为公司就是从程控交换机入手,最终成长为行业的领军者。

2. 制订市场覆盖计划

新企业一定要选择重点区域市场作为根据地进行大力开拓,不要试图一开始就建立全国性的营销网络。一般要优先选择若干价值高、有实力、成长性好、行业影响大、地理位置优,或者原有关系的客户。要根据客户特征对每一个客户制定专门的销售策略,要发挥集体的力量来制定策略,发挥企业员工的聪明才智,建立整个公司的营销理念和销售流程。在对客户的选择上,新企业也应该区分识别,建立客户信息处理机制,进行分类分级管理。有些客户是不能直接给新企业带来经济回报的,但却可以帮其打开行业的大门,积累行业经验和品牌;有些客户虽然利润不高,但采购需求真实,财务和市场状况良好,在经济萧条期仍然能支持新企业;有些客户虽然利润很高,但财务状况不良,风险较大。

3. 寻找有效的促销支点

促销是企业的营销人员通过各种有利于销售的沟通方式如人员推销、广告推销、营业推广和公共关系等方式,针对目标顾客及其消费行为进行有效引导,促成购买的活动。一般有两种方式:一种是人员推销,即直接方式;另一种是非人员推销,即间接方式。新企业大部分面临的问题是产品及其品牌不为消费者所认知,更谈不上企业被社会认知。如何利用现有资源使有限的广告费用变得切实有效是企业经营者面临的共同问题。这就需要营销者在有效使用广告费用的同时,能灵活运用各种广告宣传工具进行企业宣传,如开展事件营销、选择有实效的赞助方式、撰写软文、选择合适的媒体投放、充分发挥关系网络和互联网等各种资源的作用等。一个有创意的促销策略,能够起到意想不到的作用。

新企业因其人力、财力等资源相对匮乏,应选择投入小、见效快的有创意的促销策略。

4. 注意把握渠道效率与风险的平衡

新企业要根据产品的特质选择不同的营销渠道模式。一般情况下,服务业因其服务的提供与消费之间不需要通过中间商而选择直接渠道。工业品销售也采用直接渠道,它可以根据用户的特殊需要进行加工、安装,同时便于用户掌握产品的特性、使用功能和方法,减少产品不必要的损耗,降低流通费用,能够掌握价格的主动权。而消费品的主要销售方式为间接营销,通过中间商进行销售,可以节约流通领域的人力、物力、财力和时间,降低销售费用和产品价格,同时可以集中精力积累生产技能,扩大流通范围和产品销售,对于生产者和消费者均有利。如饮料制造商,它的产品主要通过超市、社区便利店、加油站、报刊亭、快餐店、娱乐场所等与消费者连接,很显然它的营销渠道属于宽渠道模式。劳力士手表属于奢侈品消费,一般通过专业珠宝店特许经销,属于窄渠道模式。窄渠道营销因生产者与消费者之间的中间环节少,产品可以迅速到达消费者手中,企业能及时地了解消费者需求,便于企业调整决策,较好地控制产品营销过程。如对售前及售后服务有特殊要求、技术性强、保险要求高的产品应选择较窄的渠道,而对于标准化程度较高且单价较低的产品则应选择宽渠道。

新企业应根据产品的属性如价格、技术性、内外部特性等,还有市场因素如包括潜在消费者在内的消费者的分布、数量、购买习惯及购买批量,企业的资金、销售能力以及竞争者状况等方面因素,综合分析选择适合自身产品的有效的、可控的营销渠道。

新企业渠道的功能诉求有别于相对成熟的企业,应更关注信息传递、收集信息、树立形象、客户服务的作用;渠道结构应尽可能扁平化,选择渠道成员也应慎重,注重商誉和营销能力,建立有效的考核体系和风险控制体系。

5. 打造精干高效的营销队伍

无论是营销任务的推进还是渠道的构建,新企业的营销能力都是影响和制约企业能否快速发展的重要因素。因此,必须有效开展全员营销计划,凝聚队伍,培养企业良好的形象,获得广泛的社会认同。既要吸引有行业经验的专业人士,同时也需要引进拥有良好社会关系的市场开拓人才,在搭建营销队伍时,要注重队伍的整体质量。

7.4　新企业财务管理的技巧与策略

财务管理是以资金运动作为对象,利用价值形式对企业各种资源进行优化配置的综合性管理活动。对于新企业而言,能否充分利用企业有限的资金,使之进入良性循环,是决定该企业能否进一步稳定发展的一个非常重要的因素。在激烈的竞争中求得生存并持续地获利是新企业梦寐以求的理财结果。不断地提高企业利润,追求利润最大化,是新企业生存和发展的基本前提,也是保证其资本保值和增值的基础。新企业因资金相对比较缺乏,所以在财务管理中更加关注现金的流转,其内容主要包括财务管理的基础观念、现金管理和资本预算三个方面。

7.4.1　财务管理的基础观念

1. 资金时间价值观念

从经济学的观点来看,即使不考虑风险和通货膨胀,等量资金在不同时点上的价值量也不相等。现在的 1 元钱和一年后的 1 元钱的价值是不相等的,前者一般要比后者的经济价值大。因为现在的 1 元钱可以立即用于投资,一年后可获得一定的投资收益,使资金总额大于当初投资的总额,由此产生了资金具有时间价值的概念。

资金时间价值,是指资金随着时间的推移而发生的增值,也称货币时间价值。资金时间价值在量上表现为同一资金量在不同时间的价值量的差额。

资金时间价值有两种表现形式:一是绝对数表现形式,即货币时间价值额,是指资金在周转使用中产生的真实数额;二是相对数表现形式,即货币时间价值率,是指扣除风险报酬和通货膨胀补偿后的社会平均资金利润率。它与一般的利率是有差别的,只有在没有风险和没有通货膨胀的情况下,货币时间价值与利率才相等。

资金时间价值计算通常采取终值、现值的形式。终值又称将来值,是现在一定量资金在未来某一时点上的价值,俗称本利和。现值又称本金,是指未来某一时点上的一定量资金折合到现在的价值。终值和现值的计算涉及利息计算方式的选择。目前有两种利息计算方式,即单利和复利。单利是指一定期间内只根据本金计算利息,当期产生的利息在下一期不作为本金,不重复计算利息。复利则是不仅本金要计算利息,利息也要计算利息,即通常所说的"利滚利"。复利的概念充分体现了资金时间价值的含义,因为资金可以再投资,而且理性的投资者总是尽可能快地将资金投入合适的方向,以赚取报酬。在新企业财务管理中通常采用复利计息方法。

2. 风险价值观念

新企业刚刚走向市场,创业者自身所拥有的管理经验和技能相对不足,面对政治环境、市场环境、法律环境的变化,无法及时做出应对;同时,财务人员对财务的控制能力相对较弱,对财务风险缺乏一定的警惕性,这就使得风险成为新企业财务管理的一个重要特征,在新企业财务管理的每一个环节都不可避免地要重视风险。

风险一般是指在一定条件下和一定时期内可能发生的各种结果的变动程度。例如,抛一枚硬币,有正面朝上和朝下两种结果,每种结果出现的概率各占一半,但正面究竟是朝上还是朝下,谁也不能肯定,这就是风险。从财务管理的角度而言,风险就是企业在各项财务活动中,由于各种难以预料或难以控制的因素作用,使企业实际收益与预期收益发生背离,从而蒙受经济损失的可能性。

一般而言,投资者都厌恶风险,并力求回避风险。如果两个投资项目预计收益率相同,但一个项目的风险大而另一个项目风险小,则投资者必然选择风险小的项目。为什么有些人会进行风险投资呢?这是因为风险投资可以获得更多的额外收益,这种收益称为"风险价值"或"风险报酬"。风险价值是指投资者因为冒风险进行投资而获得的超过资金时间价值以外的额外报酬。

人们从事风险活动的实际结果与预期结果会发生偏离,这种偏离可能是负方向的,也可能是正方向的,因此,风险意味着危险和机遇。一方面,冒风险可能蒙受损失，产生不利影响；另一方面，冒风险可能会取得成功，获得风险报酬，并且风险越大，失败后的损失越大，成功后的风险报酬就越大。正因为巨大风险背后隐藏着巨大成功、高额回报的可能，这就成为人们冒风险从事各项经济活动的一种动力。风险与收益的并存性，使人们愿意从事各种风险活动。

可见，风险和收益的基本关系是风险越大，要求的收益率越高。各投资项目的风险大小是不同的，在风险投资收益率相同的情况下，人们会选择风险最小的项目进行投资，竞争的结果是风险增加，收益率下降。最终，高风险的项目要有高收益，否则就没有人投资；低收益的项目风险低，否则也没有人投资。风险和收益的关系如图 7-1 所示。

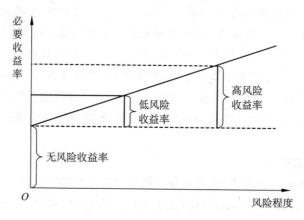

图 7-1　风险和收益的关系

从图 7-1 中可知，不考虑通货膨胀时，投资者进行风险投资所要求得到的投资收益率，即必要收益率，应是无风险收益率与风险收益率之和。

$$必要收益率＝无风险收益率＋风险收益率$$

因此，新企业的决策者要树立风险意识，在做财务决策时，如果风险已定，则应尽可能选择收益高的方案；如果收益已定，则要尽可能选择风险小的方案，使可能的损失达到最低。

3. 现金至上观念

现金作为企业经营活动的"血液"，一旦发生问题，企业就难以生存，更谈不上发展，也就无法实现既定的财务目标。企业的现金流动是否顺畅，无疑会关系到企业的"生命"。而忽视现金管理的企业，就有可能导致企业的"血栓"甚至"血液枯竭"。作为新企业，现金无疑是其生存和发展的关键所在。

现金至上是现代财务管理的核心理念，新企业的决策者必须确立现金流管理在企业管理中的地位。其含义包括：第一，现金是稀缺资源，企业不是任何时候都能筹集到资金的；第二，债权人通常只接受最具流动性的现金资产进行支付；第三，有利润而缺现金，企业将面临破产的风险；第四，无利润而有现金，企业可以坚持改善经营以图长远发展。现金流的大小在一定程度上体现了企业经营活动的效率和活力，企业的现金要能够维持不断周转，完成一个又一个营运周期，企业才具备在市场中生存、发展的能力。

有些企业太看重会计利润，往往忽视现金流，结果陷入困境。新企业决策者要树立现金比利润重要的观念。在衡量财富或价值时，应该使用现金流作为衡量工具。公司得到的现金可用于再投资，而公司获得的会计利润则只是账面上的反映，没有实际变现为手中的货币。公司的现金流和会计利润可以不同时发生，所以新企业应从可持续发展的角度出发，从关注利润转而关注现金流。新企业拥有良好现金流更为重要，"现金至上"的观念比任何时候都备受推崇。

7.4.2 现金管理

现金是指生产过程中暂时停留在货币形态的资金，包括库存现金、银行存款、银行本票和银行汇票等其他货币资金。现金是变现能力最强的资产，可以用来满足生产经营开支的各种需要，也是还本付息和履行纳税义务的保证。因此，新企业必须合理确定现金持有量，使现金收支不仅在数量上，而且在时间上相互衔接，以便在保证企业经营活动所需现金的同时，尽量减少企业闲置的现金数量，提高资金收益率。

新企业现金管理的内容主要包括：编制现金预算，以便合理地估计未来的现金需求；对日常的现金收支进行控制；采用特定的方法确定最佳现金余额。

1. 现金预算

现金预算是基于现金管理的目标，依托企业未来发展规划和组织架构，在充分调查与分析各种现金收支影响因素的基础上，合理预测企业未来一定时期的现金收支状况，并对预期差异进行控制的方法。企业可根据生产经营特点与管理要求按年、季、月编制现金预算。

现金预算编制方法有两种：收支预算法和调整净收益法，目前最为流行的、应用最为广泛的是收支预算法。

收支预算法又称直接法，是将预算期内可能发生的一切现金流入、流出项目分类列入现金预算表内，以确定收支差异，采取适当财务对策的方法。在收支预算法下，现金预算主要包括以下四部分内容。

1) 现金收入

现金收入包括预算期初现金余额和预算期内现金流入额，即预算期可动用的现金总额。预算期内现金收入的主要来源是现销收入、收回的应收账款、应收票据到期兑现和票据贴现收入等。

2) 现金支出

现金支出包括预算期内可能发生的全部现金支出,如采购材料、支付货款、支付工资、支付各项费用、缴纳税金等。测算预算期内现金支出的主要依据是企业的各项业务预算与专项预算,如生产预算、采购预算、直接人工预算、资本支出预算等。对于解缴税款、派发股利的现金支出,则可以根据预计利润表、企业股利分配政策进行测算。

3) 现金收支差额

现金收支差额是指现金收入合计与现金支出合计的差额。差额为正,说明现金有多余;差额为负,说明现金不足。

4) 现金的筹集与运用

根据预算期内现金收支的差额和企业有关现金管理的各项政策,确定筹集或运用现金的数额。对于临时性的现金短缺,主要通过筹集短期负债或出售短期有价证券加以弥补;如果是经常性的现金短缺,则可以利用增加长期负债或变卖长期有价证券予以弥补。临时性的现金余裕可以归还短期借款或购买短期有价证券;如果这种现金余裕是经常性的,则比较适宜于归还长期借款或进行长期有价证券投资。

收支预算法的基本格式如表 7-1 所示。

表 7-1　现金预算　　　　　　　　　　单位:元

季　度	1	2	3	4	全年
期初现金余额	26 000	35 700	27 800	26 850	26 000
加:销货现金收入	65 000	52 000	72 000	73 500	262 500
可供使用现金	91 000	87 700	99 800	100 350	288 500
减:各项现金支出					
直接材料	17 500	19 000	26 000	28 000	90 500
直接人工	7 200	9 000	14 000	13 500	43 700
制造费用	11 700	12 000	12 300	12 200	48 200
销售费用	2 800	2 800	2 800	2 800	11 200
管理费用	8 100	8 100	8 100	8 100	32 400
所得税费用	3 000	3 000	3 000	3 000	12 000
购买设备		36 000			36 000
支付股利	5 000				5 000
支出合计	55 300	89 900	66 200	67 600	279 000
现金多余或不足	35 700	−2 200	33 600	32 750	9 500

季 度	1	2	3	4	全年
向银行借款		30 000			30 000
偿还银行借款			6 000	6 000	12 000
偿还借款利息			750	600	1 350
合计			6 750	6 600	13 350
期末现金余额	35 700	27 800	26 850	26 150	26 150

2. 确定最佳现金余额

新企业最佳现金余额的确定,应根据企业的经营范围和现金管理特点,选择适当的模式。这里主要介绍新企业常用的成本分析模式和现金周转模式。

1) 成本分析模式

成本分析模式是根据持有现金发生的相关成本,分析预测其总成本最低时现金余额的一种方法。该方法需考虑因持有一定量的现金而产生的机会成本和现金短缺成本。

机会成本是指企业因持有一定数量的现金而丧失的再投资收益。由于现金属于非营利性资产,保留现金必然丧失再投资的机会及相应的投资收益,从而形成持有现金的机会成本,这种成本在数量上等同于资金的投资收益。例如企业欲持有10万元现金,则只能放弃5 000元的投资收益(假设企业要求的收益率为5%)。用公式表示为:

$$机会成本 = 现金余额 \times 有价证券利率 \tag{7-1}$$

现金短缺成本是指在现金余额不足而又无法及时通过有价证券变现加以补充给企业造成的损失,包括直接损失与间接损失。如由于短缺现金而无法及时购入原料,由此导致企业停工的损失;由于短缺现金而使企业无法享受购货现金折扣的损失等。现金短缺成本随现金余额的增加而下降,随现金余额的减少而上升,即与现金余额呈反方向变动关系。

上述两项成本同现金余额之间的关系如图7-2所示。

从图7-2中可以看出,由于各项成本同现金余额的变动关系不同,使得总成本曲线呈抛物线,抛物线的最低点即为成本最低点,该点对应的现金余额即是最佳现金余额。

例7-1 某企业有四种现金持有方案,有关成本资料如表7-2所示。

表7-2 某企业现金持有方案

方案 项目	甲	乙	丙	丁
现金余额/元	30 000	40 000	50 000	60 000
机会成本率/%	10	10	10	10
短缺成本/元	5 100	3 200	2 000	0

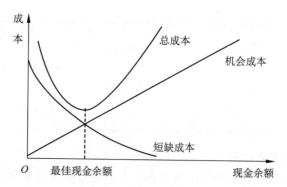

图 7-2　成本分析模式

根据表 7-2 编制现金余额测算表,如表 7-3 所示。

表 7-3　现金余额测算　　　　　　　　单位:元

项目 \ 方案	甲	乙	丙	丁
机会成本	3 000	4 000	5 000	6 000
短缺成本	5 100	3 200	2 000	0
总成本	8 100	7 200	7 000	6 000

由上述分析可知,丁方案的总成本最低,即 6 000 元是该企业的最佳现金余额。

2)现金周转模式

现金周转模式是从现金周转的角度出发,根据现金的周转速度来确定最佳现金余额的方法。该方法在运用中包括以下三个步骤。

第一,计算现金周转期。现金周转期是指企业从购买材料支付现金至销售商品收回现金的时间,即现金周转一次所需要的天数。计算公式为:

现金周转期＝存货周转期＋应收账款周转期－应付账款周转期

第二,计算现金周转率。现金周转率是指一年或一个经营周期内现金的周转次数,其计算公式如下:

$$现金周转率 = \frac{1}{现金周转期} \times 计算期天数 \tag{7-2}$$

(若以年为计算期,则计算期天数为 360 天。)

现金周转率与现金周转期互为反比例关系。现金周转期越短,则周转次数越多,在一定现金需求额下,现金余额将会越少。

第三,计算最佳现金余额,公式如下:

$$最佳现金余额 = \frac{一定时期现金需求量}{现金周转率} \qquad (7\text{-}3)$$

例 7-2 某公司年现金需求量为 720 万元,其原材料购买和产品销售均采取赊销方式。应收账款的平均收款天数为 60 天,应付账款的平均付款天数为 30 天,存货平均周转天数为 90 天,则:

$$现金周转期 = 60 + 90 - 30 = 120（天）$$
$$现金周转率 = 360/120 = 3（次）$$
$$最佳现金余额 = 720/3 = 240（万元）$$

应用现金周转模式确定最佳现金余额的前提是,生产经营持续稳定,且材料采购与产品销售产生的现金流量支出和收入在时间间隔和发生数量上保持稳定。

3. 现金收支的日常控制

在现金管理中,新企业除了应按照国家有关规定,在现金使用范围、库存现金限额等方面进行控制以外,还应当从如下几方面加强现金的日常控制,提高现金使用效率。

1）力争现金流量同步

现金流量同步是指企业尽可能使其现金流入与现金流出发生的时间与额度趋于一致,从而使交易性现金余额降至最低水平。

2）加速收款

为了提高现金的使用效率,新企业应在不影响销售的前提下加速收款。企业加速收款的任务不仅在于尽量让客户早付款,而且还要尽快地使这些"付款"转化为现金。

3）合理利用现金浮存

所谓现金浮存是指企业账户上现金余额与银行账户上所示的存款余额之间的差额。由于从企业开出支票,收票人收到支票并存入银行,至银行将款项划出企业账户需要一段时间,在这段时间里企业已开出支票,却仍可动用银行存款账户上的这笔资金。如果能正确预测浮存量并加以利用,将可节约大量现金。

7.4.3 资本预算

新企业的财务战略重点是投资决策,而投资将面临很大的风险。一方面,大量的投资支出引起大量的现金流出;另一方面,新产品研究开发的成败与未来现金流入的大小具有很大的不确定性,从而增大了投资风险。投资的高风险性,需要新企业决策者做出慎重的投资决策。所以,资本预算是新企业财务管理的重点。

1. 资本预算的概念

资本预算又称长期投资决策,是对长期投资项目未来各期的现金流入与现金流出进行详细分析,并对投资项目是否可行做出判断的过程。资本预算是一种必要的管理工具,在企业财务管理过程中占有非常重要的地位,它所涉及的项目通常要支出大量资金,对企业会产生较长时间的影响。一项资本预算失误,会给企业带来重大损失,影响企业的财务状况和现金流量,甚至造成企业的破产。因此,新企业必须综合考虑资金的时间价值、投资的风险价值、资本成本以及现金流量等问题,并采取适当的指标来评价投资项目的预期效益。

2. 现金流量

在资本预算决策中,评价项目盈利的财务指标不再是利润,而是现金流量。估计投资项目的预期现金流量是资本预算的首要环节,实际上也是分析投资方案时最重要、最困难的一个步骤。

1) 现金流量的估算

所谓现金流量,是指一个项目所引起的在未来一定期间内所发生的现金支出和现金收入的增加额。这里的"现金"是广义的现金,它不仅包括各种货币资金,而且包括与项目相关的非货币资源的变现价值(或重置成本)。例如,一个项目需要使用原有的厂房、设备和材料等,则相关的现金流量是指它们的变现价值,而不是其账面价值。

一个项目的现金流量由初始现金流量、营业现金流量和终结现金流量三部分构成。

(1) 初始现金流量

初始现金流量即建设期现金流量,指项目开始时所发生的现金流量。一般包括以下内容。

第一,固定资产投资,是指房屋、建筑物、生产设备等的购入或建造成本、运输成本和安装成本等。

第二,无形资产投资,是指项目用于土地使用权、专利权、商标权、专有技术、特许权等方面的投资。

第三,流动资金投资,是指项目投产前后分次或一次投放于原材料、在产品、产成品等流动资产的投资增加额,又称垫支的流动资金。这些资金一经投入,便在整个投资期限内围绕着企业的生产经营活动进行周而复始的循环周转,直至项目终结时才退出收回,并转作他用。

第四,其他投资费用,是指与长期投资项目有关的咨询调查费、注册费、人员培训费、谈判费等。

第五，原有固定资产的变价收入扣除相关税金后的净收益。变价收入主要是指固定资产更新时变卖原有固定资产所得的现金收入。

（2）营业现金流量

营业现金流量即经营期现金净流量，指项目投产后，在其有效年限内由于正常的生产经营活动所引起的现金流量。这种现金流量一般按年度进行计算，通常包括以下内容。

第一，营业现金收入，是指项目投产后生产产品或提供劳务而使企业每年增加的现金销售收入，这是经营期最主要的现金流入项目。

第二，经营成本，又称为付现成本，是指用现金支出的各种成本和费用，如材料费用、人工费用、设备修理费用等。这是经营期最主要的现金流出项目。由于企业每年支付的总成本中，一部分是付现成本；另一部分是非付现成本，包括固定资产折旧费、无形资产摊销费等，而无形资产摊销费往往数额不大或是不经常发生，为简化起见通常忽略不计。因此，付现成本可以用当年的营业成本减固定资产折旧后得到。

第三，缴纳的各项税款，是指项目投资后依法缴纳的、单独列示的各项税款，主要是所得税。

因此，企业每年营业净现金流量可用以下公式计算：

$$
\begin{aligned}
年营业净现金流量 &= 营业收入 - 付现成本 - 所得税 \\
&= 营业收入 - （营业成本 - 折旧）- 所得税 \\
&= 营业收入 - 营业成本 - 所得税 + 折旧 \\
&= 税后净利 + 折旧 \qquad\qquad (7\text{-}4)
\end{aligned}
$$

（3）终结现金流量

终结现金流量指项目终结时所发生的现金流量，包括回收的固定资产残值或变价收入、回收原垫支的流动资金投资额、停止使用的土地变价收入等。

例 7-3　ABC 公司准备购入一台机器设备以扩充生产能力。该设备的买价为 11 000 元，使用寿命为 5 年，采用直线法计提折旧，5 年后设备残值预计 1 000 元。5 年中每年营业收入为 8 000 元，每年的付现成本为 2 000 元，设备投产时需垫支流动资金 2 000 元，所得税税率为 25%。试计算其现金流量。

为计算现金流量，必须先计算方案每年的折旧额。

每年折旧额 =（11 000 - 1 000）/5 = 2 000（元）

下面先计算方案的营业现金流量，再结合初始现金流量和终结现金流量编制现金流量表，见表 7-4 和表 7-5。

表 7-4　投资项目的营业现金流量　　　　　单位:元

年　份	1	2	3	4	5
营业收入(1)	8 000	8 000	8 000	8 000	8 000
付现成本(2)	2 000	2 000	2 000	2 000	2 000
折旧(3)	2 000	2 000	2 000	2 000	2 000
税前利润(4)=(1)-(2)-(3)	4 000	4 000	4 000	4 000	4 000
所得税(5)=(4)×25%	1 000	1 000	1 000	1 000	1 000
税后利润(6)=(4)-(5)	3 000	3 000	3 000	3 000	3 000
营业净现金流量(7)=(6)+(3)	5 000	5 000	5 000	5 000	5 000

表 7-5　投资项目的现金流量　　　　　单位:元

年　份	0	1	2	3	4	5
固定资产投资	-11 000					
垫支流动资金	-2 000					
营业现金流量		5 000	5 000	5 000	5 000	5 000
收回垫支流动资金						2 000
残值收入						1 000
现金流量合计	-13 000	5 000	5 000	5 000	5 000	8 000

在确定投资方案的现金流量时,应遵循的基本原则是:只有增量的现金流量才是与投资项目相关的现金流量。所谓增量的现金流量,是指接受或拒绝某个投资方案后,企业总现金流量因此发生的变动。只有实施某个投资项目引起的现金流入增加额,才是该项目的现金流入量;只有实施某个投资项目引起的现金流出增加额,才是该项目的现金流出量。

2) 资本预算中采用现金流量的原因

在会计核算中,企业按照权责发生制计量收入和费用,并以收入减去费用后得到的利润来评价企业的经济效益。科学的投资决策要求用收付实现制确定的现金流量来计算投资方案的经济效益,而不是用利润来衡量,原因如下。

第一,采用现金流量有利于科学地考虑时间价值因素。投资项目具有长期性,要实现科学的决策必须考虑资金的时间价值,将不同时点的现金收入或支出调整到同一时点进行汇总和比较,这就要求决策时弄清每笔预期收入款项和支出款项的具体时间。而利润的计量遵循权责发生制原则,其收入与费用的确认不考虑现金的实际收到和支出的时间。例如,在会计上购置设备的支出如果一次性发生,在购入当期不确认为当期费用,而是在资本化为资产项目后,在以后的受益期以折旧形式计入成本。可见,要在投资决策中考虑时间价值的因素,就不能利用利润来计量。

第二,采用现金流量使投资决策更符合客观实际。利润的计量有时带有主观随意性。会计上对同一种业务的处理可能存在多种方法,如存货计价方法、固定资产折旧方法等,不同方法的使用会形成不同的利润。而现金流量的分布不受这些人为因素的影响,同一种业务对现金流量的影响只有一种结果,以实际收到或付出的款额为准。

3. 资本预算方法

资本预算的方法按其是否考虑了资金的时间价值,可分为两类:一类是贴现评价法,即考虑了资金时间价值因素,主要包括净现值、内部收益率等指标;另一类是非贴现评价法,即没有考虑资金时间价值因素,主要包括投资回收期、会计收益率等指标。非贴现评价法在评价投资项目的经济效益时,不考虑资金时间价值因素,直接按投资项目所形成的现金流量进行计算,这些指标在选择方案时起辅助作用。

1) 投资回收期法

投资回收期是指以投资项目营业净现金流量抵偿原始总投资所需要的时间,即回收原始投资所需要的时间,通常以年来表示,记作 PP(payback period)。其计算方法分以下两种情况。

① 如果投资项目每年的营业净现金流量相等,则投资回收期可按以下公式计算:

$$投资回收期 = \frac{原始投资额}{年营业净现金流量} \tag{7-5}$$

② 如果每年的营业净现金流量不相等,则要根据每年年末尚未回收的投资额加以确定。计算公式如下:

$$投资回收期 = n + \frac{第 n 年年末尚未收回的投资额}{第(n+1)年的营业净现金流量} \tag{7-6}$$

式中,n 表示年末累计营业净现金流量为负值的最后一个年份数。

投资回收期法是最易于理解的资本预算方法。新企业决策者预先确定一个基准的投资回收期,项目的投资回收期若小于或等于基准投资回收期,则方案可行;若大于基准投资回收期,则方案不可行。

如例 7-3 中,该项目的投资回收期为:

$$投资回收期 = 13\,000/5\,000 = 2.6(年)$$

如果 ABC 公司要求基准投资回收期是 3 年,则该项目可行;如果 ABC 公司要求基准投资回收期是 2 年,则该项目不可行。

投资回收期法不仅忽视了资金时间价值,而且没有考虑回收期满以后的现金流量。事实上,有战略意义的长期投资往往早期收益较低,而中后期收益较高。然而,许多新企业依然采用这种方法,原因如下:第一,该方法便于理解、计算简便;第二,具有较短投资回收期的方案往往在短期收益上更具优势;第三,如果公司缺乏现金,采用投资回收期法能够使得资金更快回收。

2) 净现值法

净现值是指投资项目未来现金流入的现值与未来现金流出的现值之间的差额,记作 NPV(net present value)。计算公式如下:

$$NPV = \sum_{t=0}^{n} \frac{I_t}{(1+i)^t} - \sum_{t=0}^{n} \frac{O_t}{(1+i)^t} \qquad (7-7)$$

式中,n 表示项目投资的年限;I_t 表示第 t 年的现金流入量;O_t 表示第 t 年的现金流出量;i 表示预定的折现率。

如净现值大于零,即贴现后现金流入量大于贴现后现金量流出,说明该投资项目的报酬率大于预定的折现率,该项目可行;如净现值小于零,即贴现后现金流入量小于贴现后现金流出量,说明该投资项目的报酬率小于预定的折现率,该项目不可行。在有多个备选方案的互斥选择决策中,应选用净现值是正值中的最大者。

如例 7-3 中,假设折现率为 10%,该项目的净现值为:

$$NPV = \frac{5\,000}{(1+10\%)^1} + \frac{5\,000}{(1+10\%)^2} + \frac{5\,000}{(1+10\%)^3} + \frac{5\,000}{(1+10\%)^4} +$$

$$\frac{8\,000}{(1+10\%)^5} - 13\,000 = 7\,816.2(元)$$

该项目净现值大于零,可采纳它。

净现值法的优点主要体现在:第一,把未来各期的净现金流量进行了折现,考虑了货币的时间价值;第二,通常以项目的资本成本作为折现率,考虑并强调了项目的机会成本;第三,考虑了项目的风险因素,因为折现率的大小与风险大小有关,风险越大,折现率就越高。

净现值法也存在一些缺点,主要表现在:第一,计算净现值时所采用的贴现率没有明确的标准,具有一定的主观性;第二,不能反映投资项目的实际报酬率水平,当各项目投资额不等时,仅用净现值无法确定投资方案的优劣。

3) 内部收益率法

内部收益率(internal rate of return,IRR)是指使净现值等于零时的折现率,又称为内部报酬率或内含报酬率。一个投资项目的内部收益率意味着:在考虑货币时间价值的基础上,到项目终结时,以各期净现金流量的现值恰好收回初始投资,此时净现值为零。这个使净现值等于零的折现率,就是该投资方案实际可能达到的报酬率,即预期收益率。计算公式如下:

$$\sum_{t=0}^{n} \frac{I_t}{(1+IRR)^t} - \sum_{t=0}^{n} \frac{O_t}{(1+IRR)^t} = 0 \qquad (7-8)$$

在只有一个方案的采纳与否决策中,内部收益率大于或等于企业的资本成本或必要报酬率时就采纳;反之,则拒绝。在有多个备选方案的互斥选择决策中,应选用内部收益率超过资本成本或必要报酬率最多的投资项目。

内部收益率的计算,通常采用"逐步测试法"。首先估计一个贴现率,用它来计算方案的净现值。如果净现值为正数,说明方案本身的收益率超过估计的贴现率,应提高贴现率进一步测试;如果净现值为负数,说明方案本身的收益率低于估计的贴现率,应降低贴现率进一步测试。经过多次测试,寻找出使净现值接近于零的贴现率,即为方案本身的内部收益率。

如例 7-3 中,该项目的内部收益率测试过程如下:

设 $i=28\%$,则

$$NPV = \frac{5\ 000}{(1+28\%)^1} + \frac{5\ 000}{(1+28\%)^2} + \frac{5\ 000}{(1+28\%)^3} + \frac{5\ 000}{(1+28\%)^4} +$$
$$\frac{8\ 000}{(1+28\%)^5} - 13\ 000 = 533(元)$$

设 $i=32\%$,则

$$NPV = \frac{5\ 000}{(1+32\%)^1} + \frac{5\ 000}{(1+32\%)^2} + \frac{5\ 000}{(1+32\%)^3} + \frac{5\ 000}{(1+32\%)^4} +$$
$$\frac{8\ 000}{(1+32\%)^5} - 13\ 000 = -525.5(元)$$

$$IRR = 28\% + \frac{533}{533+525.5} \times (32\%-28\%) = 30.01\%$$

该项目的内部收益率是 30.01%,如果最低投资报酬率要求是 15%,则该项目可行。

内部收益率法考虑了资金时间价值,能从动态的角度直接反映投资项目的实际收益率,且不受行业基准收益率高低的影响,比较客观,概念也易于理解。但这种方法的计算过程比较复杂,特别是对于每期现金流入量不相等的投资项目,一般要经过多次测算才能求得。此外,当投资支出和投资收入交叉发生时,可能导致多个内部收益率的出现,会给决策带来困难,甚至做出错误结论。

7.5 新企业人力资源管理的技巧与策略

对于新企业来说,资金和市场是创业者最大的担忧和最为关注的焦点,因而,许多新企业将大量的精力都投在了融资、市场开拓、控制成本等方面,而忽略了企业人力资源管理体系建设,相当一部分新企业主要靠同学圈、朋友圈、家族成员来构建创业团队或核心员工队伍,在管理中借助亲情、友情来维系。随着新企业的快速发展,越来越多的员工加盟企业,原有的粗放式的人力资源管理手段和方法的弊端会逐步显露出来。它不仅影响新企业的正常发展,还将严重威胁新企业的生存。

对新企业来说,如何把握和开发人力资源这种关键资源,对其人力资源的管理提出了更高的要求。新企业必须树立强烈的"人尽其才,人事相宜"的用人理念,重视人才的培养和开发,在人力资源的激烈竞争中,保持自身的竞争优势。

7.5.1　新企业人力资源管理工作的主要内容

1. 岗位分析与设计

岗位分析与设计指对企业各岗位的工作内容、职责做出说明和研究,并确定完成这项工作需要有什么样的行为和过程。具体来讲,工作设计就是全面收集某一职务的有关信息,然后再对该职务进行书面描述的过程,一般从六个方面开展调查研究:工作内容(what)、责任者(who)、工作岗位(where)、工作时间(when)、怎样操作(how)以及为什么这样做(why)。

2. 人力资源招聘

根据新企业的发展需要,采用一定的科学方法,从应聘人员中选出适宜人员予以录用,它为组织不断适应市场需要提供了可靠保障。

3. 培训与开发

从泰勒的科学管理开始,企业就开始通过科学的培训来提高员工技能,从而满足劳动分工的需要。新企业不仅需要通过培训来满足员工当前工作的需要,而且还要通过培训增强组织和应变能力,并不断地提高员工的个人素质、知识和技能,从而提高劳动生产率,防止员工技能退化,也有利于员工个人的发展。组织中人员的聘用、选拔、晋升等工作,都离不开培训和开发,所以说,培训与开发是人力资源管理的一项最基本的任务。

4. 绩效管理

绩效管理是以绩效考核为主体的对员工达到何种目标和为什么要达到此种目标达成的共识与承诺,以及促进员工取得优异绩效的管理过程。

5. 薪酬管理

薪酬管理是在企业长远发展战略的指导下,对员工薪酬支付原则、薪酬策略、薪酬水平、薪酬结构、薪酬构成进行确定、分配和调整的动态管理过程。薪酬体系设计主要是薪酬水平设计、薪酬结构设计和薪酬构成设计;薪酬日常管理是由薪酬预算、薪酬支付、薪酬调整组成的循环,这个循环可以称为薪酬成本管理循环。

当然,新企业由于处在企业发展的特定阶段,这些人力资源管理的内容会有一定的缺失,也存在着不太完善的状况。比如工作设计,由于企业自身的组织架构还不健全,岗位界定也还不够清晰,有些岗位专业化程度也不够高,有可能无法为员工确定非常明确的岗位职责和岗位任务;培训工作也相对简单,主要表现为岗位培训、公司制度的培训、员工技术的培训等,目的主要在于使员工适应岗位要求,更快地进入工作岗位,获得成效;薪酬激励也不够规范,激励也是以短期激励为主,有些新企业没有建立起规范合理的薪酬体系,随意性较大。

7.5.2 新企业在人力资源管理方面易存在的问题

1. 企业对人力资源管理不重视

新企业在运作初期,由于主要精力放在市场开拓上,对人力资源管理无暇顾及,表现在缺乏专业的人力资源管理人员,有的连人力资源管理的职能都缺失,员工薪酬管理也比较混乱,在人力资源管理工作上财力的投入也往往不足。这使得企业在资源的分配中弱化了对人力资源的投入,甚至产生诸如责权利不清楚、劳资关系不明晰、缺乏有效的绩效管理等问题,成为影响企业未来发展的重要障碍。因此,新企业要得以持续、快速地发展,就必须重视对人力资源的管理。

2. 缺乏关键核心人才

新企业在外部市场竞争的压力下,出于对成长与发展的迫切需要,必须对产品、市场、技术、管理等方面进行系统化设计和高效运作,而且新企业由于缺乏企业知名度以及产品的品牌形象、技术资金实力弱以及缺少稳定的发展前景,使得其与成熟的大企业相比在关键人才的引进上缺乏吸引力。为此,有些新企业可能会通过虚拟公司的外资背景、夸大公司实力与业绩、给求职者过高的承诺等不规范的手段来吸引人才,不惜以牺牲企业的信用为代价。这种短视行为将给企业人才流失埋下隐患,因此新企业必须搭建一个合理的平台,创建一个适合企业发展和个人发展的企业环境,以吸引关键核心人才。

3. 人力资源管理规范化程度低

新企业一般不设立正式的人力资源管理部门,也很少有正式的绩效评价和与之相匹配的统一的薪酬制度,甚至连基本的岗位职责的界定都极不规范。在进行人员招聘时,新企业更倾向于采用一些非正规的简单方式,员工入职阶段和成长过程中也缺乏系统的培训,大多数新企业多采用一种非正式的和不太规范的所谓灵活方式来进行人力资源管理。

规范化管理对新企业的发展的影响犹如地基对楼房的影响,楼层越高,对地基的要求就越严格。规范化管理可以促使企业的经营行为更多地具有理智的特点,借助扎实的基础管理工作强化成本核算,通过管理制度建设构建基本的管理工作秩序,进而提高工作效率。规范化管理也可以说是企业长期健康发展的保证。管理不规范是导致大多数新企业失败的主要原因之一。企业成立之初的管理往往不规范,随着企业的不断发展,管理水平跟不上企业发展的要求,如果没有及时地对企业管理进行规范,就会导致企业管理效率下降,出现许多不合理的现象,导致企业的产品品种、质量、服务、利润等受到不利影响,使企业的发展受到制约。

4. 缺乏对员工的有效激励机制

新企业由于管理基础比较薄弱,薪酬管理制度不健全,加上企业的知名度不高,企业未来发展的愿景也不明确,企业员工大多数是短期思想,企业一有风吹草动,员工队伍就极不稳定,这给企业的长期稳定发展带来较大的风险。所以,企业应围绕员工职业生涯规划展开培训,规范企业管理制度,建立起有效的激励机制。

7.5.3　新企业人力资源管理的策略

新企业如何获取其发展所需要的关键核心人才,并通过有效的人力资源管理使得人事相宜、人尽其才,已成为新企业生存和发展的关键。

1. 有效激励,吸引人才

新企业应根据自身企业所处行业的特点以及战略发展定位,明确企业的竞争优势方向,确定关键人才的类型与稀缺程度,设计有效的激励政策。例如,可以采用高额的远期风险收入吸引人才。新企业由于资金资源的限制可能导致企业的薪酬水平不具有较强的竞争力,那么可考虑通过风险收入和远期收入来吸引人才,一般可采用投资入股、给予股票期权等形式。同时,充分挖掘和利用感情留人、事业留人等激励政策的潜力,增强企业的和谐文化,注重关键核心人才的职业生涯发展,建立关键核心人才的归属感和成就感。

2. 专业规范,提高效率

企业可以根据自身的实际情况,通过在企业内部设立专人专职或者采取人力资源管理外包方式灵活实现企业的规范化人力资源管理。这两种方式都能确保管理的规范性,由于专业人员对人力资源管理相关法律和法规、人力资源管理工具和方法把握得较为准确,制订的人力资源计划以及日常工作中都能够符合本企业的利益,通过适时的人力资源管理诊断,能及时在日常管理中发现问题和解决问题。

7.6　新企业的风险控制与化解

新企业必须重视防范和化解经营风险,这是新企业获得发展的前提条件。良好的风险防范有助于企业减少决策的失误,降低损失,其最终目标是风险发生前的防范,减少或避免风险发生的机会,以及努力把风险发生后的损失恢复到损失前的状态。

企业从其开始就将面对风险的考验,而且风险也将伴随着企业成长、成熟的每一个过程。而作为新企业,其本身的波动性大,受市场波动性的影响很敏感,尤其是新企业对战略发展方向、市场环境变化趋势的把握以及对现金流的管理,更是风险管理中的重中之重。因此,如何有效地管理风险、对风险实施有效的控制,减少企业损失,提高企业竞争力,延长企业寿命,成为企业必须慎重考虑的问题。

7.6.1　新企业风险控制的原则

新企业一旦发生了风险,必须在第一时间分析风险发生的背景和可能带来的不利影响和损失,快速反应,制订风险解决方案。在制订方案过程中,新企业需要遵循以下几个方面的原则。

第一,可操作性原则。风险解决方案必须在风险发生后对可能的后果和影响进行充分的预测和评价,选择的方案要有具体的实施步骤和操作程序,使得风险控制人员在处理过程中有章可循,便于执行和落实。

第二,经济性原则。在选择解决方案过程中应力求管理成本的节约,也应该是在新企业能够承受的合理成本范围之内,追求效果与成本的平衡。

第三,有效性原则。要针对引发风险的根源,制订有效的解决方案,从根本上遏制风险的死灰复燃或者引发新的危机。

第四,及时性原则。风险危机的处理一个最重要的原则就是反应要迅速、处理要及时,只有"快",才能把风险和损失尽可能地降到最低点。

7.6.2　新企业风险控制与化解的步骤

企业在不同的发展阶段所面临的风险不同,尤其对新企业更需要针对不同情况采取最优的风险控制措施,化解风险,降低风险带来的损失。

风险是客观存在的,成功的企业不会被动地承担风险,而是积极地管理风险。同样不是所有的风险对企业都造成相同的危害,试图避免所有的风险,那么企业就无法将产品或服务推向市场。因此,新企业在其成长过程中必然要遇到各种挑战及风险。风险发生后,新企业应运用合理的资源迅速识别并通过对风险控制的成本分析、风险的损失评估,选择有效策略控制和化解风险以达到降低风险损失的目的。风险控制和化解一般要经过以下几个步骤。

第一,成立风险应对小组,合理分工,快速展开工作。新企业在风险发生的第一时间,必须组织相关工作人员成立风险应对小组,针对发生风险的种类和实际情况,分工协作,讨论制订合理有效的风险解决方案。

第二,收集资料、了解情况,明确风险控制目标。在收集资料和信息的基础上,快速进行风险识别,认知风险源,并对可能的风险损失和影响进行评价,明确控制目标。

第三,制订风险控制解决方案,估算风险控制预算。

第四,积极开展相关的公关活动,与政府部门及其相关企业、单位和组织加强沟通,增进相互理解,注重宣传和及时地披露信息。

第五,及时开展风险控制效果评估,对阶段性的风险控制进行分析总结,调整和完善风险控制解决方案。

成功的企业不仅要善于总结自己的经验,同时也要能借鉴别人的教训。不同的企业、同一个企业在不同的发展阶段将面临不同的风险,对于新企业而言更是如此。其一,对于面临的风险,要进行有效的分类,找出导致企业失败的关键风险以及对企业有影响但能控制并消除的一般风险,确定风险的轻重缓急,有计划地进行控制、化解风险。其二,科学地评估风险及其影响。新企业在其快速成长过程中,必须避免制订不切实际的目标或不惜代价地追求市场规模,尽可能了解市场的不确定性因素,否则将导致企业承受重大的损失。其三,加强资金管理,有效使用资金,"钱要用在刀刃上",新企业要高效利用有限资金提升自身的竞争优势。其四,建立有效机制,加强企业内部控制,提高企业应对风险的能力。

本章小结

新企业的成长和发展有一定的规律,而探索和总结这一规律要从了解新企业的特征、优势和存在的问题入手。

新企业的成长驱动因素可以分为内部和外部两大动力来源。内部驱动因素包括创业者的愿景和能力、企业技术突破性创新或产品服务的差异性、企业资源的配置与积累的能力;而外部的驱动因素则包括市场发展的速度、客户需求的进一步细分给企业带来"蓝海"战略的可能以及国家或地方政府的相关政策与扶持力度。

新企业的营销要获得成功,必须对市场进行评估,尤其是对真实需求进行有效评估,只有借助科学的评估,才能在激烈的竞争中抓住有利的机会,才能有效地回避市场危机,创造成功的机会。在此基础上,新企业要制定合理的营销策略:定位策略、市场覆盖策略、促销策略、渠道策略、营销队伍全面提升策略。

新企业进行财务管理时,应具备资金时间价值、风险价值、现金至上的理财观念。现金管理的内容包括编制现金预算、现金日常控制及确定最佳现金余额三个方面,确定最佳现金余额的方法主要有成本分析模式和现金周转模式。现金流量的估算是资本预算的关键,现金流量包括初始现金流量、营业现金流量和终结现金流量。资本预算主要有投资回收期法、净现值法和内部收益率法三种方法。

新企业在人力资源管理中要明确自身的任务,同时也要清醒地认识到由于自身的特殊性所带来的人力资源管理中的问题。在此基础上,研究和探索如何获取其发展所需要的关键核心人才,并通过有效的人力资源管理使得人事相宜、人尽其才。

新企业一旦发生了风险,必须在第一时间分析风险发生的背景和可能带来的不利影响与损失,快速反应,制订风险解决方案。在此过程中,应了解制订解决方案的基本原则和程序,以便于更加有效地开展风险控制和化解工作。

 案例分析一

一道光彩夺目的亮丽风景线——红宝丽集团创业之路

红宝丽集团从一个亏损严重、濒临关停、资产仅 20 万元的"小作坊",历经 20 多年艰苦创业和跨越式发展,发展成为拥有 10 亿元总资产,具有年产 9 万吨聚氨酯硬泡组合聚醚、2 万吨异丙醇胺、1 万吨水泥助磨剂三大系列产品的国家重点高新技术企业。红宝丽的发展富有传奇色彩,而在这传奇巨变中,充分显示了创始人——公司董事长芮敬功的睿智和胆识,凭着一股坚韧不拔的毅力和开拓创新的创业精神,在创业征途中,带领红宝丽人勇往直前,铸就了一个又一个辉煌。

1985 年年底,江苏省高淳化工总厂组织技术人员攻关开发出软质泡沫产品(俗称海绵),随即立项筹建并设立单独车间进行生产,仅 1986 年投产一年,就亏损 14 万元。后来,几经易人负责,仍然扭亏无望,软泡车间举步维艰,濒临关停,成了总厂的一个沉重包袱。但考虑到上一个新项目不容易,总厂决定"放水养鱼",打算把这个车间划出来,独立建厂以向总厂承包的形式自主经营。总厂给出了第一年承包允许亏损 4 万元的优惠政策,然而,时经数月,竟无人敢问津。

1987 年 4 月 1 日,时任江苏省高淳化工总厂供销科副科长的芮敬功受总厂领导"钦点",承包了软泡车间,并更名为"江苏省高淳化工总厂泡沫分厂",芮敬功担任厂长。他上任伊始就酝酿"三板斧":他的第一板斧砍向了涣散的组织纪律,建立、健全各项制度,狠抓落实,做到分工明确、职责分明,实行分片承包制,不留漏洞,促使厂里生产和管理走上正轨。他的第二板斧砍向浪费现象,不使一滴原材料流失,不让一块泡沫废弃。企业利用废品做成枕芯、鞋垫、坐垫、靠垫等产品零售,不仅节省了资金,还提高 2 个百分点的正品率。每次发泡,管理人员、生产人员一起参加,减少雇小工的费用。通过原料回收利用来减少成本,甚至连已用过的断刀片也经多次焊接再使用。他的第三板斧砍向进口原料。该厂原来一直采用进口发泡原料,常由于原料缺货、价昂制约生产,影响销售。芮敬功提出使用国产原料,但是使用国产原料,需要攻克许多技术难关,否则产品质量难以保证。为此,芮敬功拜请几位技术专家来企业做现场指导,并组织员工共同摸索攻关,短短两个月,国产原料发泡成功,正品率达 90%以上,这在国内尚属首例。这一成果受到南京市经委的表彰,并荣获"南京市科技成果三等奖"。经过分厂干部、职工的共同奋斗,至 1987 年年底承包 9 个月的时候,泡沫分厂就扭亏为盈,实现产值 70 万元、利润 2 万元的佳绩,泡沫分厂初战告捷,实现了承包开门红。

经过三年的发展,至 1990 年,该厂实现产值达 408.6 万元,增长 500%,利润达 37.5 万元,较之前翻了四番之多,取得了初创阶段的骄人佳绩,使一个濒临倒闭的"小作坊"起死回生,呈现出勃勃生机。

芮厂长并没有被眼前的成功陶醉,他又开始了新的发展思考。原分厂只有单一的软质泡沫产品,市场前景不大。为了企业迅猛发展,芮敬功盯上了风险很大,但获利丰厚的组合聚醚产品。该产品是制冷行业不可缺少的保温隔热材料,可是国内没有一家企业能生产出合格产品,洋货独霸天下,几乎被英国 ICI 公司、德国拜耳公司垄断。

从 1989 年开始研制、开发低氟组合聚醚工艺配方,经过近两年的苦苦攻关,组合聚醚 NAH-Y31(低氟型)通过专家鉴定,其技术指标达到国际先进水平。为了尽快地将技术成果转化成生产力,在 1993 年年底,一座年产 5 000 吨聚氨酯系列产品技改装置成功建成,该装置包含了单体聚醚的生产线,生产能力达到原有装置的 5 倍,为做大市场提供了质量和数量的强有力保证。经过不懈地努力,产品成功地打进了市场,市场份额直线上升。

急速增长的市场销售,也为该厂赢得了可观的经济效益,1993 年共生产各类产品 1 250 吨,实现产值 2 700 万元,销售收入 1 470 万元,利润 200 多万元,人均创利 3 万元,名列县属企业之首,为下一步的大发展奠定了坚实的基础。

1994 年 6 月 28 日,经南京体改委批准,南京市聚氨酯化工厂作为全市首批股份制重点企业,在高淳县率先进行了改制,成立了"南京红宝丽股份有限公司",公司拥有总股本金人民币 1 017.82 万元,每股面值人民币 1 元。其中,国有股为 814.26 万股,占 80%,法人股和内部职工股为 203.56 万股,占 20%。

南京红宝丽股份有限公司的成立,彻底摆脱了化工总厂的牵制和束缚,结束了长达 8 年没有自主权的尴尬局面,真正成为一个完备的具有独立法人资格的自主企业,为企业的经营注入了活力,成为公司快速发展的起点。自此,企业扬起风帆,开始了快速发展的腾飞之路。在此过程中,企业始终坚持技术创新和市场突破为先的战略举措。

在技术创新上,他们恪守"快半步,高一层"的创新理念,建立了"研制一代,生产一代,储备一代,淘汰一代"技术创新机制,先后成功研制了"环戊烷型"和"141b型"无氟组合聚醚多元醇,填补了国内空白,提前9年达到国际环保组织对发展中国家禁止使用氟利昂的规定,为保护大气臭氧层和推动无氟组合聚醚的国产化作出了贡献。1997年受国家科委等五部委局推荐的新产品,成为该公司核心主产品,广泛应用于制冷保温行业,为企业取得了显著的经济效益。1997年,公司成立连续法超临界零排放合成异丙醇胺技术攻关小组,新产品异丙醇胺系列2000年走出实验室,在集团总部建设生产装置,放量中试,并由最初设计500吨/年,后升级至1 500吨/年。由于技术含量高,工艺达国内领先、国际先进水平,投放市场供不应求,迅速成为公司的另一主产品。

在市场突破中,他们凭着过硬的产品质量和诚信为本的经营理念,从最初的六下苏州,顽攻"香雪海",帮助处理仓库中150吨报废组合聚醚,到六上"宝鸡",凭借高质量、快脱膜的技术,签下订单,终于在国内组合聚醚行业中,争得一席之地;在后续的发展中,公司更加重视营销的龙头作用,诚信经营,市场份额不断增大。至1994年年底市场份额达到20%,稳居全国第一。海尔、科龙、美菱、新飞、康佳等几乎所有国内知名冰箱厂家和三星、中集、海信、西门子、荣事达等一大批外资(合资)厂家也成为公司的主要客户群。

与此同时,公司还注重设备技术改造。1995—1996年,投入3 000万元建成年产2万吨单体聚醚、1.5万吨组合聚醚的两条生产线,后来扩建成拥有2万吨单体聚醚、3万吨组合聚醚的生产线;2000年,建成年产1 500吨异丙醇胺的中试生产线;2003年,建成年产1万吨精制聚醚装置和4 800吨环氧丙烷球罐储存区。

2000年12月,经省体改委认定批准,由南京红宝丽股份有限公司为核心母公司,其余五家全资或控股的子公司组建江苏红宝丽集团公司。集团组建后,充分利用和挖掘红宝丽股份有限公司的品牌和管理资源,国内市场、国际贸易两个市场并举,实施二次创业,做大规模。

2003年3月,经南京市经委批准立项,公司在现有一套年产1 500吨异丙醇胺生产装置基础上,新建年产6万吨异丙醇胺生产装置,总投资大约为6亿元。该项目选址南京化学工业园区(国家级石化基地),拟分两期建设。第一期工程为2万吨,于2006年年初竣工投产,一期规模居亚洲第一、世界第三。第二期4万吨工程根据市场发展随时启动建设。异丙醇胺产品80%左右出口,三年以后国际、国内市场并行开发,在中国及亚洲市场占有率达到第一位。2007年,集团实现营业收入10.29亿元,同比增长39.9%;实现利润8 834万元,同比增长91.3%;在册员工676人。

早在21世纪初,公司就开始紧紧围绕上市目标,严格按照《公司法》《证券法》

等相关法律、法规规范运作,制定、完善了相关内控制度。2003 年 7 月公司通过了江苏证监局组织的上市辅导、验收。2004 年,根据中国证监会新的文件规定,公司聘请保荐人等中介机构对公司进行上市前再辅导,2005 年通过了验收,2007 年 9 月"红宝丽"A 股在深圳证券交易所成功上市,成为我国聚氨酯硬泡组合聚醚行业第一支登陆 A 股市场的股票。"红宝丽"商标荣获中国驰名商标。

沧海巨变二十年,芮敬功及其率领的"红宝丽"人,秉持"振兴民族工业"的雄心壮志,实现了企业超常规的跨越发展。今天的"红宝丽"以其规模和发展态势逐渐声名鹊起,但是企业的发展是永不停息的、永无止境的。围绕"做强做大做长"的发展宗旨,"红宝丽"成为世界聚氨酯领域最具研发实力和国内最大的硬泡组合料供应商、成为世界一流的醇胺产品研发和生产基地、成为我国绿色化工和清洁生产示范企业的三大战略目标也一定能实现。

资料来源:梅强,赵观兵. 创业案例集[M]. 北京:经济科学出版社,2009.

讨论题

1. 简述"红宝丽"在其创业、成长及快速发展的过程中所采取的相应措施。
2. 简述"红宝丽"的经营管理特点及其成效。
3. 简要论述"红宝丽"在不同的发展阶段的管理重点和策略。

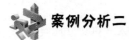 **案例分析二**

安雷电子创业投资计划分析

安雷电子有限责任公司坐落于宁波市江东科技园区,主要致力于防雷器件及其组件的开发设计、制造、销售。公司在以上领域拥有自己的核心技术和批量交付能力,是专业的防雷器件及其组件的生产制造商。公司以质量和诚信为本,随着产品在国内市场占有量的增长,公司还会将自己的产品最终打入国际市场,成为电子防雷领域中的领导者。

一、创业背景

电子产品所处的环境危机四伏,随着半导体制造工艺尺寸的缩小,问题更趋严重。电感性负载或者电容性负载接入电网或者切断、静电放电、雷电或者核爆炸产生的电磁脉冲,会在电网、电信线路、传送数据的线路中产生数值很大的瞬变电压或者浪涌。如果它们进入设备,就可能烧毁器件,或者引起设备性能下降,丢失数据。25 年前,IBM 发现电涌更为常见的来源是电力公司的电网开关和大型电力设备(如空调和电梯)。每天都有这样的电涌通过配电盘进入工作室破坏电子设备或缩短其寿命。因此,美国几乎所有的配有计算机或其他敏感电气设备的建筑都安装了电涌保护器。

雷电灾害被国际电工委员会(IEC)称为"电子化时代的一大公害",雷电灾害给全球造成的经济损失每年在十亿美元以上。据美国的保守估计,主要由于雷电冲击导致计算机网络系统失效或损坏,平均每年约占全部故障的70%。在德国各种灾害造成的损害中,感应雷击造成的损害高居榜首,占全部灾害损失的33.8%。

放电管是一种用来保护低压电子电路,使其免受雷电、静电高压等损坏的离子保护器件。微隙放电管有着比传统放电管(气隙)更快的响应速度,比压敏电阻低得多的残余电压,比半导体放电管大得多的抗电涌冲击能力和小电容高阻抗,可广泛用于通信产品、有线电视设备、计算机网络、显示器等领域。微隙放电器件是目前过压保护器件领域中的热门课题,日本、印度、韩国等国家的研究、生产单位都在积极从事微隙放电器件的研究和生产,仅三菱材料公司(日本)一年就生产DSS系列微隙放电管1 000万只。

安雷电子有限责任公司所生产的微隙突波吸收器(简称突波吸收器,Mini Surge Absorber,M. S. A)是以宁波大学教授的"电话机防雷接线盒""微隙放电管"两项专利为核心技术研制出来的产品,是一种用于防雷电干扰破坏电子设备的一种电子配件,其主要应用于电话机、显示器、传真机、Modem 等电子产品设备中。该产品应用范围广、市场大、实用性强且价格低廉,产品还采用半导体技术,克服了传统产品的性能劣势,并采用高科技注入气体法设计,集成度高、体积小、性能稳定,与现今市场同类产品相比,该技术已处于国内领先、国际先进水平,具有很高的应用前景。

二、投资分析

1. 股本结构和规模

公司注册资本50万元。股本结构和规模如表 7-6 所示。

表 7-6　安雷电子有限责任公司股本结构和规模

股本来源 / 股本规模	风险投资入股	管理层资金入股	专利技术入股
金额/万元	20	20	10
比例/%	40	40	20

股本结构中,公司管理层资金入股占总股本的40%,专利技术入股占20%,风险投资入股达20万元,公司打算引入1～2家风险投资公司共同入股,以利于筹资、化解风险。

2. 资金来源及运用

公司的主要资金来自风险投资入股和管理层资金入股,筹建初期需要外借资金20万元(金融机构三年期借款,利率5.49%),用作流动资金,同时考虑到合理的负债比例,公司的资产负债比为 1:2.857。

　　资金主要用于购建生产性固定资产(15.5 万元)和办公用设备(4 万元),以及生产中所需的直接原材料、直接人工、制造费用及其他各类期间费用等。固定资产如表 7-7 所示。

表 7-7　固定资产　　　　　　　　单位:万元

名　称	单　价
真空玻璃封装机	10
自动测试机	2
辅助测试机	2
净化台	0.5
模具	1
生产性固定资产	15.5
办公用品	4
合　计	19.5

3. 投资的可行性分析

(1) 单位产品成本的估算(表 7-8)

表 7-8　单位产品成本的估算

成本项目	价格标准	用量标准	合　计
直接材料			
锌片	0.002 5 元/片	1 片	0.002 5
硅片	0.002 5 元/片	1 片	0.002 5
引线及壳	0.062 5 元/套	1 套	0.062 5
氩气	0.001 元/毫升	1 毫升	0.001
小计			0.068 5
直接人工			
技术工	6 元/小时	0.001 2 小时	0.007 2
熟练工	5 元/小时	0.001 5 小时	0.007 5
小计			0.014 7
变动制造费用			
水费	2 元/吨	0.001 125 吨	0.002 25
电费	1 元/度	0.003 75 度	0.003 75
小计			0.006

成本项目	价格标准	用量标准	合　计
外包成本			
编带			0.002 5
电镀			0.002 5
小计			0.005
单位变动成本合计			0.094 2

（2）销售收入预算（表7-9）

表7-9　销售收入预算　　　　　　　　　　　　单位:元

项　　目		第一年	第二年	第三年	第四年	第五年
预计销售量/万个		3 200 000.00	5 700 000.00	7 800 000.00	7 500 000.00	7 000 000.00
单价		0.25	0.25	0.25	0.25	0.25
预计销售额		800 000.00	1 425 000.00	1 950 000.00	1 875 000.00	1 750 000.00
预计现金流入	第一年	400 000.00	400 000.00			
	第二年		712 500.00	712 500.00		
	第三年			975 000.00	975 000.00	
	第四年				937 500.00	937 500.00
	第五年					875 000.00
合　　计		400 000.00	1 112 500.00	1 687 500.00	1 912 500.00	1 812 500.00

注:①产品预计销售收入50%在当年收现,50%在次年收现;
　　②由于同类产品的市场价位在0.25~0.35元之间,所以公司考虑到初入市场,把价位定在0.25元/个。

（3）费用估算（表7-10）

表7-10　费　用　估　算　　　　　　　　　　单位:元

费用项目	第一年	第二年	第三年	第四年	第五年
付现成本:					
销售佣金	85 000.00	88 400.00	102 000.00	136 000.00	187 000.00
运输费用	9 000.00	10 800.00	16 200.00	14 580.00	11 664.00
业务费	50 000.00	30 000.00	20 000.00	10 000.00	30 000.00
办公费	30 000.00	33 000.00	37 950.00	42 000.00	33 000.00
管理人员薪金	130 000.00	136 500.00	204 750.00	295 000.00	300 000.00
保险费	6 000.00	6 000.00	6 000.00	6 000.00	6 000.00
财产税	2 000.00	2 000.00	2 000.00	2 000.00	2 000.00
租金	6 000.00	6 000.00	6 000.00	6 000.00	6 000.00
研发费	10 000.00	10 000.00	10 000.00	10 000.00	10 000.00

续表

费用项目	第一年	第二年	第三年	第四年	第五年
财务费	10 980.00	10 980.00	10 980.00		
咨询费	10 000.00	10 000.00	10 000.00	10 000.00	10 000.00
付现成本合计	348 980.00	343 680.00	425 880.00	531 580.00	595 664.00
非付现成本:					
折旧费	5 000.00	5 000.00	5 000.00	5 000.00	5 000.00
无形资产摊销	12 500.00	12 500.00	12 500.00	12 500.00	12 500.00
开办费摊销	3 000.00	3 000.00	3 000.00	3 000.00	3 000.00
坏账准备	4 000.00	7 125.00	9 750.00	9 375.00	8 750.00
待摊费用摊销	4 000.00	4 000.00	4 000.00	4 000.00	4 000.00
非付现成本合计	28 500.00	31 625.00	34 250.00	33 875.00	33 250.00
总计	377 480.00	375 305.00	460 130.00	565 455.00	628 914.00

(4)现金流量的估算(表7-11)

表7-11　现金流量的估算　　　　　　　　　　单位:元

项　目		第一年	第二年	第三年	第四年	第五年
原始投资	−700 000.00					
销售收入收现		400 000.00	1 112 500.00	1 687 500.000	1 912 500.00	1 812 500.00
生产成本付现		245 773.80	540 741.00	682 223.600 0	722 497.60	670 852.00
其他付现成本		348 980.00	343 680.00	425 880.000 0	531 580.00	595 664.00
所得税		0.00	0.00	119 218.275 0	94 127.55	70 803.31
净现金流量	−700 000.00	−194 753.80	228 079.00	460 178.125 0	564 294.85	475 180.69

注:公司设在宁波市科技园区,享受"两免三减半"的税收优惠政策。即在公司成立的前两年免征所得税,第三年至第五年所得税税率为16.5%,正常税率为33%。

(5)投资净现值(NPV)(表7-12)

银行长期借款利率为5.49%,股东回报率为20%。由于公司的资金一部分来自风险投资,一部分来自银行的借款,所以,加权平均资本成本为:

$$5.49\% \times 20/70 + 20\% \times 50/70 = 15.85\%$$

表7-12　投资净现值　　　　　　　　　　单位:元

年　份	各年的净现金流量	资本成本(15.85%)	
第一年	−194 753.80	0.863 2	−168 108.59
第二年	228 079.00	0.745 1	169 939.06

年　份	各年的净现金流量	资本成本(15.85%)	
第三年	460 178.13	0.643 1	295 963.30
第四年	564 294.85	0.555 2	313 272.26
第五年	475 180.69	0.479 2	227 708.16
未来报酬总现值			838 774.19
原投资额			700 000.00
净现值(NPV)			138 774.19

从以上分析可知,该投资方案在计划期内盈利能力比较好,所以该方案是可行的。

(6) 投资回收期计算(表7-13)

表 7-13　投资回收期计算　　　　　　　　　单位:元

年　份	各年的净现金流量	年末累计 NCF	年末尚未回收的投资余额
原始投资	700 000.00		
第一年	−194 753.80	−194 753.80	700 000.00
第二年	228 079.00	33 325.20	666 674.80
第三年	460 178.13	493 503.33	173 171.47
第四年	564 294.85	1 057 798.18	
第五年	475 180.69	1 532 978.87	

预计投资回收期=3+173 171.47/460 178.13=3.376 年

从投资回收期来看,该方案也是可行的。

(7) 净现值的逐次测试计算(表7-14)

表 7-14　净现值的逐次测试计算　　　　　　　单位:元

年　份	各年的净现金流量	资本成本	
第一年	−194 753.80	0.806 5	−157 068.94
第二年	228 079.00	0.650 4	148 342.581 6
第三年	460 178.13	0.524 5	241 363.426 6
第四年	564 294.85	0.423 0	238 696.721 6
第五年	475 180.69	0.341 1	162 084.131 7
未来报酬总现值			633 417.921 7
原始投资			700 000.000 0
净现值(NPV)			−66 582.078 3

结合表 7-14,采用插值法计算得知:IRR=15.58%+5.51%=21.36%,大于资金成本 15.58%,可见该方案是可行的。

资料来源:http://wenku.baidu.com/view/0680ce264b35eefdc8d33351.html.

讨论题

1. 安雷电子有限责任公司创业投资计划的可行性分析中难点是什么?
2. 安雷电子有限责任公司现金流量预测应重点考虑哪些方面?

 ## 本章习题

1. 新企业的特征有哪些?

2. 新企业的优势和存在的问题有哪些?

3. 新企业的成长动力源泉在哪里?

4. 新企业的营销管理有什么特征?

5. 新企业如何进行市场再定位? 其意义何在?

6. 针对新企业的营销特点,可以制定哪些营销策略?

7. 新企业财务管理应具备哪些基本观念?

8. 现金预算包括哪几部分内容?

9. 最佳现金余额的确定方法有哪几种?

10. 什么是现金流量? 项目投资的现金流入量和现金流出量分别包括哪些内容?

11. 资本预算的方法有哪些?

12. 新企业人力资源管理的内容是什么?

13. 新企业人力资源管理的问题主要表现在哪些方面?

14. 新企业人力资源管理策略主要有什么?

15. 新企业的风险控制方案制订的原则是什么?

16. 新企业风险控制和化解的步骤有哪些?

第8章

网络创业

本章要点

- ☺ 网络创业的兴起及发展
- ☺ 网络创业的特点与趋势
- ☺ 网络创业商务模式
- ☺ 网上开店的准备与运营
- ☺ 网上创业的物流与支付

导入案例

皇朝漆：草根商人塑造的网络品牌

华南理工大学一位化学教授表示，皇朝漆用9年时间，从一个婴儿的缓慢爬行到蹒跚学步，再到现在的快速奔跑，战胜众多涂料品牌入驻世博会，值得其他企业学习借鉴。中国涂料工业协会一位负责人感叹：皇朝漆的产销量不算很大，但皇朝化工能够从当初一个人发展到现在几百人，销售业绩增长速度比员工的增长速度还快，9年来增长不止9倍。当然，有些涂料品牌成长速度比皇朝漆更快，规模也比皇朝漆大得多，可惜倒得快，"小而精"的皇朝漆比"大则倒""长得快、倒得快"的少数品牌更优越。这些年来，皇朝漆在互联网上大力推广，何伟总经理一度成为涂料行业的传奇人物。

如今，皇朝漆老板何伟头上有着一顶又一顶光环：香港皇朝化工实业有限公司董事、首席执行官，涂料行业中运用电子商务营销倡导者之一，阿里巴巴成功网商、资深版主，佛山商盟盟主、中国民族事业推广协会会员，中国涂料协会会员。2007年度他注册了"皇朝帝国"，公司里其他人分别注册了"皇朝至尊""皇朝水晶"等很多笔名，开始网络推广宣传，加入诚信通，将阿里巴巴这一大型的"免费平台"当作推广品牌的主战场，从此开始了网络经营品牌之路。

2005年10月皇朝漆被评为阿里巴巴商人社区十大网商，2006年荣获"中国十大创业项目提名奖"和"中国建材行业最佳创业奖"，同年10月份，中国创业者协会授予皇朝漆项目为"再就业最佳投资项目奖"，2007 年投放了央视 4 套、7 套以及福建电视台、厦门电视台等黄金时间段广告，并且获得以下殊荣：皇朝漆品牌荣获中华民族品牌协会 2007 年度"中华民族品牌奖"，荣获"2007 中小企业电子商务应用百强称号"。皇朝化工也是涂料行业最早开拓网络营销的企业之一，在阿里巴巴拥有极高的信誉度，还被评为"2008 年度诚信通十大网商"，创下了在阿里巴巴 6 年零投诉的良好口碑。2011 年，首创中国涂料行业从业人员自主创业平台，建立全国物流配送体系。2013 年，皇朝创业梦工厂正式启动并进入试运营阶段，成功召开了全国经销商高峰会。2014 年，千城万店模式启动，为未来的"O2O"模式做线下铺垫。

案例作者：胡桂兰

8.1　网络创业概述

8.1.1　网络创业的概念及其发展状况

2015 年 2 月，中国互联网络信息中心（CNNIC）在北京发布了第 35 次《中国互联网络发展状况统计报告》（以下简称《报告》）。《报告》显示，截至 2014 年 12 月，我国网民规模达 6.49 亿，互联网普及率为 47.9%；我国手机网民规模达 5.57 亿，较 2013 年年底增加 5 672 万人，手机网购、手机支付、手机银行等手机商务应用用户年增长分别为 63.5%、73.2% 和 69.2%；"O2O"企业在一线城市率先布局，中度和重度用户占比共 39.2%，"O2O"消费由数量增长向质量提升转变，二、三线城市"O2O"业务布局正在逐步展开。

伴随互联网的发展，网络创业方兴未艾。电子商务作为互联网时代一种重要的网络应用，其发展带动了网络创业的快速发展，自 2008 年下半年国际金融危机爆发以来更是如此。艾瑞咨询发布的《2008 年度网购市场发展报告》显示：2008 年有 57 万人通过在淘宝网上开店实现了就业。2013 年 2 月 4 日，人力资源和社会保障部历经 8 个多月调研，首次向社会发布《网络创业促进就业研究报告》。该报告指出，中国网络创业就业已累计制造岗位超过 1000 万个，缓解了部分就业压力，并成为创业就业新增长点。目前网络就业主要集中在中、东部地区和地级以上城市的各类企业，分别占抽样总数的 57.4% 和 85%；网络创业就业"创新"特质明显。在申批程序方面，卖家只需经过用户注册淘宝账号等程序，几小时内就可以免费开店；在资金筹措方面，以工商银行佛山支行网商微型企业贷款"易融通"和阿里巴巴的阿里金融贷款为代表，实现了金融创新；在物流渠道方面，已建立了以物流、商流、信息流有机结合的社会化物流配送体系；在生产经营链条方面，已形成了小前端、大平台、富生态的"信用、支付、物流"电子商务生产经营链条。

所谓网络创业，是一种以互联网为载体的创业形式，主要表现形式为网站和网店。它在互联网环境中协调资源，把握并利用市场机会，以开展商业活动。

网络创业与互联网发展息息相关。1996—2000年，几大门户网站相继创立，2000年，搜狐、新浪、网易在美国纳斯达克挂牌上市，这期间信息互联网是主流；从2003年开始，娱乐、游戏等互联网公司相继上市，这是互联网的娱乐时代，盛大是典型代表；2007年以来，尤其是进入2010年之后，整个网络经济的发展驱动力发生转移，由以前娱乐的网络游戏为主的驱动转变为以电子商务为主的驱动。我国整个网络经济的增速是40%～50%，淘宝、凡客、京东商城等炙手可热，这是商品的互联网阶段。如今，网络创业开始向多元化方向发展。一方面有足够多的用户支撑；另一方面是互联网应用从信息—娱乐—商品交易逐渐深入衣食住行等和生活息息相关的领域，呈现出明显的区域化、垂直化特征。更多的创业机会将会在多元化互联网中涌现。

8.1.2 网络创业特点

网络创业是基于互联网的创业方式，既有传统创业的特点，也有自身的特点。

1. 成本低

互联网之所以在诞生伊始即被描述为"传统行业颠覆者"的角色，很大程度上是因为它最大限度地去除了存在于供销双方的中间环节，这意味着交易成本和信息损耗的大幅度降低。由于网上开店不需要传统店面租金和装修的开支，代销、分销等形式不需要任何存货，甚至连首批进货资金都可以省去，从而使得启动资金少，网络使用成本低，网店运行的成本低，所以网店成为目前网络创业中最普遍的方式。选择网上开店创业也就成为很多缺乏资金的年轻人的主要选择。

2. 灵活性

网络创业不受时间、地域、气候环境的限制和约束，可全年每天无休运行，也不用整天守着网络，网上商店由计算机接收处理交易信息，任何时间都可自助营业。网络创业方式灵活，就业弹性大，门槛低，范围广，不受城乡地域限制。对于想兼职创业的人来说，有着很大的选择余地和空间。

3. 自治性

即网商进行自我约束和自我完善，各类商盟自定网规和网民参与评价相结合的机制已开始确立。在目前中国社会出现较严重的商业信任危机的情况下，网络经济在发展中创造了一个新的社会公信平台。仅在淘宝网每天就有1 800万笔达成相互高度信任且有合同保障的交易。

4. 平等性

互联网上每个人都是平等的,互联网产业赋予每个人平等的机会,青年、妇女、残疾人等弱势群体皆可创业就业,这也是这个行业吸引年轻人投身其中的魅力所在。传统意义上资源的掌握者并不比那些真正理解互联网,并且以此为基础经营互联网的人获得更多的利益。

5. 衍生性

网络创业带动了网销、客服、美工等职业,新创了软件、物流、支付等网商服务业岗位,带动了其他生产、加工、包装等行业快速发展。

8.1.3 网络创业趋势

1. 移动互联网带动整体互联网发展

截至 2014 年 6 月,在我国网民上网设备中,手机使用率达 83.4%,首次超越传统 PC 整体使用率(80.9%),手机作为第一大上网终端设备的地位更加巩固。同时网民在手机电子商务类、休闲娱乐类、信息获取类、交通沟通类等应用的使用率都在快速增长,移动互联网带动整体互联网各类应用发展。

2. 互联网创业将全面生活化、网络化

互联网发展重心从"广泛"转向"深入",网络应用对大众生活的改变从点到面,互联网对网民生活全方位渗透程度进一步增加。2014 年上半年,中国网民的人均周上网时长达 25.9 小时,相比 2013 年下半年增加了 0.9 小时。除了传统的消费、娱乐以外,移动金融、移动医疗等新兴领域移动应用多方向满足用户上网需求,推动网民生活的进一步"网络化"。

8.2 网络创业的商务模式

互联网市场变幻莫测,收入模式和商业类型都在不断被创新、改进和抛弃。但是网络创业归根结底是一种以网络为载体的创业形式,创业最终要落实到经营销售产品或服务上。

网络创业的商务模式可以按不同的标志进行划分。按照商品特性的不同,可将网络创业商务模式划分为两类,即软体商品商务模式和有形商品商务模式。软体商品包括无形商品和劳务。

8.2.1 软体商品商务模式

网络具有信息传递和处理信息的功能,软体商品即无形产品和劳务可以通过网络直接向消费者提供,主要有五种模式:网上订阅模式、付费浏览模式、广告支持模式、网上赠与模式和专业服务模式。

1. 网上订阅模式

网上订阅模式(subscription-based sales)指的是企业通过网页安排向消费者提供网上直接订阅、直接信息浏览的网络经营模式。网上订阅模式主要被商业在线机构用来销售报纸杂志、有线电视节目等,主要有在线服务、在线出版、在线娱乐三种。

1) 在线服务

在线服务(online services)是指在线经营通过每月向消费者收取固定费用,提供各种形式的在线信息服务。例如,美国在线(AOL)和微软网络(microsoft network)等在线服务商都使用这种形式。1996 年以前,在线服务商一般都按实际使用时间向客户收取费用。自 1996 年起,一些网络服务商(ISP)改为收取固定的费用,向消费者提供互联网的接入服务。在线服务商现在也遵从相同的做法,以固定费用的方式提供无限制的网络接入和各种增值服务。

2) 在线出版

在线出版(online publications)指的是出版商通过互联网向消费者提供电子刊物。在线出版一般不提供互联网的接入业务,仅在网上发布电子刊物,消费者可通过订阅来下载刊物。目前很多出版商采用双轨制——免费和订阅相结合。有些内容免费,有些内容则向专门订户提供。这样既能吸引一般的访问者,保持较高的访问率和顾客黏性,又有一定的营业收入。

与大众化信息媒体相比,趋于专业性的信息源的收费方式比较成功。网上专业数据库一直都是付费的,无论是网络上的信息还是其他地方信息,研究人员相对更愿意支付费用。市场定位非常明确的在线出版商是很有成效的。例如,ESPN《体育地带》(*sport zone*)将免费浏览与收费订阅结合,特别是一系列独家在线采访体育明星的内容吸引了不少订户。显然,内容独特,满足特定消费群体是在线出版成功的重要因素。

网络传媒与传统报纸相比,其地位目前还是较低,未来几年里要彻底改变现状,关键是要实现两者之间信息互动。传统报纸如果能同网络结合,将不再是工业社会时的报纸生产,而是充分演化为信息与传播的提供、发送,定有光辉灿烂的前途。

3) 在线娱乐

在线娱乐(online entertainment)是软体产品和劳务在线销售中令人注目的一个领域,目前增长迅速。根据网络知识和统计研究公司的一项调查(CASTEX

2002)：在线娱乐已成为美国 8～17 岁年龄段人群的最普遍的娱乐方式。这个人群的三分之二表示喜欢在线游戏，喜欢看电视的只有 26%。在线娱乐有许多种，很难精确分类，一些在线娱乐被认为是交互式的，用户可以交互，运用软件采取会话的方式，因而能改变结果或是形成娱乐活动的方向。

传统的娱乐方式包括电视、广播、音乐、游戏、阅读等，现在这些都可通过网络提供。现代技术将一些人们喜好的活动加强，新环境下一些娱乐方式更加流行。例如，在线游戏提供了彩色卡通和声音、场景的各种多媒体体验，使玩家可以影响游戏的进程和结果，由此吸引更多客户。一些网站向消费者提供在线游戏，并收取一定费用。目前经营者已将眼光放得更远，通过一些免费的网上娱乐换取访问者的点击数和忠诚度。在这一领域里，很多游戏已发展为按使用次数或小时来计费。

2. 付费浏览模式

付费浏览模式（the pay-pet-view model）指的是企业通过网页向消费者提供计次收费、网上信息浏览和信息下载的网络经营模式。消费者可根据自己的需要，有选择地点击购买想要的东西，在数据库里查询到的内容也可付费获取。另外，还可付费参与游戏。

网上信息的出售者最担心的是知识产权问题，他们担心客户从网站上获取了信息，又再次分发或出售。一些信息技术公司针对这个问题开发了网上信息知识产权保护的技术。例如，Cadillac 公司的知识产权保护技术就是 IBM 的所谓密码信封技术，信息下载者一开密码信封，即自动引发网上付款行为。为解决信封的设计允许信息购买者作为代理人将信息再次出售，而且给予代售者一定的佣金，这样就鼓励了信息的合法传播。

3. 广告支持模式

广告支持模式（advertising-supported model）是指在线服务商免费向消费者或用户提供信息在线服务，营业活动全部依靠广告收入支持。这是目前最成功的网络经营模式之一。例如，Yahoo 和 Lycos 等在线搜索服务网站就是依靠广告收入来维持经营活动。信息搜索对于上网人员在信息浩瀚的互联网上找寻相关信息是最基础的服务，企业也最愿意在信息搜索网站上设置广告，特别是通过付费方式在网上设置旗帜广告（banners），有兴趣的上网人员通过点击"旗帜"就可直接到达企业的网址。

广告支持模式要求企业网页能吸引大量的广告，这成为创业能否成功的关键。能否吸引网上广告主要靠网站的知名度，而知名度又要看该网站被访问次数。广告网站必须提供对广告效果的客观评价和测度方法，以便公平地确定广告费用的计费方法和计费额。目前大致有以下几种计费方法。

第一,按被看到的次数计费。这是目前最普通的计费方式,具体费率是按看到的千次多少金额(CPM)来计算。目前网上广告的一般收费是每千次 30～40 美元。如果是有准确市场定位的广告,则费率会高一些。

第二,按用户录入的关键词计费。大多数搜索网站一般都是按用户录入的搜索关键词(keywords)来收费的。例如,InfoSeek 对用户录入的广告涉及的关键词向发布广告者收取 50 美元。

第三,按点击广告图标计费。这种计费方法是按照用户在广告网页上点击广告图标的次数来计费。当然,用户看到广告并不意味着会点击广告图标。有研究表明,只有约 1% 的在线广告被用户点击广告图标,活动的广告图标被点击的可能性要大一些。

很多服务商将上述各种计费方式结合起来使用,尽量提供市场定位更明确的广告服务。

4. 网上赠与模式

网上赠与模式是一种非传统的商业运作模式。是指企业借助于互联网优势,向网上用户赠送软件产品,扩大知名度和市场份额。通过让消费者使用该产品,从而让消费者下载一个新版本的软件或购买另外一个相关软件。网上赠与模式的实质是"先试用,后购买"。用户可以从互联网站上免费下载喜欢的软件,在真正购买前全面评测该软件。适宜采用网上赠与模式的企业主要有两类,即软件公司和出版商。软件公司在发布新产品或新版本时,通常在网上免费提供测试版。用户可免费下载试用。软件公司不仅可以获得一定市场份额,而且可以扩大测试群体,保证测试效果。当最后版本公布时,测试用户可以购买该产品,或许因为参与了测试版的试用可以享受到一定的折扣。有的出版商也采取网上赠与模式,先让用户试用然后购买。

5. 专业服务模式

专业服务模式是指网上机构通过标准化的网上服务,为企业内部管理提供专业化的解决方案,使企业减少不必要的开支,降低运营成本,提高客户对企业的信任度和忠诚度。一般企业管理涉及多个方面,其中,如何为员工提供高效和方便的工作环境,同时又有效地降低业务开支,维护客户关系,是每个高层经理人员要动脑筋考虑的课题。

近年来,一些公司业务网站利用与客户之间相辅相成的协作,专门为企业提供管理解决方案。它们以标准化的网上服务为企业解决某一层面的管理问题。如"网上火炬"(http://www.htic.com.cn)为我国高新技术产业的发展创造信息化、网络化环境,为新技术成果商品化、高新技术商品产业化和高新技术产业国际化提供全新的、无国界的数字化渠道。

8.2.2　有形商品商务模式

有形商品的网络经营模式主要有批发、零售和拍卖等形式。事实上，产品或服务是在互联网上成交的，而实体商品和劳务的交付仍然是传统的方式，是不能通过电脑的信息载体来实现的。

1. 批发

网络批发是指通过互联网或其他电子渠道，针对企业的需求销售商品或者提供服务。网络批发具有便利性、快捷性，非常容易被卖家接受，同时批发市场的信息具有很高的透明度，使得市场之间的比较更加清晰，采购者可容易地选择商品质量、价格和服务最优的市场。在电子商务环境下，由于采购者离市场的远近越来越成为次要因素，第三方物流的发达使货物运送成本下降，批发市场优势凸显，因此，网络批发市场将成为未来批发业的主流市场。

事实上，网络批发市场正在逐步崛起。未来实行电子商务批发市场组织形式的趋势是"虚拟市场＋物流体系"。它具有一个强大的网络信息中心，将市场内产品的宣传功能和经营者的批发交易功能基本上纳入电子商务，有形市场主要的功能是零售和展示。在信息充分的条件下，性价比高的商品成为所有经营者争夺的对象，经销商难以获得超额利润，未来电子商务批发市场注重的是物流成本，它要么有自己的物流体系，要么有强大的社会物流作为支撑。

2. 零售

网上零售是指通过互联网或其他电子渠道，针对个人或家庭的需求销售商品或者提供服务。网上零售（B2C/C2C）即交易双方以互联网为媒介的商品交易活动，即通过互联网进行信息的组织和传递，实现了有形商品和无形商品所有权的转移或服务的消费。买卖双方通过电子商务（线上）应用实现交易信息查询（信息流）、交易（资金流）和交付（物流）等。网上零售属于针对终端顾客（而不是生产性顾客）的网络商业活动，因此属于B2C（企业对消费者）的电子商务范畴。同时由网络批发衍生的网店代理、代销、分销、经销等业务也将在互联网上大势兴起，从而解决了店家的货源难题。

网上零售之所以火爆，在于其独特优势，它扩大了市场，增加了机会。网上销售（无店铺销售）只用较少的雇员，就可以直接从仓库销售。网店可以直接从经销商订货，省去了商品储存阶段。实体产品在线销售形式有两种：一种是在网上设立独立的虚拟店铺；二是参与并成为网上在线购物中心的一部分。

3. 拍卖

所谓网上拍卖（Auction Online）是指通过互联网实施的价格谈判交易活动，即利用互联网在网站上公开发布将要招标的物品或者服务的信息，通过竞争投标的方式将它出售给出价最高或最低的投标者。其实质是以竞争价格为核心，建立生产者和消费者之间的交流与互动机制，共同确定价格和数量，从而达到均衡的一种市场经济过程。

目前，拍卖模式正在风靡整个网络社会，尤其对那些具有探索精神、想找点娱乐或想购买便宜商品、新奇特商品的网民具有吸引力。它通过互联网将过去少数人才能参与的贵族式的物品交换形式，变成每一位网民都可以加入其中的平民化交易方式。网上拍卖不仅是网络时代消费者定价原则的体现，更重要的是拍卖网站营造了一个供需有效集结的市场，成为消费者和生产商各取所需的场所，因此是一种典型的中介型电子商务形式。相对于传统拍卖，网上拍卖的特点在于每个商家都可以制定一套适合自己的拍卖规则，并且通过网上拍卖还可以使定价达到更准确的水平，同时使得能够参与拍卖的人的范围也大大增加了。拍卖的交易方式有以下几种。

1）竞价拍卖

最大量的是"C2C"的交易，包括二手货、收藏品，也可以使普通商品以拍卖方式进行出售。

2）竞价拍买

竞价拍买是竞价拍卖的反向过程。消费者提出一个价格范围，求购某一商品，由商家出价，出价可以是公开的或隐藏的，消费者将与出价最低或最接近的商家成交。例如，想要乘飞机的乘客们在 Priceline 网站上出价购买机票，由航空公司自己决定是否接受乘客的出价。

3）集体议价

在互联网出现以前，这种方式在国外主要是多个零售商结合起来，向批发商（或生产商）以数量还价格的方式进行。互联网出现后，普通的消费者使用这种方式集合竞价来购买商品。

实际上，多数企业网上销售并不仅仅采用单一模式，往往采用综合模式。GolfWeb 是一家有 3500 页有关高尔夫球信息的网站。这家网站采用的就是综合模式，40％的收入来自订阅费和服务费，35％的收入来自广告，25％的收入是该网址专业零售点的销售收入。该网址已经吸引了许多大公司的广告，美洲银行（Bank of America）、lexus 公司、美国电报电话公司（AT＆T）等都在这里做广告。刚开始的两个月收入就高达 10 万美元。该网站既卖服务，又卖产品，还卖广告，一举三得。由此可见,在网络创业销售产品或服务,要尽量考虑采取综合模式,尝试综合的网络经营模式则有可能带来额外收入。

8.3 网上开店

目前,网络创业中范围最为广泛,普及度最大的是网上开店,它的风靡是因为它符合人们对互联网功用的想象。网上商店也就是在线商店(online stores),是指企业或个人在网上开设虚拟商店,以此网址宣传和展示所经营的产品或服务,进而提供网上交易的便利。网上开店为个人用户和企业用户提供人性化的全方位服务,努力为用户创造亲切、轻松和愉悦的购物环境,不断丰富产品结构,最大化地满足消费者日趋多样的购物需求,并凭借更具竞争力的价格和逐渐完善的物流配送体系等各项优势,赢得骄人的成绩。这是时代发展的趋势。

对比 2009 年我国与美国互联网应用指数可以发现:就整体互联网应用指数而言,我国与美国的差距并不大,网络娱乐指数方面远高于美国,但网络消费指数却明显偏低。我国的网络购物起步相对较晚,但发展速度却很快。相信随着网络购物渠道的不断规范和发展,消费者消费习惯的逐渐转变,网络购物渠道蕴含的巨大潜力和商机必将源源不断地得到释放。网上开店不但是信息技术发展的结果,而且也是消费者购买行为与心理变化的结果。从发达国家经验看,线下在向线上扩张,线上也在向线下发展,二者的相互融合是必然趋势。

8.3.1 网上开店的准备

1. 确定商品

选择网络开店后,所要做的第一件事情就是确定商品。

1) 商品类别选择

要想让商品在网络上卖得好,选择好商品是非常关键和重要的。可以从以下几个方面考虑。

第一,商品要有足够的消费群体。足够的消费群是网上商店生存的根本。

第二,商品便于图片、视频的描述和说明。网络零售其实就是网络贸易,目前在网上暂时只能通过文字、图片,有的已经可以通过视频的方式来展示商品。所以详尽的文字描述,完备、细节化的清晰图片,形象化的视频将成为销售商品的三大关键要素。

第三,商品易于物流系统的配送。目前网上销售的商品一般以邮寄、快递等物流方式发货,体积过大或者价低量重的商品一般在网络销售上会受到一定的制约和限制。随着物流系统的完备,越来越多的商品都会逐渐进入网络销售。不过,当前没有强大 B2C 背景的创业者须尽量选择快递员能方便携带、重量较轻的商品。当然,如果是数字化产品,如软件、音乐、点卡、游戏币、在线培训、图书等是非常有利的。

第四,商品具有独特性。网络零售其实是实体零售的延伸和补充,要尽量避开实体的锋芒,选择一些在实体并不热卖,具有个性的、时尚化的商品,利用网络的聚集效应,形成强大的合力,产生巨大的销售额。

2) 货源选择

确定好要卖什么产品或者服务以后,接下来就是要寻找货源了。如何找到质优价廉的货源呢?有时,囤货成为零售的关键,而货物一旦囤不好,则会变成负担。做好产品货源选择,需要注意以下几方面。

第一,做好市场猎手。要随时密切关注市场变化,要与厂家保持密切联系,以便找到价格低廉、具有优势的货源。

第二,关注外贸商品。外贸商品因为质量、款式、价格、面料等优势,一直是网上销售的热门品种。很多在国外售价上百美元的名牌商品,网上售价仅仅为几百元人民币,备受众多买家青睐。

第三,品牌积压库存。有些品牌商品库存积压很多,一些厂家干脆把库存全部卖给专职网络零售卖家。品牌商品是在网上备受关注的分类之一,很多买家都通过搜索的方式寻找自己心仪的品牌商品。不少品牌商品虽然在某一个地域上属于积压商品,但由于网络覆盖面广的特性,在其他地域有可能成为畅销品。如果网络创业者有足够的砍价本领和市场营销的把握能力,能以低廉的价格盘下库存,并能在很短时间内销售出去,一定能获得丰厚利润。

第四,批发商品。各个城市和地区都有不少批发市场,如北京秀水街、上海城隍庙等,不但可以熟悉行情,而且还可以拿到很便宜的批发价格。不少大学生和网络创业者起步的时候都是通过批发市场来进货的。

第五,国外折扣商品。随着网络商务深入,国际代购日益红火。所以要关注国外的折扣商品。一般情况下,国外的世界一流品牌在换季或节日前夕,会有折扣,价格非常便宜。

对于提供服务类经营的创业者,一般要根据自身优势或寻求合作者才能持续经营。

3) 定位选择

在网上销售的商品中,一些出售独特商品的网店较为成功。这样的产品就是利基商品。"利基"一词是英文"Niche"的音译,有拾遗补阙或见缝插针的意思。菲利普·科特勒在《营销管理》中给利基下的定义为:利基是更窄地确定某些群体,这是一个小市场并且它的需要没有被服务好,或者说"有获取利益的基础"。

网络市场的特性要求创业者首先要通过对市场的细分,集中力量于某个特定的目标市场,或严格针对一个细分市场,或重点经营一个产品和服务,创造出产品和服务优势。比如,一家网店专门出售手绘鞋,在线销售仅两个月,销售额就上万元。独特商品的网店之所以成功,是由其商品的特点和互联网的特点决定的。在实体市场上,对于特殊产品的需求是有限的,消费者比较分散,传统的实物店铺市场的覆盖范围不足以支持店铺经营,互联网触及世界市场的各个角落,人们可以根据自己的兴趣来搜索虚拟商店,因此,见缝插针式的利基商品在在线销售方面更容易获胜。

针对网络创业,将利基理解为一种成长战略更合适。它指创业者或创业企业选定一个很小的产品或服务领域,集中力量进入并成为领先者,从当地市场到全国再到全球市场,同时建立各种壁垒,逐渐形成持久竞争优势,利基强调的是竞争战略中的集中与后发,以及职能战略中的市场细分。

创业者最初是从小起步,需要寻找市场缝隙。寻找利基点,有几个需要遵循的标准和原则:一是成长较快的细分行业;二是通用性比较强,拥有一定市场规模的行业;三是最好还没有统治者的行业。对于网络创业者来说,在初始阶段,比较好的切入点是选择那些个人熟悉的或具有比较优势的行业,将自身优势与比较优势结合好,才能更利于创业成功。

2. 确定形式、类型和平台

1) 网上开店形式

目前,网上开店主要有以下三种形式。

第一,自建网站开店。这种方式需要配齐服务器等网络设施,编写专门程序。优点是宽带独占,网站程序能较好地符合自己的要求;缺点是起步投资高,对技术的要求高,对人员配备等各方要求也比较高。这种方式只适合有一定资本的创业者,也适合一些机会型创业者,前提是在获得风险投资或者天使投资的基础上。

第二,独立域名,专门推广。这种方式是要借用别人的网络模板来构建网站,现在网络上有大量的网站模式,如花店、书店、卡店等,不少都做得相当不错,商品管理、支付、订单处理等功能一应俱全,完全可以在它们的基础上稍加改动,做出自己的网站。独立网站的好处是品牌形象良好,特别是当以后发展壮大了,需要升级功能时不至于因寄生于平台技术的限制无法满足而不得不另行迁徙,浪费前期积攒的知名度。不过劣势是,这样的网店和第一种一样,也需要单独为它做推广,创业早期的推广费用会比较高。

第三,直接进驻网上平台开店。如淘宝网、易趣网等,利用平台提供的功能开设网店。这种方法的起始投资最小,只要有条件上网就可以,非常适合个人创业。由于网上开店平台会做很多市场活动,由此而带来的客流也会对网店产生一定的成交量。

事实上,三种模式并不绝对孤立,可以相互通融。很多创业者刚开始会选择第三种方式,发展到一定阶段后会转而选择第一种或者第二种方式。所有的选择都应该和创业阶段以及需要相联系。

2) 网上开店类型

目前网上开店主要有三大类:B2B(business to business,商家对商家)、B2C(business to customer,商家对顾客直接销售,信用度高)、C2C(customer to customer,客户和客户),其功能不尽相同。随着互联网风起云涌,各种新的模式也在不断诞生,比如"O2O"模式等。

B2B典型代表有阿里巴巴、制造网;B2C典型代表有越购商城、当当网、卓越亚马逊、京东商城、她秀网、凡客诚品、麦网、新蛋商城等;C2C典型代表有淘宝网、易趣网、拍拍网等。

还有一个特殊的是G2C,即电子政务,是指政府(government)与公众(citizen)之间的电子政务,政府通过电子网络系统为公民提供各种服务。G2C电子政务包含的内容十分广泛,主要包括公众信息服务、电子身份认证、电子税务、电子社会保障服务、电子民主管理、电子医疗服务、电子就业服务、电子教育、培训服务、电子交通管理等。

3) 网上开店平台

主要介绍一些知名的经营平台。

第一,淘宝网。淘宝网致力打造全球领先网络零售商圈,2003年5月10日创立,现在业务跨越C2C(个人对个人)、B2C(商家对个人)两大部分。淘宝已成为目前影响最大,最受欢迎的网络开店创业平台之一。

第二,拍拍网。2005年9月12日上线,依托腾讯QQ的庞大用户群及活跃用户的优势资源,运营满百天即进入"全球网站流量排名"前500强(据Alexa数据),创下电子商务网站进入全球网站500强的最短时间纪录。凭借丰富多样的商品类别和高人气的互动社区,拍拍网已成为最受欢迎的C2C交易平台之一。

第三,易趣网。1999年8月由邵亦波、谭海音创立,主营电子商务。2002年更名为易趣,迅速成为国内最大在线交易平台。2007年,与TOM在线合作,推出定制的国内在线交易平台。易趣网秉承帮助任何人在任何地方实现任何交易的宗旨,提供了一个网上创业、实现自我价值的舞台。

第四，京东商城。京东商城是我国 B2C 市场最大的 3C 网购专业平台，是我国电子商务领域最受消费者欢迎和最具影响力的电子商务网站之一。

随着网络创业平台越来越多，创业者也会有更多的选择。

8.3.2　网店营销管理

1. 网店商品描述

网店的网络销售不同于传统销售，买卖双方不见面。许多信息都通过文字、图片以及视频来传递表达。好的商品描述能吸引眼球，招徕顾客，而商品描述过于粗糙，或者不够吸引人，没有卖点，顾客进来了也会转而离去。那么，该怎么样进行商品描述呢？

1）文字描述

网上商品的文字描述一般具有以下要素：标题、商品标题、其他情况。

标题是商品的眼睛，是关键要素。标题必须名字正确，商品归类正确，如果放错类别，一般交易平台后台会经过筛选后自动下架。标题应能够吸引顾客的眼球，带来浏览，才有可能使浏览量转化为成交量；此外，标题还要一目了然，便于顾客搜索。

商品标题要尽量突出价格优势或促销信息，低价永远是吸引客流的最有力武器；商品标题要有特色，有自己店铺的风格，可以用商标或者店铺名称，利用每个可以利用的机会加深顾客的印象。

2）详细说明

在给商品取好名字后，对商品要进行详细说明。商品的详细说明是顾客了解商品的重要方法，一定要写得真实，详细。一般商品详细说明可包含以下内容。

第一，商品的相关背景材料。特别是对于国外品牌、新兴网货品牌，更有必要说明它的来历，以便树立良好的形象。

第二，商品的规格和功能。这个是非常关键和重要的，包括规格、型号、尺寸、颜色、类别、条码等，宁可啰唆也不要偷懒。许多时候，就是因为没有写清楚，顾客不知道你的产品是否能满足他的要求，或者没有全部了解产品而离开。建议通过列表或者其他分列的方式来呈现，不要把全部的内容都写在一段里。如果想提高成交率，最好进行一些同类的比较和深入的挖掘，每一分的努力可能都会换来成倍的回报。

第三，商品的使用说明或者附注。对于一些操作性商品而言，如果能够对商品的如何使用和安装进行配图说明，会起到意想不到的效果。

第四，商品的价格说明，包括详尽的运输费用等。商品的详细说明，一定要站在顾客的角度考虑顾客期望的元素,说明产品特性要遵循详尽、认真、仔细、全面的原则,在排版上尽量符合顾客的视觉要求。

产品描述的最高境界是同顾客进行情感交流,引起顾客共鸣,打动顾客。

3) 图片和视频

文字是产品的眼睛,图片是商品的精神。网络贸易很大程度上就是视觉营销,赏心悦目的图片不但能使你的商品一目了然,而且还能增加和提高店铺的可看度。

好的图片都是经过精心的设计拍摄的,能带给顾客更好的视觉享受,能更详尽地展示商品,带来更多成交。

目前,视频将成为网店发展的必然趋势。视频清晰可见,互动,直观而又充满视觉冲击,一下子就能吸引消费者的眼球。

4) 其他备注情况

备注通常是关于产品的支付、交货方式以及快递方式的说明,三包服务条款一般也会写在这里。另外,进行一些店铺的特色宣传,比如记录店铺成长故事,品牌历史等,都可以在这里进行说明。

2. 网店商品定价

1) 网店商品的定价形式

目前,网上销售商品的定价形式主要有一口价、竞拍、议价等。议价又分为一对一的议价和集体议价(团购)等。

2) 网店商品定价策略

网上开店吸引顾客的最大因素是低价。在开店过程中,一定要多与传统销售渠道比较,与网上其他竞争者比较,力图在有合理利润的前提下营造自己的价格或性价比优势。目前网络卖家常用的定价策略有以下几个。

第一,成本加成定价。又称保底法,也就是将"商品的进价＋物流费用＋预期毛利"作为销售售价,力求不亏本。

第二,竞争定价策略。又称相对优势法,即你的价格低于竞争对手。但不要理解为是简单的价格战,而是力求找出你的产品和别人产品的差异点,强调你的特色,做到对你的目标顾客来讲性价比最优。

第三,产品组合定价策略。你所有商品的价格不可能都比其他人便宜,但是可以做到某一些商品比别人便宜。当顾客被吸引进来后,如果你的服务周到,讲解详细,符合顾客的要求,那么顾客往往可能不只是购买这一种最便宜的商品,而是可能顺便购买其他商品。这个策略特别适合日常消费用品以及关联商品。

第四,薄利多销策略。薄利多销是指低价低利扩大销售的策略。薄利多销是产品销售的永恒法宝。可以对顾客进行分类,老顾客、大买家都适当给予一定优惠,顾客多买常买,可以实行会员积分制度,让顾客推荐顾客。

第五,高价策略。即将产品的价格定得较高,尽可能在产品生命初期,在竞争者研制出相似的产品以前,尽快收回投资,取得相当的利润。随着时间推移,逐步降低价格使新产品进入市场。一般而言,网店经营中对于全新产品、受专利保护的产品、需求价格弹性小的产品、流行性产品、未来市场形势难以测定的产品等,可以采用高价策略,赚取高额利润。

3. 网店的网络营销

网店的网络营销其实就是宣传推广。网络营销的理论基础主要有直复营销理论、网络关系营销论、软营销理论和网络整合营销理论。精准网络营销是一种新兴的营销理论,简单来说就是期望一矢中的。

1) 网络营销分类

第一,网络营销按前期推广划分,可分为:搜索引擎优化(SEO),包括软文优化、图片优化、视频优化、地图优化、关键词优化;E-mail 营销(许可邮件营销/邮件列表);数据库营销;信息发布,包括针对 B2B 商务网站的产品信息发布,如阿里巴巴、瀛商网等;平台营销,如慧聪网;C2C 的淘宝、腾讯拍拍;B2C 的京东商城、百度;博客营销;论坛营销;网络载体及链接营销;电子杂志营销;电子课程营销;软文营销;短信营销;口碑营销;病毒式营销等。

第二,网络营销按与顾客互动交流划分,可分为:在线咨询,包括留言本、在线咨询表单、QQ 等为代表的即时通信;网上订单;购物车;E-mail 邮件及邮件列表;Help 或 FAQS(常见问题解答);企业论坛(BBS)或顾客交流社区等。

第三,网络营销按后期品牌及顾客关系维护划分,可分为网络品牌、网上调查、网站后台顾客关系系统。

第四,从网络营销的范围划分,可分为广义的网络营销、狭义的网络营销、整合网络营销。

2) 网络营销方法

网络营销职能的实现需要通过一种或多种网络营销手段,常用的网络营销方法除了搜索引擎注册之外还有关键词搜索、网络广告、来电付费广告、交换链接、信息发布、整合营销、邮件列表、许可 E-mail 营销、个性化营销、会员制营销、病毒式营销等。下面简要介绍几种常用的网络营销方法。

第一,搜索引擎整合营销(SEM)中的 PPC 竞价广告和搜索引擎优化。现阶段在我国 PPC 推广主要是百度竞价排名推广,是一种按照点击付费的推广方式。搜索引擎优化是指通过对网站搜索符合引擎标准的方法进行优化,从而提高在百度等搜索引擎上的自然排名,获得流量,实现推广的目的。搜索引擎在未来的网络营销中将占据主流。

第二，交换链接。交换链接或称互惠链接，是具有一定互补优势的简单合作形式，即分别在自己的网站或网店上放置对方网站或网店的 LOGO 或网站名称并设置对方的超级链接，使用户可以从合作方网站或网店中发现自己，达到互相推广的目的。交换链接的作用主要表现在获得访问量、增加用户浏览印象、在搜索引擎排名中增加优势、通过合作推荐增加访问者的可信度等。事实上交换链接更重要的意义在于业内的认知和认可。

第三，网络广告。几乎所有网络营销活动都与品牌形象有关，在所有网络营销手段中，网络广告的作用最为直接。标准标志广告曾经是网上广告的主流，2001年后，新广告形式不断出现，由于克服了标准条幅广告条承载信息量有限、交互性差等弱点，获得了较高的点击率。

第四，信息发布。信息发布既是网络营销的基本职能，又是一种实用的操作手段，通过互联网可以浏览到大量商业信息。最重要的是将有价值的信息及时发布在自己的网站或网店上，比如新产品信息、优惠促销信息等。

第五，许可 E-mail 营销。基于用户许可的 E-mail 营销比传统的推广方式或未经许可的 E-mail 营销有明显优势：可以减少广告对用户的滋扰、增加潜在客户定位的准确度、增强与客户的关系、提高品牌忠诚度等。

第六，邮件列表。邮件列表是另外一种 E-mail 营销形式，基于用户许可原则，用户自愿加入，自由退出。稍微不同的是，E-mail 营销直接向用户发送促销信息，而邮件列表是通过在邮件内容中加入适量促销信息，为用户提供有价值的信息，从而实现营销目的。

第七，个性化营销。个性化营销的主要内容包括：用户定制感兴趣的信息，选择喜欢的网页设计形式，根据需要设置信息接收方式和接受时间等。个性化服务在改善顾客关系、培养顾客忠诚及增加销售方面有明显效果。

第八，会员制营销。会员制营销已经被证实为电子商务的有效营销手段，国外许多网上零售型网站都实施了会员制，几乎覆盖了所有行业，国内的会员制营销还处在发展初期，不过电子商务企业对此有浓厚兴趣。

第八，病毒式营销。病毒式营销并非真的以传播病毒的方式开展营销，而是通过用户的口碑宣传，信息像病毒一样传播和扩散，利用快速复制的方式传向数以百万计的受众。

第九，来电付费。来电付费的出现冲击了传统网络营销，来电付费按照接到客户有效电话的数量付费，英文名"pay per call"。这是一种新的广告推广计费模式，实行策划不收费、展示不收费、点击不收费，广告主接到客户有效电话后才收取相应费用。来电付费是真正意义上的按效果付费的模式。

第十，视频营销。视频营销是通过数码技术将产品营销现场实时视频图像信号和企业形象视频信号传输至互联网上。客户需要上网登录网站才能看到公司产品和为企业形象进行展示的电视现场直播，这可以增强网站内容的可信性、可靠性。

第十一，论坛营销。论坛营销是企业利用论坛，通过文字、图片、视频等方式发布产品和服务信息，从而让目标客户更加深刻了解企业，达到企业宣传企业品牌、加深市场认知度的网络营销目的。

第十二，图片营销。图片营销现在已成为常用的网络营销方式之一，人们时常会在 QQ 或其他即时通信软件上接收到朋友发过来的图片，在各大论坛上看到以图片为主线索的帖子，这些图片中多少也参有了一些广告信息。目前，国内的图片营销方式，各式各样，创业者如果很有创意，也可以很好地掌握图片营销。

第十三，网络营销联盟。网络营销联盟目前在我国还处于萌芽阶段，在国外已经很成熟了，1996 年亚马逊通过这种新方式取得了成功，联盟包括三要素：广告主、网站主和广告联盟平台。广告主按照网络广告的实际效果（如销售额、引导数等）向网站主支付合理的广告费用，该方式能节约营销开支，提高企业知名度，扩大企业产品的影响，提高网络营销质量。

第十四，体验营销。目前体验式营销已经越来越受消费者的欢迎，并且被广大卖家接受推崇，通过线下体验然后线上下单的方式，实现销售。

第十五，微信营销。现在有一种营销非常流行，那就是通过微信建立微店，通过在朋友圈内的宣传达到营销的目的。微信营销由于其很强的社交属性而日渐红火，大有超越淘宝 C2C 营销的趋势。

3）网络营销 4C 策略

第一，顾客（customer）。强调顾客主动。要力争将顾客的需求细分再细分，满足顾客的个性化需要，以此构成独特的产品优势。高度重视客户关系管理，将客户视作企业最重要的资源加以开发和维护。

第二，成本（cost）。强调以顾客可接受的价格来销售产品。有两方面的原因：一是因为网上同类产品很多，很难依靠信息不对称守住高价，所以只能按照顾客能接受的价格指定预算；二是对于某些暂时还没有竞争者的产品，尤其是差异化很大的个性化产品或服务，按成本加成法定价不能充分挖掘出顾客价值，可以用拍卖竞价的方法以顾客能接受的最高价格出售。

第三，便利（convenience）。网上购物需要体现为方便性，购物过程过于复杂一定会导致门庭冷落。除了购物，在售后服务或其他附加服务方面也要尽可能周到，使消费者感到方便、贴心。

第四,沟通(communication)。网络是互动充分的平台,与顾客的沟通是交易的关键。要密切与顾客之间的联系,倾听顾客的意见,照顾好顾客的感受。

8.4 物流和支付

8.4.1 物流

随着网络购物爆发性增长,物流配送成为制约其发展的关键要素,也成为竞争的重要砝码。目前网上开店常用的送货方式主要有平邮、快递、EMS、e邮宝和自建物流。

1. 平邮

我国邮政遍及全国,以邮寄包裹的方式发货物,速度比较慢,是所有递送业务中速度最慢的业务。当然价格相对便宜,普通平邮500克以内的从5元起价,快递包裹要稍微贵一些,具体价目要看邮局公布的资费标准。如果邮寄贵重物品,还可以要求保价,当寄送的物品发生损毁时,邮政方面将按照你支付的保价费的100倍赔偿。如果发货单数较多,可以预先选择一些包裹单备用,发货的时候再送到邮局,可以节省时间。

平邮的好处是网点全,覆盖面广,能收到信的地方就能收到包裹,而且邮递比较安全,丢包的情况很少发生,缺点是速度慢,需要收发方到邮局办理手续,较费时间。

2. 快递

快递,又名速递(courier),是一种邮递和物流活动,速递的收费比一般邮递贵。在很多方面速递比邮政局的邮递服务优质。快递能较快地将货物送抵目的地,目前很多速递均提供邮件追踪功能、送递时间的承诺及其他按客户需要提供的服务,但是必须签收。

淘宝网、拍拍网等所说的快递是指目前国内市场上除了邮政之外的其他快递公司。快递公司运用自己的网络进行快递服务。市面上的公司主要有:中通快递、韵达快递、圆通快递、全日通快递、天天快递、汇通快递、宅急送快递、大田快递、顺丰快递、申通快递、巴客快递等。全国有1000家快递公司在开展业务。

速递业务可以不同的规模运作,小至特定市镇,大至区域、跨国甚至全球。现时主要的全球性速递公司包括敦豪航空货运公司、联合包裹服务公司、联邦速递和TNT。

3. EMS

EMS(express mail service)，即邮政特快专递服务。它是由万国邮联管理下的国际邮件快递服务，是我国邮政提供的一种快递服务。主要采取空运方式，加快递送速度，根据地区远近，一般1～8天到达。该业务在海关、航空等部门均享有优先处理权，它以高速度、高质量为用户传递国际、国内紧急信函、文件资料、金融票据、商品货样等各类文件资料和物品。

EMS可以说是目前我国范围最广的快递，到全国各大中城市均为3～5天，到县乡时间较市区稍长为4～7天；网络强大，全国2000多个自营网点，任何地区都能到达；EMS限时速递，相当快；100个城市之间的速递，能送货到手，但要另外加价；EMS的货物丢失损坏率一直维持在千分之一以下，安全性高；EMS为保证客户服务质量，法定节假日均保持营业，365天天天配送。但是EMS价格昂贵，20元起步，比其他快递公司几乎贵一倍。

4. e邮宝

"e邮宝"(http://www.eyoubao.cn/)是我国速递服务公司与支付宝最新打造的一款国内经济型速递业务，专为我国个人电子商务设计，价格较普通EMS低，约为EMS的一半，但享有的中转环境和服务与EMS几乎完全相同，而且一些空运中的禁运品也可能被e邮宝接受。e邮宝的发货地目前已开通九大省市，送达区域覆盖全国。双方合作之后，目前在阿里巴巴和淘宝网以及外部千余家网店用户可轻松选用EMS标准服务(简称e-EMS)和c邮宝作为物流形式。2009年e邮宝已采用了全程空运模式，液体、膏状物体等才采用陆运模式。

5. 自建物流

近年来，随着我国电子商务产业爆发性增长，一场席卷全国的商贸企业物流竞赛全面铺开。从最初的租用小型仓库，到自建配送体系甚至大型物流中心，一时间，以电子商务大鳄为先锋的自建物流仓储业风起云涌。如亚马逊、京东、淘宝、当当、凡客、苏宁等主要的网上零售商均已自建物流。而一些规模较小的在线零售企业如走秀网、马萨玛索等由于预计将实现快速增长，也提前布局自建物流仓储。

8.4.2 支付

前几年，网络购物在国内虽有发展，但买卖双方缺乏信任以及支付不便的问题始终阻碍了这一新兴的消费形式发展，从而使得我国电子商务的先驱们多数折戟沉沙。然而，网络银行的发展解决了这一难题。目前，除了网上银行、电子信用卡等手段可以相对降低风险之外，迅猛发展的第三方机构支付平台成为网络开店的重要支付手段。

1. 第三方机构支付的概念

第三方机构必须具有一定的诚信度。在实际操作过程中第三方机构可以是发行信用卡的银行本身。在进行网络支付时,信用卡号以及密码的披露只在持卡人和银行之间转移,降低了通过商家转移导致的风险。同样当第三方是除了银行以外的具有良好信誉和技术支持能力的某个机构时,支付也通过第三方在持卡人或客户和银行之间进行。持卡人首先和第三方以替代银行账号的某种电子数据的形式(例如邮件)传递账户信息,避免了持卡人将银行信息直接透露给商家,另外也可以不必登录不同的网上银行界面,取而代之的是每次登录时,都能看到相对熟悉和简单的第三方机构的界面。第三方机构与各个主要银行之间又签订了有关协议,使得第三方机构与银行可以进行某种形式的数据交换和相关信息确认。这样第三方机构就能实现在持卡人或消费者与各个银行,以及最终的收款人或者是商家之间建立一个支付的流程。

在第三方机构支付交易流程中,支付平台模式使商家看不到客户的信用卡信息,同时又避免了信用卡信息在网络上多次公开传输而导致信用卡信息被窃的问题。以 B2C 交易为例。

第一步:客户在网店或网站上选购商品,决定购买后买卖双方在网上达成交易意向。

第二步:客户选择利用第三方作为交易中介,用信用卡将货款划到第三方账户。

第三步:第三方支付平台将客户已付款的消息通知商家,并要求商家在规定时间内发货。

第四步:商家收到通知后按照订单发货。

第五步:客户收到货物并验证后通知第三方。

第六步,第三方将其账户上的货款划入商家账户中,交易完成。

2. 第三方支付的主要平台

目前我国国内的第三方支付平台主要有 PayPal(易趣公司)、支付宝(阿里巴巴旗下)、财付通(腾讯拍拍)、易宝支付(Yeepay)、快钱(99bill)、百付宝(百度 C2C)、网易宝(网易旗下)、环迅支付、汇付天下,其中用户数量最大的是 PayPal 和支付宝,前者在欧美国家流行,后者是阿里巴巴旗下产品。另外银联旗下银联电子支付也开始发力,实力不容小视。

1) PayPal

通过 PayPal 支付一笔金额给商家或收款人,可分为以下几个步骤。

第一步:只要有一个电子邮件地址,付款人就可登录开设 PayPal 账户,通过验证成为其用户,并提供信用卡或相关银行资料,将一定数额款项从其开户时登记的账户（例如信用卡）转移至 PayPal 账户下。

第二步：当付款人启动向第三人付款程序时，必须先进入 PayPal 账户，指定特定的汇出金额，并提供受款人的电子邮件账号给 PayPal。

第三步：接着 PayPal 向商家或者收款人发出电子邮件，通知其有等待领取或转账的款项。

第四步：如商家或者收款人也是 PayPal 用户，其决定接受后，付款人所指定款项即移转给收款人。

第五步：若商家或者收款人没有 PayPal 账户，收款人得依 PayPal 电子邮件内容指示连线站进入网页注册取得一个 PayPal 账户，收款人可以选择将取得的款项转换成支票寄到指定的处所、转入其个人的信用卡账户或者转入另一银行账户。

2）支付宝

简单来说，支付宝是为淘宝的交易者及其他网络交易的双方乃至线下交易者提供"代收代付的中介服务"和"第三方担保"。从支付流程上来说类似于 PayPal 的电子邮件支付模式，不同之处在于 PayPal 业务是基于信用卡的支付体系，并且很大程度上受制于信用卡组织规则（在消费者保护方面）和外部政策的影响。另外，PayPal 支持跨国（地区）的网络支付交易，而支付宝虽然不排斥"国际使用者"，但规定"则须具备国内银行账户"。支付宝的设计初衷也是为了解决我国国内网上交易资金安全的问题，特别是为了确保在其关联企业淘宝网 C2C 业务中买家和卖家的货款支付流程能够顺利进行。

成为支付宝用户与 PayPal 的流程很相似，必须经过注册流程。用户须有一个私人的电子邮件地址作为支付宝的账号，然后填写个人真实信息（也可以公司的名义注册），包括姓名和身份证号码。在接受支付宝设定的"支付宝服务协议"后，支付宝会发一封电子邮件至用户提供的邮件地址，然后用户点击邮件中的一个激活链接后激活支付宝账户，通过支付宝进行下一步的网上支付步骤。同时，用户必须将其支付宝账号绑定一个实际的银行账号或信用卡账号，与支付宝账号相对应，以便完成实际的资金支付流程。支付宝在处理用户交易支付时有以下两种方式。

第一，买卖双方达成付款意向后，由买方将款项划至其支付宝账户（其实是支付宝在相对银行的账户），支付宝发电子邮件通知卖家发货，卖家发货给买家，买家收货后通知支付宝，支付宝将买方先前划来的款项从买家的虚拟账户划至卖家支付宝账户。

第二，支付宝的即时支付功能，"即时到账交易（直接付款）"，交易双方可不经过确认收货和发货的流程，买家通过支付宝付款给卖家。支付宝发给卖家电子邮件（由买家提供），在邮件中告知卖家买家通过支付宝发给其一定数额的款项。如果卖家这时不是支付宝的用户，那么卖家要通过注册流程成为支付宝的用户后才能取得货款。有一点需要说明，支付宝提供的这种即时支付服务不仅限于淘宝和其他的网上交易平台，而且还适用于买卖双方达成的其他的线下交易。

目前国内汇款已经相对比较发达，而国际收、付款则还不太成熟。可供选择的国际收支付款方式主要有以下这些类型：银行电汇（其实银行还有很多外汇业务）、国际邮政汇款、国际邮银、西联汇款、我国在线支付网和 PayPel 支付。而在国际配送方面，有我国邮政国际包裹、我国邮政 EMS，以及国际快递公司，如 FENDEX，UPS，TNT，DHL 等。

 **本章小结**

网络创业是一种以互联网作为载体的创业，主要表现形式为网站和网店。它在互联网环境中协调资源，把握并利用市场机会，以开展商业活动。因为其门槛低、发展速度快、回报丰厚，成为目前创业的重要领域之一。

互联网市场变幻莫测，收入模式和商业类型不断被创新、改进和抛弃。本书针对网络创业经营主体进行创业模式划分，网络创业经营的主体按照商品的特性来划分，有有形商品和软体商品，软体商品包括无形商品和劳务。软体商品主要有五种模式：网上订阅、付费浏览、广告支持、网上赠与和专业服务。有形商品的网络经营模式主要有批发、零售和拍卖等。

网络创业中目前范围最为广泛、普及度最大的应该是网上开店。网上开店要做好充分的准备工作，包括货物选择、产品定位选择、货源选择以及店铺选址等。

开店容易守店难，经营非常关键，营销是网络创业中的重要和关键部分。要学会运用多种营销方式。

随着网络购物的爆发式增长，安全、快捷、便利的运输方式成为经营中的重要因素。目前主要运输方式有平邮、快递、EMS 等。随着网络经济的发展，自建物流也成为一种新模式和趋势。

网络交易中，货款的支付一直因为安全问题而受到限制，网络银行与第三方支付为交易提供了安全保障，促进了网络创业的发展。其中支付宝、PayPal 等第三方机构支付平台目前使用率比较高。

 **案例分析**

创造是生产力

我们常用艳羡的目光看着"T"形舞台上飘动的 CHANEL 时装，但我们却并不在日常生活中使用它,因为有的衣裳只属于梦想,所以女人的衣橱永远缺少一件衣服,对着橱窗的女人只会在幻想中看到自己身着华服的灿烂,却永远不会真的将其买下,因为大部分衣服在时过境迁后,也就只是记忆中的一个闪烁。但就是这样的闪烁,让华美的衣服壮观而顽强,势不可挡地抬头了。裂帛就是其中之一,灿烂从人生的华美开始。

一、淘品牌兼并第一案

这几年,一些原本名不见经传的淘品牌迅速成长,包括七格格、麦包包等,纷纷引来投资人的青睐。据淘宝透露,裂帛和天使之城都是淘品牌中成功的代表,2013年3月11日消息,淘品牌裂帛收购天使之城,双方敲定的最终收购价格为1亿元,前者获得后者80%的股权,成为最大股东。这也是淘品牌兼并第一案。

天使之城作为原创女装品牌,于2004年入驻淘宝,2010年、2011年蝉联淘宝女装类目销售冠军。据媒体报道,2010年裂帛年销售额8 000万元,2011年销售额增至2亿元,2012年曾披露目标销售额是5亿~6亿元。关于裂帛的创始人,评价颇多。创始人汤大风毕业于南京艺术学院服装设计专业,妹妹汤小风学的是金融管理,有人说汤大风是一个固执如三毛的女子,喜欢写书、玩摇滚。姐妹俩流浪在西南边境线的经历,给了她们很多灵感,她们将少数民族的服装风格、繁复的绣花融入现代服装,2006年在电商平台上成功创立了自己的服装设计品牌"裂帛"。

据天使之城之前公开的资料介绍,掌柜小A曾留学英国,回国后在一家保险公司担任行政工作。偶然的机会小A接触到了网购,于是辞掉工作,专注于在易趣上开网店。2004年,淘宝、易趣大战,面对淘宝的免租金、旺旺聊天工具以及第三方支付等优惠政策和工具,天使之城也将重心转移到淘宝。作为最早一批进驻淘宝的商家,天使之城借助淘宝上升的浪潮,曾经保持每年300%的高速增长。不过在近两年的业绩上,天使之城相比裂帛显得有些乏力。业内人士评价,这样的草根品牌,无论收购与被收购,都算是做成功了。

二、火中凤凰的蜕变

裂帛,中国知名独立设计品牌,成立于2006年,由一群有非凡创造力的设计师和有趣的年轻人啸聚而成,不问身份,差异共存,坚持裂帛有所为有所不为等独立、鲜明的立场。目前旗下拥有女装品牌:裂帛、所在、莲灿、ANGELCITIZ、LADY ANGEL。男装品牌:非池中。裂帛用服饰延伸人类文化中人们对色彩、自然、情感共通的热爱与表达,分享内心生活的感动和喜悦。如今裂帛已成为中国最具规模的独立设计品牌服装集团之一,远销海外多个国家与城市,为世界潮流和国际时装界输出来自东方的多元文化价值与美好体验。

2010年,裂帛服饰荣获北京服装纺织行业协会常任理事;同年裂帛荣获"2010全球网商评选十佳网货品牌""2010全球网上评选最具创新力网商"。

2011年,裂帛获得境外著名投资公司投资。

2012年,裂帛获创业邦2012中国年度创新成长企业100强。

2012年3月20日消息,据亿邦动力网了解,女装淘品牌裂帛第二家线下店于3月22日在五道口购物中心3层开业。

回首过往,创始人大风小风姐妹认为,其实裂帛就是火中的凤凰。在一次次的蜕变中更加美好;创业初,两台机器,两个人,开始了作坊式的、最原始的裁缝生涯。最初创造着每个月销售都大幅增长的奇迹,之后便是每年以一大步的速度迅速发展,从私人裁缝到小作坊,再到小工厂,到工厂,到实体店,引入风险投资,兼并,等等。裂帛以近乎疯狂的魔力吸引着无数爱美、喜欢独特、渴望不同于其他人的女性的关注与热爱。她们在店铺公告里这样介绍自己:Rip[裂帛]是原创设计品牌,这里包含着狂喜、神秘、异域、民族衣裳等。如同创始人所言,人生需要裂帛的勇气,大风小风姐妹俩用她们独特的方式告诉我们:人生需要不断探索、创新、寻找和发现,生命的意义在于创造价值,享受快乐和创造快乐与美的过程。

小风告诉笔者,由于网络的无限宽广的特性,以及口碑效应的推波助澜,加上她们服装本身的独特性、稀缺性,所以产生了一定程度的规模效应。这也是非常小的、非主流的产品在网络的过滤器作用的支撑下突然蓬勃壮大的重要原因。

案例作者:胡桂兰

讨论题

1. 如何看待裂帛创业以及裂帛的发展?
2. 谈谈你对网络创业的理解和认识。
3. 如何寻找和发现网络创业的机会?
4. 如何通过网络打造和建设网络品牌?

 本章习题

1. 网络创业的概念与特点是什么?
2. 网络创业的趋势是什么?
3. 阐述开设网店应该做哪些准备工作。
4. 谈谈网络营销的常用方法。
5. 网上开店的安全问题该如何应对?

第 9 章

创 业 支 撑

本章要点

- ☺ 我国创业政策的结构和内容
- ☺ 创业基地的服务与功能
- ☺ 创业基地的运营与管理机制
- ☺ 创业辅导体系的业务内容

导入案例

苏州博济科技园对入驻企业的扶持

苏州博济科技园是一家专注中小微企业引进、管理、培育、服务,培养创新型、高成长性企业和企业家为宗旨的专业化服务机构。公司经过 8 年发展,现已在苏州、上海、南京等地区建设了 25 个科技园区,服务企业超过 2 000 家。公司以"多园化""集团化"的发展模式和"博济科技园"统一品牌形象,计划 3 年内在长三角地区发展 50 个科技园区,最终形成以中小企业培育、创业投资、科技园区建设为主体的三大板块有机互动的发展格局。博济科技园的成功之处不仅在于建立了先进管理模式,而且在于对创业园内企业的贴心关注。

一是为入驻企业金融"输血"。入驻园区的企业基本都是小微企业,其融资的难度比较大。为了解决这一难题,博济科技园为入驻企业提供了种子基金、风险投资等,博济科技园设立的种子基金和创投基金已超过 3 亿元。此外,博济科技园全力当好"保姆",积极开拓银行、担保公司等融资渠道,利用自己的信用帮助企业融资。

二是为科技企业把脉项目。在打造优质服务平台过程中,博济科技园特别重视对入驻企业科技项目的储备与申报。5 年来,博济科技创业园成功为小企业申请专利 80 余项,已为入驻企业成功申报各类项目 50 余项,争取到 1 600 多万元资金的支持。为帮助更多入园企业享受到科技优惠政策,博济科技园每个月要召开两场科技政策宣讲会和项目诊断会,邀请专家讲解最新科技政策,为入驻企业诊断把脉。

三是为新创企业做好辅导。博济科技园的"联络员""创业导师"这两个形象已经深入入驻企业主的心中。联络员走访企业,了解、反馈企业需求,解决企业的日常问题;创业导师针对性地解决企业战略、技术、市场等问题。除了对企业进行跟踪服务外,还开设了企业家训练营、经理人训练营、博济讲堂等系列主题培训。5年来,园区已开展各类培训 50 余次,为园内 200 家企业 3500 人次进行了专业化培训。

案例作者:赵观兵

9.1　我国创业政策体系

9.1.1　我国创业政策的结构

我国现行创业政策结构包含三个方面:以公共资源为基础的资本支持体系,以放松规制为内容的激励政策,以商业支持为核心的创业服务平台。这三个方面都从重点鼓励高新技术领域的创业活动,逐渐延伸到较为普遍的创业活动范围。

1. 以公共资源为基础的资本支持体系

1) 加强以公共资金为主的支持政策

创业者无论是置身于高新技术领域,还是处于传统产业领域,其所做出的创建新创企业、开展盈利性业务的决策都是具有风险性的,活动的前景预期具有不确定性,这就使得商业资本大多望而却步。而资金在创业者的创业过程中具有关键性的意义,在这种情况下就更需要公共资金发挥作用。公共资金的支持由于直接改善了创业者在创业过程中所拥有的资本资源禀赋,有利于激励更多的创业行为发生。

公共资金以创业项目为对象进行资助的政策在高新技术领域比较多见,它极大地激励了高新技术领域内创业者的创业活动。正是由于资助政策激励效应显著,所以,受资助目标群体的范围要有所扩展,使受到公共资金支持的目标群体更具有普遍性,以激励更多的人去选择从事创业活动。

在具体支持方式上,基于公共资金的有限性和激励效果考虑,无偿资助只作为其中的方式之一,要综合使用有偿资助、低息贷款、贷款贴息等方式。无偿资助也可以更多的以小额资助方式为主,对于部分市场前景稳定、预期收益较好的创业项目,也可以以公共资金为权益资本金的方式进行投入。同时,还必须加强对申报项目的审批以及对支持项目的监控与管理,确保公共资金的效用最大限度地得以发挥。

2) 强化政策类基金在金融支持中的投资引导功能

政府通过设立专门基金的形式,将包括公共资金在内的各类资金注入创业者的创业活动中,以形成对创业者的激励,这是创业政策普遍的做法。这种政策类基金对于创业者的创业活动的金融支持一方面表现出直接性,即直接的资金资助;另一方面,也是更重要的方面,在于引导功能,通过对创业者的直接资助带动和吸引来自金融机构、风险投资、企业和地方政府的资金投资,以形成共同支持的投资机制,政策类基金在此过程中因而具有了放大效应。

在我国目前的金融体系中,中小企业融资难的问题已得到多方面的关注,同时出台了相应的举措。虽然针对创业活动的金融支持也受到了一定程度的重视,但创业者在创业过程中的筹资活动,仍然未能真正成为金融体系改革进程中的重要组成部分,因此,在设计和促进对于创业活动的金融支持方面,创业政策更应该考虑综合性和系统性。另外,我国创业者创业活动的资金来源渠道还包括创业者关系网络等非正式投资,这些非正式投资多以权益资本的形式出现,但也具有了债务资本的形式。政策性基金在支持创业者的创业活动过程中,也可以考虑将这部分投资者纳入其引导的范畴,鼓励其对于创业者的投资行动。这就能够形成在政策性基金支持的引导下,创业者创业活动筹集金融资源放大的效应,以较少的公共资金投入获取较大的社会经济效益。

3) 促进创业投资产业的发展与壮大

尽管我国很早就提出了发展创业(风险)投资业以支持创业活动的措施,但我国创业投资业的发展与发达国家相比,仍是起步晚、规模小,创业投资业的前进步伐远远不能满足创业者对于创业资本的需求。

从许多国家推进创业活动的政策实践来看,创业投资业在支持创业活动的过程中发挥了巨大作用,鉴于此,我国在激励潜在创业者选择从事创业活动的过程中,也需要重视创业投资业的发展与壮大。曾经在较长一段时期内,我国的法律不允许设立有限合伙制,使得创业投资机构面临着双重征税的问题,一定程度上制约了创业投资产业的发展。《合伙企业法》的修改,增加了有限合伙制度、有限责任合伙制度,明确法人可以参与合伙,有效地解决了创业投资的市场准入和双重征税问题,同时,财政部和国家税务总局出台的政策则对公司制的创业投资机构给予了与高新技术企业同等的税收待遇,降低了其所承担的税负。作为试点的创业投资引导基金在苏州、中关村、上海张江等地的成功设立,为我国创业投资引导机制的拓展积累了宝贵的经验,也为政府支持创业投资业的发展寻找到了有效的途径。长期以来,国有资金过多介入创业投资业始终是人们所诟病的对象,而创业投资引导机制的形成、创业投资引导基金的设立,既可以发挥政府在创业投资业发展中的引导和鼓励作用,也可以扩大创业投资资金的来源。基于多样化的市场准入形式提供多样化的资金来源途径,这将有力地促进创业投资业的发展与壮大,从而对创业者的创业活动形成更大的激励。

4) 开辟有效的市场退出渠道

创业者的创业活动是一种风险行为,许多对于创业者创业活动的权益性投资也具有风险特征,这种风险投资通常是以谋求高资本回报为目标。当创业者的创业过程结束而进入稳定发展期的时候,投资者就会考虑退出,以收回资金获取高额收益。因此,在考虑缓解创业者金融约束的激励政策设计中,应该重视投资者退出途径的问题。

从国内外目前的情况看,创业活动投资的退出方式主要包括创业者的回购、其他投资者的并购、股权转让、首次公开募集(IPO)等,这就涉及多样化的资本市场建设问题。从发展以进入激励为核心的金融支持体系角度考虑,大力推进资本市场建设、推动新创企业进入资本市场是创业政策改进的一个重点。

2. 以放松规制为内容的激励政策

1) 降低创业过程中规制所引发的成本负担

创业政策对于创业者创业活动最直接的一个影响是创业活动的成本,即通过影响成本而改变创业者对于创业活动收益的预期,这个预期还包括新创企业的成长阶段,从而最终影响创业者是否选择创业的决策。在我国激励政策实践中,比较常见的做法是实行优惠政策,例如降低使用公共产品或基础设施的成本等,以鼓励创业活动的发生。但是,这类单纯的优惠政策对于创业者的激励效应愈发的有限。

创业者创业活动的成本较多由政府规制、行政性壁垒所引发,创业政策的激励出发点就应该更多从创业活动的预期收益方面考虑,降低整个创业过程中的成本负担。因此,激励政策或优惠政策中应更多包含放松规制的成分,以放松规制、降低壁垒为内容进行创业政策设计,措施的范围要更广和更具综合性,将税收减免、简化注册流程、降低登记费用和减少行政审批等结合起来,在法律规定的行政许可范围内最小化新创企业应对行政系统的负担,推进制度层次方面的创新与变革。

2) 以其他领域规制的放松为配套

既然创业者的创业活动本质上是一种市场行为,那自然就会涉及更多的方面。因此,在降低针对创业者创业过程本身壁垒的同时,还应该改革其他领域的规制举措。在现有研究中探讨较多的是降低市场准入门槛,以扩展社会个体发现市场机会的空间,减少对劳动力市场的干预,放松对金融体系的严格限制等,以形成对于创业者创业活动共同激励的局面。

3. 以商业支持为核心的创业服务平台

1）以创业过程为基础构建创业服务机构

以创业服务机构为平台和载体，创业政策对创业者创业活动的支持能够转化为现实的创业服务，这对于改变创业项目收益预期、提高新创企业的成功率和新创企业的成长性具有重要意义，这种政策效应在高新技术领域的创业活动中是非常显著的。同样，对于传统领域内的创业活动，创业服务机构所提供的创业支持服务也能产生巨大的激励作用。

创业者的创业活动是一个过程行为，在整个过程中，创业服务都能够形成有效的激励。因此，创业政策可以以创业者的创业过程为基础，根据创业者的需要构建创业服务机构，既可以建立能够为整个创业过程提供创业支持服务的综合性创业服务机构，也可以建立只针对创业活动某个环节的专业性创业服务机构，例如专门提供信息服务的创业服务机构，专门提供项目交易平台的创业服务机构等。

2）以分类指导原则推进创业服务机构的发展

按照我国有关规定，创业服务机构是公益性的，社会效益目标优先。在我国创业服务机构发展的起步阶段，以政府的投入和扶持为主，事业单位制创业服务机构或政策性创业服务机构占有绝对比重，其主要目标是向创业者提供创业支持服务以提高创业活动的成功率。随着时间的推移，政府逐渐由干预的角色演变为支持与引导的角色，创业服务机构的发展体现出多元化的方向，部分营利性创业服务机构出现，公司制与事业单位制并存。在这种情况下，推进创业服务机构的发展就需要分类进行。

对于公益型创业服务机构，由于不以盈利为目的，为创业者创业活动所提供的服务更具"公共产品"的性质，因而创业政策必须进行持续的资源投入和扶持，以保证其正常运转，同时，也要积极鼓励投资主体的多元化，在公共投资主体之外吸引其他投资者的进入，以放大创业政策扶持的效果。营利型创业服务机构，多表现为公司制形式，在向创业者的创业活动提供创业支持服务的过程中，重视对创业项目的筛选，更加强调创业项目的质量和收益预期，这在客观上有利于激励更高质量的创业者的创业行为发生。因此，对于这类创业服务机构的具体运作，创业政策不应做过多的干预，而是应该更多地强调社会效益目标，实行以社会效益目标为重心的管理方式。

3）提升创业服务机构的规模与质量

在通常情况下，创业服务机构的规模越大、数量越多，能够获得创业支持服务的创业者就越多，因而也会有更多创业者的创业行为在此激励之下发生。所以，创业政策的改进应该大力支持创业服务机构在量上的扩张。

相对于数量和规模来说,创业服务机构的培育能力更为重要,这种培育能力直接体现为其向创业者的创业过程所提供创业服务的质量,服务质量越高,激励的效应越明显。因此,创业政策的改进更应该将提高服务质量作为关键部分。支持创业服务机构服务质量的提升,要鼓励其服务的内容由传统的行政、后勤服务向价值增值服务方向转变,从单纯的硬件服务向管理辅导、市场开拓、信息咨询和协助融资服务方向转变。

4) 促进创业服务与金融支持结合下的融资平台建设

创业服务机构在为创业者的创业活动提供创业支持服务中,通常会包括投融资服务的内容,创业服务机构在其中扮演着中介的角色,连接投资机构与创业者。随着创业服务机构与投资机构间交往的频繁,关系更为密切,进一步的发展趋势是创业服务机构与投资机构相结合,成为创业者创业活动的融资平台。

创业政策应该注重促进创业服务与金融支持之间的结合,积极鼓励金融机构、创业投资机构等加强与创业服务机构之间的联系,形成长期的合作关系。一方面有利于发挥创业服务机构在支持创业者创业活动方面的甄别功能;另一方面连接投资者从而有利于为创业者的融资活动提供便利,成为创业活动融资平台。以两种支持方式的融合激励更多创业者的创业行为发生,这也是创业服务机构公益性质、社会效益的重要体现。

9.1.2　我国创业政策的主要内容

现行的创业政策主要集中在以下六大板块。

1. 税费减免的政策

税费减免的政策主要集中在四个方面:一是商贸型、服务型新创企业的优惠政策;二是高校毕业生创业方面的税收优惠政策;三是失业、协保人员、农村富余劳动力从事个体创业的优惠政策;四是劳动就业服务企业的税收优惠政策。

2. 融资服务的政策

融资服务的政策包括劳动部门、中小企业服务中心等部门制定和操作的各项创业政策,主要有劳动保障部门的创业贷款担保政策、小企业担保基金专项贷款、中小企业贷款信用担保、开业贷款担保、大学生科技创业基金等。政策优惠主要涉及创业贷款、担保及贴息等。

3. 鼓励科技创业的政策

鼓励科技创业的政策主要包括大学生科技创业基金政策、科技型中小企业创业基金政策和高新技术成果转化相关政策等。高新技术成果转化相关政策则包括立项、注册登记、税费减免、贷款扶持、风险投资支持等。

4. 场地扶持的政策

场地扶持的政策重点有两方面：一是都市型工业园区的政策；二是创业园区的房租补贴政策。这两大类园区各自都有针对入园新创企业的房租补贴政策。其中，在创业园区之内，除了房租补贴之外，还有一些相关的配套指导服务，如提供代理记账、专家指导、贷款直接申请的渠道等。

5. 非正规就业的政策

非正规就业是一种小企业的孵化器，个人在创业过程暂时不具备申办小企业的条件或是担心申办小企业成本太高，特别是有意向从事一些劳动密集型、有利于吸纳就业的社区服务业，可申办非正规就业劳动组织，享受有关扶持政策。非正规就业的新创企业能够享受到的政策包括无须办理工商登记、减免地方税费、社会保险缴纳优惠、免费技能培训，还能享受从业风险的综合保险等。

6. 创业能力提升的政策

这一板块的政策主要关注三个方面：一是创业培训的政策；二是职业经理人培训的政策；三是创业专家讲座方面的信息。其中创业培训政策为个人提供创业理论、个性化辅导和创业实训三段式的培训。

9.2　创　业　基　地

9.2.1　创业基地概述

1. 创业基地的含义

创业基地，又称创业服务中心或创业辅导基地。目前，国内对于创业基地概念的直接界定，多见于政府文件之中。例如：国家中小企业司《关于印发支持中小企业技术创新的若干政策的通知》中指出，创业基地对新创企业支持服务包括"低成本的经营场地、创业辅导和融资服务"；江苏《关于印发〈关于加快全省小企业创业基地建设的意见〉的通知》中指出，中小企业创业基地是指"政府或社会投资兴建，为创业者或初创企业提供生产经营场所、配套公共设施和相关服务，具备孵化与培育企业功能的特定区域"。

由于关于创业基地的界定还不多见，所以更多地是将创业基地与孵化器进行比较分析。虽然创业基地和孵化器从创建目的、孵化方式来讲具有很高程度的相似性，但是两者之间仍存在一些差别。

1）创建主体

创业基地一般由政府直接创建或者由政府和社会机构联合创建,政府在创业基地的创建过程中起主导作用。而孵化器的创建主体包括政府、企业、财团、大学和科研机构等。在孵化器的创建过程中,除政府直接创建的类型外,在其余的类型中政府都只起到支持、辅助的作用。相对于孵化器而言,政府不仅仅是创业基地的主要创建者,其重要性也有了极大的提升。

2）入驻企业

创业基地针对的企业包括高新技术企业和非高新技术企业。而孵化器,在学术界更多地被称为科技孵化器或高新技术孵化器,所针对的企业主要是一些高新技术企业。创业基地培育企业的类型比孵化器广泛。

3）准入机制

由于孵化器针对的是高新技术企业,所以在这些企业入驻之前,孵化器都会通过专业的评价机构对企业本身和企业项目进行一定程度的考核,以选择发展潜力大的企业和项目,剔除发展潜力小的企业和项目。虽然创业基地也会对进入的企业进行一定程度的筛选,可是一般来讲,由于创业基地并非针对高新技术企业,因此在筛选力度和评价标准上都较为宽松。

创业基地和孵化器在创建主体、入驻企业和准入机制方面存在一定的差异,因此,两者并不完全等同。但是创业基地和孵化器的主要功能都是通过提供新创企业所需的各种服务措施,来达到促进新创企业成长和成功的目的。因此,从整体上看,创业基地可以看作是一种政府主导型的孵化器。创业基地和孵化器在功能方面的高度相似性,为通过孵化器的相关理论去界定创业基地提供了理论依据。

2. 创业基地的创建方式

目前,建立创业基地的方式主要有以下五种。

第一,由政府财政出资,一个或几个政府部门的事业单位作为法人,建立创业基地。这种方式的特点是政府通过财政出资,对创业基地采用事业单位的模式进行管理运作,这是我国政府早期建立创业基地的主要方式。

第二,由政府出地,中小企业行政管理部门运作,组建一个事业单位进行筹资,建立创业基地。这种方式的特点是政府提供土地,设立专门的事业单位,对创业基地采取事业单位企业化运营管理模式。目前,我国的创业基地大多采用此种方式建立。

第三,在政府的引导下,由民营企业出资,建立创业基地。这种方式的特点是通过政府的引导,将民营企业吸引到创业基地建设中,此种创业基地采取的是一种完全企业化的运营模式。

第四,在政府的引导下,由政府或民营企业出资,对闲置的厂房、楼宇、仓库等进行改造,进行场地出租,开办新创企业。这种方式的特点是变废为宝,盘活闲置资产,取得闲置资产所有者与新创企业的双赢。

第五,由行业协会出面,在产业集群内建立创业基地,为入驻企业提供创业服务。这种方式的特点是通过行业协会的中介作用,集中区域内部的优势力量扶持新创企业。

3. 创业基地的服务举措

创业基地之所以能在国内得到重视,主要是因为它能够提供各项完善的服务,并且创业基地所提供的各项服务措施,正是扶持入驻新创企业成功的关键所在,也是它比其他培训机构更具竞争力的原因。入驻新创企业需要完整的全面性服务,如果创业基地只提供局部性或片段性的服务,不仅无法满足入驻企业的要求,而且也势必会影响创业基地的培育绩效。从这个角度来看,创业基地所提供服务措施的完善程度是决定创业基地能否达到帮助入驻企业成功这个最终目标的关键因素。

1) 空间与设备服务

创业基地的场地租赁一般都提供低于平均市价的场地租赁;办公设施包括会议室、展览室、办公室、电话、传真、宽带网络等;生活设施包括食堂、宿舍及相关休闲场所等。

2) 技术支持服务

创业基地的技术转移是协助入驻的新创企业进行技术引进与转移,帮助新创企业引进国内外的最新技术;技术咨询是提供专业的技术顾问,为新创企业解决技术方面的困难;建立与研发单位的合作是协助新创企业取得与研发机构进行产研合作的机会。

3) 商务支持服务

创业基地的经营咨询是提供经营管理方面相关知识的咨询服务;人员培训是协助入驻的新创企业开展对员工的专业培训工作;营销服务是协助入驻的新创企业进行营销推广、市场调研和分析;资金服务是帮助入驻的新创企业取得投融资及贷款的渠道;财会服务是协助入驻的新创企业进行财务评估及建立会计制度。

4) 信息资讯服务

创业基地的政府信息是提供政府的相关优惠政策信息并协助入驻的新创企业取得政府优惠政策的支持;行业信息是提供同行业技术、市场等方面的信息;内部合作网络是提供入驻的新创企业间市场、营销、投融资渠道等内部合作信息网络;外部合作网络是提供研究机构、工会、行业协会等各种外部机构的合作网络;毕业后的主要任务是掌握园区或高新区有关信息资料与申请模式,协助入驻的新创企业解决在创业基地中毕业后的发展空间问题。

5）行政支持服务

商业登记是协助入驻的新创企业与工商部门、税务部门、银行、会计事务所之间的沟通以进行工商登记；编写商业计划书是指导入驻的新创企业编写商业计划书及营运计划书；申请专利是协助入驻的新创企业进行专利申请与保护工作；签订协约是指导入驻的新创企业进行对内、对外的协约签订；软硬件设施维护，创业基地内部各软硬件设施的日常管理和维护。

4. 创业基地的功能

1）微观方面的功能

对于创业者来讲，创业基地首先提供了实现梦想的场地。创业者在创业初期，由于自身经济实力的原因，往往会出现有好项目却没有发展机会的情况。而创业基地的存在，为这些创业者提供了创业初期急需的场地和设备等物资，同时协助创业者进行启动资金的融通，使得创业者有机会将自己的理想变为现实。在创业者进入创业基地后，创业基地又提供了将创业者培训成企业家的机会。寻找和培训具有创业精神的企业家是创业基地的重要任务之一。

在进入创业基地之后，创业者将得到系统的培训。首先，创业者可以通过创业基地强大的社会网络，广泛地联系社会各方人士和团体，不仅可以扩大知识面和增长见识，而且还可以利用这个网络，提高创业者在局部环境中的地位，营造良好的社会关系，加强创业者与他人的沟通，提升创业者的"结构资本""关系资本"和"认知资本"，为创业和未来的发展打下基础。同时，由于各种入驻企业既存在竞争关系又存在合作关系，从而能够有效培养创业者的竞争与合作精神、创业精神和容错精神。其次，创业基地在培育企业的同时，不断给创业者提供管理、营销、市场等方面的技能和培训，能有效地帮助创业者快速成长为成熟、优秀的企业家。

新创企业在创业初期发展极为困难，根本原因是缺乏一个良好的成长环境。在新创企业的成长过程中，由于缺乏相应的经验，很容易遇到管理、资金、市场、技术方面的困境和难题，而单靠企业自身的能力，难以完全解决。对于新创企业来讲，创业基地恰恰是能为它们提供一个良好的成长环境。首先，创业基地是一个开放的系统，各种资源纷纷汇集于此，技术、资金、人才、商业知识在创业基地这个平台上得到充分的整合，满足了新创企业成长的需要。其次，创业基地具有非常显著的集聚效应，它相当于一个"创业者之家"，在这种环境中，入驻企业之间能够进行有效的交流和沟通，从而形成浓郁的创业氛围和创业文化，加速新创企业的成长，提高新创企业的存活率和成功率。同时，在企业创业初步成功后，一些入驻企业并不会选择立即毕业，而是留在创业基地中继续发展，因为创业基地所提供的各项服务措施能够继续为这些创业成功的企业提供支持,帮助它们做大做强。

2) 宏观方面的功能

建立创业基地,吸引新创企业入驻,新创企业在创业基地中进行生产的同时也提供了大量的就业机会。以江苏省为例,截至 2014 年,全省共建立了 400 家重点培育小企业创业基地和 200 家小企业创业示范基地,实现了重点培育的小企业创业基地覆盖各县(市)的举措。

在激烈的市场竞争中,区域经济要想立于不败之地,就必须有强大的竞争力,不断优化区域产业结构,提升区域创新能力。而创业基地由于其特殊的服务功能,在促进区域产业结构调整中发挥着极其重要的作用。创业基地作为一个新创企业的服务机构,由于配备了良好的公共技术平台,并能利用政策上的支持为企业提供全方位的服务,因此它能吸引高层次的创业者和相关技术、资金的流入。而这些企业在创业基地的支持下发展壮大后,又会产生产业集聚效应,带动下游产品和技术企业的产生、发展,进而形成规模,成为产业。因此,创业基地有助于实现区域经济传统产业结构的调整和升级,提高区域的经济能力和竞争能力。

创业基地作为培育新创企业的集群组织,通过自身的社会化网络,能够有效地将企业、科研结构和政府三者连接在一起,形成区域创新网络,而区域创新网络又极大程度地促进了区域创新能力。首先,创业基地通过咨询、培训等手段,使得入驻企业这一创新活动的主体完善管理制度,规范自身行为,为其步入正确的发展轨道奠定基础。其次,创业基地作为连接科研机构与企业的纽带,将科研机构的科研成果有效地转移到新创企业中,完成了技术创新的主体从科研机构到企业的转变。在此基础上,创业基地为入驻新创企业提供必要资金、设备、培训,帮助入驻新创企业根据市场不断修改、完善和创新产品,促进科研成果的商品化,从而实现了从实验室到市场的升级,为促进科研成果转化为生产力起到了积极作用,加快了国家创新进程的步伐。

5. 创业基地的建设意义

由于中小企业在国民经济和社会发展中的作用日益显现,如何促进中小企业的发展,为中小企业的生存和发展提供一个良好的环境,降低风险、减少初创投入,已经成为我国政府、学术机构、社会力量研究的一个重要问题。国内的大量实践和研究表明,在中小企业成长、发展的过程中,创业基地起到了巨大的促进和推动作用,解决了中小企业创业过程中的场地、启动资金、管理支撑等多方面的问题,极大程度地降低了中小企业在创业过程中所遇到的困难,提高了新创企业的存活率和经营能力。

创业基地是通过提供一系列新创企业发展所需的各种支持和资源网络,帮助和促进新创企业成长和发展的社会经济组织。创业基地通过提供场地、共享设施、培训和咨询、融资和市场营销、资讯等方面的支持,降低新创企业的创业风险和创业成本,提高企业的成活率和成功率。

9.2.2 创业基地的运营机制

一个创业基地要想得到良好的运作,在日常的经营管理中必须遵循一套规范的科学管理体系。这套管理体系是以入驻新创企业为核心,关注的焦点是创业基地所提供的服务如何更好地满足和保证企业的需求。从新创企业进入创业基地到培育完成整个阶段,创业基地的运营机制应该包括筛选机制、融资机制、收益机制、激励机制、竞争机制以及毕业机制。而从创业基地建设的现状及存在问题来看,缺乏一套行之有效的运营机制正是阻碍创业基地提升培育水平、提高培育效率的关键。因此,对创业基地的运营机制进行整体的设计,十分有必要。

1. 培育机制

分析创业基地的运营机制,首先要对创业基地的培育机制即培育流程进行设计。创业基地的培育机制是指入驻新创企业从进入创业基地开始,在创业基地内部接受创业培育,到最后完成培育退出创业基地的整个过程,如图 9-1 所示。

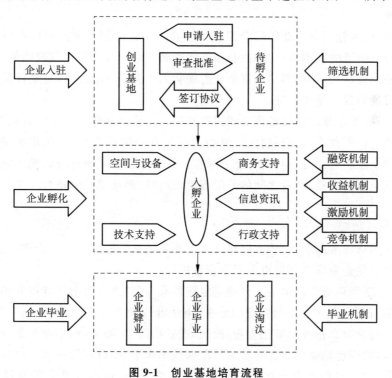

图 9-1 创业基地培育流程

如果把培育看成是一种帮助新创企业成长的运作机制，创业基地就是执行培育机制的社会组织。这种运作机制的初级形态是为入驻新创企业提供一些硬件设施和优惠政策，比如办公场地和办公设备等；中级形态是为入驻新创企业提供一些与创业者有关的中介、培训和管理服务，比如法律服务和管理咨询等；高级形态是形成创业基地自身的商业运作模式和企业文化，使得创业基地和入驻新创企业能够形成良性的互动成长。一般来讲，这三种形态是随着创业基地的实践发展过程而逐步出现的，并且高一级形态包含低一级形态的功能。

2. 筛选机制

入驻是新创企业在创业基地中接受培育的第一步。但是由于新创企业往往具有很大的风险性，同时创业基地本身的容纳能力和培育能力有限，因此，创业基地在选择入驻企业时必须进行严格的筛选，这不仅是保证培育质量的条件之一，而且是保证资源有效使用的重要前提。创业基地的筛选机制，可以从筛选标准和筛选流程两个方面进行分析。

1) 筛选标准

创业基地在选择入驻企业时，必须从政府、自身以及新创企业三个角度设立筛选的标准。

第一，以入驻新创企业的综合素质为主导。入驻新创企业必须拥有自主知识产权和市场前景的技术或产品，拥有一支优秀的产品研发和经营管理团队，拥有可以盈利的商业模式，这些都是新创企业发展壮大不可或缺的要素，也是评价入驻新创企业发展前景的重要标准。

第二，以创业基地自身的核心能力为基础。创业基地作为一个经营机构，首先要清楚自己能做什么，适合做什么，并由此确定自身的核心能力，在此基础上分析入驻新创企业的需要是否与自身能力相称。只有当创业基地自身的能力能够满足入驻新创企业的需要，两者之间的匹配程度较高时，创业基地的培育才能取得较大的效果。

2) 筛选流程

满足筛选标准的企业，才有资格进入创业基地接受培育。一般来讲，创业基地筛选入驻新创企业应该按照以下三个步骤进行。

第一，新创企业提出申请。创业基地应备有一套"进驻指南"，详细介绍创业基地的性质、任务、对入驻新创企业的要求、申请者应提交的文件、租金标准等，供企业查询。符合筛选标准的新创企业，按照"进驻指南"的要求，向创业基地提交一份入驻申请，内容包括新创企业的基本情况和技术水平、项目开发状况、市场前景、法人情况等，以及对创业基地的要求如用水、用电、办公设施以及其他软硬件服务要求。

第二,创业基地对新创企业进行评估。根据申请企业提交的材料,创业基地组织专家对新创企业的下列内容进行评估:新创企业的技术是否切实可行,是否符合国家制定的政策要求,科技成果是否有知识产权纠纷;资金评估,即新创企业是否有适当的注册资金,是否有补充资金的渠道;财务评估,即评审新创企业的财务规划、项目投产后的年产量以及利润计划;无形资产评估,即评估新创企业拟开发产品的市场需求、销售渠道以及价格情况等。

第三,签订培育协议。经过评估后,获准入驻的新创企业和创业基地签订协议。协议的文本应包括培育协议书、房屋租赁协议书、安全责任书等。双方签订协议后,入驻新创企业按照约定支付租金,创业基地将场地交付企业使用并提供相应的服务,入驻新创企业正式开始经营。

3. 融资机制

入驻的新创企业最主要的资源是它所掌握的智力资源,其固定资产和流动资产的数量相对较少,处于初创期的入驻的新创企业在技术和市场方面面临的风险都很大,主流融资渠道处于隔离状态,这是企业最需要资金却又最难得到资金的时期。因此,各类创业基地应根据各个入驻的新创企业的实际情况,为其灵活地提供资金的融通服务,帮助入驻的新创企业顺利度过初创期进而得到发展壮大。创业基地应做好以下几方面的工作。

1)政府支持资金

各级政府作为创业基地的主导创建者,会对创业基地投入一定的科研经费和培育种子基金,并实行特殊的财政优惠政策和税收政策。虽然各级政府资金的数额不大,但对新创企业在资金紧缺时,能起到事半功倍的效果,对新创企业今后的发展壮大产生积极的推动作用。

2)创业基地"自身造血"

对于大多数创业基地而言,在发展的初期,不具备直接投资的能力。但随着创业基地的发展壮大及其自身实力的增长,创业基地可以利用自身的资金积累从事入驻新创企业的融资活动。

3)信用担保机制

创业基地可以组建包括评估专家在内的信用担保机构,对技术市场较好的新创企业提供担保,降低银行的贷款风险,为入驻新创企业赢得更多的资金投入。在争取银行信用担保贷款的过程中,创业基地要协调好入驻新创企业与银行以及担保机构之间的关系。

4) 与风险机构的联姻

创业基地和风险机构的联姻有四种方式:一是风险机构以创业基地为依托进行风险投资,两者在组织上保持独立,只是在业务上发生联系,这种方式可以称为两者的外部合作。二是创业基地引入风险资本进行内部合作,包括创业基地与风险投资机构合资组建新的创业基地或者在创业基地内部设立相对独立的下属投资机构。三是混合型合作,指创业基地和风险机构既进行外部合作也进行内部合作,合资双方根据投资对象的成长特点,在其不同的发展阶段分别由合资的一方进行投资。四是创业基地自己筹集资金设立风险基金,进行风险投资活动。

4. 收益机制

虽然创业基地是在各级地方政府的主导下建立,以扶持新创企业成长为目的的公益性组织,其本身的运营不以盈利为目的,但维持创业基地的日常运作需要大量的资金,如办公费用、服务设施费用等,创业基地只有在保证自身生存和发展的前提下,才有可能培育出健康的具有成长性的企业,才能实现其建立的目标。同时,通过经营实现盈利,能够激发创业基地管理者的积极性,从而增强培育功能,提高培育效率,实现创业基地的可持续发展。因此,创业基地必须建立合理的收益机制,其收入来源可以分为基础服务收入、政府拨款收入、税收优惠及财政返还收入、投资收入和对外部企业的服务收入。

1) 基础服务收入

基础服务收入是指创业基地通过向入驻企业提供基础性服务所获得的收入,包括租赁场地收入、网络服务收入、管理费收入、餐饮收入以及运输收入等。这类收入是创业基地建立初期的主要收入来源之一,但是由于基础服务的附加价值低、增长空间有限,同时出于扶持新创企业的目的,这类基础性服务的定价不可能太高,因此创业基地依靠基础服务所获得收入有限。

2) 政府拨款收入

创业基地是在各级政府的主导下建立的,在建设初期,能从各级政府方面得到一定的启动资金。同时,由于创业基地的公益性,也可以定期得到政府或上级单位的拨款和扶持基金,用于创业基地的日常运营和人员开销。政府拨款收入虽然来源稳定,但是由于政府的财政能力有限,不可能对创业基地进行持续的、大规模的资金支持。

3) 财政返还及税收优惠收入

创业基地吸引新创企业入驻进行生产经营活动,从而增加了当地的财政收入。因此,为了认可和鼓励创业基地,地方财政一般都会将入驻新创企业的纳税贡献按一定的比例返还给创业基地,同时创业基地也能享受到地方财政给予的自身房产税返还收入、自身所得税返还收入以及差额租金补贴等税收优惠政策。在创业基地建立的初期,由于入驻企业不成熟,纳税规模有限,所以创业基地所能实际获得的财政返还和税收优惠收入有限。但是,如果入驻企业在创业基地的强力支持下迅速成长,其纳税规模会越来越大,创业基地所能得到的财政返还及税收优惠收入也就越多。因此,此项收入是创业基地发展成熟后的重要收入来源。

4) 投资收入

对于具有较大发展潜力且具有高成长性的技术项目或新创企业,创业基地可以通过提供特殊的专项服务的方式取得企业的股份,或者直接出资购买企业的股份。随着新创企业的成长,创业基地既可以得到企业分派的红利收益,也可以通过出让股份取得资本收益。这种收入方式是创业基地的长期收益机制。

5) 对外部企业的服务收入

创业基地所服务的对象不仅包括在其内部进行培育的企业,也应包括创业基地外部的企业。外部企业主要有两种:一种是不能进入创业基地进行培育的新创企业,这类企业由于受到某些因素的制约无法通过创业基地的筛选,但是创业基地扶持新创企业的各项措施却是其所需的,因此,创业基地可以向该类企业提供服务以获得一定的收入;另外一种是已经毕业了的企业,该类企业由于早期在创业基地内部形成的经营管理习惯,在毕业后也会经常需要创业基地提供技术、管理、营销、融资等方面的支持,从而为创业基地带来一定的收入。这种收入方式是创业基地的额外收益机制。

5. 竞争机制

和其他社会组织一样,创业基地中也存在竞争,这种竞争既体现在创业基地与其他创业辅导机构之间,也体现在创业基地内的入驻企业之间。

1) 创业基地与其他创业辅导机构之间的竞争

创业基地作为一种新型的创业辅导机构,要想在创业辅导市场立足并取得发展,必须具有良好的市场前景和较强的市场竞争能力。良好的市场前景取决于新创企业对创业辅导的需求,而需求的产生和增大,又取决于创业辅导机构提供服务的费用和质量。只有费用最低且服务最优的创业辅导机构,才会有较强的市场竞争力,进而才会有长远的发展。

2) 入驻企业之间的竞争

创业基地提供服务的能力有限,而入驻新创企业都想最大程度地得到创业基地的各种服务支持。应对这种"僧多粥少"的局面,创业基地有必要在入驻新创企业之间设立一定的评价标准,评价入驻新创企业的资源利用及收益情况,在企业之间开展竞争,以保证创业基地有限的服务资源能够向发展潜力较大的企业倾斜,以发挥其最大的功效。

6. 毕业机制

创业基地的主要任务是对新创企业进行扶持。当企业的生产、经营、开发步入正轨,有能力自立时,就应该离开创业基地去谋求更大的发展。这样不仅有利于后续的新创企业进入创业基地接受培育,也有利于创业基地通过股权回购或股权转让的形式实现其收益。

1) 毕业企业的分类

并不是所有的入驻新创企业在离开创业基地的时候都能称为毕业,有些只能称为肄业或者淘汰。

第一,毕业企业。毕业企业是指在规定的培育期内完成了既定的培育目标,并且通过了创业基地毕业标准的考核的企业。严格来讲,只有这类企业才能称为创业基地的毕业企业。

第二,肄业企业。肄业企业是指在创业基地内经过一段时间的培育,没有达到毕业企业的标准就离开创业基地的企业。企业肄业有两种情况:一是在培育期限内,入驻新创企业主动离开创业基地,经审核未达到毕业条件,根据双方入驻前的有关规定,办理离开手续。二是到达约定的培育期后,企业未达到毕业的标准,但双方都认为没有继续接受培育的必要,企业离开创业基地。

第三,淘汰企业。淘汰企业是指入驻新创企业由于自身在资金、开发、管理、信誉等方面的重大问题被创业基地依照有关规定,淘汰、清理出去的企业。淘汰的目的是腾出培育场地,优化创业基地的培育结构。

2) 毕业标准

目前,对于企业培育成功的衡量,尚没有统一的标准,但可以从以下五个方面加以考核。

第一,培育时间。创业基地内入驻新创企业的培育时间一般以 3 年左右为宜。一个企业组建之后,从具有科研成果到形成商品要有一个开发过程,经过市场反馈后,产品要不断完善,企业内部管理也要不断完善,这一般最少需要两年左右的时间。在实际运作中,一般将培育期规定为不超过 5 年。当然,培育时间并不是一个固定的规定,创业基地可以根据自身和入驻新创企业的特点进行协商。

第二,成果商品化。在培育期内,入驻新创企业应该完成科技成果的转换,制成样机或样品。企业内部的技术人员和开发人员在完善产品的过程中对市场有了进一步的认识,有能力开发系列产品或其他新产品,使入驻新创企业得以不断有新产品投入市场。

第三,相对稳定的市场。企业离开创业基地之前,应在某一行业或地区有了一定的知名度,其产品的销售有了比较固定的渠道,销售网络初步建立。

第四,管理完善。创业基地内的新创企业领导人对所从事技术、经营领域相关的法律法规比较熟悉,企业的各项制度,包括财务制度、用工制度等都建立起来,制订了切实可行的企业发展计划。

第五,资金充裕。经过几年的运转,创业基地内新创企业的资金有了积累,可以扩大生产规模,或者有了一定数额的固定资产可用于抵押贷款,或是有了有效的筹资渠道,为规模发展准备了条件。

9.2.3 创业基地的管理

1. 实行企业化管理

企业化管理是指将企业的管理体制引用到创业基地中来,克服在行政管理体制下的缺陷,以提高创业基地的服务水平,保障创业基地有效运行。创业基地本身不应该是一个准政府机构,而应该是一个"企业",只不过创业基地的产品是健康发展的"新创企业"。

1) 准确定位

第一,创业基地是政府、入驻新创企业和服务机构的沟通桥梁。在各级地方政府中小企业管理部门的指导下,创业基地是本地区政府、入驻新创企业和服务机构三者之间相互沟通的桥梁,也是政府服务中小企业的意志和中小企业管理部门职能的充分体现及延伸。对地方政府而言,创业基地起到承上启下的作用,将政府的公务信息及政策措施传递给企业;对入驻新创企业而言,创业基地起到连接纽带的作用,将有助于解决入驻新创企业发展的突出问题,向地方政府提出建议,及时反映入驻新创企业的呼声;对服务机构而言,创业基地起到组织引导作用,最大限度地发挥和利用社会化服务机构,组合专业服务能力强的机构为入驻新创企业提供多门类、全方位的服务,并与其共建服务联盟,打造服务品牌。

第二,创业基地是提供公益性服务的地区平台。创业基地是为本地区新创企业提供综合服务的公益性服务机构,是各级地方政府及其所属中小企业管理部门的助手,在服务体系中起到核心和指导作用,并接受各级地方政府及中小企业管理部门的委托,承担各级地方政府的中小企业管理部门交办的任务,行使各级政府的中小企业管理部门赋予的为中小企业服务的职能。

第三,创业基地是社会化服务机构的地区龙头。创业基地应该成为本地区社会化服务体系建设的龙头,具有整合社会化服务资源、引导社会化服务机构规范发展的职能,在为新创企业服务过程中,建立以公益性服务机构为主导、商业性服务机构为主体的服务网络。

2）完善创业基地法人治理结构

创业基地在经营管理方面首先要建立严格的现代企业制度,确定合理的治理结构,实行产权清晰、政企分开、管理科学,使创业基地真正成为市场的主体。而公司制是现代企业制度的一种有效组织形式,公司法人治理结构是公司制的核心。

首先,完善法人治理结构,实现出资者的所有权与经营权的分离,有利于政企分开、政资分开、政事分开,形成创业基地的科学决策机制、执行机制和监督机制,有效防范创业基地的经营风险。其次,完善法人治理结构,实现创业基地的自主经营,有利于创业基地减小政府行政对其的影响,按照现代企业制度建立有效的激励和考核等人员管理机制,提高创业基地服务人员的服务动力和积极性,从而全面提升创业基地的服务水平。

3）建立职能清晰的组织部门

完善法人治理结构是创业基地进行企业化管理的前提。但是,创业基地的运行还必须建立良好的组织结构,设置相应的部门,完善相关职能。专业职能部门的设立,可以保证创业基地提供各项服务措施的专业性。专业性越强,提供的服务措施就越优秀,也就越能达到入驻新创企业的需求程度。一般来讲,创业基地的组织部门可以分为项目开发部、项目服务部、公共关系部、自身拓展部以及平台功能部五个部分。

项目开发部的主要职责是负责招商租赁、通信网络建设、交通、餐饮、物业等基础服务,这些功能是创业基地最原始的功能。项目服务部的主要职责是为入驻企业提供人力资源服务、投融资服务、信息服务、咨询服务、技术服务等比较专业化的服务措施。公共关系部的主要职责是开拓与维护与金融界、地方政府、财务、税务、工商、银行、风险投资机构及其他各类中介组织的关系网络,以保证创业基地能够向入驻新创企业提供优质的相关服务。自身拓展部的主要职责是通过各种有效的方式,寻找新场地、开发新业务、创新服务模式,推动创业基地自身的发展。平台功能部的主要职责是对创业基地自身的财务、人事、行政、宣传等工作进行管理。

4）建设职业化的管理团队

创业基地的中心任务是帮助创业者创办并发展他们的企业,追求量体裁衣式的个性化服务。管理团队的专业化不仅是提升创业服务功能和水平、更好地培育新创企业的需要,而且是创业基地自身发展、提升价值的需要。而管理团队专业化的核心在于聘请专业化的人才,实现专业化的管理,提供专业化的服务。

创业基地可以根据自身的人才结构、知识结构、专业结构,有目的地从现有人员中培养职业经理人和专业化的服务人员,提高创业基地的管理和服务能力。创业基地可以加强与中介公司、高校、风险投资公司等的合作,引进后者在管理和专业知识方面的专家,实现两者的优势互补,强强联合。

5)实行项目管理机制

创业基地需要建立从入驻新创企业服务需求的产生,到专业服务机构开始为入驻新创企业提供服务,至服务完成与评价的全过程项目管理机制,还需要积极探索建立创业基地与入驻新创企业之间的利益共享、风险共担的管理机制;建立入驻新创企业和服务机构信息库,登记地区内新创企业基本情况,研究企业服务需求情况,跟踪服务机构对于新创企业的服务情况,尝试构建一套成熟的绩效评价指标体系及评价办法,追踪服务完成之后企业对于服务的综合满意度和服务效果评价。

6)建设创业基地的企业文化

企业文化是企业成员广泛接受的价值观念,以及由其所决定的准则和行为方式,它是连接成员情感归属和凝聚向心力的最重要的精神纽带。创业基地作为一种新型的组织形式,其入驻新创企业基本上都是中小企业。因此,创业基地有必要在其内部营造一种创新、创业的企业文化。从创业基地来看,创新、创业的企业文化,有利于创业基地提升创业服务的意识,从思想上更好地指导创业基地工作人员为入驻新创企业提供创业支持服务。从入驻新创企业来看,创新、创业的企业文化,有利于入驻新创企业更好地吸收各种创业支持服务,将有限资源的功效发挥到最大程度。

2. 推进市场化运行

市场化运行是指创业基地作为市场经济的主体,在实际的运行过程中需要遵守市场的运行规则。创业基地为入驻新创企业提供所需要的管理支持、资源网络,帮助和促进新创企业成长,使新创企业能够在市场上生存和发展。因此,创业基地必须面向市场,以市场为导向,利用市场机制配置新创企业所需要的资源,并在市场中求生存,进行市场化运作,随着入驻企业的发展而发展。

1)引入多元化的投资主体

政府主导的投资模式使得创业基地的政府色彩过于浓重,导致其存在没有创造价值的紧迫感和压力感的弊端,从而使得创业基地的培育动力不足,培育服务难以得到有效的提高。同时,由于各地方政府财力的限制,单一的资金来源不能保证创业基地维持自身运营发展的需要。因此,在市场化的运行中引入多元化的投资主体就显得非常必要。

首先,创业基地作为一个微观经济组织,理应由微观主体,如企业、大学、社团或其他投资者来运营。而如果由政府直接设立创业基地,那就不可避免地会重蹈计划体制下国有企业的种种弊端,如政企不分、行政干预等。其次,投资主体多元化,可以减少政府过多的资金投入,在减轻各级政府财政方面的压力的同时,增加创业基地的运营资金和培育资金。最后,积极引导各高校、科研院所、国有企业、上市公司、民营企业、风险公司乃至个人等社会力量参与创业基地的建设,成为创业基地建设的投资主体,可以形成多元化的竞争,优化创业服务市场,从而保证创业服务质量和水平的有效提高。

　　2) 建立合理的盈利模式

　　市场是商品交换的总和,创业基地作为市场经济的主体,虽然有着公益性的一面,但是在市场经济的条件下,创业基地本身及其提供的服务也应具有商品性质,属于一种商品。创业基地本身的存在以及为入驻新创企业提供服务的前提必须是能在近期或者将来有利可图,只有这样才能实现创业基地的可持续发展。同时,通过盈利实现创业基地收入的增加,一方面,有利于增加创业基地的运营资金,提高对软硬件设施的建设和维护能力;另一方面,有利于激发创业基地的服务热情,提高创业基地的服务水平和服务能力。

　　首先,创业基地必须转变自身的盈利观念。作为支持入驻新创企业的公益性组织,创业基地不以盈利为目的,但是不以盈利为目的并不代表不盈利。创业基地要想在激烈的市场竞争中能够得到生存和发展的机会,要想能够为入驻新创企业提供更优质的服务,需要有一定运营资金作为保障。因此,创业基地必须改变自身的盈利观念:适当盈利。适当盈利就是说创业基地不能以利润为运营目的,其盈利收入只要能够保障创业基地日常运营发展的需求即可。其次,要扩大收入来源,逐步扩大服务收入、对企业的投资收入、政府的税收返还收入的比率,减少对租金、政府投入的依赖性。

9.2.4　创业基地的服务引入

1. 实现资源配置的市场化

　　创业基地高层次服务措施缺失或不足的缺陷,目前难以通过其自身在该方面的建设得到有效的改善。因此,引入专业的中介服务机构完善创业基地的薄弱服务措施就显得十分重要。专业的中介服务机构由于其目标工作的专一性和专业性,在向入驻新创企业提供相应的专业服务时,有着创业基地无法比拟的优势。通过与中介服务机构合作,创业基地可以在保证基础性服务的同时,弥补在高层次服务方面的不足,从而有效提高服务水平与入驻新创企业的满意度,提升创业基地的整体运营绩效。

2. 实现培育方向的专业化

　　专业化是指创业基地围绕某一特定领域,在培育对象、培育条件、服务内容和管理团队上实现专业化,培育和发展具有某种特长和优势的新创企业。专业化的培育方向具有以下优势。

第一，从微观层面来看，专业化的创业基地有利于降低新创企业的成本。专业化的创业基地除了提供一般性的共享服务外，还能为新创企业提供专业化的技术平台、技术咨询、管理培训等，在很大程度上为新创企业在技术研发、生产运作、经营管理等方面节省了不少资本。专业化的创业基地还有利于提高入驻新创企业的创新能力。

第二，从中观层面来看，专业化的创业基地有利于提高创业基地专业服务水平。专业化的创业基地由于其在某一方面的专业优势，在向入驻新创企业提供培育服务时，能够利用专业优势提高相应专业性服务的服务水平和服务层次，从而有效地保证入驻新创企业在该方面的专业需求服务能够得到较好地满足。

第三，从宏观层面来看，专业化的创业基地有利于发挥本地区的比较优势。每个地区都有自己的特色资源，这些资源即包括自然资源，也包括社会资源。专业化创业基地的建立会考虑不同区域的产业状况和资源结构，并在此基础上选择适当的专业方向，这既能充分发挥不同地区的比较优势，也能更好地吸引相关产业各种优势力量的聚集，提升区域相关产业的竞争优势。

3. 加强持续服务能力建设

1）不断帮助入驻新创企业发现和解决问题

入驻新创企业在发展壮大的过程中，势必遇到各式各样的问题。因此，创业基地要了解企业服务需要，对症下药，在企业不同时期，为新创企业提供创业辅导、融资担保、管理咨询和市场开拓等服务的中介机构，积极为入驻新创企业解决各类问题，扫除企业发展中的障碍。

2）针对入驻新创企业问题不断地对接相应的专业服务机构

在入驻新创企业不同的发展阶段，推介合适的专业服务机构为其服务，不断帮助企业发展和解决发展中的问题。创业基地在入驻新创企业的创业阶段，采用创业辅导的方式对企业进行帮助扶持；在入驻新创企业逐步进入发展壮大阶段，创业基地积极与企业保持联系，为其分析在发展中遇到的问题，对接相应的专业服务机构。

9.3 创业辅导体系

9.3.1 创业辅导体系的基本概念

目前，所说的创业辅导主要包括创业指导和创业辅导服务两部分内容。创业指导包括为有意创业者提供的创业信息、创业宣导、创业咨询、创业策划、创业培训等服务；创业辅导服务是对新创企业提供财税、法律、劳保、外贸等代理服务，政策与信息服务，管理咨询服务，技术服务，融资指导服务，人员培训服务等，以提高新创企业的成活率。

创业辅导的形式是多种多样的，主要可以归结为两种情况：一种是个人（比如亲朋好友）或组织自发进行的创业辅导；另一种是国家和社会开展的有组织的创业辅导。鉴于创业辅导主要特征是公益性，所以后一种创业辅导是目前的主要形式。因此，创业辅导是指由政府部门和社会力量对创业者进行的创业活动及新创企业提供指导、服务和帮助，使创业者具备创业的基本能力和知识，减少不必要的失误，降低投资风险，以增强创业者的创业能力，提高创业的成功率和新创企业的成活率。

9.3.2　创业辅导体系的层次与类别

1. 创业辅导体系的层次

创业辅导体系按其参加单位的作用可以设计成核心机构、主要成员机构和一般参加机构三个层次。

1）核心机构

创业辅导体系中第一层次是核心机构，它应该是当地政府设立的创业辅导中心。创业辅导中心隶属于中小企业局，在地方政府直接指导下，专门致力于为创业者提供创业辅导服务，地方政府应对创业辅导中心的成立和运作提供主要的资金支持。创业辅导中心除了直接为新创企业提供公益性的辅导服务外，还应着重帮助政府做好创业辅导体系建设的发展规划、政策制定以及业务协调工作，对整个创业辅导体系的建设起到统筹、指导、协调的作用。

创业辅导中心的主要工作职责是：配合政府落实创业辅导政策；接受政府委托，帮助制订创业辅导体系的发展规划；向创业者提供公益性的创业辅导；沟通创业者和创业服务中介机构与政府的联系，反映情况，提供信息；维护创业者的合法权益；根据政府授权，对当地创业辅导机构进行资格认定，促进各种创业中介服务机构健康发展；完成政府交办的其他工作任务。

创业辅导中心在部门设置、人员构成上本着精干、高效的原则，对部门、人员的数量和质量进行统一考虑：工作人员数量上应适当，质量上应强调人员的知识结构、工作能力和经验等。

另外，在形式上可以考虑建立一些"创业辅导专家委员会"等辅助性机构，例如决策咨询委员会、融资指导委员会等，聘请专家学者，借助"外脑"，解决疑难问题。还可以以合作成立机构的形式，和政府部门、高校、科研院所、行业协会、企业、社会中介、社会知名人士等联合发起成立中小企业促进会、中小企业发展研究所等单位,作为全面、系统、长远地对当地创业发展问题进行分析与决策咨询的机构。

2)主要成员机构

创业辅导体系中第二层次是主要成员机构,它们是创业辅导体系中各个专业服务领域的牵头单位,应在当地有较大的能力和影响力,由创业辅导中心选择成为体系中的主要成员机构,经授权可以对其所在创业服务领域内的一般参加单位进行业务指导和协调。

3)一般参加机构

创业辅导体系中的第三层次为一般参加机构,由参加创业辅导服务的各领域相关专业服务单位和中介机构所组成。这些机构拥有大批管理、经济、法律、金融、财会、技术、信息等方面的中高级专业人才。众多的参加单位是创业辅导工作得以成功开展的组织保证。

2. 创业辅导体系的类别

创业辅导体系中的组织机构由政府设立或资助的公益性机构和商业性机构所组成。前者是创业辅导体系的主导力量,但数量有限;后者则是创业辅导体系的主力军,但需要培育、整合。

公益性创业辅导机构可以提供免费或优惠的一般性创业服务,但难以进行深入的专业指导。从我国目前情况来看,各地经济发展不平衡,创业者来自社会各个阶层,其知识结构和素质良莠不齐,对创业辅导的需求也千差万别,社会化、商业性的创业辅导机构可提供全面的个性化服务,但收费较高。

然而,商业性创业辅导机构并非没有市场。由于高学历阶层逐渐盛行"自由创业"的价值观,创业者中不乏拥有技术或管理特长,并有战略眼光的"白领精英"。他们深知服务的内在价值,愿意以高价购买急需的服务,最有可能成为社会知名度高、信誉好的社会化、商业性中介机构的客户,并将这种关系继续保持下去。

为了最大限度发挥社会化、商业性的创业辅导机构的社会功能,让绝大多数创业者都可以享受到所需要的服务,完全有必要经政府授权,由创业辅导中心出面整合创业服务的社会资源,可以以会员制(事先实行资格审查)的形式吸纳诸如会计事务所、律师事务所、创业投资公司、管理咨询公司等各种具有创业辅导能力的社会服务机构进入创业辅导体系。

9.3.3 创业辅导体系的运行机制

创业辅导组织机构体系的搭建只是使得创业辅导体系具备了良好的"硬件"条件,但还缺少"软件"的支持,这套"软件"主要表现为系统内良好的工作机制和工作程序。

1. 组织协调机制

为加强政府与创业者以及各创业辅导机构的沟通和联系，及时收集问题、反映情况，国家、省、市中小企业局可以会同各地创业辅导中心、主要成员机构建立创业辅导联席会议制度，定期召开例会，通报有关政策，交流经验做法和工作情况，开展热点、难点、重点问题讨论，以及省、市及国际交流合作讨论等沟通情况。

2. 考核机制

创业辅导中心及其他公益性创业辅导机构的部分资金来自政府财政拨款，为评价其资金使用效果，有必要对服务机构进行考核。考核内容应包括：资金使用（流向是否在规定范围、流量是否合适等）；业务绩效（接受创业辅导的企业数量、新创企业的满意度等）；自身建设（组织建设、硬件设施等）；服务能力（管理者的决策能力、团队的凝聚力、适应能力等）。考核方式为指标权重形式，考核方案应及时公布，考核的实施者可以选取主管部门，也可以通过向社会公开招标的形式委托第三方进行考核。

3. 激励机制

激励机制是对在年度考核中绩效显著的创业辅导中心及其他公益性创业辅导机构给予奖励，使其在创业辅导体系中起到示范作用。

4. 退出机制

对商业性创业辅导机构无力或不愿参与的服务项目，应该鼓励公益性创业辅导机构去承担；对市场已经饱和的服务项目，为了避免资源浪费，减轻地方财政负担，建议取消对公益性创业辅导机构的财政支持，使其退出。

9.3.4　创业辅导的业务内容

1. 创业辅导师队伍

创业辅导事业的成败最终取决于人。而当前制约创业辅导体系健康快速发展的最关键问题恰恰是缺乏高素质的人才——创业辅导师，因此创业辅导师队伍的建设是创业辅导工作的当务之急。

当前，可以通过培训和利用社会创业服务资源，尽快建设一支创业辅导师资队伍，加强创业辅导。这支专业辅导队伍将为新创企业提供创业咨询、创业者培训等一系列服务，帮助创业者成长，并且可以根据新创企业创业期出现的问题，适时提供管理咨询、法律咨询、技术支持、人才供应等服务，以提高新创企业的成活率。

2. 创业培训

有效的创业培训，一方面可以增强创业者的创业意识，提高创业者创业能力，鼓励全社会更多的人创业;另一方面可以大力宣传创业政策、规范和提高创业辅导水平和能力。因此,要加速建立创业培训体系。

1) 创业培训平台建设

第一,搭建企业教育平台。以满足新创企业需求为宗旨,建立企业教育平台。对新创企业厂长(经理)进行管理知识培训,对企业技术骨干、员工进行各类专业技能、岗位技能培训,提高新创企业的素质。

第二,搭建集中教育平台。建立长短结合的集中教育平台,如长期的系统知识培训,短期的实用技术培训,考核合格者发给各种专业技术资格证书。以多层次的培训方式,满足创业者的不同需求。

第三,搭建成人学校培训平台。建立健全各类成人学校,对企业技术骨干进行深层次的培训教育,并发挥技术骨干的传播带头作用,提高创业者的整体素质。

第四,搭建典型教育平台。通过参观创业示范基地、赴创业发达地区学习等形式,增强创业者的创业意识和创业能力;通过创业成功人士经验介绍、新创企业案例等方式,增强培训学员的创业信心。

2) 社会中介组织的培训

为提高创业的效率及效果,为创业者提供更广泛的创业培训服务,有必要组织与创业服务有关的社会单位,发挥社会中介组织的优势,发挥市场机制的作用,开展种种创业培训服务,促进创业工作的开展。可以吸纳信用担保机构、税务师事务所、会计师事务所、律师事务所、各类代理中介等信用较好、服务质量较高的社会中介组织组成创业培训服务联合体,定期开展工作,使创业服务工作得到有效开展,使创业者受益。

3) 网络培训资源的开发

信息技术在各行各业得到越来越广泛的应用,创业培训可以开发网络培训资源,开发一个公用计算机系统,该系统与各地培训、咨询机构联网,可以为创业者提供种种培训素材,供创业者参考和学习。

3. 创业咨询

在创业过程中,创业者有不少困惑和问题需要咨询和求助。建立咨询服务体系,包括熟悉工商、税务、融资等政策的公务人员、企业管理者、技术人员和法律工作者等方方面面的热心人士,为创业者出谋划策,提供咨询服务,有利于帮助创业者解决现实问题,加快创业步伐。

1) 创业咨询的内容及形式

从创业者的实际需求来看,需要帮助和解决的内容比较繁杂,可以根据一定的原则进行划分,如分为法律咨询、管理咨询、税务咨询、政策咨询、融资指导、劳动保险代理等。从咨询服务的形式上看,创业咨询可以采取多种服务方式,如面对面座谈、上门咨询、电话解答、网络信息发布与咨询等。

2) 创业咨询组织

一般创业咨询组织主要包括以下两种。

第一,政府相关咨询部门。由于创业涉及诸如企业登记、纳税、劳动保障、质检、环保、融资等事项,相关政府职能部门成为创业咨询服务体系重要的组成部分。因此,地方政府可以成立专门机构,出台相关政策,要求相关职能部门特别是县(区)级工商局、税务局、劳动保障局、质检局、环保局等政府部门为创业者提供咨询服务。

第二,社会咨询机构。市场中介组织是创业咨询体系中不可缺少的组织要素,从某种意义上来说,市场中介组织作用的发挥程度,标志着创业市场形成的水平。作为创业咨询服务的社会中介服务组织,主要包括各种劳务、人才中介、会计事务所、律师事务所、各类代理中介等组织,可以选择部分资质好、实力强的中介组织,作为创业咨询服务体系的一部分,为创业者提供创业咨询服务。

3) 创业咨询内容

咨询组织主要为创业者提供以下咨询:为创业者提供政策咨询;向创业者提供创业方法和经营管理方面的技术支持,咨询内容包括市场营销策划、企业战略定位、薪酬结构设计、企业文化建设、企业运营诊断、管理和业务流程开发等;直接对创业项目的选择、创业计划的制订和创业过程进行指导;根据实际创业条件进行分析、测试及调试工作,以提供改进生产的合理建议;为增进创业者与科研、实验室等机构之间的联系和知识流动牵线搭桥;经常组织创业者沙龙、创业者考察团之类的活动;组织创业项目调查,对创业者想要了解的项目进行可行性调查,掌握详尽的第一手资料,为创业者提供详尽的调查报告。

4. 促进创业的技术资源共享体系

促进创业的技术资源共享体系包含以下一些具体内容。

1) 创业技术指导咨询

创业技术指导和咨询服务也是促进新创企业提高技术水平的有效方式,应该鼓励科研院所、高校和新创企业进行合作,为新创企业的技术问题、新技术的应用提供咨询、诊断、论证和推介服务。特别是由政府或行业协会出面,组织专家、学者、技术人员向新创企业或个人的技术创新活动提供公益性技术指导和咨询服务,甚至直接为他们配置技术顾问,及时回答和帮助解决他们碰到的疑难问题。

2) 技术培训

新创企业技术人员素质是新产品开发成功的至关重要因素,组织和实施技术培训是提高他们的技术水平和能力的有效途径,完全有必要在政府指导下建立相应的技术培训制度,充实技术培训场所,甚至可以纳入创业培训服务体系统一考虑。

3)技术信息交流服务

广泛地开展各种层次的技术信息交流服务可以积极推动新创企业的新产品开发工作,所以应调动和整合政府、科研院所、高校的技术信息资源,建立采集、加工、发布适合创办企业的专利、科研成果、市场商机等信息的渠道,同时借助创业辅导信息平台,及时向新创企业发布各地促进技术进步的有关政策、中外科技发展动态、新产品开发指南等信息,必要时帮助新创企业争取国家及各级政府科技创新资金支持。

4)公共技术平台——公共实验室

为了解决新创企业因技术人员缺乏、设备短缺、实验手段贫乏而难以开发新产品或开发周期过长的问题,要加快建设由政府、企业、高校、行业组织等多元主体投入、市场化机制运作、面向社会开放、服务新创企业的研究开发产业共性与关键性技术的公共技术平台——公共实验室。这可以为有一定技术专长的创业者、大学毕业生提供产品研发试验场地和技术指导,为新创企业节省投资,大大降低创业成本。也可以出台相应政策鼓励科研单位和高校的各类实验室和测试中心向新创企业开放,满足新创企业共性技术研发的需求。

5. 创业辅导信息平台

鉴于创业者们在获取创业信息上个人素质和能力差异较大,获取和利用信息的习惯和行为倾向各不相同,所以也不能忽视传统信息交流沟通方式在创业辅导过程中的运用,可以考虑推进以下工作,进一步完善创业辅导信息平台建设。

1)创业信息服务中心

为方便新创企业获取创业信息,可以在创业辅导中心设立创业信息服务中心,在银行、律师、会计、审计、咨询、人才服务、职业介绍、产权交易、教育培训、资信评估、行业协会等中介服务类机构引驻的基础上,还可根据创业者的需求,将科技成果转化、创业项目推介指导引入信息中心,为新创企业提供便捷的信息服务。

2)项目推介和融资推介体系

项目推介和融资推介体系的建设思路是:由政府搭建平台,充分利用媒体广泛宣传,动员社会各方提供项目,委托创业辅导中介机构进行评估监理,通过公开项目咨询洽谈产生创业项目承担者,吸引各种投资主体参与创业项目。

3)创业辅导网站建设

创业辅导网站可设立以下关键功能模块。

第一,政务导航。创业辅导网站要指引各新创企业熟悉各相关政府主管部门的办事流程,学习掌握相关政策法规。更直接的是,创业辅导网站要汇聚相关政府部门、行业协会的公共信息服务平台的网址链接,从而使新创企业和创业者可以方便地跳转到其他公共信息服务平台,学习政府公告,把握行业动态。

第二,创业动态。创业辅导网站是新创企业从事创业活动的重要宣传展示平台。各新创企业可以借助此平台相互借鉴管理实务,交流创业心得,探讨管理误区,分析典型案例,捕捉市场机会。

第三,创业门诊。组织各行各业的专家学者及创业成功人士,通过互联网络为新创企业和创业者提供在线咨询,解决他们在实际企业管理和产业发展中面临的个性和共性难题,并引导其他企业参与讨论,共同提高,共同进步。

第四,网上创业课堂。通过互联网络,对新创企业和创业者提供各种综合性和专业性的网络教育课程,特别是适应新创企业的创业基础、企业管理、财务管理、人力资源管理和领导艺术等方面的课程,努力提高创业者素质和水平,增强防范创业风险的能力。

第五,电子商务中心。创业辅导网站归根到底要为新创企业服务,而新创企业最关心的是市场开拓、渠道建设和产品销售。一方面,应利用网站掌握的资源和信息协助各新创企业复用、共建渠道;另一方面,应依托网站公共信息服务平台建立产品中心,便于公众快捷系统了解各企业的产品、技术、服务和联系方式。另外,通过吸引新创企业广泛使用网站的电子商务平台还有助于新创企业迅速提高信息化水平和能力。

第六,中介服务机构园地。网站应积极吸引大学、科研院所、投融资、经济技术咨询、市场中介、人力资源、财务、法律事务和商业策划等机构连接或引入,为它们提供一块阵地,让各中介服务机构全面地向众多的新创企业推介自己,为新创企业提供专业化的服务。中介服务机构通过与创业辅导网站的合作,既获得了长期、稳定的客户群体,也扩大了自身的生存与发展空间。

第七,交流沟通渠道。网站可以采用BBS、开放式邮件系统等有效方式,接收创业者的各种问题,依托一种开放式交流沟通系统,一方面将问题转发给合适的专家解答,并回复给提问者;另一方面,系统自动将问题和解答归纳整理,发布在公共信息服务平台上,让更多的创业者借鉴。同时,该渠道也提供给创业者们一个相互联系、相互学习、相互帮助的公共平台。

 **本章小结**

当前,我国的创业政策总体上对创业者的创业活动能够提供支持,通过缓解资

本约束、降低创立成本与成长负担、提供创业支持服务三方面的实践举措,有效改善了创业者的资源获取和创业运营状况,而综合优惠政策应着眼于创业者创业活动收益的长期性,系统结合放松规制、降低壁垒等更深层面的实践举措。

创业基地能为新创企业提供价格优惠的生产经营场所、公共配套设施和相关公共服务,是集经营性和公益性于一体的综合性服务平台。创业者要对创业基地提供的服务以及在微观和宏观层面上的功能有所了解,对创业基地的运营机制,包括培育、筛选、收益、激励、竞争以及毕业机制有所认知。

创业辅导体系是政府部门和社会力量对创业者提供的指导、服务和帮助。从解决制约创业的"瓶颈"来看,一般要在创业辅导师、创业培训、创业咨询、创业技术支持、创业辅导信息平台等诸多方面构建创业辅导体系,促进创业辅导机构的发展。

 **案例分析**

镇江环保电镀专业区的运营与管理

一、专业区的建设背景

根据循环经济理念和系统创新理论,统一规划、集中治理、资源共享的电镀园区形式应运而生,目前,我国已建有 90 多个电镀园区,且主要集中在沿海经济发达地区。通过近几年的实践,园区模式已逐步显现出较好的经济、环境和社会效益,园区建设已成为推动电镀行业可持续发展的有效途径。

根据相关部门的不完全统计,镇江工业结构中与表面精饰行业相关联的企业众多,在镇江地区注册登记的电镀企业约有 120 家,从事电镀生产的个体 100 余户。镇江多数电镀企业工艺落后、设备陈旧,资源消耗较大,没有污水处理设施,个别企业虽有治污能力和设施,但在无力现场监督的情况下难以正常运行。这导致了有的产业下游企业舍近求远,到表面精饰行业技术发达地区寻求合作。此外,新建工业项目的投资者,看到镇江表面精饰行业的现状而放弃或压缩投资。这些都严重制约着镇江表面精饰工业的发展和整体市场形象。

本着建设清洁型生产、节约型社会的重要标准,需要提高镇江地区的生态型电镀专业区的运营与管理水平,形成经济上和生态上双循环的一种新兴的电镀工业可持续发展模式,以实现镇江环保电镀专业区的可持续发展。

二、基本概况

镇江环保电镀专业区是由镇江华科生态电镀科技发展有限公司 2008 年投资建设的。镇江华科生态电镀科技发展有限公司是香港外资独资企业,成立于 2007 年 9 月,公司注册资本 3 100 万美元,总投资 4 950 万美元。镇江环保电镀专业区位于镇江新区国际化学工业园区内,占地 273 亩(182 000m²),总建筑面积近 15 万平方米,由办公服务区、生产区、污水污泥处理区三个部分组成。

镇江环保电镀专业区可容纳锌、铬、银、金、铜、锡、镍、ABS 和磷化等九个镀种,80 条电镀生产线,60 余家电镀企业,总投资约 9 800 万美元。专业区建有一座处理能力 10 000 吨/天的电镀废水处理及 6 500 吨/天的中水回用装置,并配有一套年回收处置电镀污泥 10 000 吨、废液 2 000 吨的生产装置,此外还配有供水、供电、供热等公共配套设施。

三、运营管理模式

(一)"保姆式"服务管理模式

镇江环保电镀专业区没有采用其他电镀园区的挂靠等经营方式,而采用租赁的形式与入区企业进行平等合作。为解决入驻企业的行政审批问题,镇江环保电镀专业区委由专人负责,代理企业的行政审批手续,解决了企业特别是外地企业因不熟悉业务情况而造成的麻烦,使烦琐的审批工作得以快速高效完成。

电镀企业的耗材品种多,采购方式多为少量多次,同时,电镀企业的耗材中还涉及剧毒品、易制毒品等危险化学品。单个企业购买不仅耗时费力,还存在仓库管理等问题。镇江环保电镀专业区充分利用专业的物质集成优势,建成了一个材料供应中心,批量采购、就近供应、集中管理,在解决企业材料购买困难的同时还给以优惠,实现企业与镇江环保电镀专业区双赢。

电镀企业规模普遍较小,投资规模约 500 万~1 000 万元,是典型的中小企业。为解决企业入区或起步阶段的资金短缺(短期周转)困难,由镇江环保电镀专业区负责牵头,与国内各大银行洽谈,制定了园区融资模式,解决了中小企业融资难的问题。

(二)全面的技术支持

镇江环保电镀专业区本着环保、集约、服务的原则,为企业提供代维、工艺技术咨询、实验检测等综合技术服务,为企业产业升级提供强有力的技术支持。

本着服务企业、共同发展的原则,镇江环保电镀专业区成立了代维中心,就近为企业解决设备的维护问题,在为企业提供服务的同时,还节约了企业成本。镇江环保电镀专业区的代维服务,与企业实现了互惠互利,充分体现了园区建设的资源共享优势。

镇江环保电镀专业区通过购置膜厚测试、膜层耐蚀实验、药水材料检测分析等设备仪器,为专业区各企业共同建设了一个综合的实验检测中心,配备专业的技术人员,代理企业的分析检测,满足企业生产需求的同时省却了各电镀企业的重复投资。

（三）合理监督

专业区在招商的同时，还整理行业发展信息，收集周边行业电镀需求信息，建立独立专业网站，定期发布行业信息动态，和各企业网站网页实行友情链接，与区内企业实现信息资源共享，为区内企业工艺改革、产品调整等提供调研信息资料，引导企业紧跟行业发展潮流步伐，不断发展，做优做强。

专业区总体实行错位招商，结合电镀市场行情和当地工业经济（电镀加工需求）情况，合理控制各类工艺企业的数量，避免单一同类企业重复，脱离市场需求，形成恶性竞争；同时，专业区也兼顾整体配套功能，符合产业发展需要，充分发挥专业区的区域规模优势，让区内企业得到实惠。

（四）规范引导

镇江环保电镀专业区设立了专业部门，对企业的工艺生产、废水排放、废气处理等环保设施不定期巡查，建立企业运行档案，从源头控制企业的污染物，规范企业经营，引导企业重视环保设施运行，切实保护区域环境。

四、培育成功的典型企业案例——镇江瑞翔精饰科技有限公司

（一）企业介绍

镇江瑞翔精饰科技有限公司于 2009 年 8 月成立，公司注册资本 200 万元，总投资 600 万元，其中固定建设投资 450 万元。股东成员在电镀行业均有 10 年以上工作经历，均在世界知名企业担任过技术总监、营销顾问、生产厂长等职务，对电镀技术、设备、市场运作等有着丰富的从业经验。目前，公司已建成镀锌/锌镍合金、电泳、化学镍/锡、磷化、滚镀锌等 6 条全自动生产线，筹建了先进的理化分析实验室。瑞翔公司主要业务是汽车核心零部件、航空合金等原厂零部件的表面处理，可承接铜、铝合金、锌合金、镁合金、轴承钢等材料零件的电镀加工业务。

（二）专业区的作用

镇江环保电镀专业区专门设立了企业融资服务中心，构建了简洁、实用的客户融资评判标准、业绩考核机制，利用园区信息对称的优势，重点关注诸如镇江瑞翔精饰科技有限公司这些企业财务之外的企业主素质、工艺技术水平等非典型信息。对诸如镇江瑞翔精饰科技有限公司这样管理规范、技术先进、市场有发展潜力的企业提供适当额度的短期资金支持，以帮助其顺利入区合作。镇江环保电镀专业区对镇江瑞翔精饰科技有限公司的资金支持有两种形式。

1. 融资担保

通过担保中心、企业设备、专业区信用担保三方捆绑的模式，共同承担担保责任，以取得银行的资金支持，其流程及步骤如图 9-2 所示。

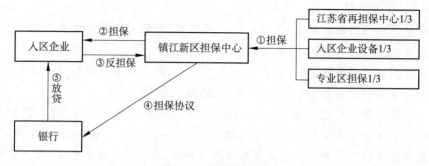

图 9-2　融资担保流程

2.委托放贷

镇江环保电镀专业区（委托人）委托银行（受托人）向镇江瑞翔精饰科技有限公司（借款人）发放委托贷款，镇江瑞翔精饰科技有限公司以设备或者其他资产向专业区提供质押担保。

瑞翔公司以进入园区经营为契机，通过与镇江环保电镀专业区的诚信、互助、共赢合作，目前已呈现出蓬勃发展的良性态势，已成为园区内的标杆性企业，在电镀业界也受到了广泛的关注与好评。

案例作者:梅强 赵观兵

讨论题

1. 镇江环保电镀专业区的主要服务功能有哪些?

2. 请谈谈镇江环保电镀专业区的运营与管理机制对其他创业基地的借鉴意义。

3. 请谈谈创业基地与入驻企业之间的联动发展机制。

 本章习题

1. 请说明创业基地与孵化器的区别与联系。

2. 创业辅导师对创业者的扶持和帮助主要体现在哪些方面?

3. 核心机构、主要成员机构、一般参加机构在创业辅导体系中的角色和功能有何不同?

参 考 文 献

[1] 梅强 . 创业管理[M]. 北京:经济科学出版社,2011.

[2] 张玉利,陈寒松 . 创业管理[M]. 北京:机械工业出版社,2009.

[3] 姜彦福,张帏 . 创业管理学[M]. 北京:清华大学出版社,2005.

[4] 吕宏程 . 中小企业管理[M]. 北京:北京大学出版社,2008.

[5] 胡桂兰 . 网海淘金——成功网商创业案例[M]. 北京:清华大学出版社,2008.

[6] 王国红 . 创业管理[M]. 大连:大连理工大学出版社,2005.

[7] 邵华钢,高凯,等 . 决胜商业计划书[M]. 北京:电子工业出版社,2005.

[8] 赵淑敏 . 创业融资[M]. 北京:清华大学出版社,2009.

[9] 梁巧转,赵文红 . 创业管理[M]. 北京:北京大学出版社,2007.

[10] 韩国文 . 创业学[M]. 湖北:武汉大学出版社,2010.

[11] 林汉川 . 中小企业管理[M]. 北京:高等教育出版社,2006.

[12] 初明利,于俊如,等 . 创业学导论[M]. 北京:经济科学出版社,2009.

[13] [美]理查德·H. 霍尔 . 组织:结构、过程及结果[M]. 上海:上海财经大学出版社,2003.

[14] 张涛,熊晓云 . 创业管理[M]. 北京:清华大学出版社,2007.

[15] 李时椿 . 创业管理[M]. 北京:清华大学出版社,2008.

[16] 陈玉菁,宋良荣 . 财务管理[M]. 北京:清华大学出版社,2008.

[17] 鲍勇剑,陈百助 . 网络经济的禅——E 时代的成功方略[M]. 上海:复旦大学出版社,2001.

[18] 荆新,王化成,刘俊彦 . 财务管理学[M]. 第 5 版 . 北京:中国人民大学出版社,2009.

[19] 刘东明 . 网络整合营销兵器谱[M]. 沈阳:辽宁科学技术出版社,2009.

[20] 冯英健 . 网络营销基础与实践[M]. 北京:清华大学出版社,2002.

[21] 财政部注册会计师考试委员会办公室 . 财务成本管理[M]. 北京:经济科学出版社,2009.

[22] 财政部会计资格评价中心 . 财务管理[M]. 北京:中国财政经济出版社,2009.

[23] 中国市场总监业务资格,培训考试指定教材编委会 . 营销渠道管理[M]. 北京:电子工业出版社,2003.

[24] [美]杰斯汀·隆内克,卡罗斯·莫尔,威廉·彼迪 . 开发商业计划[M]. 郭武文,等,译 . 北京:华夏出版社,2002.

[25] [美]杰弗里·蒂蒙斯,小斯蒂芬·斯皮内利 . 创业学[M]. 第 6 版 . 周伟民,吕长春,译 . 北京:人民邮电出版社,2005.

[26] [美]库洛特克,霍志茨. 创业学——理论,流程与实践[M]. 第 6 版. 张宗益,译. 北京:清华大学出版社,2006.

[27] [美]菲利普·科特勒. 营销管理(新千年版)[M]. 第 10 版. 梅汝和,梅清豪,周安柱,译.北京:中国人民大学出版社,2003.

[28] [美]沃伦·J. 基坎,马克·C. 格林. 全球营销原理[M]. 傅慧芬,郭晓凌,等,译. 北京:中国人民大学出版社,2003.

[29] [美]罗伯特·A. 巴隆,斯科特·A. 谢恩. 创业管理基于过程的观点[M]. 张玉利,谭新生,陈立新,译. 北京:机械工业出版社,2005.

[30] [美]伊查克·爱迪思. 企业生命周期[M]. 赵睿,译. 北京:华夏出版社,2004.

[31] [美]高哈特,凯利. 企业蜕变——企业成长经典之作[M]. 宋伟航,译. 北京:中国人民大学出版社,2006.

[32] [美]季洛姆·A. 卡茨,理查德·P. 格林. 小企业创业管理[M]. 韩良智,刘明珠,译. 北京:北京大学出版社,2009.

[33] 吴海琼. 社会网络对中小企业创业资源获取与整合的影响研究[J]. 商场现代化,2012(13).

[34] 杨俊,张玉利. 基于企业家资源禀赋的创业行为过程分析[J]. 外国经济与管理,2004(2).

[35] [美]理查德·L. 达夫特. 组织理论与设计[M]. 第 7 版. 北京:清华大学出版社,2003.

[36] 张玉利,李海月. 新企业的模式创新与竞争优势——多案例的比较分析[J]. 学习与探索,2009(5).

[37] 姚鹏磊. 创业资源与创业绩效关系的实证研究——以大连市中小企业为例[D]. 东北财经大学,2010.

[38] 林嵩. 创业资源的获取与整合——创业过程的一个解读视角[J]. 经济问题探索,2007(6).

[39] 戴丽萍. 企业成长的方式及其特征[J]. 企业改革与管理,2010(12).

[40] 林嵩,张帏,林强. 高科技创业企业资源整合模式研究[J]. 科学学与科学技术管理,2005(3).

[41] 文英姐. 论网络创业[J]. 商贸工业,2009(9).

[42] 彭学兵,张钢. 技术创业与技术创新研究[J]. 科技进步与对策,2010(3).

[43] 周艳春. 关于创业与创新关系的研究综述[J]. 生产力研究,2009(22).

[44] 陈寒松. 创业管理与一般管理融合的必要性和可能途径[J]. 市场周刊(理论研究),2008(6).

[45] 钟岳睿. 创业和创业过程探讨[J]. 现代商贸工业,2010(4).

[46] 王会龙. 创业过程研究综述[J]. 商业时代,2006(22).

[47] 林篙,张帏,邱琼. 创业过程的研究评述及发展动向[J]. 南开管理评论,2004(3).

[48] 杨之强. 创业过程及其风险研究[J]. 中小企业管理与科技,2010(4).

[49] 王芬,鞠晓玲. 浅论创业过程与创业者胜任力[J]. 科技创业月刊,2007(6).

[50]　林迎星．科技型创业者个人成长与创业成功的关键因素[J]．福州大学学报(哲学社会科学版),2006(4).

[51]　陈震红,董俊武．国外创业研究历程动态与新趋势[J]．外国经济与管理,2004(2).

[52]　方世建,刘松．国际创业研究 25 年:主题演进与学者群体[J]．科学学与科学技术管理,2008(9).

[53]　汤幼平．中小创业企业健康成长的路径分析[J]．企业经济,2010(3).

[54]　李冠军．影响中小企业组织形式选择因素的探讨[J]．商场现代化,2007(3).

[55]　黄少彬．关于中小民营企业组织形式选择中的几个问题[J]．科技情报开发与经济,2006(11).

[56]　蒋飞．中小企业集合债发行首次触网[N]．第一财经日报,2007-12-24.

[57]　李雁争．工信部紧急调研,中小企业集合债破题在即[N]．上海证券报,2010-03-17.

[58]　财政部,工业和信息化部．中小企业信用担保资金管理办法[C],2010-04-13.

[59]　王延荣．基于创业的信息资源管理探析[J]．华北水利水电学院学报,2003(3).

[60]　陈玉峰．企业商业模式设计及创新研究[S]．大连海事大学,2008.

[61]　陈晓阳．高新技术企业营运资金管理研究[D]．首都经济贸易大学,2007.

[62]　郭毅夫．商业模式创新的合理性检验[J]．合作经济与科技,2010(10).

[63]　田志龙,盘远华,高海涛．商业模式创新途径探讨[J]．经济与管理,2006(1).

[64]　郑勇智,员晓哲．商业模式及商业模式创新[J]．现代商业,2009(12).

[65]　纪慧生,陆强,王红卫．商业模式设计方法、过程与分析工具[J]．中央财经大学学报,2010(7).

[66]　范永娟．商业模式设计与创新[D]．中国海洋大学,2006.

[67]　刘庆远,陈运涛．商业模式实质与设计理念[J]．中国商贸,2010(6).

[68]　孙英辉．关于企业商业模式创新的探讨[J]．企业经营管理,2003(1).

[69]　权慧．创业者创业模式实证研究——以扬州市为例[D]．扬州大学,2007.

[70]　张爱丽．试析个人因素与机会因素的匹配对创业机会识别的作用[J]．外国经济与管理,2009(10).

[71]　张君立,蔡莉,朱秀梅．社会网络、资源获取与新企业绩效关系研究[J]．工业技术经济,2008(5).

[72]　吕东,朱秀梅．转型经济背景下信任对新企业资源获取的影响[J]．税务与经济,2012(3).

[73]　刘预,蔡莉,朱秀梅．信息对新企业资源获取的影响研究[J]．情报科学,2008(11).

[74]　葛宝山,董保宝．动态环境下创业者管理才能对新企业资源获取的影响研究[J]．研究与发展管理,2009(4).

[75]　秦志华,刘传友．基于异质性资源整合的创业资源获取[J]．中国人民大学学报,2011(6).

[76]　胡文静．我国中小企业成长动态分析——基于创业资源获取与整合视角[J]．现代商贸工业,2011(7).

[77]　曾坤生,胡文静．创业资源与我国中小企业家资源整合能力[J]．天津市经理学院学报,

2009(1).

[78] 朱秀梅,方永刚,沈莹 . 集聚经济效应对新企业资源获取和整合影响的实证研究[J]. 中国科技论坛,2008(5).

[79] 周强 . 创业网络对资源识别的影响研究[D]. 吉林大学,2011.

[80] 蔡莉,葛宝山,朱秀梅,等 . 基于资源视角的创业研究框架构建[J]. 中国工业经济,2007(11).

[81] 蔡莉,柳青 . 新企业资源整合过程模型[J]. 科学学与科学技术管理,2007(2).

[82] 蔡莉,尹苗苗,柳青 . 生存型和机会型新企业初始资源充裕程度比较研究[J]. 吉林工商学院学报,2008(1).

[83] 胡俊成,刘兴政 . 基于突破性技术创新的主导范式型创业研究[J]. 经济研究导刊,2007(5).

[84] 田志伟 . 创业企业成长中的管理升级与创新[J]. 经济研究导刊,2007(10).

[85] 胡桂兰 . 完美狼团队——打造高绩效网商[M]. 北京:清华大学出版社,2009.

[86] 李椿,高莉莉 . 商业模式创新基本路径分析[J]. 当代经济,2010(6).

[87] 中国市场总监业务资格,培训考试指定教材编委会 . 营销渠道管理[M]. 北京:电子工业出版社,2003.

[88] 胡俊成,刘兴政 . 基于突破性技术创新的主导范式型创业研究[J]. 经济研究导刊,2007(5).

[89] 许之春 . 高技术企业创业风险识别、评价与控制研究[D]. 南京财经大学,2008.

[90] 周晓丹 . 外向型中小企业抗风险能力评价研究[J]. 商业文化,2011(3).

[91] 王贵兰 . 新企业的营销机理与策略选择[J]. 经济导刊,2011(2).

[92] 苟成富 . 商业模式创新研究[J]. 山东行政学院学报,2011(2).

[93] 夏文韬 . 中小企业创业机会识别与评价[D]. 四川师范大学,2009.

[94] 刘美玉,郑北雁 . 创业者如何识别与把握创业机会[J]. 新财经,2009(7).

[95] 周风华,叶睿 . 试论创业机会的识别与评价问题[J]. 科技创业月刊,2011(1).

[96] 吕艳玲 . 市场机会:分析、发现、评价和利用[J]. 经济师,2000(1).

[97] 郑健壮,周浩军 . 经济转型环境下企业家创业机会类型及其演化路径的研究[J]. 城市经济,2010(5).

[98] 郑炳章,朱燕空,张红保 . 创业研究——创业机会的发现、识别与评价[M]. 北京:北京理工大学出版社,2009.

[99] 孙倩 . 创业者应具备的四类素质[J]. 中国青年科技,2004(11).

[100] 陈兴琳 . 高科技企业创业者"高"在何处[J]. 中国人力资源开发,1999(12).

[101] 戴育滨,张日新,张光辉 . 大学生创业者的内涵、分类与能力特征分析[J]. 科技创业月刊,2006(10).

[102] 王会龙 . 创业者素质与中小企业创业过程研究[D]. 浙江工业大学,2004.

[103] 刘旭明 . 成功创业者的关键性特质[J]. 中国就业,2009(3).

[104] 吴昌南,罗剑丽 . 创业团队解体风险及其防范对策[J]. 科技创业月刊,2008(11).

[105]　宋逸成,彭友.大学生创业动机探析[J].江苏经贸职业技术学院学报,2010(1).

[106]　苏跃飞,罗瑞奎.大学生创业动机提升策略[J].当代青年研究,2011(5).

[107]　杨忠东.创业经之"如何组建创业团队"[J].四川教育学院学报,2012(5).

[108]　傅玲燕.浅析大学生创业团队的建设和管理[J].东方企业文化,2012(1).

[109]　赖志勤.民营企业创业的主要风险及规避方法研究[D].贵州大学,2006.

[110]　百度文库.第六章创业资源,http://wenku.baidu.com/view/0b3f64c20c225901020.
　　　　29d44.html.

[111]　Michael D. Ensley, Allen C. Amason. Enterpreneurial Team Heterogeneity and the Moderating Effects of Environment Volatility and Team Tenure on New Venture Performance [J]. *Management Review*, 1999(11).

[112]　Arbaugh J, Camp M, Vorhies D. *Managing growth transitions in emerging firms: A conceptual integration of resource, knowledge and life cycle theory* [A], Chicago: the Acade-my of Management Annual Meeting, 1991.

[113]　Danny M, Jamal S. The resource-based, view of the firm in two environments: The Hollywood film studios from 1936 to 1965[J]. *Academy of Management Journal*, 1996, 39 (3).

[114]　Kamm Judith B, Nurick Aaron J. The Stages of Team Venture Formation: A Decision Making Model[J]. *Entrepreneurship Theory and Practices*, 1993(7).

[115]　Gaylen N. Chandler, Steven H. Hanks. *An Investigation of New Venture Teams in Emerging Business*[C], Babson College: Frontiers of Entrepreneurship Research, 1998.

教师服务

　　感谢您选用清华大学出版社的教材！为了更好地服务教学，我们为授课教师提供本书的教学辅助资源，以及本学科重点教材信息。请您扫码获取。

≫ 教辅获取

本书教辅资源，授课教师扫码获取

≫ 样书赠送

创业与创新类重点教材，教师扫码获取样书

 清华大学出版社

E-mail: tupfuwu@163.com
电话：010-83470332 / 83470142
地址：北京市海淀区双清路学研大厦 B 座 509

网址：http://www.tup.com.cn/
传真：8610-83470107
邮编：100084